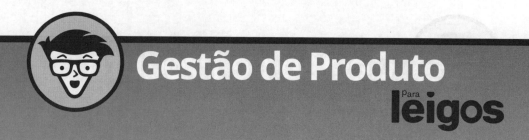

Gestão de Produto para leigos

Você está começando como gerente de produto ou está buscando um guia para melhorar o que já faz todos os dias? O papel de um gerente de produto pode ser decisivo para a empresa, então muitas pessoas o estão observando de perto para ver em qual direção você as levará. Deixe esta Folha de Cola guiá-lo através dos diferentes tipos de pessoas com quem os gerentes de produto interagem, prepará-lo com o conjunto de habilidades necessárias que o levarão a um "ótimo" status e mostrar como reconhecer e resolver conflitos.

DESCOBRINDO AS FUNÇÕES COM AS QUAIS O GERENTE DE PRODUTO TRABALHA

A grande surpresa ao chegar à gerência de produto é descobrir que você tem que falar com muitas pessoas. Cada função com a qual o gerente de produto interage tem pontos de vista e perspectivas diferentes. Sua tarefa é ouvir e integrar as ideias de todos, para levar a empresa para a frente com a decisão de produto mais lucrativo possível. Aqui estão algumas funções com as quais trabalhará:

- **Marketing de produto.** Os gerentes de produto e os gerentes de marketing de produto podem ser a mesma pessoa ou pessoas diferentes trabalhando na mesma organização, cada uma com um foco diferente. Enquanto os gerentes de produto se concentram em garantir que os produtos certos sejam entregues ao mercado, os gerentes de marketing de produto se concentram em garantir que as mensagens que os clientes recebem sejam eficazes para convencê-los a comprar o produto. As duas funções caminham de mãos dadas com o mercado ao criar materiais específicos de marketing que os clientes usarão ao tomar suas decisões. Se você é um gerente de produto, trate o gerente de marketing de produto como seu melhor amigo. Vocês dois são necessários para fazer do produto um sucesso.

- **Desenvolvedores ou engenheiros.** Uma vez que você não desenvolve o produto de fato, seus desenvolvedores ou engenheiros são essenciais para garantir que o melhor produto possível seja criado. Os engenheiros têm uma mentalidade voltada à solução, o que é difícil deixar de lado caso você fique ponderando demais sobre o problema do cliente. Fazer com que eles participem — e mantê-los — com sua visão de produto é o mais importante para que a maioria dos gerentes de produto tenha sucesso.

- **Gerência executiva.** Para os executivos, os gerentes de produto formam o primeiro nível de ajuste de direcionamento em muitas empresas. Os executivos e gerentes querem se sentir confortáveis com as decisões que você toma. Eles esperam que você apresente seu caso de forma clara e concisa com base no raciocínio sensato de negócios.

- **Marketing.** As funções do marketing pegam a informação ___ mam em grandes histórias que convencem seus clientes ___ tes de produto e os gerentes de marketing de produto tr___ quando a mensagem e o veículo precisam ser criados.

Gestão de Produto Para leigos

- **Vendas.** O termo vendas faz referência a várias funções. Alguns vendedores estão focados em ajudar os clientes a entender a tecnologia do produto, outros ajudam com o básico da venda, e a maioria são aqueles que conversam com os clientes e os convencem a comprar. Cada um deles se concentra em trazer o dinheiro, que é o fluxo vital da empresa. Os vendedores são uma parte essencial da sinfonia da empresa, que a mantém lucrativa. Desenvolva uma relação de trabalho próxima e criativa com seu pessoal de vendas para avançar nos objetivos da empresa (e do seu produto).

- **Operações, financeiro e suporte.** As três funções listadas aqui são as mais comuns no suporte à empresa para realmente entregar as promessas do produto que foram feitas. O setor de operações quer fabricar e entregar os produtos sem gastar muito tempo e esforço. O financeiro certamente está de olho na lucratividade tanto da receita quanto dos custos. E o suporte garante que cada cliente consiga usar o produto satisfatoriamente. Cada departamento é um parceiro em busca de seu objetivo de ter a satisfação e lealdade do cliente. Mantenha as operações, o financeiro e o suporte informados e do seu lado, e eles o ajudarão a alcançar seus objetivos.

AS PRINCIPAIS HABILIDADES DE ÓTIMOS GERENTES DE PRODUTO

A gerência de produto como profissão leva cada indivíduo aos limites de sua zona de conforto em alguma altura de sua carreira. Se você é introvertido, será necessário ser a voz que transmite as necessidades de seu produto. Se você é extrovertido, precisará passar bastante tempo ouvindo em silêncio. E se é técnico, o tempo investido com um foco profundo nas necessidades das pessoas e na parte estratégica do negócio poderá ser curto.

Caso sua experiência seja na parte não técnica, às vezes você precisará focar o âmago dos aspectos técnicos de seu produto.

Gestão de Produto

Para
leigos

Gestão de Produto

Para leigos

Brian Lawley e Pamela Schure

ALTA BOOKS
EDITORA
Rio de Janeiro, 2019

Gestão de Produto Para Leigos®
Copyright © 2019 da Starlin Alta Editora e Consultoria Eireli. ISBN: 978-85-508-0483-5

Translated from original Product Management For Dummies®, Copyright © 2017 by John Wiley & Sons, Inc. ISBN 978-1-119-26402-6. This translation is published and sold by permission of John Wiley & Sons, Inc., the owner of all rights to publish and sell the same. PORTUGUESE language edition published by Starlin Alta Editora e Consultoria Eireli, Copyright © 2019 by Starlin Alta Editora e Consultoria Eireli.

Todos os direitos estão reservados e protegidos por Lei. Nenhuma parte deste livro, sem autorização prévia por escrito da editora, poderá ser reproduzida ou transmitida. A violação dos Direitos Autorais é crime estabelecido na Lei nº 9.610/98 e com punição de acordo com o artigo 184 do Código Penal.

A editora não se responsabiliza pelo conteúdo da obra, formulada exclusivamente pelo(s) autor(es).

Marcas Registradas: Todos os termos mencionados e reconhecidos como Marca Registrada e/ou Comercial são de responsabilidade de seus proprietários. A editora informa não estar associada a nenhum produto e/ou fornecedor apresentado no livro.

Impresso no Brasil — 1ª Edição, 2019 — Edição revisada conforme o Acordo Ortográfico da Língua Portuguesa de 2009.

Obra disponível para venda corporativa e/ou personalizada. Para mais informações, fale com projetos@altabooks.com.br

Produção Editorial	**Produtor Editorial**	**Marketing Editorial**	**Vendas Atacado e Varejo**	**Ouvidoria**
Editora Alta Books	Thiê Alves	marketing@altabooks.com.br	Daniele Fonseca	ouvidoria@altabooks.com.br
Gerência Editorial		**Editor de Aquisição**	Viviane Paiva	
Anderson Vieira		José Rugeri	comercial@altabooks.com.br	
		j.rugeri@altabooks.com.br		

	Adriano Barros	Illysabelle Trajano	Kelry Oliveira	Thales Silva
Equipe Editorial	Bianca Teodoro	Juliana de Oliveira	Maria de Lourdes Borges	Thauan Gomes
	Ian Verçosa	Keyciane Botelho	Paulo Gomes	

Tradução	**Copidesque**	**Revisão Gramatical**	**Revisão Técnica**	**Diagramação**
Alberto Gassul	Alessandro Thomé	Thamiris Leiroza	Carlos Bacci	Joyce Matos
Marina Boscato		Samantha Batista	Economista e Empresário do Setor de Serviços	

Erratas e arquivos de apoio: No site da editora relatamos, com a devida correção, qualquer erro encontrado em nossos livros, bem como disponibilizamos arquivos de apoio se aplicáveis à obra em questão.

Acesse o site www.altabooks.com.br e procure pelo título do livro desejado para ter acesso às erratas, aos arquivos de apoio e/ou a outros conteúdos aplicáveis à obra.

Suporte Técnico: A obra é comercializada na forma em que está, sem direito a suporte técnico ou orientação pessoal/exclusiva ao leitor.

A editora não se responsabiliza pela manutenção, atualização e idioma dos sites referidos pelos autores nesta obra.

Dados Internacionais de Catalogação na Publicação (CIP) de acordo com ISBD

L418g	Lawley, Brian
	Gestão de Produto Para Leigos / Brian Lawley, Pamela Schure ; traduzido por Alberto Gassul, Marina Boscato. - Rio de Janeiro : Alta Books, 2019.
	392 p. : il. ; 17cm x 24cm. – (Para leigos)
	Tradução de: Product Management for Dummies
	Inclui índice.
	ISBN: 978-85-508-0483-5
	1. Gestão de Produtos. 2. Administração. I. Schure, Pamela. II. Gassul, Alberto. III. Boscato, Marina. IV. Título. V. Série.
2019-481	CDD 658.5
	CDU 658.5

Elaborado por Vagner Rodolfo da Silva - CRB-8/9410

Rua Viúva Cláudio, 291 — Bairro Industrial do Jacaré
CEP: 20.970-031 — Rio de Janeiro (RJ)
Tels.: (21) 3278-8069 / 3278-8419
www.altabooks.com.br — altabooks@altabooks.com.br
www.facebook.com/altabooks — www.instagram.com/altabooks

ASSOCIADO

Sobre os Autores

Brian Lawley é CEO e fundador da 280 Group, empresa líder mundial em consultoria e treinamento em gestão de produto. Ele é autor de cinco best-sellers: *The Phenomenal Product Manager* (Happy About), *Expert Product Management* (Happy About), *42 Rules of Product Management* (Super Star Press), *42 Rules of Product Marketing* (Super Star Press) e *Optimal Product Process* (280 Group Press). Brian é ex-presidente da Silicon Valley Product Management Association (SVPMA) e recebeu o prêmio Association of International Product Marketing and Management (AIPMM) por liderança em gestão de produto. Ele foi destaque no *World Business Review* e no *Silicon Valley Business Report* e é editor do blog e do informativo *Optimal Product Management.*

Antes de fundar e comandar a 280 Group, Brian passou muitos anos trabalhando em produtos inovadores em empresas líderes mundiais, incluindo Digidesign (comprada pela Avid), Apple (como gerente de produto para a interface humana MacOS), Claris, Symantec e Whistle Communications. Ele é Certified Product Manager (CPM) e Certified Product Marketing Manager (CPMM) e tem diploma de bacharel em Ciências da Gestão pela Universidade da Califórnia, em São Diego, com segunda graduação em Tecnologia Musical, e um MBA com honras da Universidade Estadual de San Jose.

Pamela Schure é diretora de produtos e serviços na 280 Group. Antes de se juntar à empresa, ela trabalhou por muitos anos em cargos de gestão de produto, marketing de produto e marketing para a Apple e a Adaptec, nos Estados Unidos e em outros países. Lançou mais de 40 produtos de software e hardware e comandou equipes de gerentes de produto de todas as partes do mundo. Ao longo do caminho, ela também recebeu duas patentes de produto. Pamela dirigiu seu próprio negócio no Reino Unido e na África do Sul. Ela é Certified Product Manager (CPM), Certified Product Marketing Manager (CPMM) e Agile Certified Product Manager (ACPM). Depois de cursar dois anos de ensino secundário em francês, conquistou um bacharelado científico em Mecânica Aplicada pela Universidade da Califórnia, em San Diego, e um MBA da Columbia Business School. Pamela fala inglês, francês e um pouco de italiano e estuda outras línguas como hobby.

Dedicatória

Brian: Dedico este livro à minha falecida esposa, Sarah, aos meus incríveis filhos, Taylor, Matt e Sarah, e aos meus pais, Gail Lawley e Ken Lawley. Sem vocês todos, e sem seu apoio aos meus sonhos, meu mundo seria muito vazio.

Pamela: Dedico este livro a Jane Burley. Sem ela eu jamais teria iniciado esta incrível jornada.

Agradecimentos dos Autores

Gostaríamos de agradecer às tantas pessoas que tiveram paciência e bondade para nos ajudar a aprender o que sabemos, para que pudéssemos passar o conhecimento adiante. Pedimos desculpas se alguém ficou fora desta lista!

Brian: Gostaria de agradecer às muitas pessoas para as quais trabalhei, que acreditaram em mim, ensinaram-me o ofício de gestão de produto e me deram a oportunidade de praticá-lo, incluindo Charlie Oppenheimer, Jim Stoneham, Bill Campbell, John Zeisler, Mike Holm, Peter Gotcher, John Atcheson, John Mracek, Gordon Ritter, John Hamm, Jim Li, Marci Reichelstein e as centenas de gerentes de produto incríveis e outras pessoas com quem tive o privilégio de trabalhar.

Além disso, toda a equipe da 280 Group merece muito crédito por ajudar a criar a metodologia Processo de Produto Ideal e uma das empresas mais incríveis do mundo. As pessoas da 280 Group incluem (em ordem aleatória) Will Iverson, Dave Dersh, Melissa Holtzer, Jillian McLaughlin, Cynthia Petti, Aaron Hyde, Mira Wooten, Aaron Canales, Duncan Gilmore, Mimi Salman, Phil Burton, Chuck Myers, Jim Reekes, David Fradin, Rosemary Yates, Bill Haines, Colleen O'Rourke, Tom Evans, Dan Torres, Eric Krock, Alyssa Dver, Bill Pieser, Jen Brecheen, J. F. Ouellette, Hector Del Castillo, Leslie Bixel, Linda Merrick, Rick Bess, John Cook, Megan McNamara, Michael Gonzalez, Ken Feehan, Greg Cohen, Roger Snyder, Matthew Lawley e, é claro, minha coautora, Pamela Schure. Agradeço muito à AIPMM, Therese Padilla, Paula Gray e Chris Frandsen pela imensa contribuição à profissão de gestão de produto.

E, por último, mas não menos importante, agradeço às dezenas de milhares de gerentes de produto e gerentes de marketing de produto que me ajudaram a impulsionar a profissão, compraram os produtos e serviços da 280 Group e me inspiraram a querer ajudar os outros a gerar produtos incríveis para um mercado que encanta os clientes!

Pamela: Primeiramente, gostaria de agradecer à equipe de gestão de produtos da Apple no Reino Unido: Jane Burley (agora Pearce), por me colocar na função e me ensinar a executá-la — e muito mais; Jan Edbrooke, por me manter na gestão de produto depois que saí do Reino Unido; Clive Girling, Nigel Turner e Neil Holland, por serem colegas incríveis (entre muitos outros colegas incríveis na Apple Reino Unido), e Bianca Walker, por assumir depois que saí; e Marc Jourlait, por fazer parte da equipe que reinventou nossas funções europeias. À equipe da Adaptec, começando por Jean-Eric Garnier, que pensou que eu daria uma boa gerente de produto de software — obrigada; Rob Griffith, que me deu espaço para descobrir o que os clientes realmente querem; Long Huynh e Scott Chambers, que me fizeram começar como gerente dos gerentes de produto; David Manner e David Stokes, que me ensinaram uma maneira incrivelmente colaborativa de gerenciar equipes; e Greg Agustin, Joel Lardizabal, Jason Ivan, Naser Mgariaf, Mia Giannotti e Vadim Sigalov, por reinventar a entrega de produtos e lançamentos em tempo recorde.

Agradeço muito à equipe da 280 Group, que é incrivelmente interessante e atenciosa. Tenho muita sorte por trabalhar com vocês todos os dias.

Agradeço também aos meus filhos, Adair, Aidan e Amara. Minha melhor equipe. E, por fim, mas não menos importante, Joe Bailey, pelo amor e estabilidade em minha vida.

Sumário Resumido

Introdução 1

Parte 1: Introdução à Gestão de Produto 5

CAPÍTULO 1: Bem-vindo ao Mundo da Gestão de Produto 7

CAPÍTULO 2: Entrando no Personagem: Descobrindo
Sua Função como Gerente de Produto 15

CAPÍTULO 3: Conferindo o Ciclo de Vida do Produto........................ 43

Parte 2: Descoberta, Avaliação e Planejamento de Grandes Produtos e Serviços 59

CAPÍTULO 4: Tendo Ótimas Ideias de Produto 61

CAPÍTULO 5: Trabalhando para Entender Quem É Seu Cliente................. 71

CAPÍTULO 6: Lição de Casa: Avaliando Suas Ideias.......................... 85

CAPÍTULO 7: Priorizando e Selecionando Ideias............................ 105

CAPÍTULO 8: Planejando Planejar: Escolhendo uma Abordagem Certa.......... 121

CAPÍTULO 9: Desenvolvendo Seu Caso de Negócios........................ 141

CAPÍTULO 10: Desenvolvendo Sua Estratégia de Mercado.................... 155

CAPÍTULO 11: Desenvolvendo um Plano: Necessidades do Mercado,
Descrição de Produto e Roadmaps 187

Parte 3: Construindo e Maximizando o Êxito do Produto: Da Criação à Retirada 213

CAPÍTULO 12: Guiando uma Ideia de Produto pela Fase de Desenvolvimento . . . 215

CAPÍTULO 13: Preparando-se para o Lançamento de Seu Produto:
A Fase de Qualificação....................................... 229

CAPÍTULO 14: Decolar! Planejando e Realizando um Lançamento
Eficaz do Produto... 239

CAPÍTULO 15: Maximizando a Receita e os Lucros de Seu Produto 257

CAPÍTULO 16: Retirada: Substituindo um Produto ou Retirando-o do Mercado . . 285

Parte 4: Tornando-se um Gerente de Produtos Fenomenal 293

CAPÍTULO 17: Cultivando Suas Habilidades de Gestão de Produtos 295

CAPÍTULO 18: Dominando a Arte da Persuasão 303

CAPÍTULO 19: Subindo de Nível na Gestão de Produtos...................... 319

Parte 5: A Parte dos Dez..........................329

CAPÍTULO 20: Dez Erros Comuns de Lançamento de Produtos e como Evitá-los..........................331

CAPÍTULO 21: Dez Roadmaps (Mais Um) para Ajudá-lo a Ter Sucesso 341

CAPÍTULO 22: Dez Formas pelas Quais Gerentes de Produtos Fracassam.......353

Índice..........................367

Sumário

INTRODUÇÃO 1
    Sobre Este Livro 1
    Penso que... 3
    Ícones Usados Neste Livro 3
    Além Deste Livro 3
    De Lá para Cá, Daqui para Lá 4

PARTE 1: INTRODUÇÃO À GESTÃO DE PRODUTO 5

CAPÍTULO 1: Bem-vindo ao Mundo da Gestão de Produto 7
    Compreendendo a Necessidade da Gestão de Produto 8
    Reconhecendo a Função Crucial da Gestão de Produto 9
        Definindo gestão de produto 9
        Servindo como guia estratégico para o negócio 9
    Gestão de Produto em Poucas Palavras: Conferindo
    Seu Cotidiano 12
        Gerenciando um produto durante cada fase de sua vida 12
        Tirando o coelho da cartola 13

**CAPÍTULO 2: Entrando no Personagem: Descobrindo Sua
Função como Gerente de Produto** 15
    Dia de Orientação: Examinando Sua Função de
    Gerente de Produto 16
        Conferindo a descrição do trabalho 17
        Identificando a gestão de produto no
        organograma da empresa 20
        Redigindo seu manifesto de gestão de produto 21
    Comparando a Gestão de Produto com Outros
    Cargos Relacionados 22
        Conferindo o marketing do produto 23
        Analisando a gestão de programas 26
        Explorando a gestão de projeto 27
        Conhecendo outras funções com as quais você interage 29
    Conduzindo uma Autoavaliação: Traços de um
    Ótimo Gerente de Produto 34
        Perspicácia empresarial 34
        Conhecimento e experiência no ramo 35
        Conhecimento técnico 35
        Habilidade com pessoas 36
        Habilidade de tomada de decisões 36
        Aptidão para resolver problemas 37

Cabeça fria 37
Dom da liderança 38
Avaliando seus traços de gerente de produto. 39
RACI e DACI: Entendendo as Responsabilidades. 40
Seguindo o caminho RACI 40
Seguindo o caminho DACI. 41
Usando RACI e DACI de forma eficaz. 42

CAPÍTULO 3: Conferindo o Ciclo de Vida do Produto 43
Definindo o Ciclo de Vida do Produto: O que É e o que Não É. 43
Phase-gate 44
Mapeamento de phase-gate para metodologias Ágil. 46
É Só uma Fase: Desmembrando o Ciclo de Vida do Produto 48
Fase I: Conceber 48
Fase II: Planejar 49
Fase III: Desenvolver 50
Fase IV: Qualificar 51
Fase V: Lançar 52
Fase VI: Maximizar. 53
Fase VII: Aposentar 53
Detalhamento do Processo de Produto Ideal 55
Vendo como o processo funciona 55
Compreendendo os nove documentos principais 57

PARTE 2: DESCOBERTA, AVALIAÇÃO E PLANEJAMENTO DE GRANDES PRODUTOS E SERVIÇOS 59

CAPÍTULO 4: Tendo Ótimas Ideias de Produto. 61
Entendendo o Processo Criativo 61
Explorando fontes para novas ideias 62
Deixando sua equipe jogar 63
Gerando Ideias Criativas: Técnicas e Dicas. 65
Brainstorming 65
Consultando conselhos de clientes. 68
Aproveitando o poder do mapeamento mental 68
Tentando uma abordagem mais organizada: A estrutura de
quatro ações 70

CAPÍTULO 5: Trabalhando para Entender Quem É Seu Cliente 71
Passando de Mercados para Segmentos 72
Definindo mercados e segmentos. 72
Determinando os segmentos de mercado 73
Aproveitando a Criatividade das Personas. 74
O que está incluso na descrição da persona. 75
Desenvolvendo personas 76
Certifique-se de Abordar Todas as Funções da Persona. 80
Visita aos Clientes 81

Cortesias de visita ao cliente 81
Entrevistando clientes 82

CAPÍTULO 6: Lição de Casa: Avaliando Suas Ideias 85

Compreendendo a Importância da Pesquisa de Mercado
e da Inteligência Competitiva 86
Subdividindo os tipos de pesquisa de mercado 87
Começando pelo lugar certo 88
Iniciando o Processo de Pesquisa de Mercado 90
Explicando o processo de pesquisa de mercado 90
Fazendo as perguntas certas 92
Examinando métodos de pesquisa de mercado 93
Estudando a Inteligência Competitiva 95
Identificando os concorrentes 95
Coletando toda a inteligência competitiva possível 96
Acompanhando a concorrência 101
Confirmando Suas Ideias e Hipóteses 101
Usando um processo de validação simples 102
Um exemplo de validação de produto 103
Analisando os Números com Previsões Financeiras 103

CAPÍTULO 7: Priorizando e Selecionando Ideias 105

Priorizando Suas Ideias 105
Encontre a escolha certa com a tríade de ajuste produto/
mercado 106
Usando o canvas de negócios 108
Pesando as diferentes oportunidades 112
Aplicando os Modelos de Pontuação 114
Pontuando para diferenciação:
O modelo Kano 114
Pontuando pelo uso eficiente de recursos de
desenvolvimento: A análise de valor versus esforço 116
Preencha uma matriz de priorização 117
Colhendo os votos: Dot voting 118
Comprando atributos 119

**CAPÍTULO 8: Planejando Planejar: Escolhendo uma
Abordagem Certa** 121

Adotando as Melhores Práticas de Planejamento 121
Comece cedo 122
Incluindo sua equipe 122
Tratando seu planejamento como um documento vivo 123
Decidindo a Quantidade Certa de Planejamento 124
Comparando Lean e planejamento com profundidade 124
Completando a grade de tipos de novos produtos
e serviços 126
Encontrando o nível certo de planejamento para a
cultura de sua empresa 127
Considerando as expectativas de seus executivos 129

Sumário XV

Avaliando o risco do investimento........................130
Aperfeiçoando o Processo de Planejamento com
um Planejamento Lean e Simples...........................131
Entendendo a abordagem Lean..........................131
Quais números você está olhando?.....................132
Observando um canvas de modelo de negócios popular.....133
Preparando-se para mudar e pivotar rapidamente.........135
Usando uma Abordagem Mais Meticulosa:
Planejamento com Profundidade...........................136
Decidindo documentar ou não..........................136
Usando os documentos principais e as
questões correspondentes...........................137
Estimando seu investimento de tempo..................139

CAPÍTULO 9: **Desenvolvendo Seu Caso de Negócios**..........141

Criando um Caso de Negócios para o Novo Produto ou Serviço..142
Reconhecendo a importância de um caso de negócios.....143
Esboçando seu caso de negócios.......................143
Juntando as informações necessárias..................144
Juntando Tudo: Documentando Seu Caso de Negócios........144
Parte I: Sumário executivo...........................145
Parte II: Problema e oportunidade....................145
Parte III: Cenário do mercado........................147
Parte IV: Cenário da concorrência....................148
Parte V: Análise de impacto financeiro e de recursos.......150
Parte VI: Riscos....................................151
Partes VII a XI: Outras seções.......................153
Conseguindo a aceitação do seu caso de negócios.........154

CAPÍTULO 10: **Desenvolvendo Sua Estratégia de Mercado**...155

Entendendo a Importância de uma Estratégia de Mercado......156
Dominando as Ferramentas de Estratégia..................157
Estratégia go-to-market (estratégia de mercado)...........157
Modelos de estratégia................................158
Considerando Outros Componentes da Estratégia
de Marketing...165
Oferta do produto inteiro............................166
A promessa da marca.................................166
Precificação..167
Segmentação..170
Posicionamento......................................171
Dando um nome ao seu produto.......................175
Mensagem...176
Escrevendo Sua Estratégia de Marketing..................178
Parte I: Sumário executivo...........................179
Parte II: Oferta do produto inteiro...................180
Parte III: Precificação...............................181
Parte IV: Segmentação...............................182
Parte V: Posicionamento.............................182

xvi   **Gestão de Produto Para Leigos**

Parte VI: Mensagem 183
Parte VII: Estratégia. 183
Parte VIII: Programas e atividades de lançamento 185
Parte IX: Orçamento 185
Parte X: Seções de conclusão 185

CAPÍTULO 11: Desenvolvendo um Plano: Necessidades do Mercado, Descrição de Produto e Roadmaps . . 187

Desvendando a Necessidade do Mercado e Criando
Descrições de Atributos do Produto. 188
   O espaço do problema 188
   O espaço da solução 188
   Comparando as necessidades do mercado com os
   atributos do produto 189
   Mantendo as discussões claras 190
Documentando as Necessidades do Mercado 191
   Por que o "por que" é tão importante. 192
   Juntando as informações necessárias. 193
   Detalhando seu documento de necessidades do mercado . . .198
   Priorizando os detalhes das necessidades de atributos
   e do mercado 203
Impulsionando uma Descrição de Atributo de Produto 204
   Esboçando a descrição do produto. 206
   Completando o documento de descrição do produto 207
Traçando o Caminho para o Sucesso do Seu Produto com
um Roadmap. 211

PARTE 3: CONSTRUINDO E MAXIMIZANDO O ÊXITO DO PRODUTO: DA CRIAÇÃO À RETIRADA 213

CAPÍTULO 12: Guiando uma Ideia de Produto pela Fase de Desenvolvimento 215

Conseguindo Detalhes sobre o Desenvolvimento
Cascata/Phase-gate versus Ágil 216
   Cascata: Meça duas vezes, corte uma. 216
   Ágil: Planeje e entregue rapidamente 217
   Criando o backlog no Ágil 219
   Assumindo as responsabilidades típicas 224
Desvendando os Segredos do Triângulo Trade-off de
Desenvolvimento do Produto. 226
Mantendo as Melhores Práticas durante o Desenvolvimento 227

CAPÍTULO 13: Preparando-se para o Lançamento de Seu Produto: A Fase de Qualificação 229

Posicionando-se para Acelerar a Fase de Qualificação 230
   Garantindo a validação de qualidade interna e externa 230
   Criando um plano beta 231
   Evitando erros comuns do teste beta. 232
Implementando o Programa Beta 233

Estabelecendo objetivos adequados...................................233
Concretizando seus objetivos...234
Recrutando os participantes..234
Tomando a Decisão de Vender o Produto...........................238

CAPÍTULO 14: Decolar! Planejando e Realizando um Lançamento Eficaz do Produto...........239

Desvendando o que Fazer e o que Não Fazer em um
Lançamento Bem-sucedido de Produto............................240
Entendendo a importância das primeiras impressões.......240
Detalhando os elementos de um lançamento
bem-sucedido de produto....................................241
Estabelecendo Objetivos de Lançamento.........................242
Verificando Tipos Diferentes de Lançamento....................243
Lançamentos com Ágil ou muito frequentes..............243
De modo fácil: O lançamento suave.......................244
Um pequeno esforço: O lançamento mínimo............244
Força máxima: O lançamento de escala total............245
Escolhendo um tipo de lançamento: Considerações
essenciais..246
Fazendo um Lançamento Tranquilo de Produto................247
Montando seu time de lançamento.......................247
Registrando os marcos e garantindo a prestação de contas..248
Preparando sua equipe de vendas e outros envolvidos......248
Criando um Plano de Lançamento de Produto..................250
Reconhecendo a importância do plano de lançamento.....250
Preenchendo o modelo de plano de lançamento...........250
Validando o Plano perante Seus Objetivos de Lançamento.....255

CAPÍTULO 15: Maximizando a Receita e os Lucros de Seu Produto...........257

Entendendo o Básico sobre Marketing...........................258
Mix de marketing..258
Trabalhando com comunicação e criando o
marketing colateral...262
Ajustando-se ao funil de vendas e de marketing...........266
Oferecendo as ferramentas para que o
departamento de vendas faça seu trabalho..............268
Tornando-se perceptivo ao marketing....................270
Forecasting: Um Olhar para o Futuro............................270
Juntando dados para o forecasting........................270
As variações trimestrais e sazonais podem
impactar a previsão...272
Fazendo suposições..274
Criando um Plano de Marketing Eficaz..........................275
Reconhecendo a importância de um plano de
marketing de alta qualidade................................275
Esboçando seu plano de marketing: O que incluir..........276
Estabelecendo objetivos...................................278

xviii **Gestão de Produto Para Leigos**

Monitorando as Métricas de Sucesso do Produto 279
    Ficando de olho no funil de vendas: Leads,
       oportunidades e conversões 280
    Examinando as receitas e a lucratividade. 280
    Avaliando o market share 280
    Benchmarking: Comparando com o plano de negócios 281
  Mudando de Direção: Fazendo Ajustes. 282
    Reforçando o suporte de vendas. 283
    Melhorando o produto 283
    Aparando os custos 284

**CAPÍTULO 16: Retirada: Substituindo um Produto ou
Retirando-o do Mercado** 285

  Decidindo como Retirar um Produto. 286
    Levando em conta expectativas internas e externas 286
  Considerando Fatores Cruciais em um Plano de
    Retirada de Produto. 287
    Dividindo as questões específicas de fim de
      vida por tipo de produto. 287
    Distinguindo as várias datas de fim de produto 290
    Verificando as partes de um plano de retirada de produto . . . 290
  Seguindo as Melhores Práticas na Retirada de um Produto. 291

PARTE 4: TORNANDO-SE UM GERENTE DE PRODUTOS FENOMENAL 293

**CAPÍTULO 17: Cultivando Suas Habilidades de
Gestão de Produtos** 295

  Identificando os Traços de um Líder Eficaz de
    Gestão de Produtos 296
  Desenvolvendo Seu Estilo de Liderança 297
    Alcançando resultados e motivando pessoas 297
    Lidando com o estresse. 299
    Pensando, agindo e se comunicando como um líder 301

CAPÍTULO 18: Dominando a Arte da Persuasão 303

  Revisando o Básico sobre Persuasão 303
    Escuta ativa 304
    Convencendo com o método das três razões. 305
    Pedindo o que precisa — concisamente 306
  Convencendo Sua Equipe de Executivos 307
    Elaborando um mapa de influência. 308
    Construindo relacionamentos com as pessoas essenciais . . . 309
    Falando com propriedade: A fala dos executivos 309
  Conquistando Sua Equipe de Desenvolvimento 310
    Construindo sua credibilidade 310
    Avaliando sua equipe e se ajustando 312
    Avaliando tipos diferentes de desenvolvedores e
      como lidar com eles 313

Promovendo um relacionamento harmonioso
com a equipe. 315
Levando o Pessoal de Vendas para o Seu Lado 316
Facilitando a venda de seu produto para os vendedores. 316

CAPÍTULO 19: Subindo de Nível na Gestão de Produtos 319

Mapeando a Trilha da Sua Carreira: Estabelecendo Objetivos e
Datas-alvo. 320
Estabelecendo objetivos 320
Construindo um plano de carreira 321
Escrevendo planos de ação de um, três e cinco anos 323
Lembrando-se dos favores 324
Dominando Seu Mercado e as Novas Tecnologias. 325
Tornando-se especialista de mercado e de clientes 325
Aumentando sua expertise técnica. 326

PARTE 5: A PARTE DOS DEZ 329

CAPÍTULO 20: Dez Erros Comuns de Lançamento de Produtos e como Evitá-los 331

Fracassando em Não se Planejar com Antecedência. 332
Não Ter um Plano Sustentável de Marketing Preparado. 332
Oferecer um Produto de Baixa Qualidade 333
Fazer Lançamentos com Financiamento Inadequado 334
Subestimar a Exposição Necessária de Marketing 335
Levar os Clientes a Comprar os Produtos de Seu Concorrente. . .336
Anunciar Cedo Demais. 336
Não Ter um Programa Dedicado de Resenhas do
Produto e de Relações Públicas. 337
Atrasar a Comunicação 339
Considerar os Mercados Internacionais como uma
Opção Adicional Posterior. 340

CAPÍTULO 21: Dez Roadmaps (Mais Um) para Ajudá-lo a Ter Sucesso 341

Roadmaps de Produtos com Base em Temas 342
Roadmaps de Produtos com Lançamento Programado 344
Roadmaps de Produtos com um Atributo de Ouro 345
Roadmaps de Mercado e Estratégia 346
Roadmaps Visionários 346
Roadmaps de Tendências de Concorrência,
Mercado e Tecnologia 347
Roadmaps de Tecnologia. 348
Roadmaps de Tecnologia entre Produtos 349
Roadmaps de Plataforma 349
Roadmaps de Matriz de Produto. 350
Roadmaps de Linhas Múltiplas de Produtos 351

XX   **Gestão de Produto Para Leigos**

CAPÍTULO 22: Dez Formas pelas Quais Gerentes de Produtos Fracassam 353

Falar Mais do que Ouvir 353

Focar Apenas os Atributos 354

Não Continuar Aprendendo 354

Reinventar a Roda 355

Evitar Pedir Ajuda 355

Fincar o Pé e se Recusar a Ceder, Sempre 355

Nunca Visitar os Clientes 356

Não Ser o Dono do Produto Inteiro 356

Adotar o Ágil, mas Perder o Foco Global do Negócio 357

Ser Mais um Zelador de Produto do que um
Gerente de Produto 357

ÍNDICE 367

xxii   Gestão de Produto Para Leigos

Introdução

A gestão de produto é um importante condutor estratégico em uma empresa. Ela pode causar um enorme impacto no sucesso ou fracasso dos produtos, bem como de toda a empresa, em curto e longo prazo. É a única função em uma empresa que compreende todos os aspectos do negócio, incluindo clientes, mercado, concorrência, tendências, estratégia, modelos de negócios e muito mais. Portanto, uma excelente gestão de produto faz uma excelente empresa.

Enquanto escrevíamos *Gestão de Produto Para Leigos*, tiramos proveito de nossos 60 anos combinados de experiência prática em gestão de produto. Também aproveitamos a metodologia e o aprendizado que adquirimos trabalhando com dezenas de milhares de clientes e gerentes de produto ao longo dos últimos 20 anos no negócio de consultoria e treinamento sobre o assunto. Esperamos que o livro resultante permita que você descubra e aplique excelentes conceitos de gerenciamento de produto em seu negócio e em seus produtos, gerando um enorme sucesso.

A gestão de produto ganhou muita importância no mundo corporativo nos últimos 10 anos, bem como os recursos disponíveis para aprender sobre o assunto. Como autores, podemos dizer sinceramente que gostaríamos de ter tido um livro como este quando começamos na profissão. Aprendemos muito do que está aqui através de tentativa e erro. Devemos muito aos nossos mentores e às organizações em que tivemos o privilégio de trabalhar.

Desejamos que você tenha muito sucesso ao entregar produtos que encantem seus clientes!

Sobre Este Livro

A gestão de produto é um assunto vasto. A amplitude do conhecimento que você precisa para ser um gerente de produto eficiente é enorme. A melhor resposta para uma pergunta que surge é "depende". Assim, abordar conceitos a partir de todos os ângulos foi um desafio. Fizemos nosso melhor para oferecer uma boa visão geral da profissão de gestão de produto.

DICA

Uma das belezas da carreira em gestão de produto é que você pode realizar seu trabalho de modo único. Em vez de imaginar este livro como um conjunto de regras, considere-o como um ponto de partida em sua própria carreira. Entenda por que um conceito é importante e, então, improvise sua execução. Você aperfeiçoa suas ações enquanto mantém o objetivo final em mente. Este é o verdadeiro fascínio deste trabalho: é infinitamente diferente, ao mesmo tempo que mantém os princípios básicos.

Gestão de Produto Para Leigos se destina a todos os públicos de gestão de produto: novos gerentes de produto, aqueles que querem entrar na área e comerciantes e empresários que desejam aplicar as melhores práticas de gestão de produto em suas empresas. Damos a você as diretrizes sobre o que deveria fazer, dada sua situação em qualquer momento, compartilhamos quando é provável que você se perca, e fornecemos listas, tabelas e figuras úteis para referência. Para aqueles com mais experiência em gestão de produto, o livro, sem dúvida, apresenta alguns conceitos que você nunca vivenciou e podem servir como atualização para outras coisas que você aprendeu ao longo do caminho. Como os gerentes de produto são, em grande parte, autodidatas para determinados assuntos, você pode, ao menos, ficar tranquilo por estar no caminho certo. Também esperamos que você possa usar o livro para revisar, aprimorar e ampliar o excelente trabalho que já tem feito. Com mais informações e preparação, você terá mais confiança em controlar uma situação difícil e a capacidade de manter o projeto e seu produto na direção certa.

Aqui estão algumas convenções que usamos ao longo do livro:

> » As informações nas barras laterais sombreadas ou marcadas com o ícone de Papo de Especialista podem ser ignoradas se você tiver pouco tempo. São informações boas, mas não são essenciais para o conceito principal.

> » Costumamos usar o termo *produto* para nos referirmos a produtos e serviços, embora um *produto* seja, tipicamente, um bem físico e um *serviço* seja o trabalho feito por indivíduos e empresas para os clientes. Em muitos casos, os conceitos básicos de gestão de produto são todos aplicáveis a produtos, serviços e ofertas híbridas.

> » *Marketing de produto* é um termo que você pode ter ouvido substituindo ou complementando *gestão de produto*, e essa área costuma ser responsável por garantir que mercado, mensagem, preço e outros fatores importantes de sucesso do marketing estejam alinhados.

Algumas empresas têm um grupo dedicado de gestão de produto, outras têm um grupo dedicado de marketing de produto, e outras têm grupos de gestão de produto e de marketing de produto. E algumas empresas têm grupos (com um desses nomes) em que os indivíduos executam todas as responsabilidades para ambos.

Neste livro nos referimos à gestão de produto e ao marketing de produto usando apenas o termo *gestão de produto*. Nesse contexto, o termo engloba todas as atividades na vida de um produto, desde a concepção da ideia inicial até a aposentadoria do produto. A única exceção é quando discutimos a diferença entre essas funções.

Penso que...

Ao escrever este livro, fizemos algumas suposições sobre você. Supomos que você tenha algum conhecimento sobre negócios, mas não necessariamente qualquer conhecimento técnico específico de um assunto ou área de produto. Supomos que, se você precisa ter esse conhecimento técnico, você adquiriu ou vai adquiri-lo em outro lugar (e o avisaremos quando precisar obter informações externas).

Em um mundo ideal, os gerentes de produto seriam especialistas técnicos e possuiriam MBAs e experiências empresariais. No entanto, este não é o mundo real. Supomos que, enquanto você for crescendo como gerente de produto, desenvolverá sua própria filosofia de gestão de produto, criará suas próprias versões de nossas ferramentas e inovará e compartilhará com outras pessoas na profissão. Por fim, você pode querer ajudar a próxima geração de gerentes de produto a crescer, o que resultará em mais produtos excelentes disponíveis no mundo.

Ícones Usados Neste Livro

Ao longo deste livro você encontrará ícones que irão alertá-lo sobre informações que precisa saber.

As definições de gestão de produto variam muito. Este ícone destaca termos e conceitos-chave que você deveria guardar.

Este ícone significa que estamos fornecendo algumas informações técnicas que podem ou não interessar a você. Se quiser, você pode ignorar esses parágrafos sem perder nenhuma informação importante.

O ícone Dica destaca truques rápidos para facilitar seu trabalho e ideias para ajudá-lo a aplicar as técnicas e abordagens discutidas. Se houver uma maneira mais fácil de vencer sua carga de trabalho, ela será encontrada aqui.

É fácil encontrar problemas na gestão de produto. Este ícone indica armadilhas ocultas e situações difíceis.

Além Deste Livro

Você pode acessar a Folha de Cola Online no site da editora Alta Books (www.altabooks.com.br). Procure pelo título do livro ou ISBN e faça o download da Folha de Cola completa, bem como de erratas e possíveis arquivos de apoio.

De Lá para Cá, Daqui para Lá

Se você é novo em gestão de produto ou está estudando o assunto pela primeira vez, o melhor lugar para começar é na Parte 1 do livro. Leia-o do início ao fim.

Se você já tem alguma experiência em gestão de produto, ainda recomendamos que comece pela Parte 1, para atualizar o que aprendeu e encontrar informações que podem ser novas para você. Se estiver enfrentando desafios imediatos, encontre o capítulo que aborde seu problema com mais proximidade.

1

Introdução à Gestão de Produto

NESTA PARTE...

Saiba do que se trata a gestão de produto e qual é seu papel na entrega de produtos bem-sucedidos ao mercado.

Descubra a ampla gama de atividades funcionais com as quais você trabalhará e levará à sua equipe.

Entenda todo o processo de levar um produto ao mercado.

Determine quais informações você precisa compilar para manter um produto no caminho certo para alcançar sucesso de mercado.

NESTE CAPÍTULO

» Entendendo a parte vital que o gerente de produto desempenha no sucesso do produto

» Prevendo responsabilidades típicas da gestão de produto

Capítulo **1**

Bem-vindo ao Mundo da Gestão de Produto

omo gerente de produto, você tem uma das funções mais gratificantes, desafiadoras, interessantes, difíceis e importantes no setor de negócios. Você consegue ser um líder de produto para todos em sua equipe e em sua empresa, enquanto aprende a influenciar e liderar, geralmente sem nenhuma autoridade formal ou pessoas que se reportem diretamente a você. Você é responsável por cada aspecto da oferta do produto e pelo seu sucesso ou fracasso. Essa posição lhe dá uma das melhores bases de treinamento para avançar e alcançar cargos como vice-presidente, gerente geral e CEO. E se você tiver sorte e escolher com cuidado, poderá trabalhar com algumas equipes de engenharia e desenvolvimento bastante talentosas e criar produtos que encantam os clientes, fazem grande diferença em suas vidas e ajudam a ter lucros e alcançar objetivos estratégicos que impulsionam sua empresa para o sucesso.

Compreendendo a Necessidade da Gestão de Produto

Recentemente, o mundo corporativo chegou a um profundo entendimento sobre por que a gestão de produto é a melhor escolha para direcionar produtos estrategicamente a fim de garantir que os clientes fiquem encantados e o negócio cresça. De acordo com as empresas da Aegis Resources, gerentes de produto capacitados são 50% mais rápidos em comercializar. Em um artigo de 2013 da CBS News MoneyWatch, a gestão de produto foi listada como a quarta função mais importante nas corporações, perdendo apenas para as de CEO, gerente geral e executivo sênior. Você é parte de um grupo importante e seleto.

É difícil ignorar os benefícios de se ter uma ótima organização de gestão de produto:

» Entregar produtos que melhor atendem às necessidades dos clientes.

» Aumentar receitas e lucratividade.

» Gerar clientes satisfeitos, que fornecem recomendações positivas boca a boca.

» Capturar e dominar mercados em longo prazo como resultado da sólida estratégia de produto que impulsiona os esforços globais da empresa.

Estes são apenas alguns dos benefícios. Nenhum outro grupo na empresa entende todos os aspectos do negócio da maneira que os gerentes de produto o fazem, então eles são o ponto central de responsabilidade pelo sucesso ou fracasso do produto.

VOCÊ ESTÁ EM BOA COMPANHIA

Muitos CEOs começaram na gestão de produto como área de treinamento. Alguns exemplos notáveis incluem Marissa Mayer (que começou no Google, passou para gestão de produto e se tornou CEO da Yahoo!), Steve Ballmer (que começou como gerente de produto da Proctor & Gamble e se tornou CEO da Microsoft) e Scott Cook (que começou como gerente de produto e marca da Proctor & Gamble e fundou a Intuit, fabricante de Quicken, Mint, QuickBooks e Turbo Tax). Na verdade, os últimos sete CEOs da Proctor & Gamble começaram como gerentes de produto ou gerentes de marca, como são conhecidos na indústria de bens de consumo embalados.

Reconhecendo a Função Crucial da Gestão de Produto

Empresas com excelente gestão de produto apresentam um grau de sucesso muito maior. Mas o que é gestão de produto? As seções a seguir esclarecem o que um gerente de produto realmente faz.

Definindo gestão de produto

Você pode considerar a *gestão de produto* como uma função que é, em última instância, responsável por garantir que todos os produtos que a empresa oferece ao mercado sejam tão bem-sucedidos quanto possível, estrategicamente tanto em curto quanto em longo prazo. Em outras palavras, é quem assume toda a responsabilidade. Você, como gerente de produto, deve dominar tudo sobre o sucesso do produto. Os gerentes de produto raramente, ou nunca, têm qualquer autoridade formal ou pessoas que se reportam a eles, então precisam liderar e influenciar de maneira sutil, porém eficaz.

Servindo como guia estratégico para o negócio

Em uma empresa, cada grupo funcional tem uma especialidade e se esforça para ser o melhor naquilo que lhe compete. Engenheiros, também conhecidos como desenvolvedores, criam ótimas soluções para os clientes. O marketing maximiza a divulgação e o interesse em produtos e serviços. As pessoas do marketing garantem que os consumidores conheçam no que o produto se diferencia e sejam convencidos a comprá-lo. O setor de vendas é responsável pelo fechamento da venda com os clientes que já estão dispostos a comprar. O setor de operações garante que a solução seja entregue de forma eficiente e com baixo custo e que a empresa esteja operando da forma mais econômica possível. O suporte técnico e o suporte ao consumidor garantem que os eventuais problemas sejam resolvidos.

A função da gestão de produto

Então, qual o papel da gestão de produto? Uma maneira de pensar nisso é que a gestão de produto está no centro de todos os departamentos da empresa, como mostra a Figura 1-1, bem como no de entidades externas, como clientes, imprensa, analistas e parceiros. Embora cada um dos outros grupos entenda seu papel em tornar a empresa bem-sucedida, a gestão de produto é o único grupo que tem um ponto de vista holístico e compreende como todas as peças se encaixam.

CAPÍTULO 1 **Bem-vindo ao Mundo da Gestão de Produto** 9

- Responsável pelo sucesso geral do produto
- Ponto central para todos os aspectos do produto
- Visão e estratégia
- Produto inteiro
- Roadmap/exigências
- Liderar a equipe

FIGURA 1-1: A função da gestão de produto.

Sem uma ótima gestão de produto, ninguém pode assumir a responsabilidade por todos os aspectos do sucesso junto ao cliente. Afinal, alguém tem que garantir que o trabalho tático em curto prazo seja feito para que o produto seja bem-sucedido. Alguém também precisa definir e conduzir a estratégia do produto para que o sucesso seja garantido em longo prazo. Essa é a função da gestão de produto. (Veja o Capítulo 2 para saber mais sobre o que abrange a função de gerente de produto.)

Dominando o produto inteiro

Quando os clientes pensam em seu produto, eles têm uma lista mental de prós e contras que inclui itens que não têm nada a ver com benefícios e recursos do produto. Cumpre os padrões da indústria? Quem irá instalá-lo? Confio neles? Para quem ligo se eu tiver um problema depois de comprar? Eles atenderão o telefone? Posso adquiri-lo de modo que me seja conveniente e familiar? Posso financiá-lo? Se o produto durar muitos anos, quem dará suporte durante todo esse tempo? Esses aspectos adicionais do seu produto são chamados de *produto aumentado*. Você consegue ver como o produto central, o produto real e o produto aumentado se relacionam entre si na Figura 1-2.

O produto aumentado é definido pelas partes adicionais de sua solução geral que suportam a experiência do cliente com seu produto, como garantia, suporte, processo de compra e muitos outros fatores além do produto e seus recursos. Uma *promessa de produto* é a garantia implícita do tipo de experiência que você está oferecendo aos clientes através de seu marketing, vendas, marca e outras atividades. Esse conceito é abordado em mais detalhes no Capítulo 10.

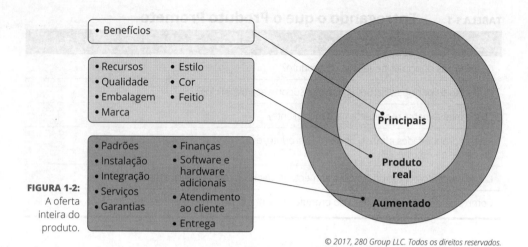

FIGURA 1-2: A oferta inteira do produto.

© 2017, 280 Group LLC. Todos os direitos reservados.

PAPO DE ESPECIALISTA

Se você já comprou um produto que parecia ter excelentes recursos e tudo de que você precisava e, ainda assim, ficou decepcionado com o atendimento ao consumidor ou algum outro aspecto da experiência, então você vivenciou uma *quebra de promessa do produto*.

Confira este exemplo para entender melhor o conceito de promessa do produto: digamos que seu produto é um carro e sua empresa não tem infraestrutura adequada para garantir que os clientes possam consertá-lo localmente. O mercado pode amar seu carro, mas poucos clientes potenciais irão comprá-lo. Eles estão preocupados que, se o carro quebrar, terão que viajar centenas de quilômetros para consertá-lo. Você, como gerente de produto, tem controle total sobre a estratégia e execução da empresa para garantir que uma rede de assistência técnica local esteja prontamente disponível? Não. Mas você tem a capacidade de influenciar as pessoas em sua empresa que são responsáveis por essa estratégia e responsabilizá-las pela entrega dessa parte da solução. Você também tem a capacidade de dizer à empresa que não prossiga em disponibilizar o carro caso qualquer parte da oferta total do produto possa impedir que ele tenha sucesso. Vá para o Capítulo 18 para saber mais sobre como influenciar sem autoridade.

Mantendo a promessa do produto

Como gerente de produto, você precisa estar ciente da promessa de seu produto e de como o produto aumentado faz a entrega da maneira que os clientes esperam. Sua responsabilidade é tentar fazer todo o possível para influenciar as outras partes da empresa a resolver qualquer desconexão entre a experiência do cliente e a promessa do produto. A Tabela 1-1 pode ajudá-lo a esclarecer como seu produto entrega (ou não) o que promete.

CAPÍTULO 1 **Bem-vindo ao Mundo da Gestão de Produto** 11

TABELA 1-1 Entregando o que o Produto Promete

Pergunta	Resposta
Quais são os principais benefícios do produto?	
Quais são os principais recursos que dão suporte aos benefícios?	
O que minha marca representa para meu cliente?	
Fora as propriedades intrínsecas do meu produto, o que mais está envolvido na decisão do cliente de escolhê-lo?	
Como esses elementos do produto aumentado valorizam ou depreciam meu produto?	
Como posso influenciar a oferta do produto aumentado para melhorar meu produto?	

Gestão de Produto em Poucas Palavras: Conferindo Seu Cotidiano

O trabalho de um gerente de produto é variado e interessante; basta ver a Figura 1-1! Na verdade, há muito o que fazer. A pergunta é: "O que é importante fazer agora?" As seções a seguir oferecem um resumo das tarefas diárias de um gerente de produto.

Gerenciando um produto durante cada fase de sua vida

No Capítulo 3 falaremos sobre o *Processo de Produto Ideal*, que é um modelo de sete etapas que descreve tudo o que acontece na gestão de produto, desde ter uma ótima ideia até aposentar oficialmente o produto. À medida que o produto percorre seu ciclo de vida, como gerente de produto você pode esperar fazer o seguinte:

» Gerar e priorizar grandes novas ideias para produtos ou recursos, colaborando com uma equipe, pesquisando o cliente e analisando o mercado (Capítulos 4, 5, 6 e 7).

» Depois que uma ideia é escolhida, realizar um planejamento detalhado em torno de conceitos, como a estratégia de mercado (Capítulo 10), as necessidades do cliente (Capítulos 5 e 11), caso de negócios (Capítulo 9) e outras áreas, para garantir que os planos sejam bem pensados e apoiem os objetivos estratégicos e financeiros da empresa.

12 PARTE 1 **Introdução à Gestão de Produto**

» Comunicar as necessidades do mercado para a equipe de engenharia e garantir que o produto que ela desenvolve resolva os problemas de seus clientes (Capítulo 11).

» Negociar com a engenharia para garantir que as alterações feitas mantenham o produto no caminho certo (Capítulos 12 e 18).

» Trabalhar com consumidores externos para validar se o produto está pronto para ser oficialmente lançado no mercado (Capítulo 13).

» Planejar e executar lançamentos de produtos altamente eficazes que garantam que a empresa possa atender seus objetivos de receita, lucratividade e estratégia (Capítulo 14).

» Maximizar receitas e lucratividade depois que o produto estiver disponível (Capítulo 15).

» Determinar se e quando aposentar ou substituir o produto e planejar e executar uma campanha de encerramento bem-sucedida (Capítulo 16).

Não se preocupe, você terá muitas coisas para fazer.

Tirando o coelho da cartola

Conforme você executa suas tarefas diárias, precisa recorrer a uma variedade de habilidades. Você precisa fazer com que executivos e outros membros importantes da equipe concordem e apoiem seus planos. Você deve aprender a dizer não para recursos e solicitações que não estejam de acordo com sua estratégia e planejamento. Precisa ser percebido como o líder da equipe — o especialista no mercado e a voz do cliente. E precisa executar tudo isso com paixão, persistência e vontade de fazer todo o possível para garantir que seu produto seja bem-sucedido.

Os gerentes de produto são bem-sucedidos porque são habilidosos nas seguintes áreas:

» **Comunicação:** Gerentes de produto comunicam quando está tudo bem e lidam com as situações difíceis que aparecem.

» **Influência:** Gerentes de produto usam suas habilidades de comunicação e mais para influenciar e negociar com as muitas partes interessadas que encontram em seu trabalho.

» **Análise:** Gerentes de produto solicitam, criam e absorvem dados quantitativos e qualitativos e comunicam, de forma eficaz, o que significam.

» **Empatia:** Gerentes de produto têm grande empatia por seus clientes e por todas as partes envolvidas. Eles estão interessados no que motiva as pessoas e em como podem ajudar os outros a ter sucesso.

CAPÍTULO 1 **Bem-vindo ao Mundo da Gestão de Produto** 13

» **Pensamento e motivação:** Gerentes de produto podem ver um futuro ideal e criar visões quase tangíveis de como o mundo deve ser depois que todos as alcançarem. Eles querem levar outros consigo nessa incrível jornada, enquanto criam produtos e experiências valiosas.

NUNCA PARE DE APRENDER

Embora este livro ofereça muita informação, você deveria considerar algumas fontes externas para aprimorar suas habilidades e conhecimento sobre gestão de produto. Considere fazer um curso que cubra todo o ciclo de vida do produto e permita que você pratique o que aprendeu. Acesse 280group.com [conteúdo em inglês] para obter um cronograma de nossas aulas, como Optimal Product Management (Gestão de Produto Ideal) e Product Marketing (Marketing de Produto). Caso disponível, junte-se a sua associação local de gestão de produto; você pode buscar a mais próxima online. Participe online da Association of International Product Marketing and Management [Associação Internacional de Gestão e Marketing de Produto — em tradução livre] (www.aipmm.com [conteúdo em inglês]) e seja voluntário em um meetup [nome dado aos encontros informais de pessoal de um determinado campo de trabalho] local de gestão de produto. Trabalhe para construir sua rede de relacionamento na área.

14   PARTE 1 **Introdução à Gestão de Produto**

NESTE CAPÍTULO

» Desmembre sua função de gerente de produto

» Veja como seu trabalho se ajusta ao de outras partes interessadas

» Avalie suas habilidades em gestão de produto

» Decida quem faz o que usando RACI e DACI

Capítulo **2**

Entrando no Personagem: Descobrindo Sua Função como Gerente de Produto

Começar como gerente de produto é agarrar uma função bastante complexa, o mais rápido possível. Seus colegas e seu chefe esperarão de você força total. A melhor abordagem para ser um gerente de produto bem-sucedido é manter a calma. Neste capítulo desmembramos isso, para que você possa abordar sua função de maneira tranquila e preparar o cenário para o sucesso em longo prazo.

Dia de Orientação: Examinando Sua Função de Gerente de Produto

O gerente de produto é responsável por entregar um produto que atenda a uma necessidade de mercado e represente uma oportunidade de negócio viável. Um componente-chave do trabalho do gerente de produto inclui garantir que o produto suporte a estratégia e os objetivos gerais da empresa. Embora o gerente de produto seja, em última análise, responsável pela gestão de produto ao longo de seu ciclo de vida (da concepção até o fim), ele recebe assistência, nesse período, de especialistas como designers, desenvolvedores, engenheiros de garantia de qualidade, especialistas em operações e cadeia de suprimentos, engenheiros de fabricação, do pessoal do marketing de produto, gerentes de programação, engenheiros de vendas, engenheiros de serviços profissionais e mais.

LEMBRE-SE

Os termos *engenheiro* e *engenharia* costumam ser usados para produtos de hardware. No mundo do software, os termos normalmente usados são *desenvolvedor* e *desenvolvimento*. Neste livro, ambos os termos são utilizados de forma intercambiável, exceto quando se relacionam especificamente a um tipo de produto específico.

Enquanto a engenharia é responsável pela construção do produto tangível, a gestão de produto é responsável pelo *produto inteiro*. O produto inteiro é o que o cliente compra, e inclui tudo o que se estende a ele, desde garantias, suporte e treinamento para periféricos, aplicativos de terceiros e serviços de parceiros de valor agregado. O produto inteiro engloba toda a experiência do usuário.

Na maioria dos casos, a descrição do gerente de produto abrange uma gama incrivelmente ampla de habilidades. No entanto, a maioria das funções do gerente de produto apresenta vários componentes-chave:

» **Especialista em sua área:** Frequentemente esse mercado é o motivo pelo qual sua empresa o contratou. O fato de você conhecer os clientes e o negócio é o principal motivo pelo qual você agora é gerente de produto.

» **Experiência em negócios:** As pessoas dizem que o gerente de produto é o CEO do produto. Embora isso possa ou não ser verdade, garantir que a empresa gere lucro costuma fazer parte. Você precisa ter um conjunto de habilidades de negócios para manter seu produto rentável.

> **Habilidades de liderança:** Muitas pessoas de sua empresa o procuram em busca de orientação. Se você não tem habilidades de liderança a seu dispor, precisa desenvolvê-las rapidamente. Os Capítulos 17 e 18 oferecem mais detalhes sobre como fazê-lo.

> **Habilidade operacional:** Gerentes de produto precisam mergulhar de cabeça nos muitos detalhes necessários para gerenciar um produto: por exemplo, criar números de peças ou atualizar uma planilha. Às vezes você pode pedir para outra pessoa fazer essas tarefas, mas muitas vezes você deve ser responsável por elas.

LEMBRE-SE

Lembre-se de que a quantidade de tempo que você gasta em determinada parte de seu trabalho varia, dependendo de você vender para empresas (B2B) ou consumidores finais (B2C). O tipo de produto que você gerencia também determina quanto tempo você gasta em diferentes tarefas. Um gerente de produto de software costuma ser muito focado no comportamento dos clientes e na experiência do usuário. Um gerente de produto de hardware pode gastar muito mais tempo em problemas de cadeia de suprimentos e previsão. À medida que você muda de um produto para outro, atente para os fatores críticos de sucesso que você enfrenta.

Conferindo a descrição do trabalho

Por que falar da descrição do trabalho? É onde seu chefe depositou suas esperanças e expectativas sobre o que você acrescentará à função. E as empresas costumam definir gestão de produto de formas diferentes. Você pode ver inclusos itens que geralmente são parte da gestão de projeto, vendas ou experiência do usuário.

CUIDADO

Como você dá direcionamento ao produto, espere ver uma referência de estratégia de produto em sua função. Se não houver, você pode estar em uma função júnior ou gerenciando um produto B2B muito personalizado, em que é provável que seus clientes ditem todos os seus movimentos. Se nada disso for o caso, sua empresa pode não entender os benefícios de uma gestão de produto forte. Você não está sozinho. De acordo com a pesquisa da 280 Group no LinkedIn em 2013, dentre os profissionais de gestão de produto, 75% dos executivos não entendem de gestão de produto. A pesquisa de desempenho da equipe Atuation confirmou que cerca de metade das empresas tinha uma função de gestão de produto mal definida.

Caso se veja em tal situação, converse com seu gerente sobre a falta de responsabilidade pela estratégia, conforme discutido neste capítulo. Em alguns casos raros, a estratégia não faz parte da função de gestão de produto.

Principais responsabilidades de um gerente de produto

Aqui estão algumas funções que você pode encontrar na descrição de seu trabalho:

» Definir a visão, a estratégia e o roadmap [em português, "roteiro"; veja em detalhe nos Capítulos 11 e 21] do produto.

» Reunir, gerenciar e priorizar solicitações do mercado/consumidor.

» Atuar como defensor do consumidor, articulando as necessidades do usuário /comprador.

» Trabalhar com a engenharia, vendas, marketing e suporte para garantir que metas de negócios e satisfação do cliente sejam alcançadas.

» Ter conhecimento técnico do produto ou domínio da área específica.

» Definir o que resolver no *documento de necessidades do mercado*, no qual articula o importante problema do mercado que você está solucionando, junto com as prioridades e justificativas para cada parte da solução.

» Executar programas beta e piloto durante a fase de qualificação com produtos em estágio inicial de elaboração e amostras (veja o Capítulo 13 para obter mais detalhes).

» Ser um especialista de mercado. A experiência de mercado inclui a compreensão dos motivos pelos quais os clientes adquirem o produto. Isso significa uma compreensão profunda da concorrência e de como os clientes pensam e compram seu produto.

» Atuar como líder do produto na empresa.

» Desenvolver um caso de negócio para novos produtos, melhorias nos produtos existentes e empreendimentos comerciais.

» Desenvolver o posicionamento do produto.

» Recomendar ou contribuir com informações de precificação. Este item não se aplica a todos os setores, especialmente o de seguros. No entanto, ter noção de preços competitivos é parte do que as empresas esperam que você faça como parcela da decisão de precificação.

Outras responsabilidades comuns

Dependendo de sua linha de produto, você também pode ser solicitado a executar as seguintes tarefas:

» Trabalhar com terceiras partes externas para avaliar a parceria e as oportunidades de licença.

» Identificar oportunidades de mercado.

» Gerenciar lucros e perdas.

» Pesquisar produtos complementares.

» Revisar exigências do produto e documentos de especificação.

» Fazer compensações de recursos versus custo versus um cronograma de trade-offs.

» Garantir que ocorram treinamentos em vendas e serviços.

» Desenvolver demonstrativos de produto ou decidir sobre o conteúdo do demonstrativo do produto.

» Ser o ponto central de contato para o produto dentro da empresa.

» Estabelecer uma parceria íntima com o marketing do produto.

Entregas comuns

Os gerentes de produto conduzem ações em toda a empresa, principalmente através de documentos escritos, apoiados por apresentações. Aqui está uma lista dos documentos mais comuns que você pode ser solicitado a criar — esteja ciente de que cada empresa tem sua própria lista e terminologia específicas:

» Caso de negócios.

» Documento de necessidade de mercado.

» Roadmaps do produto.

» Documentos em branco, estudos de caso, comparação de produtos, análise de concorrentes e histórias de usuários.

Experiência e conhecimento necessários

Os gerentes de produto valem-se de uma ampla variedade de habilidades e têm ampla experiência em negócios e produtos. Aqui está uma lista do que os gestores procuram ao contratar um gerente de produto:

» Sucesso comprovado em definir e lançar produtos que atendam e excedam os objetivos de negócios.

» Excelente habilidade de comunicação verbal e escrita.

» Ser especialista no produto ou mercado específico — isso deve incluir conhecimento técnico ou específico do setor.

» Excelente habilidade para trabalhar em equipe.

» Habilidade comprovada em influenciar equipes multifuncionais sem autoridade formal.

Identificando a gestão de produto no organograma da empresa

A gestão de produto pode se reportar a várias partes da empresa. Em funções mais tecnológicas, às vezes reporta-se à engenharia. Em empresas mais orientadas ao consumidor, às vezes reporta-se ao marketing. Cada vez mais as empresas reconhecem que uma síntese do que o cliente quer e o que o negócio pode fornecer é ficar no nível mais alto de uma organização. Portanto, os vice-presidentes de gestão de produto agora costumam se reportar ao CEO ou ao gerente-executivo de uma divisão. Veja a Figura 2-1 para um exemplo de organograma empresarial.

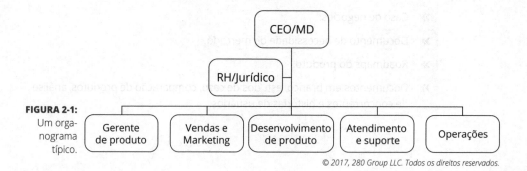

FIGURA 2-1: Um organograma típico.

© 2017, 280 Group LLC. Todos os direitos reservados.

LEMBRE-SE

Se você faz parte de uma organização que não entende bem a gestão de produto, talvez não seja capaz de operar de forma tão eficaz. Essa não é uma diferença teórica. Um estudo da Aegis Resources Inc. descobriu que, quando uma empresa dá poder aos gerentes de produto, estes chegam ao mercado 50% mais rapidamente. Isso gera muito lucro.

DICA

Talvez você precise começar a treinar seus colegas de trabalho quanto à melhor maneira de aproveitar a gestão de produto. Existem recursos disponíveis no site da 280 Group (`www.280group.com` [conteúdo em inglês]) que o ajudarão a transformar a maneira como sua empresa pode aproveitar os gerentes de produto para fazer seu negócio crescer.

Redigindo seu manifesto de gestão de produto

Certa vez alguém comparou a gestão de produto ao funcionamento de uma geladeira. Você não percebe quando está funcionando, mas quando ela quebra as coisas começam a cheirar muito mal. Lembre-se de que quando você faz bem seu trabalho, tudo flui muito melhor na empresa — mesmo que não se saiba que você é a fonte. Há menos confusão e mais direção. O bom funcionamento é proveniente de saber como você se encaixa e impulsiona sua visão. Com essa ideia em mente, tente redigir seu próprio manifesto de gestão de produto. Esse documento é sua filosofia para orientá-lo sobre como você faz seu trabalho e fornece direção.

Aqui estão algumas diretrizes:

» **Foque o *Eu*.** Este manifesto orienta suas ações. Comece cada frase com "Eu": "Eu estou comprometido a...", "Eu tenho um plano...", "Eu vou...", e assim por diante.

» **Visão de 360 graus.** Liste todas as partes interessadas e determine qual é sua posição para cada uma delas.

» **O segredo é o equilíbrio.** A única constante em ser gerente de produto é que envolve a necessidade de muitas opções. Certifique-se de ter um plano para comunicar como optará entre duas ações. Por exemplo: "Se houver dúvida, focarei validar minha opinião usando o feedback do cliente."

» **Conheça seu plano de tomada de decisão.** Na verdade, todo o processo de tomada de decisão sustenta seu sucesso. Como você tomará uma decisão? Por exemplo, escreva: "Estarei aberto a várias opiniões antes de tomar a decisão final."

O manifesto não deve ter mais do que uma página. A Figura 2-2 mostra um exemplo de manifesto do gerente de produto.

FIGURA 2-2: Exemplo do manifesto do gerente de produto. (Pode ser baixado em inglês em: `https://280group.com/landing-pages/signup/`)

> Sou um profissional de gerência de produto.
>
> Estou dedicado a trazer ótimos produtos ao mercado — produtos que agradem meus clientes, que sejam massivamente lucrativos para minha empresa e que ajudem a mudar a forma pela qual as pessoas trabalham e vivem.
>
> No decorrer da gerência de meus produtos, escolho assumir a responsabilidade pelos milhares de pequenas decisões que precisam ser tomadas e pelas tarefas que devem ser realizadas. A soma desses esforços pode agregar na concretização de um produto fenomenal.
>
> Sou um especialista em todas as áreas envolvidas com meus produtos: clientes, mercado, tecnologia, concorrentes, canais, mídia, analistas, tendências e qualquer outro fator que deva ser levado em consideração na busca pela vitória.
>
> Possuo uma visão poderosa para meus produtos e desenvolvo estratégias de vitória que se alinham com os objetivos de minha empresa, e garanto que nossos investimentos de tempo, dinheiro e energia serão bem aplicados.
>
> Estou comprometido a usar as melhores metodologias, ferramentas, modelos e técnicas disponíveis para ser mais eficiente e eficaz em meu trabalho.
>
> Tenho um plano para minha carreira e ampliarei meu status profissional ao participar de treinamentos, obter certificações e através da leitura de livros, blogs e newsletters para que possa aprender as melhores práticas.
>
> Sou a voz de meus clientes e os represento em cada decisão crucial que é tomada.
>
> Sou um líder. Desenvolvo alianças fortes com todos aqueles que preciso de modo a garantir o sucesso do meu produto, incluindo o pessoal de vendas, engenheiros, suporte, clientes, canais e parceiros comerciais, gerência, quadro de diretores e com quem mais seja necessário. Será muito difícil trabalhar com algumas dessas pessoas, mas encontrarei um caminho que faça com que todos obtenham sucesso como equipe.
>
> Recuso-me a ficar conformado com a mediocridade e serei obstinado e profissional em minha abordagem para obter os melhores resultados possíveis.
>
> Acredito que a gerência de produtos é um dos trabalhos mais difíceis, porém um dos mais recompensadores do mundo. Embora me depare com grandes imprevistos e desafios, recuso-me a ficar esgotado ou ser pessimista.
>
> Embora tenha toda a responsabilidade, exercerei pouca ou nenhuma autoridade formal. Sendo assim, farei o que for preciso para persuadir os outros a fazerem o que é certo para os clientes e para minha empresa.

© 2017, 280 Group LLC. Todos os direitos reservados.

Comparando a Gestão de Produto com Outros Cargos Relacionados

Uma das partes mais estranhas de ser um gerente de produto é o quão ocupado você é e a frequência com que seu trabalho parece transitório. Em outras palavras, ao trabalhar no ciclo de vida de um produto, em determinados momentos você pode estar produzindo apenas um breve documento do Word ou uma simples planilha de acompanhamento, enquanto muitas outras pessoas estão escrevendo páginas e páginas de códigos ou criando toneladas de material de marketing. No entanto, sem sua orientação, essas pessoas não seriam tão produtivas.

22 PARTE 1 **Introdução à Gestão de Produto**

Nesta seção abordamos algumas das funções com as quais você trabalhará de perto. Às vezes vocês conversarão de hora em hora, e em outras estarão em contato com menos frequência, porque estarão em uma fase diferente do ciclo de vida do produto, trabalhando com diferentes departamentos ou diferentes metodologias de desenvolvimento. No entanto, saber como as funções se encaixam é parte fundamental da criação de um produto bem-sucedido.

Conferindo o marketing do produto

Criar ou atualizar um produto sempre gera um sentimento muito forte. Mas tem um pequeno problema: seus clientes precisam estar cientes disso. É aí que entram os gerentes de marketing de produto. O principal objetivo deles é criar demanda para o produto através de mensagens e programas eficazes. Se essas pessoas fazem bem seu trabalho, seu produto tem um ciclo de vendas mais curto e maior receita.

A função de gerente de marketing de produto é dividida em quatro partes:

» **Especialista em estratégia de mercado:** A estratégia de mercado estabelece as bases para o sucesso de mercado. É o pensamento, o planejamento e a pesquisa de alto nível que ocorrem antes de um produto entrar no mercado. O gerente de marketing de produto tem um profundo conhecimento do mercado e de como o produto deve ingressar nele. Na prática, essa ideia significa saber qual segmento de cliente abordar, como alcançá-lo e que combinação de mensagens fará esses clientes comprarem (veja a Figura 2-3). Observe que, na figura, as mensagens não são o slogan, e os benefícios são indicados na linguagem do cliente. Em seguida, a estratégia é executada através do lançamento e, por fim, do plano de marketing.

FIGURA 2-3:
Exemplos de mensagens de marketing e slogan correspondente.

Mensagem Old Spice: Homens de verdade não têm medo de serem notados.
Slogan: Tenha cheiro de homem, cara.
Mensagem do iPod: Você tem muitas músicas disponíveis em pequeno formato.
Slogan: 1000 músicas no seu bolso.

» **Especialista em marketing:** Depois de analisar as oportunidades de mercado para seu produto, o gerente de marketing de produto cria mensagens-chave que orientam os esforços do marketing. Em conjunto com as comunicações de marketing (também conhecidas, em inglês, como *marcom*), o objetivo do gerente de marketing de produto é gerar clientes que demandem ou *atraiam* seu produto para as vendas. Essa compreensão abrangente de mercado é o motivo pelo qual o gerente de marketing de produto participa da precificação ou a decide.

CAPÍTULO 2 **Entrando no Personagem: Descobrindo Sua Função como...** 23

FUNÇÕES ESPECÍFICAS DE ÁGIL

Ágil é uma forma flexível de desenvolver produtos que se aplica principalmente ao desenvolvimento de software. Veja o Capítulo 12 para obter mais detalhes. Ele tem duas funções específicas que você não vê em outros ambientes de desenvolvimento: o product owner e o scrum master. O scrum master só costuma ser usado em uma versão específica do Ágil, chamada *scrum*. A figura a seguir ilustra quais responsabilidades são exclusivas do gerente de produto (GP), quais são compartilhadas de acordo com as preferências e habilidades entre o product owner (PO) e o gerente de produto, e quais são especificamente atribuídas ao product owner. Utilize a figura e as seções a seguir sobre RACI e DACI para ter uma discussão em sua própria organização para esclarecer funções e responsabilidades.

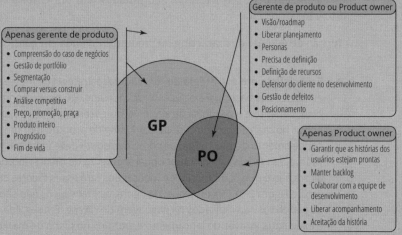

© 2017, 280 Group LLC. Todos os direitos reservados.

Aqui estão as definições específicas das funções:

- **Product owner:** A missão do product owner é representar o cliente na equipe de desenvolvimento. Uma atividade principal é gerenciar e tornar visível o *backlog*[1] *do produto* e/ou a lista prioritária de requisitos para desenvolvimento futuro. Na verdade, o product owner é a única pessoa que pode alterar a ordem dos itens no backlog do produto. Um aspecto incomum das responsabilidades do product owner é que ele deve estar disponível para a equipe de desenvolvimento em todos os momentos, para responder a quaisquer dúvidas que os membros da equipe tenham em relação à visão do cliente de como estão implementando um recurso do produto.

---

1 "Backlog" é um termo utilizado para indicar um "resumo histórico" do produto no que se refere a incidentes ou requisições que se encontram em aberto, ocorridos ao longo do desenvolvimento do produto. O capítulo 12 trata dessa questão em detalhe.

Um product owner não deve ser um scrum master. Em muitas equipes, o gerente de produto também é o product owner. Essa situação leva a uma carga da trabalho esmagadora e expectativas difíceis de gerenciar, porque os gerentes de produto devem passar um bom tempo entendendo as necessidades dos clientes e ficando fora do escritório. A necessidade de estar no escritório como product owner — e ainda compreender profundamente o cliente — é um conflito que ainda gera grande dificuldade para gerentes de produto e product owners em organizações de desenvolvimento Ágil.

- **Scrum master:** A função de scrum master é manter a equipe de desenvolvimento trabalhando no maior nível de produtividade possível. Essa pessoa facilita rituais colaborativos que conduzem as iterações com a equipe de scrum e o product owner. Ele garante que os processos de scrum e as reuniões específicas estão sendo seguidos e verifica o progresso em relação às expectativas. Criticamente, ele atua como treinador ou facilitador da equipe, ajudando os membros a resolver problemas e remover obstáculos a seu progresso.

O scrum master pode ser uma função parcial ou compartilhada entre várias equipes de scrum, mas em nenhuma circunstância o scrum master deve ser o product owner.

CUIDADO

Em muitas empresas, a precificação faz parte das finanças ou é uma função de especialidade. Mas também pode estar nas mãos da gestão de produto. Onde quer que esteja, o marketing de produto deve, ao menos, participar das tomadas de decisões para que quaisquer forças do mercado sejam compreendidas antes que uma decisão final seja tomada. Envolva seu gerente de marketing de produto em qualquer decisão de preço.

Os gerentes de marketing de produto garantem que todas as mensagens sejam consistentes. Consistência cria consciência, camada por camada, na mente do cliente. E ela trabalha com a marca para garantir que o que os gerentes de produto decidirem falar sobre um produto se traduza corretamente quando veiculado na web, dispositivos móveis ou em material impresso.

» **Programa de orientação do marketing:** Esta peça é o núcleo tradicional da função de marketing de produto. É aqui que um gerente de marketing de produto, em conjunto com o gerente de produto, descreve o posicionamento do produto que articula a proposta de valor. Com base no posicionamento, ele trabalha com a mensagem e conecta cada recurso a um benefício orientado para o cliente. O Capítulo 10 tem mais informações sobre como criar mensagens de marketing convincentes.

LEMBRE-SE

A proposta de valor é uma declaração clara de qual problema seu produto resolve e por que os clientes devem escolher o seu produto em vez de outro.

CAPÍTULO 2 **Entrando no Personagem: Descobrindo Sua Função como...** 25

>> **Suporte de vendas:** Os gerentes de marketing de produto podem criar uma biblioteca de material e ferramentas de marketing, o que deve atrair o mercado. No entanto, pode ser que seus vendedores precisem trabalhar mais para fazer uma venda. São eles que geram o *impulso* de mercado ao convencer os clientes a comprar seu produto. Para fazê-lo de forma eficaz, são necessárias ótimas ferramentas de vendas. Por exemplo, um bom treinamento sobre o produto, uma apresentação sólida e uma demonstração convincente. O pessoal de marketing de produto sabe qual vendedor é necessário para concluir o trabalho e o que precisa ser enfatizado para que o discurso de vendas tenha mais sucesso.

Algumas empresas esperam que você faça a gestão de produto e o marketing de produto, além de toda a função de marketing sozinho. Se esse for o seu caso, leia *Marketing para Leigos*, de Alexander Hiam, para ver como as responsabilidades de gestão de produto, marketing de produto e marketing se entrelaçam.

Analisando a gestão de programas

A gestão de programas costuma ser um departamento dedicado a gerenciar os processos internos críticos de uma organização, de modo a alcançar objetivos internos. Por exemplo, os gerentes de programas podem trabalhar em toda a empresa para desenvolver uma nova maneira de entregar um produto ao mercado. Ou eles podem acompanhar quanto está sendo gasto para entregar uma nova plataforma de produto. Nas empresas que são regulamentadas ou onde a precisão é muito importante, a gestão de programas garante que processos importantes sejam revisados e cumpridos. Em alguns casos, os gerentes de projeto se reportam à gestão de programas, mas nem sempre.

Como o termo *gestão de programas* é usado de forma inconsistente, esclareça com seu gerente de programas o que essa equipe deveria fazer. Em suas interações, eles examinarão continuamente questões de processo e controle. Talvez seja necessário explicar que as partes estratégicas e integradoras da função de gestão de produto não são quantificáveis da maneira que essas pessoas gostam de olhar para o trabalho, mas o resultado da gestão de produto costuma ser muito benéfica para a empresa. Use a promessa de entrega de gestão dos principais produtos (estratégia de mercado, necessidades do mercado e caso de negócios) como itens das listas de tarefas deles que precisam ser concluídas como parte do processo de decidir em quais produtos investir. Então você só precisa se preocupar em garantir que o que escreveu faz sentido, e criará excelentes produtos.

Explorando a gestão de projeto

Os gerentes de projeto são o alter ego do gerente de produto. Os gerentes de produto focam o cliente e a imagem em todas as circunstâncias. *Gerentes de projeto* garantem que todos os membros da equipe estão fazendo o que prometeram para manter o projeto no rumo certo e que cada detalhe seja concluído a tempo. Existem dois modelos de gestão de projeto. No primeiro, o gerente de projeto reporta para a engenharia e ajuda a manter o produto no caminho certo até que seja concluído e esteja disponível para o mercado. No segundo, se você tiver muita sorte, sua empresa adotou uma visão mais completa da função de gestão de projeto e garantiu que todos os aspectos do produto estão completos. Isso inclui equipes de marketing, vendas, operações e suporte, que estão todas prontas para levar o produto ao mercado com sucesso. Pergunte qual modelo sua empresa usa para que você possa definir suas expectativas sobre o que o gerente do projeto está disposto a fazer com e para você. Muitas vezes, eles sabem quais são as tarefas mais obscuras necessárias para levar um produto ao mercado, e suas informações podem valer seu peso em ouro.

Tanto o gerente de produto quanto o gerente de projeto são necessários para fazer um produto chegar às mãos do consumidor de forma eficaz.

CUIDADO

Em empresas menores ou em crescimento, a função do gerente de projeto pode ser atribuída ao gerente de produto. Caso esteja nessa situação, como gerente de produto você deve achar que está gastando todo o seu tempo preenchendo planilhas de tarefas que foram feitas ou precisam ser feitas. Você tem pouco ou nenhum tempo para o trabalho estratégico ou para ouvir a voz do cliente. À medida que o gerente de projeto e de produto se combinam, você pode ser percebido muito mais como braços do que como cabeça, e geralmente tem menos influência dentro da organização para desenvolver novos conceitos e mercados.

As empresas têm gerentes de projeto para gerenciar riscos. Ao se comunicar frequentemente, os participantes do projeto podem expressar suas opiniões e preocupações. O gerente do projeto deve considerar não só as habilidades técnicas de cada pessoa, mas também as funções importantes e a química entre os colaboradores.

As principais funções incluem:

» Montar uma lista completa das tarefas necessárias para concluir o projeto, incluindo as de outros departamentos, incorporando esses itens ao cronograma do projeto.

» Criar e gerenciar o cronograma do projeto (como parte do cronograma mestre geral).

> **FAZENDO UMA LISTA, CONFERINDO DUAS VEZES**
>
> Como o gerente de produto interage com várias pessoas em uma empresa, comece entrevistando pessoas em diferentes funções e faça uma lista das responsabilidades mencionadas. Pergunte a cada uma o que ela faz e o que espera de você. Você pode se surpreender com o que as pessoas dizem e quais tarefas acabam sendo sua responsabilidade. Claro, verifique com seu gerente se as tarefas que as pessoas estão marcando como sendo seu trabalho são realmente situações em que você agregaria valor e se são coisas que ninguém mais poderia efetivamente fazer.

- » Monitorar e acompanhar o progresso, comparando-o ao cronograma, e reportar à empresa o progresso, os retrocessos e as mudanças no cronograma.
- » Identificar e gerenciar potenciais riscos no cronograma, garantindo que haja um plano de contingência se algo não sair conforme o planejado.
- » Gerenciar a documentação do projeto, especialmente as últimas versões de planos e cronogramas.
- » Definir marcos do projeto: fases de entrada, intermediária e de integração, versão alfa, beta e produto final.
- » Ser o especialista nos processos de desenvolvimento e entrega de produtos.
- » Liderar reuniões com a equipe de projeto.
- » Coordenar a conclusão oficial de cada etapa.
- » Analisar o progresso do desenvolvimento, incluindo a correção de defeitos.
- » Gerenciar a alocação de recursos e balanceamento de carga [distribuição uniforme de trabalho].

CUIDADO

Se você trabalha em um ambiente de desenvolvimento Ágil, a função do gerente de projeto desaparece ou é elevada para supervisionar cronogramas e planos para várias equipes de desenvolvimento. Se a função desaparece, é porque ambientes Ágil têm menos necessidade de rastreamento de projeto. Uma definição básica de Ágil é que as equipes se organizam. A equipe de desenvolvimento e o scrum master dividem o que sobra. E o software que rastreia os itens de backlog do produto permite que qualquer pessoa veja facilmente o status do projeto. Se algum problema for identificado durante as reuniões regulares de planejamento e revisão que o Ágil prescreve, o gerente de produto (ou o product owner), o scrum master e a equipe de desenvolvimento devem colocar o projeto de volta na direção certa.

Para maiores esforços de desenvolvimento, onde há muitas equipes de scrum, existem diferentes metodologias de organização. Em uma delas, de uso comum, chamada SAFe (Scaled Agile Framework), a função é renomeada para *release train engineer*. Para obter mais informações, veja o box "Funções Específicas de Ágil" anteriormente neste capítulo.

Conhecendo outras funções com as quais você interage

Como gerente de produto, você toca em quase todas as partes de uma organização e talvez nem perceba. Só se dá conta da extensão de seu alcance muitos anos depois de ter deixado uma função de gestão de produto e ter encontrado alguém em uma parte obscura da empresa que reconhece você. É uma experiência de humildade.

Uma excelente prática é andar pelo escritório uma ou duas vezes por dia, conferindo as funções principais. Se algumas são remotas, verifique-as por e-mail, reunião ou telefonema, pelo menos uma vez por semana. Você pode abordar quaisquer problemas e preocupações enquanto são pequenos.

As seções a seguir enfatizam a questão de seu relacionamento com várias funções da empresa. Trabalhar com tantas pessoas diferentes requer habilidades com pessoas. Consulte os Capítulos 17 e 18 para obter dicas sobre como lidar com personalidades variadas no dia a dia.

Vendas

O objetivo geral do departamento de vendas é facilitar o processo de vendas. Um *processo de vendas* é aquele em que os clientes chegam à conclusão de que deveriam comprar seu produto e então o fazem. No entanto, vendas não é uma função monolítica. Subdividir o departamento de vendas em suas várias funções mostra o quanto elas são importantes para um gerente de produto:

> » **Representante de vendas**: Essas são as pessoas que falam direta e ativamente com os clientes e os convencem a comprar um produto. Os representantes de vendas geralmente são remunerados, pelo menos em parte, por comissão. Se eles não conseguem vender seu produto, venderão outra coisa para que "atinjam seu objetivo de vendas".
>
> Seu trabalho como gerente de produto é garantir que eles tenham uma compreensão profunda de seu produto e consigam vendê-lo. Com seu gerente de marketing de produto, seu trabalho é garantir que os representantes de vendas tenham a informação certa para tornar seu produto convincente. Apresentações de venda, planilhas competitivas de vendas e gráficos de comparação de benefícios/recursos e preços são um bom lugar para começar.

» **Engenheiro de vendas técnicas**: Muitas vezes, para produtos técnicos, é preciso ter uma conversa altamente técnica com um cliente sobre criar uma solução elegante para um problema complicado. Essa pessoa normalmente é chamada de engenheiro de vendas técnicas, embora esse título possa variar muito.

Assim como o representante de vendas, o engenheiro de vendas técnicas explica a história do produto ao cliente. A única grande diferença é que ele pode realmente usar seu produto no momento em que está fazendo uma demonstração. Dê a esses profissionais um briefing muito mais aprofundado sobre os aspectos técnicos do produto do que você dá a seus representantes de venda.

Essas pessoas têm outra função importante a desempenhar na vida de um gerente de produto: elas falam com os clientes — em muitos casos, com os insatisfeitos. Se você não pode sair e conversar diretamente com os clientes porque está muito longe ou simplesmente não tem tempo para ver cada cliente insatisfeito, o engenheiro de vendas técnicas é uma ótima saída para problemas não resolvidos de clientes. E problemas não resolvidos são uma ótima fonte de novas ideias de produtos.

» **Operações de vendas**: Os colaboradores de operações de vendas garantem que o trabalho de back office seja feito para concretizar a venda. Parte do trabalho central que você faz como gerente de produto é garantir que as operações de vendas façam um excelente trabalho ao configurar os sistemas comerciais necessários para que os produtos possam ser facilmente vendidos. Essas pessoas sabem o que esse trabalho exige — em detalhes. Visite-as com frequência caso tenha problemas. Elas sabem como criar soluções rápidas e resolver problemas em longo prazo.

Marketing

Na sequência de colocar o produto nas mãos do cliente, o marketing é a próxima função a partir da gestão de produto e marketing de produto (veja a Figura 2-4). Embora, ao longo do tempo, você se comunique com toda a empresa, o marketing traduz o que você faz no contexto geral da mensagem da empresa para todos os produtos e marcas.

FIGURA 2-4: A sequência de informação, da gestão de produto às vendas.

© 2017, 280 Group LLC. Todos os direitos reservados.

A função do marketing inclui gerar demanda, ajudando o marketing do produto e vendas a responder a movimentos competitivos, cuidando de relações públicas, planejando eventos e criando material que apoia a força e o canal de vendas. Você passará muitas horas produtivas e instigantes com o marketing.

Jurídico

Seu envolvimento com o departamento jurídico depende do tipo de sua atividade econômica. Se você estiver no campo de seguros ou médico, o jurídico estará bastante envolvido com as especificações de seu produto. Para muitos gerentes de produto, o jurídico só se envolve quando a empresa está fazendo um contrato com uma parte externa. Para a maioria dos produtos, seu departamento jurídico precisa examinar qualquer tipo de promessa vinculativa ou implícita feita a um cliente, parceiro, contratante ou fornecedor de terceiros.

Desenvolvimento de produto

Desenvolvimento de produto ou, como às vezes é chamado, engenharia, é a organização que cria seu produto. Muitas especialidades se enquadram aqui, incluindo (mas não se limitando a elas) as seguintes categorias:

> » Designers de interface e experiência do usuário
> » Desenvolvedores de software
> » Engenheiros de hardware
> » Garantia de qualidade

Seu relacionamento com o desenvolvimento de produto é fundamental para seu sucesso como gerente de produto. As pessoas de desenvolvimento de produtos traduzem os problemas do cliente que você define em produtos reais que atendem a essas necessidades. Quão bem essas pessoas se saem depende de sua capacidade de traduzir claramente o que os clientes disseram em relação a algo em que o desenvolvimento do produto possa atuar. A qualidade de suas habilidades de comunicação e influência é fundamental para garantir que você seja ouvido.

Uma questão que surge é quanta orientação você oferece a eles. Os engenheiros gostam de resolver problemas rapidamente. Em muitos casos, você quer discutir detalhadamente quais são os problemas e necessidades do cliente, enquanto os engenheiros desejam chegar rapidamente a uma solução. Seu trabalho é mantê-los no espaço do problema por tempo suficiente para que realmente expandam os detalhes do problema do cliente. Depois que você acreditar que todos na equipe compreenderam integralmente o problema do cliente, pode usar mapas mentais e outras ferramentas para trabalhar com as possíveis soluções. Os engenheiros assumirão a liderança uma vez que a busca por uma solução estiver em andamento.

CAPÍTULO 2 **Entrando no Personagem: Descobrindo Sua Função como...** 31

Financeiro

O departamento financeiro se concentra em manter os números em ordem e garantir que a empresa esteja ganhando mais do que gasta. Você trabalha com esse departamento nos seguintes tópicos:

» **Gastos:** Quanto custou para desenvolver seu produto e qual é o custo real do produto ou da entrega aos clientes?

» **Receita e lucros:** Qual é a receita esperada e quanto dela pode representar o lucro da empresa?

» **Preço:** Esta área é uma combinação dos dois itens anteriores. Durante uma discussão de preços, você precisa saber claramente qual é o valor real de um produto para um cliente, dadas todas as outras alternativas. Evite transformar isso em uma discussão sobre a quantidade de dinheiro que a empresa ganhará por unidade. Se ninguém comprar o produto porque o preço é muito alto, o preço está errado, não importa o quanto seja lucrativo. O Capítulo 10 apresenta mais detalhes sobre preço.

Operações

O departamento de operações garante que seu produto chegue ao cliente com o mínimo de obstáculos possíveis. Você quer que o processo seja livre de atrito, porque cada obstáculo é uma oportunidade para que a venda pare. O departamento de operações é responsável por mapear cada etapa, e você precisa convencê-los a implementar um processo da forma mais simples possível para que seus clientes possam comprar seu produto com facilidade. Você também pode precisar envolver o desenvolvimento de produto para garantir que a jornada do cliente esteja mapeada com o mínimo de etapas possível.

Aqui estão alguns exemplos de maneiras em que ter operações trabalhando com o desenvolvimento melhora a experiência dos clientes:

» A Amazon queria diminuir o número de etapas necessárias para a compra de produtos em seu site. A empresa acabou desenvolvendo o método de compras com um clique, envolvendo todos os aspectos da equipe de operações para acelerar as compras.

» Quando a Starbucks começou a oferecer Wi-Fi em suas lojas, acessar o serviço exigia dois cliques. Hoje a Starbucks combinou as duas etapas, de modo que os clientes conseguem se conectar com um clique.

Trabalhar com operações requer ser minucioso. Você deve estar preparado para resolver questões como estas:

> » Configurações nos sistemas de rastreamento de dados, como SAP, que orientam a empresa.

> » Como um número de peça é construído para fornecer informações ao público interno.

> » O processo real para solicitar um número de peça. Para quem você pergunta? Existe uma forma específica de fazer esse pedido?

> » O fluxo de transporte de bens físicos, da fabricação até o distribuidor e, por fim, até o cliente.

Cada empresa tem sua própria maneira de configurar sistemas e processos internos para que ela funcione adequadamente. Você precisa entender os detalhes de como esses sistemas se cruzam com seu objetivo de colocar produtos nas mãos dos clientes. No final, é gratificante fazer esse trabalho corretamente, e as pessoas de operações gostarão de você por dedicar tempo para que todos os detalhes estejam em ordem.

Serviço e suporte

Os departamentos de serviço e de suporte são os heróis anônimos de seu sucesso. Assim como os engenheiros de vendas, as pessoas de serviço e suporte [serviço de atendimento ao consumidor] ouvem diretamente os clientes — principalmente clientes insatisfeitos (é raro um cliente contatar o suporte para dizer o quão satisfeito está). Eles fornecem o suporte de pós-venda que mantém seus clientes satisfeitos à medida que usam seu produto. Como gerente de produto, suas interações com esse pessoal ocorrem por três razões principais:

> » Você quer saber quais os problemas que os clientes estão tendo com os produtos de hoje, para que possa melhorar a situação na próxima revisão ou, talvez, até desenvolver algo inteiramente novo, se o problema for muito grande.

> » Se muitos clientes estão ligando para se queixar de um problema específico ou falha, o serviço e suporte são ótimos na coleta de dados sobre o problema e para que você saiba (em termos inequívocos, às vezes) que a falha precisa ser corrigida. Seja claro com eles sobre quaisquer restrições que você tenha ao corrigir um problema de produto. Seja como for, leve os comentários deles a sério.

> » Como parte do processo de lançamento do produto, planeje sessões de treinamento com qualquer pessoa que ofereça suporte aos clientes, para que ela esteja pronta para atender ligações e responder as perguntas dos clientes no primeiro dia de disponibilidade do produto.

Quando seus agentes de serviço e suporte são excelentes, eles podem manter a lealdade de seus clientes durante muitos anos. Reserve um tempo para visitá-los, treiná-los e respeitá-los.

Serviço e suporte fazem parte da oferta do produto inteiro. Esse departamento geralmente é visto como fora do controle do gerente de produto. No entanto, se ele afetar a felicidade e a vontade de seu cliente de comprar o produto, você deve se manifestar e pedir ao departamento de serviço e suporte pelas alterações, se necessário.

Conduzindo uma Autoavaliação: Traços de um Ótimo Gerente de Produto

Tornar-se um excelente gerente de produto é o trabalho de uma vida. O trabalho é complicado. São muitas as habilidades e os talentos que você precisa agregar à função. E quando você acha que dominou todos, percebe que não usa um deles há algum tempo e precisa de mais prática. Ter as características e as habilidades de um gerente de produto incrível torna o trabalho algo maravilhoso, se você gosta de variedade e desafios. As seções a seguir detalham os oito traços mais importantes dos grandes gerentes de produto. Você pode usar a Tabela 2-1 na seção "Avaliando seus traços de gerente de produto", mais adiante neste capítulo.

Perspicácia empresarial

Você sabe que os gerentes de produto precisam se concentrar em obter o produto certo e ouvir os clientes. No entanto, sua empresa precisa ganhar dinheiro para sobreviver. Essa perspicácia empresarial é necessária para se obter produtos lucrativos. A perspicácia empresarial inclui uma análise cuidadosa dos seguintes tópicos:

» **Precificar um produto de modo que leve a uma margem de lucro segura.** Você precisa conhecer toda a estrutura de custos e oferta do seu produto, incluindo despesas gerais corporativas.

» **Verificar duas vezes todos os termos comerciais contratuais para garantir que você não tenha cedido muito a seu canal, seus parceiros ou seus clientes.**

» **Estar ciente quando uma negociação comercial com uma pessoa e uma organização interna e, especialmente, externa, não está levando em consideração seus interesses.** Você precisa equilibrar ambas as necessidades.

34 PARTE 1 **Introdução à Gestão de Produto**

Você não aprende habilidades de negócios do nada. Você as aprende com pessoas mais experientes em sua empresa. Felizmente, a maioria das suas negociações se concentra na troca interna de recursos, como pessoas e dinheiro. Antes de qualquer negociação séria, obtenha uma lista, a mais completa possível, com seu gerente, sobre o que pode fazer parte da discussão e o que deve ficar fora dela. Depois entre com uma lista dos limites dentro dos quais você pode operar. Não extrapole esses limites. Se você não tiver certeza, pare e verifique novamente se não renunciou a algo com o qual seu departamento não deveria se comprometer. O seguro morreu de velho.

Conhecimento e experiência no ramo

Muitos gerentes de produto vêm do ramo em que atuam. Em primeiro lugar, eles são especialistas no setor, e em segundo lugar, são gerentes de produto. Em geral, esse atributo é ótimo, em virtude da familiarização com o setor de atividade e suas principais características comerciais.

O que acontece quando um determinado setor de atividade está em transição? À medida que você usa o conhecimento e a experiência adquirida nele em uma função de gestão de produto, fique atento aos fatores disruptores que podem estar presentes nesse setor. Imagine que você fosse um gerente de produto no segmento de táxis. Você teria previsto que um serviço como o Uber o transformaria? Então, precisa concentrar sua energia para convencer sua empresa de que é hora de fazer alguma coisa — ou, possivelmente, ver sua empresa morrer.

Conhecimento técnico

Uma das partes mais interessantes da função de gerente de produto é ter uma conversa técnica com alguém ainda mais técnico que você. Sim, você precisa conhecer a tecnologia que dá suporte a seu produto. Então peça que um técnico lhe dê um instrução detalhada sobre todos os prós e contras de seu produto. Conforme a conversação vai caminhando, acrescente suas próprias anotações sobre a diferença que essa informação faz com relação ao cliente. Seu objetivo é conhecer os termos técnicos e traduzir isso no valor que a tecnologia oferece a seu cliente.

LEMBRE-SE

A parte "Por que é importante?" é onde você agrega valor como gerente de produto. O mundo está repleto de produtos com muita sofisticação técnica, mas que não oferecem valor real, como o copo de café com misturador automático que garante que o leite ou o açúcar no seu café permaneçam bem misturados. Na superfície, essa inovação tecnológica é maravilhosa, mas do ponto de vista do cliente, o valor adicional pode não justificar gastar $10 a mais para comprar cada copo.

Habilidade com pessoas

Observe os diversos livros de negócios na prateleira em uma livraria. Agora calcule quantos são sobre os prós e contras dos negócios e quantos tratam da melhor maneira possível de lidar com outras pessoas. A proporção de livros sobre habilidades com pessoas supera as obras dedicadas a planilhas ou planos de negócios.

Ser hábil no trato das pessoas sustenta muito de seu sucesso como gerente de produto. As seções anteriores deste capítulo apresentaram uma longa lista de departamentos e funções que você precisa alinhar com seu trabalho. Assim como gasta tempo analisando e planejando seu próximo produto, você precisa analisar e planejar suas estratégias ao trabalhar com seus colegas.

Em resumo, é simples: ouça com atenção, faça perguntas cujas respostas sejam discursivas e certifique-se de fazer pedidos e delegar de forma clara e sucinta. Os Capítulos 17 e 18 aprofundam-se na questão de como fortalecer suas habilidades com pessoas.

Habilidade de tomada de decisões

O motivo pelo qual os gerentes de produto têm um impacto tão grande em suas empresas é que eles exercem uma das principais funções necessárias para se tomar decisões para o futuro em bases regulares. Isso é ótimo se as decisões que você precisa tomar são aquelas em que possui experiência. Por exemplo, quais mercados-alvo e grupos de clientes abordar com seu produto é um assunto sobre o qual você precisa decidir.

Os problemas que os gerentes de produto enfrentam podem ter muitas respostas certas. A pergunta a ser respondida é: "Qual é a melhor resposta com os dados que tenho disponíveis agora?" Você precisa optar entre uma decisão precoce que cria um movimento para a frente, e uma decisão mais segura que poderia tomar em uma data posterior. Algumas perguntas úteis:

- » Quando é o último momento responsável para tomar uma decisão?
- » Posso progredir e ter alguma flexibilidade?
- » O que acontece se eu não tomar a decisão agora?
- » Quais são meus riscos?
- » Quais são as possíveis recompensas de agir logo ou de esperar?

Na Parte 2 você se familiarizará com as ferramentas que o ajudarão a tomar decisões com mais confiança.

Aptidão para resolver problemas

Os gerentes de produto são conhecidos por adotar uma atitude positiva. Na verdade, provavelmente é um pouco mais do que isso. Os obstáculos que são colocados em seu caminho são apenas oportunidades de sucesso, independentemente das probabilidades. Tenha em mente que os obstáculos são limites. Permita-se expandir sua área de controle para além dos limites que parecem estar em seu caminho.

Quando você é confrontado com uma situação difícil, seja um obstáculo no ciclo de vida de um produto, um mal-entendido com outro departamento ou quaisquer questões que possam surgir, comece por entender melhor o problema. Anote todos os parâmetros e convide outras pessoas para ajudá-lo a descobrir onde os obstáculos são ligeiramente menores (veja a Figura 2-5). Continue trabalhando neles até que você possa ver um caminho através do problema. Muitas barreiras são impostas pelas organizações porque já tiveram algum propósito. Se elas não servem mais a seu propósito original, aprofunde-se para entender todos os aspectos do problema e você encontrará seu caminho.

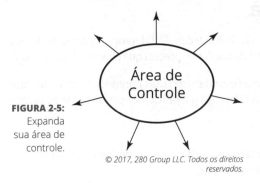

FIGURA 2-5: Expanda sua área de controle.

© 2017, 280 Group LLC. Todos os direitos reservados.

Essa resistência mental de não parar até que um problema seja resolvido é um atributo importante do gerente de produto. Está relacionado a outro atributo crítico: o otimismo. Não importa o quanto sua situação seja ruim, sua capacidade de acreditar que consegue resolver problemas lhe dá a oportunidade de obter o melhor resultado possível.

Cabeça fria

Os gerentes de produto passam muito tempo sob o tipo de pressão que acaba com muitas pessoas. A gestão de produto é considerada, hoje em dia, o quarto trabalho corporativo mais importante nos Estados Unidos, de acordo com uma pesquisa da CBS News de 2013. Isso significa que o que você faz é altamente visível e muito difícil de se fazer bem.

Muitos obstáculos podem surgir conforme você prepara um produto para entrar no mercado, e como você lida com os problemas é uma medida de seu caráter. Cada um encontra uma maneira de lidar com o estresse. Os que fazem isso melhor são como patos, calmos na superfície, mas pedalando como loucos sob a água. Aqui estão algumas sugestões para manter a calma:

» Quando receber más notícias, não há problema em sair e dar uma curta caminhada — ao ar livre, se possível.

» Respirar fundo (algumas vezes) faz uma grande diferença em sua capacidade de responder calmamente.

» Meditar regularmente, da forma que considerar produtiva, é muito útil. Bem como jardinagem e longas caminhadas.

A ideia principal é procurar uma lacuna entre sua surpresa e sua reação. Nessa lacuna, você pode escolher manter a calma, usando o espaço mental para chamar todas as outras habilidades que abordamos nas seções anteriores. Você precisará de todas elas — e de um sorriso para acompanhá-las.

Dom da liderança

Um gerente de produto precisa ter habilidades de liderança. Quando pede aos outros para irem além de seu nível de conforto, precisa que eles confiem em você.

Você pode ler sobre liderança pelo resto da vida, mas aprender a ser realmente um líder exige tempo e prática. A liderança é a prática de elevar todas as características das seções anteriores.

» **Perspicácia empresarial:** Você sabe tudo o que sua decisão significará quando implementada no mundo real?

» **Experiência no ramo:** Quão confiante você está de que o que sabe hoje será verdadeiro conforme a evolução do seu mercado?

» **Habilidade com pessoas:** Você realmente escuta?

» **Habilidade de tomada de decisões:** Depois de ouvir atentamente as pessoas, você consegue integrar todas as informações para criar uma decisão verdadeiramente criativa?

» **Habilidade técnica:** A tecnologia realmente evoluirá da maneira que você acredita?

» **Aptidão para resolver problemas:** Você consegue achar uma solução, não importando o quanto a situação seja ruim?

38   PARTE 1 **Introdução à Gestão de Produto**

Quando tudo der errado, conte com as quatro qualidades a seguir como parte do seu dom de liderança:

» As pessoas podem confiar em você?

» Você dá esperança?

» Você tem compaixão por seus colegas e consumidores?

» Você faz as pessoas se sentirem seguras?

Avaliando seus traços de gerente de produto

Veja na Tabela 2-1 como você se classifica como gerente de produto. Para cada atributo, marque aquele que mais representa seu nível de habilidade. Por exemplo, para perspicácia empresarial, você poderia marcar "Sou maravilhoso nessa área", "Na maioria das vezes, sou bom nessa área" ou "Preciso muito melhorar nessa área". Defina metas pessoais nas áreas em que você deseja se aprimorar. E parabenize-se em relação àquilo em que for estupendo. Você não desenvolve essas habilidades da noite para o dia, então, criar um plano de desenvolvimento com um coach, seu chefe ou até mesmo por conta própria fará com que vá longe em sua carreira.

TABELA 2-1 Avaliando Seus Traços de Gerente de Produto

Atributo de gerente de produto	Sou maravilhoso nesta área	Na maioria das vezes, sou bom nesta área	Preciso muito melhorar nesta área
Perspicácia empresarial			
Conhecimento e experiência no setor de atividade			
Conhecimento técnico			
Habilidade com pessoas			
Habilidade de tomada de decisões			
Aptidão para resolver problemas			
Dom de liderança			
Cabeça fria			

RACI e DACI: Entendendo as Responsabilidades

Conforme as organizações crescem, a complexidade de quem é responsável por fazer o que deve ser feito aumenta. Os gerentes de produto têm uma longa lista de responsabilidades, e é importante garantir que todos entendam claramente no que precisam estar envolvidos e o que podem delegar para outras funções.

Existem duas ferramentas de gestão que são úteis para garantir que todos saibam quem participa na finalização de uma atividade e quem toma as decisões sobre determinados assuntos:

» **RACI:** Quem é responsável pela conclusão de determinada tarefa?

» **DACI:** Quem decide como agir em determinada tarefa ou função?

Qual ferramenta usar dependerá do tipo de problema: de responsabilidade ou de tomada de decisão.

Seguindo o caminho RACI

Um conceito-chave que resolve a parte da responsabilidade do quebra-cabeça é chamado de RACI. O acrônimo representa o seguinte:

» **Responsável:** Quem são os participantes responsáveis pela conclusão da ação?

» **Autoridade:** Quem tem o poder de garantir que uma ação seja concluída?

» **Consultado:** Quem é consultado durante o processo de conclusão da ação?

» **Informado:** Quem é informado sobre a situação de uma ação?

Um exemplo é o planejamento de uma festa da empresa na praia em que os convidados colaboram levando um prato ou alguma outra coisa. Preparar-se para um evento significa que qualquer pessoa designada para trazer alimentos ou outros materiais está listada como *responsável*. Voluntários para comida, cobertores e assim por diante têm a *autoridade* para garantir que os compromissos sejam cumpridos. Executivos são *consultados* sobre assuntos importantes conforme o evento se desenrola. E todos que não são voluntários são simplesmente *informados* sobre os acontecimentos.

A Tabela 2-2 mostra um gráfico RACI completo para um grupo de desenvolvimento Ágil que usa metodologias scrum. Criar esse gráfico em grupo permitirá que o gerente de produto, ou product owner, esclareça quem é responsável por quais tarefas e diminua a confusão entre os membros do grupo.

40   PARTE 1 **Introdução à Gestão de Produto**

TABELA 2-2 ## Gráfico RACI do Grupo Ágil

Gráfico RACI do grupo Ágil	Gerente de produto	Product Owner	Scrum Master	Engenheiro	Experiência do usuário	Garantia de qualidade	Gestão
Desenvolver testes de qualidade	I	I	I	C	I	R	I
Participar de reuniões diárias	C	R	R	R	R	R	I
Criar a visão do produto	R	C	I	I	I	I	C
Estimar pontos da história	I	C	C	R	R	C	I

Seguindo o caminho DACI

Para muitas organizações, criar um gráfico RACI, como o da seção anterior, funciona bem. Os gerentes de produto enfrentam complicações adicionais. Eles estão tentando avançar em várias frentes. Sem uma tomada de decisão clara, projetos inteiros podem parar até que todos cheguem ao ponto de dizer sim. Essa situação é a razão pela qual muitos gerentes de produto recorrem a um gráfico DACI. Há apenas uma letra diferente, mas o impacto organizacional é dramático quando todos os níveis da empresa o adotam.

DACI representa:

» **Dirigente:** Quem conduz a decisão quanto à conclusão?

» **Autoridade:** Quem aprova determinada decisão? Para melhores resultados, tenha uma quantidade pequena de pessoas nessa condição.

» **Colaborador:** Quem contribui para uma decisão?

» **Informado:** Quem é simplesmente informado sobre uma decisão final?

O modelo DACI é ótimo para dirimir dúvidas na decisão. Para o exemplo da festa na seção anterior, o vice-presidente de recursos humanos é o *dirigente*. Ele quer um evento que aproxime a equipe. O CEO é a *autoridade* do plano de ter uma festa, e os *colaboradores* são os representantes dos funcionários que ajudaram o vice-presidente de recursos humanos a tomar decisões como convidar ou não familiares dos participantes. O restante da empresa é *informado* sobre o evento.

CAPÍTULO 2 **Entrando no Personagem: Descobrindo Sua Função como...** 41

É o mesmo evento, mas há uma grande diferença entre quem conduz e quem é responsável. Muitas pessoas podem ser responsáveis, mas apenas um dirigente é alocado no modelo DACI. Fica nítido quem está no comando. Como mostra a Tabela 2-3, também está claro quem pode aprovar, quem pode contribuir com um ponto de vista e quem pode interromper o projeto.

TABELA 2-3 **Gráfico DACI do Grupo Ágil**

Gráfico DACI do grupo Ágil	Gerente de produto	Product Owner	Scrum Master	Engenheiro	Experiência do usuário	Garantia de qualidade	Gestão
Decide sobre a visão do produto	D	C	I	I	I	I	A
Decide quando o produto está pronto para ser lançado	A	C	C	C	C	D	I
Prepara a história do usuário para que seja revisada pela equipe	C	D	C	I	I	I	I
Concorda que a história do usuário está pronta para fazer parte do sprint	I	C	C	D	C	C	I

Usando RACI e DACI de forma eficaz

O melhor momento para criar um gráfico RACI e DACI é no início de um projeto. A gestão de programa seria chamada para ajudar nos detalhes, já que este é um processo da empresa. Se você esperar para criar este acordo depois que surgir o conflito sobre quem faz o que e quem pode decidir o que, é mais difícil chegar a um acordo. Dependendo de quais problemas você espera ter em seu projeto, planeje uma reunião de trabalho para detalhar todas as tarefas que precisam ser finalizadas e, em seguida, aloque claramente a responsabilidade. Se sua equipe está tendo dificuldade em tomar e aderir às decisões, faça uma reunião de DACI e resolva as questões. Você pode precisar de um facilitador. O pessoal de recursos humanos ou treinadores costumam fazer um treinamento em facilitação. Peça-lhes que conduzam a reunião por você, para que se obtenham resultados imparciais. E um decisor-chave é sempre bem-vindo nas reuniões para situações que precisam de desempate.

Após haver concordado com uma configuração DACI ou RACI, você pode reutilizá-la de projeto para projeto. Se você se vir novamente em desacordo ou se houver uma grande mudança na equipe, pode valer a pena fazer uma nova.

Um último benefício: Se você está drasticamente sobrecarregado, um gráfico RACI deixa esse desequilíbrio óbvio para todos. Então, você pode negociar a retirada de determinadas tarefas de suas costas.

NESTE CAPÍTULO

» Compreendendo o ciclo de vida do produto e como ele se integra com os vários métodos de desenvolvimento

» Explicando o ciclo de vida do produto em sete fases

» Aprofundando o Processo de Produto Ideal e seus nove documentos principais

Capítulo **3**

Conferindo o Ciclo de Vida do Produto

Todo produto ou serviço passa por sete fases distintas conhecidas como *ciclo de vida do produto*. Compreender o ciclo de vida e saber em que fase seu produto está permite que você saiba qual é a próxima etapa para garantir seu sucesso. Este capítulo orienta você em todas as sete fases. São necessárias informações diferentes durante cada fase. Nove documentos principais são usados em fases específicas para armazenar e transmitir o que você aprendeu, registrar uma decisão tomada e anunciada, acompanhar o que precisa ser concluído e cristalizar o pensamento por trás de cada atividade-chave.

Definindo o Ciclo de Vida do Produto: O que É e o que Não É

Um produto começa a vida como um pequeno pensamento, uma faísca "e se" que captura a imaginação. Mas antes que um produto veja a luz do dia ou chegue às mãos do cliente, ele deve passar por uma série de fases que envolvem todos os departamentos de uma empresa.

Essas sete fases capturam tudo o que acontece com um produto durante sua vida e todas as decisões importantes que devem ser tomadas. Acompanhar o ciclo de vida do produto dá aos gerentes de produto um roadmap sobre o que fazer em relação ao produto à medida que o lançamento se aproxima. Aqui estão os benefícios desse processo:

> **Tomada de decisão clara.** A informação apropriada necessária para tomar uma decisão está disponível no momento certo e é apresentada às pessoas com autoridade para tomar essa decisão.

> **A entrega de informações é consistente e completa.** Todos sabem o que esperar e onde procurar, e as informações disponíveis são suficientes para que a próxima fase comece bem.

> **Cada fase é levada em conta e concluída corretamente.** Criar produtos é estressante. Na pressa de lançá-los, é tentador pular etapas. Um bom processo previne que se deixe de fazer algo, cometendo um erro que será difícil de corrigir mais tarde.

> **A gestão de produto e o marketing de produto conhecem sua função em cada fase.** Essas funções participam de forma completa e apropriada durante cada fase. Elas sabem o que precisam completar para garantir um ótimo produto. Ambas suportam a entrega de um produto completo usando todo o conceito de produto inteiro, definido no Capítulo 1.

Phase-gate

O modelo de sete fases utiliza uma abordagem *phase-gate* [em português, "fase-portão"]. Cada *fase* consiste em tarefas padrão que precisam ser concluídas. Diferentes departamentos e funções estão cientes de seu trabalho durante cada fase e de sua contribuição quando a decisão é tomada no final dessa fase.

Para concluir uma fase e passar para a próxima, o produto deve ser examinado em um ponto de decisão (gate). O *gate* é uma decisão, baseada em certos critérios, em cima do trabalho relativo àquela fase. A Figura 3-1 mostra as fases e os pontos de decisão do ciclo de vida do produto. Na sessão de reunião ou aprovação, a empresa pode decidir avançar com o conceito ou produto, deixá-lo de lado, cancelá-lo ou pedir mais informações. Criticamente, a informação para uma decisão no gate garante que o gerenciamento avalie corretamente o risco e a oportunidade de investir dinheiro ou recursos significativos.

44   PARTE 1 **Introdução à Gestão de Produto**

FIGURA 3-1:
Sete fases do ciclo de vida do produto com phase-gate.

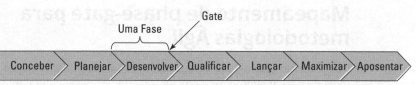

Conceber até Aposentar do AIPMM Product Management Body of Knowledge (ProdBOK) Versão 1

COMO SABER SE SEU PROCESSO NÃO ESTÁ FUNCIONANDO?

Às vezes, descobrir o que não funciona é mais fácil do que saber o que está funcionando bem. Se você observar os seguintes sintomas, provavelmente seu processo não é muito eficaz.

- **A tomada de decisões é estendida.** Toda decisão é difícil e pode ser revertida arbitrariamente a qualquer momento. E quando você tem permissão para iniciar a próxima fase, tem pressa de concluir seu produto.

- **Ninguém realmente diz que sim.** Se você não tem certeza de que seu projeto é financiado ou não encontra alguém com autoridade para concordar em prosseguir com uma ideia do produto, então sua empresa pode nem ter um processo de ciclo de vida do produto.

- **Departamentos diferentes passam informações de forma diferente.** Nessa situação, a gestão não pode tomar decisões consistentes com as mesmas bases e da mesma forma. Ou terá que pedir diferentes tipos de informações que um departamento não fornece rotineiramente.

- **Algumas fases são ignoradas ou menosprezadas independentemente do impacto negativo no sucesso global do produto.** Você percebe que essa é sua falha se você acabou de concluir um produto e sua equipe de vendas não sabe para quem vender e os primeiros clientes que olham para ele não sabem dizer por que querem comprá-lo.

- **A gestão de produto não participa rotineiramente em partes do ciclo de vida do produto.** A gestão de produto e o marketing de produto estão restritos a apenas algumas fases e participam do desenvolvimento e da definição de apenas parte do produto inteiro. O Capítulo 1 discute em mais detalhes o conceito de produto inteiro.

Mapeamento de phase-gate para metodologias Ágil

Um processo phase-gate é bem conhecido e comumente usado na metodologia de desenvolvimento chamado *cascata*. No desenvolvimento em cascata, a gestão de produto descreve um produto e, depois, o entrega para o desenvolvimento de produto criar. Quando o pessoal do desenvolvimento termina, eles passam para a garantia de qualidade. Não há um ciclo de revisão explícito durante a fase de desenvolvimento ou uma qualificação que permite que as equipes detectem erros ou má interpretação. Na realidade, há revisões contínuas durante cada fase entre os membros da equipe de projeto para garantir que o produto esteja no caminho certo e lidar com questões fora do escopo, à medida que surgem.

Os processos de phase-gate são ótimos para garantir que o pensamento certo surja no momento certo, com o resultado de produtos mais bem-sucedidos. No desenvolvimento de software, muitas empresas mudaram para processos de desenvolvimento Ágil. Existem diferentes versões, chamadas scrum, Lean e kanban. Elas são descritas em mais detalhes no Capítulo 12. A Figura 3-2 compara o que os gerentes de produto e o desenvolvimento de produto estão fazendo quando estão sob cascata e Ágil.

Veja como usar Ágil com um processo phase-gate: Ágil é excelente para gerenciar a incerteza e os riscos do desenvolvimento de software, mas não para acompanhar o direcionamento de seu produto, em longo prazo, durante o desenvolvimento. O contexto estratégico fornecido pelas fases de concepção e planejamento mantém os projetos na linha, pois o foco está em um período de tempo mais longo.

A grande diferença entre Ágil e métodos de desenvolvimento em cascata está no nível de detalhe do produto definido na fase de planejamento. Na cascata, cada detalhe deve ser definido antes que os engenheiros comecem. Em Ágil, as necessidades de um mercado de alto nível e o problema que o produto deve resolver são definidos durante a fase de planejamento. Os detalhes de implementação reais são deixados para o desenvolvimento do produto e para o gerente de produto ou product owner conforme o trabalho progride. A Figura 3-2 mostra que, em Ágil, na fase de desenvolvimento, o gerente de produto ainda está refinando as solicitações. Ele, então, trabalha com o desenvolvimento de produto para planejar o próximo segmento de trabalho (chamado de sprint). Então a equipe de desenvolvimento passa a projetar, codificar e testar antes de definir o próximo sprint.

TRABALHANDO COM UM CICLO DE VIDA DE PRODUTO EM QUATRO FASES

Você deve conhecer também outro ciclo de vida do produto comumente utilizado. Ele começa com a premissa de que o produto está no mercado e tem quatro fases:

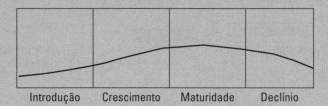

- **Introdução:** O objetivo nesta fase é desenvolver a conscientização do mercado para o produto. O trabalho aqui é educar os clientes quanto ao valor do produto.

- **Crescimento:** Durante a fase de crescimento, a empresa está orientando a participação no mercado e criando preferência de marca aos olhos do cliente.

- **Maturidade:** O crescimento forte desacelera, e o produto pode enfrentar uma concorrência muito maior. Caso seu produto detenha uma boa participação de mercado, você precisa defendê-la. Se ele for novo nesse mercado, suas chances de sucesso serão diminuídas, a menos que seu produto seja muito melhor. Mesmo assim, é alto o custo de comercializar um novo produto a partir de um novo fornecedor, em um mercado maduro. Os produtos podem permanecer na fase de maturidade por um longo período de tempo. Provavelmente as lâmpadas estão em um mercado maduro há mais de 100 anos. Conforme surgem novas tecnologias, os clientes precisam entender apenas a diferença na tecnologia e nos preços para comprar novos produtos; eles já entenderam por que precisam de lâmpadas. As empresas que atuam nesse mercado são notavelmente estáveis.

- **Declínio:** Conforme as vendas diminuem, as empresas têm um conjunto limitado de opções. Uma delas é manter o produto existente e vender o que podem. Outra alternativa é reduzir os custos e concentrar as vendas em um segmento de nicho fiel. E outra opção é a empresa decidir interromper o produto ou vendê-lo para outra empresa que está interessada em permanecer no mercado. Veja o Capítulo 16 para uma discussão detalhada sobre suas opções.

O ciclo de quatro fases é uma ferramenta útil para entender o que funciona melhor para seu produto ganhar terreno em momentos específicos. Na verdade, outro nome para esse ciclo é ciclo de vida setorial ou do mercado. O ciclo de vida em quatro fases não tem pontos de decisão entre cada fase. Em vez disso, você destaca diferentes aspectos de marketing e vendas em cada fase.

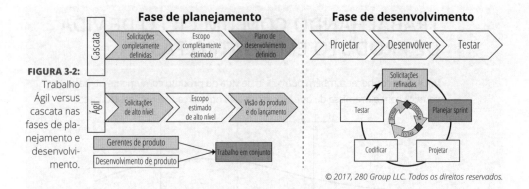

FIGURA 3-2: Trabalho Ágil versus cascata nas fases de planejamento e desenvolvimento.

© 2017, 280 Group LLC. Todos os direitos reservados.

É Só uma Fase: Desmembrando o Ciclo de Vida do Produto

A execução deliberada de tarefas adequadas durante cada etapa do ciclo de vida do produto em sete fases maximiza as chances de sua empresa encantar seus clientes e aumentar os lucros.

Fase I: Conceber

Durante a fase de *concepção*, uma empresa ou equipe gera novas ideias e as avalia e prioriza para determinar se devem avançar com elas e gastar tempo e recursos. Qualquer um pode ter novas ideias: executivos, engenheiros, gerentes de produto, vendedores — até os clientes podem propô-las.

DICA

Uma diferença-chave entre as empresas que fazem bem o processo de concepção e aquelas que não têm êxito nisso está no trabalho de observar clientes e identificar necessidades (*latentes*) não atendidas. As melhores empresas gastam muito tempo e esforço em pesquisa e observação de clientes para garantir que o que foi criado tenha valor.

A função-chave do gerente de produto nesta fase é articular as necessidades dos clientes e os problemas solucionáveis de tal forma que a solução em potencial para o problema possa ser validada com precisão junto aos clientes. Ao aplicar exercícios de ideação e usar as técnicas de priorização discutidas no Capítulo 4, os gerentes de produto podem liderar a empresa para identificar e concentrar ideias novas e inovadoras que podem ser o motor para o crescimento futuro da empresa.

E SE VOCÊ TIVER MAIS DE UMA BOA IDEIA?

No mundo ideal, apenas uma ideia passaria para a fase de planejamento. Se você tem mais de uma boa ideia, é necessário mais trabalho para decidir com qual(is) ideia(s) prosseguir. Para fazer isso, classifique ou priorize cada ideia em relação às outras. Uma maneira de classificá-las é olhar para as competências essenciais da empresa. Uma ótima oportunidade, adequada para uma empresa, pode não valer o tempo e o esforço de outra.

Competências essenciais podem incluir:

- **Conhecimento tecnológico:** Sobre quais tecnologias sua empresa tem conhecimentos únicos? A ideia do novo produto alavanca isso? É uma área nova na qual você precisa investir tempo e dinheiro para se aprimorar?

- **Conhecimento do negócio:** Que tipos de negócios você comanda? Está rápido ou lento? É provável que você precise concorrer com startups ou empresas estabelecidas? Sua empresa é capaz de fazê-lo?

- **Conhecimento de canal:** Você já negociou com um canal de distribuição adequado para a nova oportunidade ou você tem que trabalhar com um novo canal com o qual não tem experiência?

- **Marca:** Quais valores de marca estão associados à sua empresa? Essa nova oportunidade está de acordo com esses valores?

Lembre-se:

- » **Tarefas principais:** Descobrir as oportunidades de produtos, validar a adequação produto/mercado e desenvolver documentos estratégicos preliminares listados nos principais produtos.

- » **Principais produtos:** Versões preliminares da documentação referente ao plano de negócios, necessidades do mercado e estratégia de mercado.

- » **Ponto de decisão:** A empresa concordará em fornecer financiamento e recursos para prosseguir para a fase de planejamento e obter uma compreensão maior dos principais parâmetros de prosseguir com o projeto?

Fase II: Planejar

Depois que uma nova ideia parece ter algum potencial, você pode passar mais tempo decidindo se o investimento de tempo e energia vale o ganho financeiro estimado. Durante a fase de planejamento, os gerentes de produto conduzem pesquisas de mercado e análise competitiva mais detalhadas e específicas para determinar se a oportunidade é boa e lucrativa o suficiente para ser viável. Eles

CAPÍTULO 3 **Conferindo o Ciclo de Vida do Produto** 49

determinam a necessidade do mercado (quais problemas os clientes têm) de modo mais profundo. (Muitas empresas usam o termo *exigências do mercado*, mas preferimos o termo *necessidades do mercado*, porque afirma com mais precisão a informação que está sendo capturada.) E eles finalizam o caso de negócios para justificar gastar o dinheiro para desenvolver o produto. Após as necessidades do mercado serem entregues à engenharia, eles criam um *documento de descrição do produto*, que mostra o que construiriam para atender às necessidades do cliente e resolver seus problemas.

Não basta apenas determinar que você tem uma necessidade de mercado e que sua empresa pode colocar o produto no mercado. Levar um produto para o mercado com sucesso requer informações adicionais — e um documento diferente: o *documento de estratégia de mercado*. Esse documento, preenchido pelo gerente de marketing de produto, descreve exatamente como, de forma estratégica, a empresa pode colocar o produto no mercado. Ele identifica quaisquer problemas que possam dificultar uma introdução bem-sucedida. Além disso, um roadmap que mostra o futuro do produto muitas vezes é criado para dar uma noção da estratégia e da viabilidade em longo prazo, conforme o produto se desenvolve ao longo do tempo. Os roadmaps são elaborados pela gestão de produto a partir da introdução de dados provenientes, primariamente, do desenvolvimento de produto, executivos, operações e vendas.

Tarefas principais: Criar estratégia de mercado e de produto e roadmap correspondente. O gerente de produto preenche os documentos de plano de negócios e necessidades do mercado, o marketing de produto preenche o documento de estratégia de mercado, e a engenharia preenche o documento de descrição do produto.

Principais produtos: Plano de negócios, documento de necessidades do mercado, documento de descrição do produto, documento de estratégia de mercado e roadmap. Os Capítulos 9, 10 e 11 apresentam mais detalhes sobre essas variáveis.

Ponto de decisão: A empresa concorda em financiar o desenvolvimento real do produto.

Fase III: Desenvolver

Depois que os principais produtos da fase de planejamento são aprovados, eles passam para a fase de desenvolvimento. Nos estágios finais do planejamento são efetuados "trade-offs" de características e programação, para que, na aprovação, o trabalho possa efetivamente começar. A equipe avança com a criação de um produto de alta qualidade em termos do que deve proporcionar aos clientes, a maior parte do dinheiro é gasta durante a fase de desenvolvimento, e a função do gerente de produto durante o desenvolvimento é garantir que o problema do cliente seja resolvido por meio daquilo que os engenheiros criaram. O Capítulo 12 apresenta mais detalhes sobre a fase de desenvolvimento.

Tarefas principais: Solidificar quaisquer planos de desenvolvimento que permaneçam incertos. Desenvolver uma lista final de recursos, terminar o plano de teste beta e ajustar o planejamento conforme surgirem problemas no desenvolvimento para garantir que o resultado seja um produto valioso e orientado ao cliente.

Principais produtos: Gerente de produto: plano beta. A engenharia, a garantia de qualidade, o suporte, serviços, operações, marketing e outros departamentos têm uma longa lista de produtos fornecidos para o restante da empresa, para que todos estejam prontos para apoiar e vender o produto no lançamento.

Ponto de decisão: Concordar que o produto está pronto para o teste beta com clientes reais.

Fase IV: Qualificar

Conforme o fim do desenvolvimento se aproxima, a equipe decide se o produto está pronto para entrar na fase oficial de qualificação final antes de ser apresentado ao público em geral. Geralmente a engenharia decide se o produto está pronto para isso, mas a gestão de produto e a garantia de qualidade farão a triagem para garantir que um produto seja bom o suficiente para se submeter a testes de campo na fase de qualificação. Não confunda esta fase com a certeza de que o produto é perfeito e está totalmente pronto para ser enviado aos clientes. Neste ponto, o produto precisa ser bom o suficiente para que você possa confirmar com um grupo seleto de clientes que sua funcionalidade realmente atende às necessidades deles. Ele apresenta o nível exigido de qualidade e recursos para cumprir os objetivos gerais do produto? O Capítulo 13 aborda os detalhes dos objetivos e da execução da fase de qualificação através da implementação de um programa beta.

CUIDADO

Infelizmente, muitas empresas minimizam ou apressam essa fase. Na pressa de enviar, acabam não testando o produto em cenários reais. Isso pode ser catastrófico para o produto e/ou empresa se o nível de qualidade acabar sendo prejudicial à imagem de sua marca. Imagine gastar quantidades significativas de dinheiro lançando e anunciando um produto sem ter verificado se a qualidade e os níveis de satisfação do cliente são adequados para impulsionar as vendas.

Por exemplo, considere o dispositivo de telefonia móvel Microsoft Kin. Depois de jogar centenas de milhões de dólares (talvez bilhões, incluindo aquisições) no desenvolvimento da plataforma Kin, a Microsoft gastou mais ainda para lançar o produto, e até deu uma festa de lançamento em seu campus — antes de cancelar o produto depois de menos de seis semanas porque as vendas eram fracas. Se a Microsoft tivesse testado com usuários de verdade, além dos testes internos de qualidade, poderia ter evitado um grande constrangimento.

Tarefas principais: Executar o programa beta, completar o relatório beta, terminar o plano de lançamento e começar a preparar as entregas de lançamento. Testar as mensagens de marketing e posicionar os participantes do programa beta.

Principais produtos: Plano de lançamento, plano beta completo, com o feedback dos clientes informando que o consideram um produto valioso.

Ponto de decisão: A equipe de decisão concorda que o produto está pronto para ser lançado?

Fase V: Lançar

Ótimas notícias! Você avaliou o produto com seus clientes para garantir que eles consideram que é um produto que vale a pena e um investimento que estão dispostos a fazer para resolver um problema atual. Seus clientes provavelmente já estão preparados para rever a utilização de um produto existente e aceitar essa nova oferta. Para uma nova oferta de mercado, você tem a confirmação de que o produto tem seus primeiros clientes interessados e tem um plano para obter mais interessados durante a fase de lançamento. Fantástico! Sua empresa está pronta para lançar seu produto oficialmente. Agora seu árduo trabalho estará visível no mercado.

Mais uma vez: esse processo tem muitas armadilhas. Primeiro, reconheça que no lançamento a empresa pode gerar interesse no novo produto — desde que o produto esteja realmente disponível. Se um produto não estiver pronto para ser enviado ou exibido, ficará obsoleto rapidamente e ninguém estará interessado em analisá-lo ou procurá-lo. Seu trabalho durante, e até antes, da fase de lançamento é preparar seu canal e outros parceiros (as pessoas que vendem seus produtos aos clientes) para apresentar, vender e apoiar o produto com sucesso. Sua empresa tem a oportunidade de definir o argumento competitivo contra outras empresas e produtos.

Durante a fase de lançamento, sua tarefa é comunicar, comunicar, comunicar. Você informa a todos os públicos possíveis, internos e externos. Seu departamento de marketing executa comunicações eletrônicas e físicas para uma longa lista de pessoas que venderão o produto a potenciais clientes. Os lançamentos dão muito trabalho, e se feitos da forma correta geram entusiasmo e vendas iniciais. No Capítulo 14, mais detalhes sobre o funcionamento interno de um lançamento.

Tarefas principais: Liberar o produto, obter feedback, terminar o plano de marketing em andamento para seu produto como parte das atividades gerais da empresa e executar a revisão do lançamento.

Principais produtos principais: Plano de marketing em andamento, documento de revisão de lançamento.

Ponto de decisão: A empresa está pronta para iniciar a fase de maximização e gastar dinheiro e recursos adicionais para atingir os objetivos de receita, lucros e metas estratégicas do produto? O que funcionou e o que não funcionou durante o lançamento? Os resultados de vendas projetados foram alcançados? Se não, por quê? Quais mudanças precisam ser feitas no plano de marketing? Quais mudanças no produto devem ser devolvidas à equipe de desenvolvimento de produto?

Fase VI: Maximizar

O lançamento é uma fase tão emocionante! Os gerentes de produto podem falar com qualquer um sobre seu brinquedo novo e reluzente. Entretanto, para gerar vendas recorrentes o produto requer marketing contínuo. E o departamento de marketing geralmente assume nessa fase. As atividades de marketing e os planos que eles definem incluem uma vasta gama de ações que englobam geração de demanda, relações públicas e capacitar o setor de vendas a fazer seu trabalho. Isso tudo está bastante ligado à execução, às mensagens e ao momento certo. Contudo, os gerentes de produto não param. Eles acompanham o sucesso do marketing. Eles analisam respostas competitivas e seguem reunindo comentários de clientes para garantir que suas solicitações estejam incluídas na próxima revisão do produto. Caso seja apropriado, eles participam de suporte crítico para dar força ao canal de vendas à medida que as vendas aumentam e ficam cada vez melhores em vender o produto. O Capítulo 15 tem mais detalhes sobre marketing contínuo que maximiza as vendas.

Algumas empresas têm vendedores de produtos dedicados que garantem que o produto tenha o que precisa para manter as vendas e alcançar as metas de receita. Em outras empresas, o gerente de produto pode ter essa tarefa, além das responsabilidades em tempo integral de planejar e trabalhar com novos produtos.

Tarefas principais: Gerente de produto: continuar apoiando as vendas, excepcionalmente, e procurar ajustes nos produtos ou oportunidades de produtos adicionais. Quando as vendas caem, planejar as atividades de finalização. Marketing: desenvolver um plano de marketing e integrar novos produtos às atividades de marketing em andamento. Medir, revisar e ajustar atividades para maximizar as vendas.

Principais produtos: Planejamento de finalização do ciclo de vida.

Ponto de decisão: O produto está pronto para se aposentar no mercado?

Fase VII: Aposentar

Gerentes de produto e vendedores na verdade querem que um produto continue sendo vendido para sempre. Para que isso aconteça, eles podem revisar o produto, o que significa que uma nova versão chegará ao mercado. Uma empresa também pode vender um produto de forma contínua sem muito esforço, simplesmente aposentando-o em algum momento. Para alguns produtos, esse processo não é um problema: a empresa vende o estoque ou remove o produto de um site ou lista. Para outros produtos, as vendas diminuem ao ponto em que a empresa pode interrompê-lo intencionalmente.

Para alguns tipos de produto, como software corporativo ou produtos vendidos nos campos financeiro, governamental ou médico, o planejamento para o fim da vida é uma operação importante, com muitas etapas específicas e públicas ao longo do caminho. Mesmo no espaço do consumidor, a fase de aposentadoria pode ser fundamental para o valor da marca e da empresa.

Considere o que aconteceria com uma grande empresa orientada para o consumidor se não planejasse cuidadosamente a descontinuidade de um produto ao lançar uma nova versão. Poderia se ver às voltas com milhões ou bilhões de unidades estocadas inúteis e perdas financeiras correspondentes. Dar o passo errado na fase de aposentadoria pode matar empresas. Um exemplo muito comum são as empresas que anunciam o novo produto com muita antecedência e criam uma situação em que o produto antigo não vende. Por isso que a fase de aposentadoria é uma necessidade cuidadosamente considerada para o sucesso do produto. E, nessa fase, o gerente de produto geralmente leva esse processo à conclusão equilibrando delicadamente as necessidades de toda a empresa para alcançar um fim digno para um produto.

Tarefas principais: Gerente de produto: investigar integralmente o impacto de retirar um produto em todas as partes do negócio. Vendas, operações e serviços são os principais departamentos para investigar.

Principais produtos: Um plano de fim de vida executável.

Ponto de decisão: Geralmente não há gate no final da aposentadoria. Se você é diligente, reveja e documente o que deu certo e o que não deu.

UM POUCO DE HISTÓRIA

A Association of International Product Marketing and Management (AIPMM) criou o ciclo de vida do produto em sete fases em conjunto com um grupo de especialistas do mundo todo, incluindo o CEO e as equipes de consultores e treinadores da 280 Group. Em 2012, a AIPMM criou a Product Management Body of Knowledge (ProdBOK), uma fundação para definir as sete fases e os gates, funções e responsabilidades correspondentes para gestão e marketing de produto. A 280 Group expandiu a partir do ProdBOK para criar uma estrutura completa chamada Processo de Produto Ideal, que inclui treinamento, modelos, metodologia e clareza de funções, responsabilidades e domínios.

PARTE 1 **Introdução à Gestão de Produto**

Detalhamento do Processo de Produto Ideal

Com base no modelo de sete fases da AIPMM, a equipe da 280 Group criou o Processo de Produto Ideal (OPP, da sigla em inglês para "Optimal Product Process"). Esse processo é um método abrangente que envolve tudo o que uma empresa ou equipe precisa para gerenciar produtos com sucesso — do início ao fim — sem pular nenhuma etapa importante.

O OPP define ainda mais as sete fases que discutimos na seção anterior "É Só uma Fase: Desmembrando o Ciclo de Vida do Produto", incluindo atividades correspondentes em cada fase em particular. Os gates são pontos de decisão--chave para garantir que vale a pena passar para a próxima fase. O OPP também inclui nove documentos principais para ajudar a orientar os membros da equipe em suas atividades conforme o produto segue seu ciclo de vida.

Vendo como o processo funciona

Para colocar o processo em ação, funções e responsabilidades claras de gestão e marketing de produto são identificadas e acordadas. A gestão de produto se concentra, principalmente, no planejamento interno de novos produtos. O marketing de produto se concentra, principalmente, no outbond marketing [o marketing direto, tradicional], garantindo que a mensagem, o posicionamento, o preço, o lançamento e o marketing motivem os clientes a comprar. Para garantir que todas as tarefas sejam concluídas, as empresas contam com gerentes de projeto ou gerentes de programação para garantir que cada tarefa crucial seja atribuída e que sejam mantidos os registros claros do que cada participante deve fazer e em qual fase.

O Processo de Produto Ideal expande o modelo AIPMM para capturar o seguinte:

» Funções e responsabilidades.

» Critérios para a tomada de decisão em cada fase e gate.

» Atividades comuns para gerentes de produto e pessoal de marketing.

» Ferramentas para trabalhar com sucesso nos desafios de cada fase.

O resultado é uma visão mais precisa sobre a realidade de levar produtos de sucesso ao mercado. A Figura 3-3 apresenta uma visão completa do OPP.

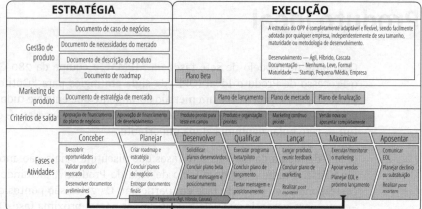

FIGURA 3-3: Processo de Produto Ideal.

O OPP da Figura 3-3 tem as sete fases na parte inferior e mostra as principais atividades realizadas com mais frequência pelos gerentes de produto ou gerentes de marketing de produto durante cada fase. Por exemplo, durante a fase de concepção, os gerentes de produto descobrem oportunidades, validam o ajuste do produto e do mercado e desenvolvem documentos preliminares.

Os critérios de saída (gates) na figura mostram qual decisão precisa ser tomada para passar para a próxima fase. Por exemplo, para passar da concepção para o planejamento você precisa obter aprovação para financiar o planejamento de negócios.

Acima dos critérios de saída estão os nove documentos principais usados no OPP para manter a ideia do produto avançando. Cada documento tem uma função atribuída e é estratégico ou tático. O marketing de produto costuma ser responsável por escrever o documento de estratégia de mercado, plano de lançamento e plano de finalização, bem como escrever ou contribuir para o plano de marketing. A gestão de produto é responsável pelo caso de negócios, necessidades do mercado, descrição do produto, roadmap e plano beta.

Os documentos listados em "Estratégia" são documentos estratégicos que representam o pensamento crítico e as tomadas de decisões que devem acontecer de imediato. Os documentos listados em "Execução" são táticos e descrevem os objetivos, as tarefas e as etapas específicas que devem acontecer para que seu produto passe pela fase correspondente com sucesso.

Compreendendo os nove documentos principais

O Processo de Produto Ideal identifica nove documentos principais associados às sete fases do ciclo de vida de um produto. Cada um desses documentos (veja a Figura 3-4) inclui questões, problemas, decisões e considerações importantes que você deve abordar para garantir o sucesso de um produto. Eles representam uma maneira abrangente de garantir que nada passe batido e que tudo seja pensado de forma completa e eficaz.

A lista dos nove documentos-chave fornece informações suficientes para orientar o trabalho principal de um projeto enquanto você leva o produto ao mercado. Embora você possa gerar muitos outros documentos ao longo do processo, pense nesses nove como a cerca de segurança do projeto para garantir que ele permaneça no caminho certo.

DICA

Os nove documentos são orientações. Em alguns casos, preenchê-los, escrever documentos abrangentes em todas as fases e entregá-los às partes adequadas em sua empresa faz sentido para que todos estejam na mesma página. Em outros casos, como em uma startup que está crescendo rapidamente, você pode simplesmente usar os modelos e documentos como uma lista de verificação para garantir que a equipe tenha pensado em todos os fatores importantes de sucesso o mais cedo possível. O nível e a formalidade da documentação dependem de você, com base no que sua empresa precisa para ter sucesso.

Documento	Proposta
Caso de negócios	Avaliar oportunidade
Necessidades do mercado	Descrever as necessidades e problemas do cliente
Descrição do produto	Descrever o que construir
Estratégia de mercado	Determinar como levar o produto ao mercado
Roadmap	Determinar metas e estratégia em longo prazo
Plano beta	Garantir que o produto está pronto
Plano de lançamento	Criar primeira conscientização e precedência
Plano de marketing	Criar demanda e atender objetivos de faturamento
Plano de finalização	Minimizar ruptura com clientes e lucros

FIGURA 3-4: Nove documentos principais do Processo de Produto Ideal.

© 2011-2017, 280 Group LLC. Todos os direitos reservados.

Nas Partes 2 e 3 deste livro há instruções detalhadas sobre como gerar conteúdo para os documentos e o esboço geral.

CAPÍTULO 3 **Conferindo o Ciclo de Vida do Produto** 57

2

Descoberta, Avaliação e Planejamento de Grandes Produtos e Serviços

NESTA PARTE...

Descubra um processo para ter ideias de produtos excelentes e, depois, avaliar e priorizar.

Desenvolva uma abordagem para entender clientes que será o melhor instrumento para captar as necessidades reais deles.

Reduza o risco de fracasso do produto conduzindo pesquisas de mercado e análise competitiva de forma eficaz.

Descubra como escolher melhor dentre as muitas opções de produtos que podem ser bem-sucedidos.

Trabalhe os cinco documentos-chave para seu produto para vender as ideias em sua organização.

> **NESTE CAPÍTULO**
>
> » **Encontrando fontes de inspiração**
>
> » **Descobrindo técnicas para ter ideias criativas**

Capítulo **4**

Tendo Ótimas Ideias de Produto

Um componente importante na gestão de produto é criar produtos e ideias inovadores e novos recursos para produtos existentes. Pensar em novos produtos é o primeiro passo na fase de concepção do ciclo de vida do produto (Capítulo 3). Infelizmente, nenhum aplicativo permite que você selecione facilmente uma ideia de produto perfeita que se ajuste exatamente às suas necessidades. Então de onde vêm essas ideias, e como você pode encontrar uma lista *atraente* que possa priorizar mais tarde para determinar o que colocar em prática? Este capítulo fornece algumas dicas e técnicas úteis para fazer exatamente isso.

Entendendo o Processo Criativo

Livros inteiros foram escritos sobre como ter ideias. Para ajudar a resumir o processo criativo, nesta seção apresentaremos alguns dos métodos e locais mais comuns para encontrar ideias. Essas técnicas não são, de forma alguma, as únicas, mas devem ser mais do que suficientes para ajudá-lo a desenvolver uma lista saudável de ideias.

CAPÍTULO 4 **Tendo Ótimas Ideias de Produto** 61

DEIXE SEU SUBCONSCIENTE FAZER O TRABALHO

Uma parte importante da produção de ideias é entrar em um estado de espírito criativo envolvendo todas as partes de seu cérebro. Como a maior parte dele trabalha de forma subconsciente, você deve deixar a parte consciente dar o pontapé inicial no problema e, depois, deixar seu subconsciente refletir a respeito. Ao se engajar na busca de novas ideias, planeje várias rodadas de uma ou mais técnicas com intervalos entre elas, para permitir que seu subconsciente faça seu trabalho. Então você estará no caminho de algumas ideias realmente criativas.

Explorando fontes para novas ideias

Novas ideias são o combustível que impede a organização de estagnar. Por sorte, muitas fontes podem ajudar a gerar novas ideias. Procurar dentro e fora da organização pode ajudá-lo a descobrir uma infinidade de possibilidades. Considere o seguinte:

» **Clientes existentes:** Observe seus clientes e veja que tipo de problemas eles estão tendo. Fale com os clientes atuais para que compartilhem os problemas que estão enfrentando. Essa informação pode revelar *necessidades latentes* que ainda não foram identificadas. E é uma ótima fonte de ideias para um novo produto ou procedimento em potencial.

» **Produtos existentes:** Tente fazer algo antigo voltar a ser novidade. Olhe para um produto existente e pense em maneiras de aprimorá-lo, inovar o modelo de negócios atual e/ou competir com os processos vigentes, como desenvolver uma distribuição mais eficaz, usar estratégias de baixo custo ou lançar uma marca mais cara ou mais barata.

» **Mudanças demográficas:** Mudanças em larga escala na sociedade ou em grupos podem criar novas oportunidades inexploradas. Por exemplo, o envelhecimento da população em muitos países cria oportunidades para produtos que atendam às necessidades das pessoas idosas e seu desejo de *envelhecer no local* (continuar vivendo de forma confortável e independente em sua própria casa e comunidade).

» **Ocorrências inesperadas:** Sempre que algo novo, fora do comum ou surpreendente acontece, você pode capitalizar. Por exemplo, a Avon descobriu que clientes do sexo masculino estavam comprando a loção corporal Skin So Soft para usar como repelente de insetos. Como resultado, agora a Avon tem uma linha de repelente de insetos Skin So Soft em embalagens que facilitam a aplicação rápida e completa.

ALAVANCANDO E SERVINDO TENDÊNCIAS

As empresas podem optar por *alavancar uma tendência* ou duas como uma nova forma de fazer um negócio emergir. A Uber alavancou três tendências: smartphones, localização geográfica e economia compartilhada para criar um novo tipo de serviço de táxi. Pequenas empresas e startups alavancam tecnologias como serviços baseados em nuvem, tal como os serviços da Web Amazon (AWS), para diminuir drasticamente seus custos enquanto exploram oportunidades de negócios. Antes da AWS, de software barato de código aberto e de armazenamento como o GitHub, uma pequena empresa de desenvolvimento de software teria que gastar muito tempo e esforço na criação e gerenciamento de suas próprias informações. Agora que a AWS e outros recursos estão disponíveis, elimina-se a sobrecarga onerosa e demorada de criá-los, de modo que as empresas podem criar produtos mais rapidamente. E as grandes empresas não estão paradas. Elas também estão aproveitando os mesmos serviços para reduzir drasticamente os custos de TI e gerar produtos inovadores rapidamente.

» **Mudanças tecnológicas:** Conforme novas tecnologias surgem, elas tornam obsoletas as soluções existentes. A introdução do smartphone integrou vários dispositivos eletrônicos. Câmera digital, leitor de MP3 portátil e os mercados de assistentes digitais pessoais desapareceram ou encolheram consideravelmente.

» **Processo ou outras ineficiências:** Procure coisas difíceis e demoradas que você possa fazer de forma significativamente mais eficaz. Se você já viu um contêiner sendo retirado de um navio de transporte e colocado diretamente sobre um caminhão, pode apreciar o quão eficiente o transporte moderno se tornou. Já se foi o tempo em que se retirava paletes individuais de produtos de cada contêiner, e os preços de muitos produtos diminuíram à medida que os custos de envio caíram.

» **Tendências de grande escala:** Encontre uma onda maior de atividade e mudança existente que você possa aproveitar e da qual se beneficiar. Uma enorme tendência foi a internet e todos os serviços que agora podem ser realizados a um custo muito mais baixo.

Deixando sua equipe jogar

Muitas vezes, gerentes de produto, investidores e outros empresários estão tentados a ter ideias fantásticas por conta própria. A maioria das pessoas quer pensar que são o próximo Steve Jobs e que suas ideias exclusivas e brilhantes as tornam a única pessoa que poderia prever a próxima ideia milionária.

A realidade é que você não é Steve Jobs. E até ele era conhecido por se cercar de pessoas incrivelmente brilhantes e, ocasionalmente, "pegar emprestada" uma ou duas ideias. A estratégia mais eficaz para ter ideias de produtos incríveis ou de novos recursos é incluir sua equipe. Os membros da equipe têm ideias únicas e, muitas vezes, apresentam ideias com as quais você nunca teria sonhado. Quando você explora novas ideias, sua função como gerente de produto é facilitar o processo de descoberta do produto e, depois, avaliar cuidadosamente e priorizar o que foi descoberto.

Considere sua equipe para o exercício de descoberta e avaliação de produtos e inclua seus engenheiros, vendedores, executivos, pessoal do suporte técnico e do atendimento ao cliente e qualquer outra pessoa que passe tempo trabalhando no produto ou interagindo com os clientes. Na ocasião, você pode querer considerar trazer clientes, mas como eles são estranhos para a empresa, sua compreensão das restrições internas é limitada.

Por que envolver tantas pessoas? Cada uma dessas funções fornece uma perspectiva única sobre o problema do cliente. Embora sua equipe em potencial possa ser grande, membros específicos da equipe têm funções particularmente importantes e permanentes. O suporte técnico e o atendimento ao cliente terão ouvido do cliente o que não funciona muito bem. Se eles ouviram falar sobre isso muitas vezes, é um bom indício de que vale a pena resolver o problema.

Engenheiros são maravilhosos porque entendem a estrutura técnica do produto e podem descobrir como abordar melhor a solução do problema do cliente. Quando os membros da equipe conversam entre si, boas ideias levantam voo. Cada área adiciona outra perspectiva. Você pode assistir a uma solução completa aparecer enquanto analisa o problema e desenvolve uma solução. As outras funções normalmente não participam de forma contínua. Elas vêm para validar e expandir o que a equipe principal desenvolveu. A área de vendas muitas vezes não gosta de perder tempo com ideias detalhadas, então obtenha seu feedback separadamente. E a participação dos executivos pode ser uma faca de dois gumes. Eles podem ter uma opinião não validada que outros têm medo de contradizer. Obtenha a opinião deles separadamente.

Veja o Capítulo 2 para uma visão completa das funções quando você escolhe a equipe com quem deseja trabalhar. Os Capítulos 17 e 18 dão mais ideias sobre como reunir o grupo e concentrá-lo no mesmo objetivo.

Fazer com que os membros da equipe se sintam incluídos no processo o ajuda a obter suporte quando decidir avançar com a priorização e avaliação das principais ideias.

CUIDADO

Um dos maiores erros que os gerentes de produto podem cometer é fazer um brainstorming e planejar completamente por conta própria sem envolver outras funções. Isso é particularmente verdadeiro na exclusão de suas equipes de engenharia do processo. Entregar um plano para seus engenheiros sobre que produto construir e o que o cliente precisa sem que eles entendam o processo que levou a esse plano e forneçam informações ao longo do caminho é uma receita de ressentimento e uma dinâmica de equipe muito pobre. Não tenha medo das ideias deles; aceite-as. Dessa forma, quando terminar de planejar e eles começarem a construir o produto, estarão trabalhando com você como equipe.

Gerando Ideias Criativas: Técnicas e Dicas

Gerar ideias criativas é um jogo de números. As pesquisas mostram que quanto mais ideias você criar, melhor será sua chance de chegar a uma que seja comercializada com sucesso. Esta seção oferece ótimas maneiras de desencadear com sucesso a criatividade de sua equipe. E você quase sempre achará o processo muito agradável.

Depois de gerar uma lista de ideias usando as técnicas desta seção, a próxima etapa é priorizá-las, para determinar quais são um bom ajuste estratégico para sua empresa adotar e candidatos viáveis para fazer um planejamento mais aprofundado.

Brainstorming

Sessões de brainstorming podem ser uma maneira divertida e produtiva de gerar ideias. *Brainstorming* é uma forma de os grupos gerarem ideias rapidamente em uma reunião de pessoas, deixando todas elas trabalharem na mesma ideia ao mesmo tempo. Os segredos do sucesso são planejar cuidadosamente com antecedência e gerenciar as partes inicial e final do exercício adequadamente para alcançar seus objetivos de brainstorming. Continue lendo para descobrir como.

Planejamento de uma sessão de brainstorming

Fazer uma sessão de brainstorming sem planejamento é uma receita para o desastre. Responda as perguntas a seguir antes de iniciar a sessão:

» **Quem participará da reunião?**

» **Qual é seu objetivo final?** Deseja simplesmente gerar uma lista de ideias ou deseja agrupá-las e/ou priorizá-las com a ajuda da equipe?

» **Você pedirá que as pessoas apresentem ideias antes da reunião via e-mail, formulário na web ou algum outro método?** Essa abordagem é uma ótima maneira de incluir um grupo muito maior de pessoas no processo, mantendo a sessão de brainstorming gerenciável.

» **Onde você fará a reunião?**

» De que materiais você precisa para fazer o brainstorming (quadro branco, notas adesivas, marcadores, flipchart, laptop, projetor, e assim por diante)?

» Quanto tempo durará a sessão? Será dividida em mais de uma reunião?

» Você proibirá os participantes de usar seus celulares ou laptops para que dediquem 100% de sua atenção à atividade em questão?

» Quem irá capturar as ideias, tomar notas de reunião e distribuí-las para a equipe?

Uma excelente prática é enviar uma descrição do que você está tentando fazer e as regras básicas para a sessão. Definir expectativas é uma habilidade importante para um gerente de produto, e essa abordagem é uma ótima maneira de praticar essa habilidade.

DICA

Pensando em como você vai expandir gentilmente a ideia de alguém sem ferir suscetibilidades? Uma maneira hábil e respeitosa para se adotar no brainstorming, na maioria das situações, é começar a usar a frase "Sim, e...". Quando alguém comenta sobre a ideia de outra pessoa, a frase comum é "Sim, mas...". Isso tem o efeito de negar o que a outra pessoa disse. Usar "Sim, e..." é uma declaração de apoio e indica que você está complementando a ideia. Planeje usar essa frase na próxima hora e veja como ela é poderosa.

REGRA NÚMERO 1: NENHUMA IDEIA É RUIM

A regra mais importante é que, durante o brainstorming e atividades geradoras de ideias, o grupo deve capturar, mas não eliminar, as ideias. Nenhuma ideia é muito boba, idiota, ultrajante, impossível ou assustadora. O objetivo é fazer com que as pessoas gerem rapidamente ideias conhecidas e óbvias e ideias que são completamente inusitadas. As pesquisas mostraram que, ao desafiar levemente as ideias e, em seguida, expandi-las e aprimorá-las durante uma sessão de brainstorming, o resultado é melhor. No exercício na seção "Parte 1: Usando notas adesivas para expor ideias", procure oportunidades para desafiar levemente e expandir ideias específicas, especialmente durante a parte do agrupamento.

Dito isso, não permita que ninguém se preocupe com as ideias de outras pessoas. Quando você comanda uma sessão de brainstorming, precisa ter certeza de que todos concordem com essas regras básicas antes de começar.

BRAINSTORMING COM LIMITE DE TEMPO: BRAINSTORM 3-12-3

Uma abordagem é reduzir a quantidade de tempo que as pessoas têm para trabalhar na ideia. Isso faz com que todos se concentrem na tarefa em questão. Uma possibilidade é usar o brainstorm 3-12-3 do site gamestorming.com [conteúdo em inglês]. Nessa versão você usa o tempo para manter o fluxo de ideias de maneira muito focada.

1. **Defina o assunto ou problema e refina-o em duas palavras, como "mais diversão".**

2. **Distribua papéis e canetas para cada pessoa.**

3. **Dê a cada pessoa três minutos para gerar um conjunto de características do assunto.**

   Concentre-se em substantivos e verbos. Não filtre as ideias.

4. **Divida o grupo em equipes de 2 ou 3, por 12 minutos, com instruções para tirar 3 papéis da pilha e desenvolver um conceito usando descrições, esboços e protótipos.**

5. **Peça aos pequenos grupos que apresentem essas ideias ao resto do grupo nos 3 minutos derradeiros.**

De que outras maneiras você pode usar o tempo e o espaço para fazer com que as pessoas colaborem rapidamente e com baixo conflito? Você pode se surpreender com o quanto o riso vem como um efeito colateral desses exercícios simples.

Parte 1: Usando notas adesivas para expor ideias

Embora seja muito simples como conceito, esta técnica pode fornecer alguns dos melhores resultados. Cada membro recebe um bloco de notas adesivas grandes (7x12cm) e uma caneta. Cada pessoa escreve rapidamente o maior número possível de ideias de produtos ou recursos em um período de tempo definido — geralmente de 5 a 7 minutos — usando poucas palavras. O objetivo aqui é que as ideias fluam livremente. Nesse momento você busca quantidade, não qualidade. Peça para alguém cronometrar o exercício e informe aos membros da equipe quando faltar 2 minutos, 30 segundos e, por fim, quando devem soltar as canetas.

Um por vez, os membros da equipe colocam suas ideias na parede e explicam cada uma. Você descobrirá que outros participantes têm dúvidas sobre uma dessas ideias. O autor dela deve esclarecer do que se trata. Se surgirem mais ideias, documente-as imediatamente. Essa síntese do ponto de vista de muitas pessoas é um grande benefício do brainstorming.

Uma forma de obter mais ideias — e mais resumidas — é fazer uma segunda rodada de brainstorming. Na segunda rodada, todos os membros da equipe já apresentaram e explicaram suas ideias. Você então repete todo o exercício, mas com um limite de 3 minutos para novas ideias. Peça a todos que apresentem e expliquem quaisquer ideias adicionais. Aqui você deve ter uma lista abrangente de possíveis ideias de produtos e/ou recursos que poderá usar para fins de agrupamento e priorização.

Parte 2: Agrupando ideias

Agrupar ideias é uma técnica muito útil para se usar neste momento. Peça à equipe que faça esse trabalho em conjunto. Solicite que reorganizem as notas adesivas e as arrumem em grupos lógicos, como "próxima etapa". Se você usar o tópico discutido no brainstorming, os grupos lógicos surgirão muito naturalmente. Essa estratégia ajuda a identificar e eliminar ideias duplicadas e detectar temas para possíveis produtos e recursos.

Consultando conselhos de clientes

Criar um conselho de clientes é uma técnica muito útil para obter feedback do produto. Formar um grupo de 10 a 15 clientes representativos para seus produtos e fazer com que se encontrem uma vez por trimestre ajuda a gerar ideias novas e inovadoras. Como usam o produto no dia a dia, os clientes costumam ter ótimas ideias que você e sua equipe não teriam. Você pode fazer o exercício das notas adesivas (veja a seção anterior "Parte 1: Usando notas adesivas para expor ideias") com seu conselho de clientes para adicionar à lista de ideias que sua equipe criou.

Convide pessoas que realmente usam o produto no dia a dia; elas podem fornecer feedback detalhado. Outros tipos de conselhos de clientes envolvem gerentes e executivos, mas essas audiências são mais adequadas para análises de direção estratégica.

Aproveitando o poder do mapeamento mental

Outra técnica comum e poderosa é o *mapeamento mental*, que usa uma estrutura visual para gerar ideias relacionadas. Para muitas pessoas, isso se encaixa bem com a forma como pensam e aprendem. Fisicamente, cada membro da equipe está ao lado de outro membro. Esse arranjo diminui o conflito porque o problema está literalmente exposto para ser resolvido em conjunto.

O mapeamento mental funciona começando com um conceito central e depois se ramificando. Você pode criar mapas mentais usando um software especial ou pode simplesmente usar um quadro branco ou flipchart com uma pessoa (ou todos na equipe) capturando as ideias conforme a equipe trabalha para produzi-las.

Para criar um mapa mental, use o seguinte processo (veja a Figura 4-1):

1. **Desenhe um retângulo no centro do quadro branco ou flipchart.**

2. **No retângulo, indique o problema que está tentando resolver e desenhe vários ramos que se estendem a partir dele.**

   Por exemplo, na Figura 4-1 o problema é o desperdício de energia causado por deixar as luzes acesas.

3. **Para cada ramo, escreva uma possível solução para o problema.**

   Se você ficar sem ramo antes de ficar sem ideias, adicione mais ramos.

4. **Desenhe ramos menores para cada ramo principal e escreva possíveis variações ou implementações mais detalhadas para cada solução.**

   Continue até obter uma grande variedade de soluções possíveis. Inclua o máximo ou o mínimo de detalhes que achar apropriado. Na Figura 4-1, a ideia de recompensar as crianças por desligarem as luzes desencadeou pensamentos de ações mais específicas, então a equipe adicionou essas ideias. Os membros da equipe podem expandir a noção de usar lâmpadas com eficiência energética em outro momento ou implementá-la como um projeto inteiro usando uma ferramenta diferente.

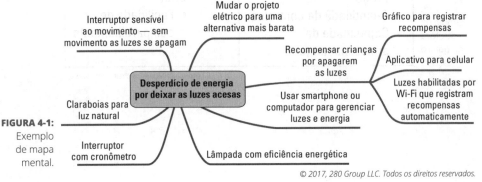

FIGURA 4-1: Exemplo de mapa mental.

© 2017, 280 Group LLC. Todos os direitos reservados.

Tentando uma abordagem mais organizada: A estrutura de quatro ações

Outra abordagem para ter ideias é pegar um produto existente (seu ou um atualmente no mercado) e aplicar a estrutura de quatro ações da Blue Ocean Strategy.

Para aplicar a *estrutura de quatro ações*, desenhe uma matriz de quatro quadrantes com uma elipse ou retângulo no centro. Escreva o nome do produto na elipse. Em cada quadrante, escreva ideias para remover, reduzir, melhorar ou criar novos recursos ou aspectos do produto, como mostra a Figura 4-2. Essa abordagem pode resultar em ideias de produtos diferenciados e que podem atender melhor às necessidades dos clientes. Por exemplo, a estrutura na Figura 4-2 mostra a criação da câmera de vídeo flip, um gravador de vídeo portátil inovador antes de os smartphones terem câmeras de vídeo. Foi criado para competir com produtos mais complexos e caros e simplificar a criação e publicação de vídeos. Em vez de se concentrar na adição de recursos, o flip tirou recursos, simplificou muito as coisas para o usuário e possibilitou um preço mais baixo.

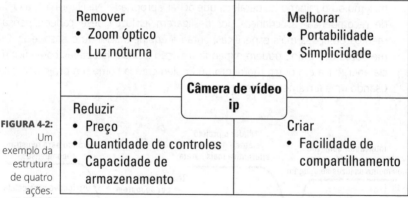

FIGURA 4-2: Um exemplo da estrutura de quatro ações.

© 2017, 280 Group LLC. Todos os direitos reservados.

> **NESTE CAPÍTULO**
>
> » **Desenvolvendo segmentos de clientes**
>
> » **Criando e usando personas**
>
> » **Dominando as visitas ao cliente**

Capítulo 5

Trabalhando para Entender Quem É Seu Cliente

Clientes são a força vital de um gerente de produto. São eles que dão as informações que permitem criar e comercializar produtos. No entanto, os gerentes de produto tomam decisões sobre o tipo mais adequado de clientes para tal fim dependendo de todos os atributos de seu produto, incluindo, entre outros, os benefícios, os recursos que oferecem suporte a esses benefícios e o preço. Nesta seção o foco é definir um segmento de clientes e depois compartilhar essas informações de forma eficaz dentro da empresa. Os termos-chave que você usará são *mercados-alvo*, *segmentação* e *personas*. O objetivo é desenvolver um atalho na comunicação entre suas equipes e fora da empresa. Realizar esse trabalho geralmente envolve contato direto com clientes, portanto, além da seção de pesquisa de mercado no Capítulo 6, há material adicional aqui sobre como tirar o máximo proveito de cada visita ao cliente.

Passando de Mercados para Segmentos

Antes de mergulhar em uma discussão sobre segmentos, você precisa entender uma terminologia de marketing muito básica que impulsiona o restante deste capítulo e é útil ao longo deste livro. A premissa básica é a de que existe um mundo inteiro de potenciais clientes. No entanto, para se comunicar com os clientes e entendê-los de forma mais eficaz, você precisa subdividi-los primeiro em clientes que desejam ou precisam do seu produto, e depois, dentre estes, naqueles que realmente podem comprar seu produto. Este é o princípio de toda a análise de mercado e atividade de marketing.

Definindo mercados e segmentos

LEMBRE-SE

Os mercados são definidos simplesmente como agrupamentos de clientes. Adicionando mais detalhes a essa simples afirmação, da perspectiva de seu produto, diferentes clientes se enquadram em diferentes grupos de escolha. Cada grupo escolhido decide interagir e comprar produtos com base em um conjunto diferente de critérios. O termo oficial para cada grupo de clientes é *mercado*. Em um exemplo simples, grandes famílias tendem a comprar leite em maiores quantidades do que as famílias menores. Do ponto de vista do fornecedor de leite, estes são dois *segmentos de mercado* diferentes: famílias grandes e pequenas. Na realidade, o desenvolvimento de segmentos de mercado envolve um conjunto de variáveis muito maior. E seu trabalho como gerente de produto é determinar quais segmentos de mercado existem para seu produto e quais variáveis são importantes para distinguir um segmento de outro.

Os mercados que você determina como os mais interessantes para seu produto são os *mercados-alvo*. No exemplo do leite, se você produzir galões de leite, então famílias maiores são seu mercado-alvo; as famílias menores não.

Decidir quais mercados-alvo são valiosos é o processo de *segmentação*. Para segmentar seu mercado, você divide seus clientes em grupos, dependendo dos *atributos* que eles compartilham coletivamente. Esses atributos são necessidades, interesses e prioridades comuns.

Determinando os segmentos de mercado

Para iniciar o processo de segmentação de seu mercado, a primeira coisa a fazer é, tipicamente, decidir se o produto é orientado aos consumidores (B2C) ou às empresas (B2B).

» **Consumidores:** No caso de seu produto ser vendido principalmente aos consumidores [pessoas físicas], os segmentos de mercado são divididos pelos seguintes atributos iniciais:

- Demográfico: Idade, gênero e renda.

- Psicológico: Diferentes traços de personalidade (extrovertidos, competitivos ou caseiros); valores (ligado à família ou vive o presente); e atitudes, interesses e estilo de vida (urbano ou rural).

- Verticais: Interesses como hobbies, conhecimentos e educação.

» **Empresas:** Caso seu produto seja vendido principalmente para empresas, os segmentos de mercado são divididos pelos seguintes atributos:

- Perfil empresarial: Você pode subdividir empresas por seu ramo de atividade, localização, tamanho, estrutura (LTDs, corporações ou sem fins lucrativos) e desempenho.

- Verticais: Segmentos B2B comumente se concentram nos atributos verticais, pois são a atividade principal de uma empresa (por exemplo, telecomunicação, construção, desenvolvimento de software ou seguro).

Fatores adicionais podem incluir:

» **Segmentação geográfica:** Onde estão seus clientes? Qual cidade, estado e país?

» **Segmentação cultural:** Comportamentos culturais e religiosos específicos podem ajudá-lo a distinguir as ações entre os grupos.

Sempre que puder distinguir entre dois grupos de clientes, de forma que precise mudar a maneira como comercializa e se comunica com eles, você tem diferentes segmentos.

Para dar vida à segmentação, preencha a planilha de segmentação fornecida na Figura 5-1 para um produto com o qual você está familiarizado.

Segmento-alvo (nome ou descrição)		
Necessidades		
Metas e motivação		
Comportamentos de compra (gatilhos de compra)		
Valores e atitudes		
Estilo de vida		

FIGURA 5-1: Planilha de segmentação.

© 2017, 280 Group LLC. Todos os direitos reservados.

Aproveitando a Criatividade das Personas

Usar segmentos para agrupar clientes que atuam de forma semelhante é conveniente. Criar mais de uma personalidade em torno do segmento é útil, porque uma definição de segmento pode ser extremamente seca e impessoal. Para adicionar mais sabor e profundidade ao segmento, você pode criar *personas*. Personas são melhor definidas como um arquétipo ou influenciador de um segmento.

Cada persona costuma receber um nome para que represente um grupo de clientes de forma mais convincente e real. Conforme elas se tornam mais realistas, seus membros da equipe de produto e marketing desenvolvem melhores ofertas para as personas.

Se definir duas pessoas, Ana e Susana, você começa a ouvir os membros da equipe falando sobre como "Ana não compraria o produto dessa maneira" e "Susana poderia achar a interface do usuário confusa". Com nomes, a equipe pode desenvolver empatia pelo cliente e entender melhor os objetivos de design e marketing. É importante lembrar que as personas ajudam a equipe a evitar a imposição de sua própria visão de mundo sobre a do cliente.

74   PARTE 2 **Descoberta, Avaliação e Planejamento de Grandes Produtos...**

O que está incluso na descrição da persona

A descrição da persona inclui as informações a seguir. Use a Figura 5-2 para acompanhar com um exemplo.

» **Objetivo:** O que a persona está tentando realizar? Enquadre o objetivo na linguagem do cliente, não do produto: "Ana quer comprar o produto o mais rápido possível."

» **Função:** Qual a função da persona como parte do processo de seleção de um produto específico? Passe para a seção sobre funções da persona para obter mais detalhes sobre este tópico. Por exemplo, "A função de Michel é de comprador deste produto".

» **Histórico:** Idade, grau de instrução, salário e status familiar podem fazer diferença na forma como alguém percebe o produto. *Lembre-se:* Aqui, você está olhando apenas para os aspectos do histórico da persona que são importantes para seu produto. Por exemplo, o fato de que uma pessoa gosta de ter cartões de crédito que acumulam pontos pode ser importante quando ela compra gasolina, mas seu estado civil provavelmente não é.

» **Atitude:** Qual é a atitude de sua persona? Ela se considera inteligente? Bem letrada? Desajeitada? A atitude deve se relacionar com o produto em questão. Por exemplo, desajeitada seria uma atitude importante de ser acompanhada se você é o gerente de produto para patins.

» **Comportamento:** Diante da nova tecnologia, sua persona é aventureira e capaz de descobrir as coisas por conta própria ou ela é cautelosa e insiste em ler manuais?

» **Insights:** Abordam a categoria "qualquer outra coisa que importa". Que outros insights sobre essa persona sua equipe deve conhecer? Por exemplo, se seu produto lida com informações pessoais sensíveis, sua persona teve a identidade roubada? Ela é ingênua com suas senhas, usando "Senha123" em todos os lugares?

CAPÍTULO 5 **Trabalhando para Entender Quem É Seu Cliente** 75

Objetivos	
	Entrada rápida e fácil de seus dados de vendas para satisfazer a gestão
	Acesso a informações da conta de cliente com mínima interrupção de trabalho
Função	
	Vendedor
Histórico	
	30–45 anos, sexo masculino, mora na Califórnia $97 mil/ano em vendas corporativas de software
	Usou Salesforce.com no emprego anterior
	Compreende e usa Windows no trabalho, prefere Mac em casa
	MacBook, Firefox, Mac Office 2011, Wi-Fi no trabalho e em casa, iPhone
Atitudes	
	Não confia em qualquer tipo de informação pessoal na maioria dos sites
	Não vê um benefício pessoal com CRM (software de gestão de relacionamento com o cliente), a gestão exige como parte de seu trabalho
	Valoriza estilo e elegância
Comportamento	
	Usa o iPhone com frequência para navegar na web durante deslocamentos
	Costuma comprar os últimos gadgets e softwares
	Adora gabar-se de sua competência técnica
Ideias	
	Acostumado a estar sempre no controle
	Gosta de influenciar parte das vendas, sempre em movimento — nunca será um funcionário que fica em sua mesa das 9h às 18h

FIGURA 5-2: Exemplo de persona: Silvio.

© 2017, 280 Group LLC. Todos os direitos reservados.

Desenvolvendo personas

Embora útil, o processo de desenvolvimento de excelentes personas pode demorar bastante. Isso não significa que não valha o esforço. Aqui está um processo útil para você seguir.

76   PARTE 2 **Descoberta, Avaliação e Planejamento de Grandes Produtos...**

Protopersonas

Se você não tem muito tempo, sua equipe pode usar o conhecimento que já tem da base de clientes para desenvolver uma persona. Uma *protopersona* não é validada ou apoiada por dados reais do cliente. Ela representa suas crenças e premissas, que podem ser tendenciosas ou incompletas. Para um projeto de curto prazo e de valor baixo, pode ser suficiente manter sua equipe concentrada no que um cliente típico precisa.

Desenvolvendo e validando personas

Para projetos mais importantes, gaste tempo e energia para desenvolver uma persona com validação.

» Decida qual é o objetivo primário para desenvolver uma persona. Em particular, decida quais funções são importantes para desenvolver e se o principal uso é para marketing ou desenvolvimento de produtos.

» Conduza pesquisa de usuário com clientes de verdade. A Tabela 5-1 tem uma lista de boas categorias de perguntas para começar com sua pesquisa. Fornecer uma lista completa é impossível, devido aos diferentes usos da persona. Não se limite a essas categorias se não abordarem as qualidades que você precisa descrever em sua persona. Observe que as questões usadas para definir pessoas são uma variação aprofundada dos atributos que você define para segmentos.

» Condense e sintetize os dados. Procure agrupamentos em cada atributo, como idade ou salário. As perguntas que você faz a seus clientes naturalmente filtram os agrupamentos.

» Refine suas personas e adicione detalhes apropriados para torná-las mais reais. Esses pequenos toques dão vida à persona.

Inicialmente, os gerentes de produto desenvolvem muitas personas para cada produto. Ao longo do tempo, com a experiência e conforme sua equipe as utiliza, a quantidade de personas costuma diminuir para de três a seis.

TABELA 5-1 ## Potenciais Perguntas de Pesquisa de Mercado para Definir Personas

Perguntas gerais

Onde você mora? Você definiria esse local como urbano, suburbano ou rural?

Qual sua faixa etária?

Quais são seus interesses? (Listar interesses que destacarão e distinguirão diferenças de clientes.)

Como você se comporta quando...?

Você prefere a atividade x ou y?

Qual é sua profissão?

Há quanto tempo você...? (trabalha, tem um hobby, morou em determinado lugar; o fim da pergunta depende do produto)

Perguntas de domínio de conhecimento

De quais habilidades você precisa para...?

Como você lida com a tarefa ou situação x?

Objetivos

O que você quer realizar em sua vida, seu trabalho...?

O que o sucesso significa para você?

O que o progresso significa para você?

Atitudes e motivação

O que você gosta de fazer?

O que motiva você a...?

O que você valoriza?

Processo

Descreva seu/sua (dia, semana, mês, visita ao médico...) típico(a).

Como você...?

Como você muda o que faz?

Ambiente

Descreva seu/sua (trabalho, casa, escola...).

Tem algum dos seguintes itens? (Liste os itens apropriados para seu produto.)

Tem mais alguma coisa que seja fundamental para seu/sua (trabalho, casa escola...)?

Modelo mental

Que tipo de (pessoas, ações, atividades) têm sucesso no ambiente x?

Pontos críticos

O que é um desafio no ambiente x? (Você pode fazer essa pergunta para diferentes ambientes.)

Ferramentas e tecnologias

Quais ferramentas/tecnologias você usa para realizar tarefas de (trabalho, casa, escola...)?

O que não funciona bem com essas ferramentas/tecnologia?

Relacionamentos e estrutura organizacional

Com quem você trabalha e para quem você se reporta?

Quem trabalha para você?

Visão de futuro

Se você pudesse usar uma varinha mágica, o que mudaria em...?

LEMBRE-SE

Ao definir uma persona você busca apenas características semelhantes, pois elas são importantes para seu produto. Aqui está uma persona em potencial, Tomas. Através da pesquisa, você descobre que, entre seus muitos atributos e características, ele é um homem casado, de meia-idade, com diploma universitário, dois filhos adolescentes, dirige uma caminhonete Subaru, ganha $120 mil por ano e usa Macs e PCs. Uma persona muito simplificada baseada nos dados neste parágrafo seria descrita da seguinte forma:

» Diploma universitário, 40, ganha $120 mil/ano
» Usa Macs e PCs

No caso de seu produto envolver a determinação do consumo de gasolina do carro, você deveria usar os seguintes atributos:

» Diploma universitário, casado, ganha $120 mil/ano
» Dois filhos adolescentes
» Dirige uma caminhonete Subaru

Selecione a dedo os atributos que fazem a diferença para seu produto.

Certifique-se de Abordar Todas as Funções da Persona

É tentador pensar que o foco principal das personas está no usuário. Em vez disso, você precisa desenvolver diferentes tipos de personas, dependendo do tipo de funções envolvidas no processo de tomada de decisão de compra. Considere o caso de comprar um carro para a família. Cada um dos pais pode desempenhar uma função diferente. Talvez um deles seja o principal motorista, enquanto o outro está lá para avaliar os custos, mas dirigirá menos o carro. E quanto aos filhos? Pense em sua função de influenciadores se os pais os levam junto para comprar um carro. Algumas das funções mais comuns que você define são as seguintes:

» **Usuário:** A persona do *usuário* é quem utilizará o produto. Nas vendas B2B complexas, você pode ter duas personas para usuários: uma para quem trabalha com o produto e outra para o usuário que monitora o trabalho. Ambas são consideradas personas do usuário.

CUIDADO

Os gerentes de produto podem gastar muito tempo focados em personas do usuário e esquecer ou dar pouca atenção às outras pessoas. Lembre-se de que, a menos que você atenda a todas as personas, uma venda é muito menos provável.

» **Comprador:** A persona do comprador representa toda a classe de compradores. Lembre-se de desmembrar as diferentes partes do processo de compra. Por exemplo, você pode ter um diretor técnico (DT) como comprador junto com o gerente de um departamento. Você precisa levar em consideração as duas personas, especialmente se tiverem diferentes preocupações no processo de compra.

» **Adquirente:** A persona que adquire pode ter um conjunto de critérios completamente diferentes ao decidir entre produtos e ofertas. Por exemplo, os departamentos de aquisições podem obter bônus com base nos descontos que recebem de fornecedores ou insistem que os termos de pagamento sejam maiores do que os 30 dias usuais. Você precisa documentar essa informação corretamente e preparar seus vendedores para a realidade de sua persona do adquirente. Lembre-se também de que essa persona afeta a forma como você prepara as opções de preços e finanças. Trabalhe com seus vendedores para desenvolver essa persona.

Nos contextos B2B e B2C, o adquirente também pode ser parceiro de canal. Um *parceiro de canal* é uma organização que vende seu produto em seu nome. Ela é o canal de distribuição do seu produto. Para produtos eletrônicos, a cadeia Best Buy é um parceiro de canal para diferentes fabricantes. Se vender através de determinado canal de distribuição, você tem um adquirente no nível do distribuidor e no nível do varejo. Defina cada um desses adquirentes cuidadosamente para garantir que seu produto encontre facilmente seu caminho até o usuário final.

» **Influenciador:** O papel do influenciador é fornecer outro ponto de vista sobre compras de itens mais caros. As pessoas geralmente compram itens menores sem muita preocupação com o custo. Se você comprar uma resma de papel e ela não atender às suas necessidades porque é muito frágil, o custo de cometer esse erro é mínimo. No entanto, muitas pessoas são mais cuidadosas ao comprar uma impressora de alta tecnologia sem uma segunda opinião confiável, então, para essa compra, eles podem pedir a opinião dos influenciadores que conhecem. Influenciadores comuns são analistas, blogueiros que se concentram em um mercado específico e até mesmo sites como o Trip Advisor.

Visita aos Clientes

Essas visitas são uma ótima maneira de internalizar uma compreensão profunda de seu cliente. Em muitos casos, você é solicitado a explicar o que um cliente faria em determinada situação. Ter uma imagem mental do local do cliente e o que realmente ocorre lá é muito valioso para os gerentes de produto, que visitam clientes no início do processo de desenvolvimento do produto para verificar se o produto está atendendo às necessidades deles durante o desenvolvimento e quando o produto é instalado. Às vezes as visitas são necessárias porque um produto não está funcionando conforme planejado. Faça da visita aos clientes uma parte regular de seu cronograma de gestão de produto.

Os gerentes de produto geralmente são bem-vindos nas instalações dos clientes porque são vistos como pessoas que podem realmente mudar a direção de um produto. No entanto, o departamento de vendas, muitas vezes, é responsável pelo relacionamento com um cliente com produtos B2B. Sempre peça permissão de seus vendedores antes de visitar um cliente e mantenha o profissional responsável por aquela conta informado sobre todas as interações com o cliente.

Cortesias de visita ao cliente

Visitar os clientes significa estar no seu melhor comportamento de negócios. Aqui estão algumas orientações simples para criar uma boa impressão durante a visita:

» **Seja pontual.** Planeje chegar lá alguns minutos mais cedo para que você possa estacionar, encontrar o edifício certo e, se necessário, ser transferido para outro prédio para a reunião.

» **Vista-se adequadamente.** Dependendo de onde você trabalha, roupas casuais podem ser comuns. Mesmo que seu cliente use bermudas, esteja sem sapatos e com uma camiseta rasgada, você deve se vestir bem. Se o ambiente é casual, isso significa que uma jaqueta e calças são adequadas. Em ambientes mais formais, os ternos funcionam bem. Em ambientes típicos de negócios, as mulheres costumam se vestir um nível acima do que os homens da equipe estão vestindo.

» **Seja amável.** Pergunte sobre seus contatos como indivíduos antes de abordar o assunto em questão. Começar com assuntos triviais mostra que você se preocupa com eles como pessoas e como clientes. As pessoas que você está visitando relaxam e compartilham mais detalhes se você começar com gentilezas.

» **Seja oportuno.** Se você pedir 30 minutos, vá embora quando o tempo acabar.

» **Agradeça.** Envie um e-mail ou um cartão assim que possível. (O último fica mais na memória.) Descreva o que discutiram e relate prontamente as ações que você tomou após a reunião.

Entrevistando clientes

É uma boa ideia levar pessoas de sua equipe nas visitas ao cliente, como seu designer com experiência de usuário ou engenheiros. Se levar os engenheiros, certifique-se de escolher os que saibam o suficiente para não falar sobre futuros projetos de produtos (o cliente pode pensar que são compromissos em relação ao que será entregue) e que realmente queiram ouvir os comentários dos clientes.

ÓTIMAS PERGUNTAS DE ENTREVISTA COM O CLIENTE

Tentar alcançar as necessidades subjacentes do cliente é desafiador: entender profundamente o que eles dizem e o querem dizer. Aqui está uma lista de ótimas perguntas. Algumas são adequadas, independentemente das circunstâncias, outras são mais úteis quando você está investigando oportunidades de produtos completamente novos, e há as que fazem mais sentido quando você está explorando oportunidades para expandir e ampliar um produto existente.

Quando um cliente responder sua pergunta, rebata com "Por quê?" pelo menos uma ou duas vezes, para obter uma resposta mais completa. "Por quê?" é uma ótima pergunta em praticamente qualquer circunstância. Lembre-se de seguir a regra dos cinco porquês: Perguntar "Por quê?" mais de cinco vezes faz você correr o risco de soar como uma criança de dois anos.

Outras boas palavras para começar perguntas que visam explorar mais profundamente as questões são: "O que", como em "O que teria... faria por você?" ou "Como". Muitas das perguntas abaixo começam com "O que" e "Como".

- Como você faz isso hoje?
- Como seu trabalho seria diferente se você tivesse x (capacidade, recurso, produto, serviço ou solução de nossa empresa)?
- Quanto dinheiro você teria que economizar ou quanto dinheiro você ganharia com/por causa de x?
- Diga-nos os tipos de problemas que enfrenta em seu dia a dia.
- O que você mais gosta sobre o uso de x? O que você menos gosta sobre o uso de x?
- O que é mais frustrante sobre (fazer uma determinada tarefa, usar nosso produto, resolver um problema ou o que quer que seja)?
- Dê um exemplo de...

  Esta é uma ótima pergunta para esclarecer o que as pessoas realmente fazem. Quanto mais instruções específicas você puder ter sobre como uma tarefa é concluída, melhor. Observar as pessoas simplesmente fazendo seu trabalho também é uma técnica poderosa. Tome notas, e quando terminar pergunte às pessoas por que fizeram aquilo.

- Se x estivesse disponível hoje, você compraria? Quanto você pagaria?
- Como você mede se foi um dia/mês/ano de sucesso?
- Dos problemas que discutimos hoje, como você priorizaria resolvê-los?
- Se você pudesse usar uma varinha mágica e mudar uma coisa sobre x ou sobre como você resolve os problemas, o que seria?

Essas perguntas também são maravilhosas na vida cotidiana. Tenha o hábito de fazer versões dessas perguntas pelo menos uma vez por dia. Você ficará surpreso com o quanto aprenderá sobre problemas no trabalho e em casa. E ficará mais confortável usando-as quando precisar entrevistar um cliente.

DICA

Use visitas ao cliente como uma vantagem para os desenvolvedores fazerem um ótimo trabalho. Isso permite que eles viajem a serviço e lhes dá a chance de fazer uma pausa em sua rotina e sair do escritório de vez em quando.

Visitar os clientes é uma ótima maneira de obter feedback. Fazê-lo bem cria benefícios em longo prazo tanto para os clientes quanto para você. Siga estas dicas para aproveitar sua entrevista ao máximo:

» **Tenha um processo consistente.**

Inclua estas etapas:

- **Objetivo:** Qual é seu objetivo na realização da visita? O que você quer descobrir? Lembre-se de que ao longo da conversação com um cliente, novas informações podem vir à tona. Nesse ponto, deixe que ele conduza a conversa e explore a nova informação sem se limitar a uma rígida linha de perguntas. Essa é uma maneira eficaz de realizar pesquisas de mercado. Leia o Capítulo 6 para mais detalhes sobre diretrizes de pesquisa de mercado.

- **Preparação:** Prepare uma lista de perguntas como forma de orientação preliminar e leve-as com você. (Veja algumas sugestões no box "Ótimas perguntas de entrevista com o cliente".) Se durante a entrevista algumas perguntas não fizerem sentido, não as faça.

» **Utilize duas funções durante a entrevista.**

Não, não estamos falando de policial bom/policial mau. Saiba qual membro da equipe é o entrevistador e qual é o observador. Se você não consegue ter um observador para se juntar a você em uma entrevista com o cliente, vá de qualquer maneira.

- **Entrevistador:** Essa pessoa faz as perguntas. Seu trabalho é manter a conversa a mais natural possível.

- **Observador:** Essa pessoa faz anotações enquanto escuta a conversa. Na ocasião, ela pode notar que a entrevista desandou e que ficou faltando uma pergunta importante. O observador pode fazer a pergunta de forma casual ou passar um bilhete ao entrevistador. Em geral, fazer a pergunta com um comentário "Ah, a propósito..." ajuda a entrevista a ser mais suave e natural. Depois de fazer isso o observador deve retornar a seu papel de ouvinte.

DICA

Você quer que as entrevistas sejam o mais próximo possível de uma conversa natural, embora com um objetivo em mente. Claro, ao contrário das conversas mais casuais, você também quer ter um registro tangível do que discutiu. Para alcançar equilíbrio entre esses dois desejos, pegue um caderno e, com a permissão do entrevistado, registre a conversa. A maioria dos clientes concorda em ter a conversa registrada, sabendo que será compartilhada apenas com os membros de sua equipe.

Tente não usar um laptop para fazer anotações. A barreira física da tela, sem mencionar os sons de um teclado ou mouse, pode distrair e interferir no processo da entrevista.

NESTE CAPÍTULO

» **Conferindo a pesquisa de mercado a partir da perspectiva do gerente de produto**

» **Completando a inteligência competitiva**

» **Validando suas ideias com clientes**

» **Dando os primeiros passos na previsão financeira**

Capítulo **6**

Lição de Casa: Avaliando Suas Ideias

P ara cada ideia que chega ao mercado, muitas outras ficam pelo caminho, não valendo o mesmo esforço que aquela(s) a que você escolheu se dedicar. Este capítulo abrange pesquisas de mercado, tal como se aplicam aos gerentes de produto. Por exemplo, entender o que seus concorrentes estão fazendo — e não estão fazendo tão bem quanto poderiam — é uma pesquisa importante para que você encontre uma abertura para que seu produto seja bem-sucedido. A validação de ideias é fundamental para evitar muitas armadilhas de clientes que não aceitam seu produto. E alguns cálculos simples podem ajudá-lo a vender sua ideia na empresa, mostrando que o produto pode ser lucrativo. Na verdade, você reutilizará essas ferramentas e técnicas ao longo do ciclo de vida de seu produto, pois você precisa tomar decisões validadas sobre as próximas etapas do produto.

Compreendendo a Importância da Pesquisa de Mercado e da Inteligência Competitiva

Pesquisa de mercado é a forma como os gerentes de produto coletam informações sobre necessidades dos clientes e os aspectos determinantes do mercado. Se você quiser coletar informações de clientes de verdade para tomar uma decisão, então precisa entender e usar pesquisas de mercado. *Inteligência competitiva* é um subconjunto da pesquisa de mercado. Quando você investiga sua concorrência, usa técnicas e conceitos de pesquisa de mercado para entender o que ela está fazendo hoje e obter uma visão de seus planos para o futuro.

A pesquisa de mercado ajuda a evitar o *problema das quatro paredes* que se origina em usar apenas a sabedoria coletiva das pessoas na sala de reunião para tomar uma decisão. A solução é sair dos confins da empresa para obter outro ponto de vantagem.

DICA

Eis algumas boas oportunidades para coletar informações e criar soluções:

» Identificar necessidades do mercado e problemas do cliente
» Priorizar possíveis recursos
» Decidir sobre novos mercados-alvo
» Segmentar um mercado
» Determinar sua participação no mercado
» Medir a satisfação do cliente
» Aprender sobre a concorrência
» Decidir o preço final
» Definir ou testar novos conceitos de produtos
» Criar e testar mensagens

O valor da pesquisa de mercado é quase infinito. E você deve buscar informação porque em cada decisão que tomar existe uma hipótese implícita. Como você deve ter aprendido nas aulas de ciências, uma hipótese precisa ser testada. Na terminologia da gestão de produto, uma ideia requer *validação*.

O ciclo investigativo da Figura 6-1 é um conceito comum usado na gestão de produto. Normalmente você começa com uma descoberta, depois forma uma hipótese, que é um conjunto de pressupostos sobre o seu produto, e em seguida faz a validação e o teste. A partir daí você tem algum aprendizado e o aplica para ajustar seus planos.

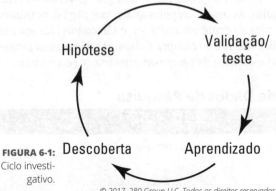

FIGURA 6-1: Ciclo investigativo.

© 2017, 280 Group LLC. Todos os direitos reservados.

O Capítulo 3 discute diferentes fases do ciclo de vida do produto. Para tomar decisões em cada uma dessas fases, planeje obter informações e ideias reais sobre o mercado para tomar a decisão mais informada possível.

Subdividindo os tipos de pesquisa de mercado

Na gestão de produto, o centro de qualquer solução começa com uma compreensão profunda das necessidades e problemas que seus clientes estão enfrentando e que você acredita que pode resolver com uma oferta de produtos de sua empresa. O entendimento inicial de qualquer problema pode ser muito vago; na verdade, se desde o início você for enfático de que sabe exatamente qual é o problema, convém olhar novamente.

Pesquisa de mercado qualitativa e quantitativa

Como é difícil criar uma definição do problema, e ela é fundamental para o sucesso, a melhor maneira de controlar todos os aspectos do problema é conversar com pessoas que o estão experimentando. Sim. É isso mesmo. Converse com elas. Faça perguntas sobre como fazem as coisas agora e quais são seus maiores desafios: ouça-as. Concentre-se, pelo menos inicialmente, na conversa, não no questionário ou na pesquisa. O Capítulo 5 ensina como manter essas conversas com seus clientes.

Em termos de pesquisa de mercado, a conversa é chamada de coleta de *dados qualitativos*. Depois de reunir informações qualitativas sobre o problema de seu cliente, você pode usar *dados quantitativos*, como uma pesquisa, para coletar informações mais concretas.

CAPÍTULO 6 **Lição de Casa: Avaliando Suas Ideias** 87

Pesquisa primária e secundária

Outra consideração ao realizar pesquisas é quanto a comprar pesquisas feitas por empresas especializadas, usar pesquisas fornecidas pelo governo ou criar seu próprio estudo de pesquisa. As pesquisas pelas quais você paga e, portanto, das quais é dono são chamadas de *pesquisas primárias*, e são conhecidas apenas por você. A pesquisa que você não faz ou compra é chamada de *pesquisa secundária*. Veja a Tabela 6-1 com exemplos de pesquisas primárias e secundárias.

TABELA 6-1 ## Lista de Fontes de Dados de Pesquisa

Fontes de Pesquisa Secundária	Fontes de Pesquisa Primária
Fontes governamentais de dados demográficos e estatísticas econômicas; associações comerciais	Entrevistas com clientes
Relatórios de especialistas: *The Economist, Harvard Business Review, Revista Forbes*, artigos sobre o setor de atividade ou concorrentes	Dados de gestão de relacionamento com o cliente (CRM), incluindo os pedidos mais comuns de clientes que o setor de vendas recebe e os problemas para os quais há suporte
Sites dos concorrentes; relatórios anuais; comunicados de imprensa	Banco de dados de suporte
Analistas do setor e organizações de pesquisa	Pesquisas de clientes e grupos focais
Pesquisas na internet para dados e tendências da indústria e do mercado	Pesquisas realizadas em outras partes de sua empresa que possam ser aplicadas

Começando pelo lugar certo

Ao iniciar um projeto de pesquisa de mercado, saiba que você lerá muito material de natureza quantitativa e qualitativa em veículos impressos e na web apenas para obter alguns dados de interesse real. Pense nisso como peneirar ouro. Encontrar algumas pepitas valiosas é um negócio frio e molhado, mas sem elas você não pode continuar seu trabalho, e ninguém se juntará a você em sua jornada para encontrar mais ouro.

Pesquisa secundária qualitativa

O ponto de partida típico na condução da pesquisa é ler toda e qualquer pesquisa secundária que você encontrar. O intuito é buscar entender mais sobre o assunto. O que as pessoas que vivenciam esse problema consideram ser a questão? De onde eles acreditam que virão as próximas tecnologias e soluções de negócios? Empresas maiores geralmente subscrevem pesquisas secundárias de analistas de setor especializado. Caso você não disponha de muitos recursos para financiar pesquisas de mercado, utilize a internet e busque sites que compartilham apresentações, como o slideshare [conteúdo em inglês].

Pesquisa secundária quantitativa

Fantástico! Você identificou um mercado ou problema promissor a ser resolvido. Há pessoas com esse problema? Esse problema está crescendo ou encolhendo? O uso de pesquisas secundárias geralmente começa com análise qualitativa, e depois prossegue com números quantitativos a respeito de tamanhos de mercado de todos os tipos:

» Quantas empresas ou clientes têm esse problema?

» Onde estão localizados e quais são seus dados demográficos?

» Que características comuns eles têm (tamanho da empresa, receita, perfis de negócios, ramo de atividade)?

» Todas as empresas atualmente estão resolvendo o problema que você identificou. Se sim, quais são?

» Esse mercado está crescendo ou encolhendo?

Para encontrar pesquisas secundárias quantitativas, use a lista da Tabela 6-1 para localizar quaisquer fontes de pesquisa que possam estar disponíveis. Empresas como Gartner, IDC ou Forrester disponibilizam estudos de análise setorial. Esses relatórios costumam ser um pouco onerosos, mas podem conter dados muito úteis. Verifique com seu departamento de pesquisa de mercado e análise competitiva (se tiver um) o material que têm ou podem acessar. Às vezes eles pagam por assinaturas dos relatórios dos analistas. Você pode descobrir, depois de uma busca extensa, que não há nada disponível, mas ao menos ficará sabendo que ninguém que está investigando a oportunidade e terá mais dados do que você.

Pesquisa primária qualitativa

Para realizar a pesquisa primária qualitativa você precisará conversar com os clientes. Talvez você não consiga visitar cada cliente pessoalmente, mas seu foco é obter as respostas que não consegue encontrar em pesquisas publicamente disponíveis (também conhecidas como secundárias). Ao realizar entrevistas pessoalmente, com grupos focais (que exigem muita experiência para que sejam feitos do jeito certo — você deve contratar um especialista para fazer isso por você), ou reuniões do conselho de clientes, você pode fazer perguntas mais específicas sobre sua hipótese e obter um nível mais profundo de compreensão sobre o problema que está tentando resolver.

CAPÍTULO 6 **Lição de Casa: Avaliando Suas Ideias** 89

Quando você achar que identificou seu cliente-alvo, estará pronto para desenvolver um plano de pesquisa, incluindo a lista de perguntas (como as seguintes) a fazer a esse cliente em uma conversa. Revise o Capítulo 5 para determinar para quais tipos de persona você deve segmentar suas perguntas.

» Fale um pouco sobre você. Qual é seu cargo? Que grau de instrução foi necessário para obter essa posição? Qual é sua idade?

» Você vivencia o(s) seguinte(s) problema(s)? Quais outros problemas você também tem?

» Como você os supera?

» Você pode me mostrar as etapas que utiliza para superá-lo?

» Você tem ideias ou sugestões para um produto que possa ajudá-lo com isso?

Iniciando o Processo de Pesquisa de Mercado

Fazer pesquisas de mercado mais formais significa passar por uma série de etapas projetadas para obter as informações de que você precisa. As seções a seguir ajudam você a fazer exatamente isso, conduzindo-o pelos tipos de perguntas que deve fazer e os métodos de pesquisa que os gerentes de produtos usam.

Explicando o processo de pesquisa de mercado

Sempre que você tiver uma pergunta e decidir que fazer uma pesquisa de mercado é a solução certa, tenha em mente que seguir um processo estabelecido conduzirá a melhores resultados:

1. Decidir sobre seu objetivo de pesquisa.

O que você está tentando alcançar com a pesquisa? Avaliar se a empresa deve desenvolver uma linha de produtos específica? Alterar a direção de um produto existente em desenvolvimento? Simplesmente validar que um novo recurso atenderá aos requisitos do cliente? Seus objetivos também determinam o alcance e o custo da investigação. Decidir se deve entrar em uma oportunidade de mercado de $300 milhões justifica mais esforços e gastos do que priorizar alguns recursos para um produto de $99.

2. **Determinar quais perguntas você precisa responder para satisfazer seu objetivo de pesquisa.**

   Anote um conjunto inicial de perguntas e discuta-o com seus colegas para obter informações. Eles podem indicar que as perguntas, por serem muito abrangentes ou muito específicas, não permitirão que você descubra informações adicionais valiosas.

   Eis um exemplo:

   - Muito abrangente: Que tipos de equipamento de exercício você usa para se manter saudável?
   - Muito específica: Você usa anilhas para se manter saudável?

3. **Escolher a(s) melhor(es) técnica(s) de pesquisa.**

   Como regra geral, você passa da pesquisa qualitativa secundária para a pesquisa quantitativa primária como mostra a Figura 6-2. Na realidade, você pode passar por uma dessas categorias muito rapidamente e, em seguida, passar muito tempo arrumando sua pesquisa qualitativa primária. (Veja a Tabela 6-2 adiante neste capítulo para obter uma lista dos métodos de pesquisa de mercado mais utilizados.)

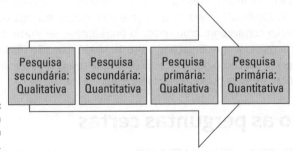

FIGURA 6-2: Sequência da pesquisa de mercado.

© 2017, 280 Group LLC. Todos os direitos reservados.

4. **Projetar seu estudo de pesquisa.**

   Projetar um bom estudo de pesquisa requer muita experiência. Use as opções na Tabela 6-2 para determinar o tipo de pesquisa que você precisa conduzir. Se possível, trabalhe com alguém que já fez isso antes, como um colega em sua empresa, seu departamento interno de pesquisa de mercado ou um fornecedor externo. É fácil projetar acidentalmente um estudo que tenha muitas distorções, então tenha cuidado ao examinar seu projeto adequadamente. Se você não consegue encontrar alguém para ajudá-lo a projetar seu estudo ou criticá-lo e fornecer feedback, recomendamos procurar um livro sobre o tema que o aborde de modo aprofundado.

LEMBRE-SE

Fazer as perguntas certas é uma parte importante de obter boas respostas. A seção a seguir contém mais detalhes sobre esse assunto.

5. **Conduzir a pesquisa.**

   Conduzir a pesquisa pode levá-lo até o outro lado do mundo ou até a cidade mais próxima. Depende muito do tipo de pesquisa que você decidiu realizar. As entrevistas com clientes podem ser feitas pessoalmente ou por telefone. Grupos focais podem ser conduzidos em várias cidades ou virtualmente. Os conselhos de clientes geralmente envolvem o transporte até onde você está.

6. **Coletar e analisar dados.**

   Os dados qualitativos são obtidos, basicamente, ouvindo as pessoas responderem as suas perguntas com poucos limites. Decida como deseja registrar essa informação. Pessoalmente, evite fazer anotações em um computador; a presença de uma tela cria uma barreira entre você e o cliente. Se o cliente concordar, gravar a conversa é sempre uma opção. Uma boa técnica para tomar notas durante a gravação é fazer uma anotação do tempo de gravação quando o cliente diz algo interessante.

7. **Apresentar conclusões para aproveitar novos conhecimentos.**

   Ter o trabalho de obter dados para fundamentar um ponto de vista não terá nenhuma vantagem se outras partes da sua empresa não os entenderem. Use as dicas no Capítulo 17 para garantir que sua mensagem seja ouvida. Uma apresentação convincente e/ou relatório escrito deve ser curto, com muitos gráficos claros. Para apresentações, tente 10 slides, mas não mais do que 20. Peça a alguém com boas habilidades gráficas que reveja seus materiais, e você deve praticar antes de qualquer apresentação.

Fazendo as perguntas certas

Fazer perguntas parece uma coisa muito simples, e então você faz uma e recebe a resposta que não queria. Agora imagine tentar obter respostas para perguntas específicas que orientarão o desenvolvimento do produto. Sim, é difícil.

Aqui estão algumas coisas que você deve ter em mente ao formular suas perguntas:

» **Considere o quão específico você precisa ser.** Um bom indicador é saber quão específica você precisa que a resposta seja. No início do processo, as perguntas costumam ser qualitativas e muito abrangentes. Perguntas dissertativas que começam com *por que, o que, como, onde* e *quando* são ideais. Depois mude para perguntas quantitativas. Elas são mais específicas do que as qualitativas, pois você busca obter dados concretos.

» **Pergunte o quanto alguma coisa é importante, não apenas se um cliente a deseja.** Se você perguntar a um cliente se ele deseja um recurso, a resposta quase sempre será sim. Por exemplo, se você estiver avaliando dois recursos específicos, pode fazer as seguintes perguntas e colocar as respostas em uma tabela como a da Figura 6-3.

- Em uma escala de um a cinco, quanto você gosta dos recursos um e dois?
- Em uma escala de um a cinco, como você classificaria a importância do recurso um e do recurso dois?

FIGURA 6-3: Tabela das respostas do cliente.

	Gostar	Importância	Total = Gostar × Importância
Recurso 1	5	1	5
Recurso 2	3	5	15

© 2017, 280 Group LLC. Todos os direitos reservados.

Nesse caso, você desenvolveria o recurso 2 antes do recurso 1, porque 15 é maior do que 5.

» **Faça perguntas de acompanhamento.** Na pesquisa qualitativa, continue a conversa que o cliente iniciou. Os tópicos levantados podem não estar em sua lista de perguntas, mas este é o momento de encontrar oportunidades.

» **Evite distorções.** Se você faz perguntas com entusiasmo por suas preferências, é mais provável que obtenha respostas tendenciosas. Se você não conseguir evitar fazer uma pergunta assim, peça a outra pessoa que faça enquanto você toma notas com uma expressão neutra. Isso se aplica ao conteúdo da pergunta, bem como à inflexão com a qual é entregue.

DICA

Não importa se você é um excelente gerente de produto, sempre peça a alguém para examinar suas perguntas. O que parece óbvio para você nem sempre faz sentido para outra pessoa.

Examinando métodos de pesquisa de mercado

A Tabela 6-2 abrange a maioria dos métodos populares de pesquisa de mercado. Quando você iniciar um projeto maior, trabalhe com um especialista em pesquisa de mercado, dentro ou fora de sua empresa, que pode aconselhá-lo sobre qual método de pesquisa funcionará melhor para alcançar seu objetivo de pesquisa. Se entrar em contato com uma organização externa, certifique-se de que ela não é especializada em apenas um tipo de pesquisa de mercado. Essas empresas, inevitavelmente, querem que você use apenas o método delas.

TABELA 6-2 Métodos de Pesquisa de Mercado

Tipo de pesquisa de mercado	Detalhes	Quando usar	Custo relativo
Etnográfica	Observação e questionamento antropológico. Normalmente conduzido individualmente ou em pequenos grupos.	Ótimo para a fase de conceber, quando o conceito ainda não está formado e existem muitas incógnitas.	Alto
Painéis de clientes	Diálogo contínuo com um grupo estático de clientes-chave que fornece informações de mercado em tempo real. Eles são um sistema de alerta precoce para identificar as próximas oportunidades.	Pode ser agrupado em uma série de reuniões e introduzido no desenvolvimento inicial do produto ou, mais tipicamente, na evolução contínua dele.	Baixo
Teste de usabilidade	Avaliação de clientes que utilizam o produto e oferecem informações. Pode ser feito no local do cliente, em um laboratório ou virtualmente. Existem serviços que realizam esta pesquisa para você.	Durante o desenvolvimento e a fase de teste e validação do desenvolvimento do produto.	Baixo
Entrevistas presenciais	Entrada qualitativa de algumas pessoas (3–20). Funciona bem ao definir o posicionamento das principais características.	Qualquer momento no desenvolvimento do produto. Mais comumente usado no início do ciclo de desenvolvimento do produto.	Médio
Grupos focais	Discussões em pequenos grupos, facilitadas por especialistas terceiros, sobre um tema focado, como obter dados qualitativos ricos; problemas que existem com o produto atualmente desenvolvido; ou refinar posicionamento, nomes e embalagens.	Principalmente usado para refinar um produto e nas etapas de lançamento no mercado.	Médio
Pesquisas/ entrevistas por telefone	Informações quantitativas para apoiar ou rejeitar uma hipótese. Também pode ser usado para obter informações qualitativas de um pequeno grupo de pessoas.	Entrevistas: a qualquer momento no processo do produto. Pesquisas: principalmente em plena produção e estágios de lançamento no mercado.	Médio
Pesquisas online ou impressas	Informações quantitativas para refinar e priorizar possíveis opções de produto. Tenha cuidado com o fato de que o modo como faz as perguntas pode influenciar as respostas.	Principalmente em plena produção ou estágios de lançamento de mercado.	Baixo a médio

A Figura 6-4 fornece uma visão geral dos métodos de pesquisa de mercado. À esquerda estão *métodos de alto contexto*, o que significa que você precisa realizá-los pessoalmente e, muitas vezes, no local. Os métodos de alto contexto fornecem uma compreensão mais ampla do mundo em que seu cliente em potencial vive e trabalha. Você usa esses métodos principalmente em estágios iniciais de decisões para fornecer um histórico para novas pesquisas. À direita estão *métodos de baixo contexto*, que são muito impessoais, sem muita informação do histórico. Os métodos de baixo contexto são ótimos para obter resultados quantitativos — os números.

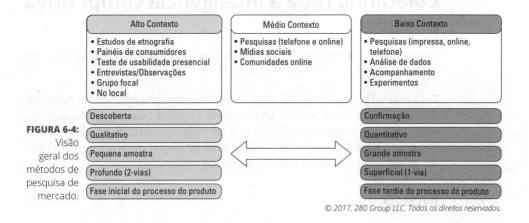

FIGURA 6-4: Visão geral dos métodos de pesquisa de mercado.

© 2017, 280 Group LLC. Todos os direitos reservados.

Estudando a Inteligência Competitiva

A *inteligência competitiva* também é conhecida como *análise competitiva*. É a inteligência adquirida sobre sua concorrência e que lhe permite competir de forma mais eficaz. A inteligência competitiva usa muitas técnicas da pesquisa de mercado. Confira as técnicas no Capítulo 5.

Identificando os concorrentes

Aqui estão algumas maneiras comuns de revelar sua concorrência:

» A leitura de avaliações e comparações de produtos dá uma ideia de quem seus clientes e especialistas setoriais acreditam ser sua concorrência.

» Seus próprios vendedores são um ótimo aviso prévio sobre os recém-chegados ou as mudanças que seus concorrentes atuais representam. Ofereça uma (pequena) recompensa quando o departamento de vendas aparecer com um novo concorrente ou recurso que você deve conhecer.

» Os analistas do setor criam relatórios periódicos que comparam sua empresa com outras.

LEMBRE-SE

Em mercados estáveis, concentre-se apenas nos dois ou três melhores concorrentes. Se você pode vencer esses concorrentes, poderá vencer facilmente os menores. Nos mercados emergentes, onde é menos claro o que os clientes realmente valorizam, você deve acompanhar mais de perto alguns concorrentes até que a imagem de valor do cliente fique mais nítida.

Coletando toda a inteligência competitiva possível

Para uma visão de 360º da concorrência, sua pesquisa abrangerá as áreas nas seções a seguir.

Toda essa informação cria um mapa de movimentos competitivos em potencial. Você precisa sintetizar os indicadores-chave. Se achar essa síntese desafiadora, explique o que encontrou a alguns colegas para descobrir os próximos movimentos prováveis da concorrência. Apresente quaisquer questões importantes a seu gerente e decida quais serão os próximos passos.

Básico

Considere a visão geral:

» **Desempenho externo:** As vendas de seu concorrente estão aumentando ou diminuindo? E os lucros? Quantas pessoas trabalham lá e qual é a receita por pessoa? O segredo é procurar mudanças nos números do ano passado para este ano — e até mesmo em anos anteriores. Se a empresa que você está buscando não for pública, procure por notícias sobre qualquer informação que você possa encontrar. Verifique o relatório anual da empresa, se for de capital aberto; anúncios de captação de recursos financeiros, se for de capital fechado; e informações oficiais à imprensa (tudo disponível online).

» **Financiamento e gastos:** Os concorrentes estão gastando mais ou menos dinheiro em vendas, marketing e pesquisa do que antes? Você pode comparar os gastos deles com os gastos de sua empresa. Fique atento ao o fato de a empresa de seu concorrente poder ser estruturada de forma diferente da sua, portanto, investigue grandes diferenças entre as empresas. Para empresas de capital fechado às vezes você pode encontrar mais dados em sites de capitalistas de risco. Para as empresas de capital aberto, as notas explicativas no relatório anual, bem como algumas análises das declarações de lucros e perdas podem dar pistas (especialmente se uma empresa classifica seus lucros e despesas pelo tipo de negócio em que atua).

» **Gestão:** Quais são as habilidades encontradas na gestão dos concorrentes? Os gerentes carecem de conhecimentos específicos? Quão diversa é a qualificação deles? Quão bem estão conectados aos influenciadores-chave em seu ramo? Muitas vezes você pode encontrar essa informação na página "Sobre a gestão da empresa" em seu site, nos perfis do LinkedIn de seus executivos e em entrevistas que podem ter sido conduzidas com a equipe de gestão por meio de revistas e fontes de notícias online.

» **Atitude:** Os concorrentes são agressivos? Complacentes? Eles gostam de risco ou o evitam? Em qual quadrante eles estão na escala de desempenho e saúde organizacional mostrada na Figura 6-5? Essas informações podem ser reunidas por meio de conversas com seus vendedores sobre o que eles viram o concorrente fazer, de ex-colaboradores do concorrente e de artigos escritos a respeito.

Comparação de produto

DICA

A análise mais competitiva que os gerentes de produto fazem geralmente é um gráfico de comparação de produtos lado a lado que compara apenas recursos. Lembre-se de adicionar aspectos de serviço, garantias, finanças, serviços e confiabilidade, que podem dar mais força ao argumento competitivo. A Figura 6-6 é uma ótima maneira de organizar seus pensamentos de forma a educar seus clientes e o público interno ao mesmo tempo.

FIGURA 6-5: Quadrante de desempenho e saúde organizacional.

© 2017, 280 Group LLC. Todos os direitos reservados.

CAPÍTULO 6 **Lição de Casa: Avaliando Suas Ideias** 97

Recurso	Benefício	Valor do cliente	Seu produto	Produto 1	Produto 2
Resolução do sensor da câmera	Grandes impressões e corte mais próximo	Médio	8 megapixels	5 megapixels	2 megapixels
Cartão SIM	A informação do usuário pode ser transferida para outro dispositivo	Alto	Sim	Sim	Não
Capacidade da bateria	Tempo de uso entre as cargas	Alto	10 horas	6 horas	4 horas
Aplicativos disponíveis	Maior utilidade	Médio	150+	200+	500
Garantia de 2 anos	Garantia de que o produto vai funcionar independentemente de qualquer coisa	Médio	Sim	Não	Não

FIGURA 6-6:
Tabela de comparação de produto.

© 2017, 280 Group LLC. Todos os direitos reservados.

Marketing e distribuição

Marketing e distribuição são outras áreas importantes da análise competitiva. Pense no seguinte:

» **Marketing:** O que a marca de seu concorrente representa? Quão bem o mercado acredita nesse posicionamento? Qual é o posicionamento do concorrente no nível do produto? Quais são seus programas de marketing? A que feiras ele comparece ou evita? Quão sofisticados são seus esforços de marketing digital? Quais palavras-chave (termos que, quando digitados no Google, resultam em anúncios relacionados a ele) estão no AdWords e publicidade online? Procure por alguns termos prováveis e veja se o anúncio aparece. O marketing da empresa é mais focado em vendas, produtos ou tecnologia?

» **Canais de distribuição:** Quais são os canais de distribuição do concorrente? Será que é direto, usa distribuidores ou tem relações especiais com determinados parceiros de canal? Mais importante ainda, que vantagem ou desvantagem seu modelo de distribuição oferece?

» **Participação de mercado:** Qual é a sua participação de mercado? Qual é a participação de seus concorrentes? Nos mercados maduros, o líder costuma ter, pelo menos, o dobro de participação de mercado que o próximo maior concorrente. A participação de mercado pode levar ao domínio dele e, possivelmente, à complacência.

As cinco forças de Porter

Em 1979, Michael Porter escreveu "How Competitive Forces Shape Strategy" [Como as Forças Competitivas Moldam a Estratégia, em tradução livre] na

Harvard Business Review. Seus conceitos, mostrados na Figura 6-7, são tão válidos hoje quanto foram ao longo da história. Considere cada um desses aspectos ao avaliar seus concorrentes e seu mercado em geral. Para usar as cinco forças de Porter, responda as seguintes perguntas referentes a seu produto ou mercado:

» Qual é o poder de barganha de seus fornecedores quando negociam com você?

» Qual é o poder de barganha de seus compradores quando negociam com você?

Quanto menos ou mais especializados seus fornecedores e compradores, mais poder eles têm no controle das negociações e em determinar preços que são menos favoráveis para você.

» E quanto a potenciais novas empresas e serviços que entram em seu mercado? Eles podem competir facilmente ou é difícil para eles competir com você?

» E quanto aos produtos de substituição? Que tipos de produtos podem substituir seus produtos na solução de uma necessidade do cliente?

» Qual a força da rivalidade em seu ramo? Seus concorrentes são agressivos em tirar negócios de você?

Alguns acrônimos úteis

PESTEL e SWOT. Não, não esquecemos de usar o corretor ortográfico. Esses conceitos são duas peças do enigma da análise competitiva.

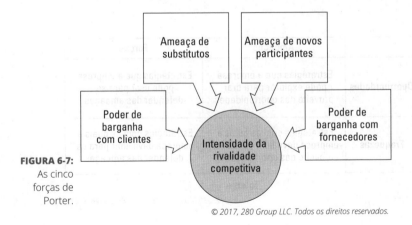

FIGURA 6-7: As cinco forças de Porter.

© 2017, 280 Group LLC. Todos os direitos reservados.

PESTEL é um acrônimo de "political, economic, social, technological, environmental, and legal", em inglês, e representa "política, economia, social, tecnologia, ambiente e jurídico". A análise PESTEL é usada para entender o contexto geral dentro do qual você faz negócios e onde seu produto é avaliado. Para completar uma análise PESTEL, responda as seguintes perguntas: Qual é o ambiente social e empresarial geral em que você opera? O que está mudando? Quais são as principais tendências em cada uma dessas áreas? A forma como esses fatores estressantes afetam sua concorrência nem sempre é a mesma que impacta você. Liste cada fator e examine sua situação de perto para ver onde estão as oportunidades e ameaças.

SWOT é um acrônimo de "strengths, weaknesses, opportunities and threats", em inglês, e significa "forças, fraquezas, oportunidades e ameaças". Os dois primeiros termos, forças e fraquezas, referem-se ao estado da empresa competitiva para a qual você está realizando uma análise SWOT. Os dois termos seguintes, oportunidades e ameaças, referem-se aos impactos externos na sua concorrência, seus mercados e produtos. Ao fazer uma análise SWOT para cada concorrente principal, você pode obter uma visão mais precisa de contra quem está competindo e onde eles são fortes e fracos. Isso constitui a base de sua própria estratégia para vencê-los no mercado. Use a Figura 6-8 para entender como as diferentes informações em cada quadrante interagem para lhe dar uma síntese de:

» Estratégias que a empresa pode explorar para aproveitar as oportunidades.

» Estratégias com as quais a empresa deve lidar para aproveitar as oportunidades.

» Estratégias que a empresa pode usar para se defender de ameaças.

» Estratégias com as quais a empresa deve lidar para se defender de ameaças.

		Ameaças	Forças
Externo	**Oportunidades**	Estratégias que a empresa pode explorar para tirar proveito das oportunidades	Estratégias que a empresa pode usar para se defender das ameaças
	Fraquezas	Estratégias com as quais a empresa deve lidar para tirar proveito das oportunidades	Estratégias com as quais a empresa deve lidar para se defender das ameaças
		Interno	

FIGURA 6-8: Análise SWOT.

© 2017, 280 Group LLC. Todos os direitos reservados.

100 PARTE 2 **Descoberta, Avaliação e Planejamento de Grandes Produtos...**

Acompanhando a concorrência

Os concorrentes não ficam parados. Para garantir que você esteja à frente deles, aloque tempo regularmente para avaliação competitiva — mensal ou trimestralmente, dependendo do setor. Considere estas sugestões:

» Crie um alerta semanal do Google para sempre que a concorrência for mencionada (procure no Google pelo termo "Alerta do Google" para saber como criar alertas). Por exemplo, se sua empresa vende detectores de fumaça, crie um alerta para a frase *detector de fumaça*. Assim, cada vez que essa frase for mencionada nas notícias ou em um site, o Google lhe enviará um alerta informando onde e quando apareceu.

» Acesse mensalmente o site de seu concorrente para ver quaisquer anúncios ou atualizações do produto dele. Esse período de tempo deve ser suficiente para que você adote mudanças significativas. Faça anotações sobre suas descobertas que poderão ser consultadas mais tarde, se necessário.

» Para empresas de capital aberto, ouça a opinião do analista trimestralmente. Faça o download e leia o último relatório financeiro. O que mudou? Quais questões a empresa listou como riscos?

» Chame os parceiros de canal mensal ou trimestralmente para conversar sobre como os negócios estão indo, se você perdeu ou ganhou terreno competitivo e, em caso afirmativo, para quem e por quê.

» Planeje uma análise anual completa para apresentar a seu gerente. A preparação para a revisão irá obrigá-lo a pegar cada detalhe que você deixou passar durante seu trabalho semanal, mensal e trimestral.

Um benefício fantástico desse trabalho de rastreamento é que fazê-lo aos poucos custa menos esforço do que ter que fazê-lo de repente em uma base anual. E sua organização terá plena confiança em suas ideias em outras áreas se você estiver atualizado em sua análise competitiva.

Confirmando Suas Ideias e Hipóteses

O Capítulo 4 fornece algumas ferramentas e ideias para ter novas ideias de produtos, e a seção de pesquisa de mercado e análise competitiva deste capítulo mostra técnicas para explorar ainda mais mercados em potencial. Outra técnica que você pode querer usar para um mercado ou produto novo é fazer uma verificação adicional.

Para novos mercados, encontrar uma boa ideia vencedora geralmente significa validação direta com potenciais clientes reais. O objetivo em fazer isso é apresentar impressão suficiente de um produto (seja uma descrição, folha de dados ou demonstração de funcionamento) que os clientes podem imaginar-se comprando, e depois dizer o que pensam.

Usando um processo de validação simples

Você tem uma ideia de produto que acha que pode funcionar para certos clientes. Isso é maravilhoso. Agora, você tem duas opções:

» Gastar muito dinheiro desenvolvendo-o antes de falar com os clientes.

» Gastar praticamente nada, criando um conceito de produto e depois perguntando aos clientes-alvo o que eles acham.

Lembre-se de que você pode testar alguns produtos potenciais e a hipótese associada. A ação sábia é a segunda opção e ver o que os clientes dizem.

Aqui está um processo de validação simples e relativamente rápido:

1. Crie uma hipótese sobre um produto em potencial.

Por exemplo, "Os clientes que usam formulários digitais querem preenchê-los online e mandá-los automaticamente de uma pessoa para outra para assinatura".

2. Crie uma lista de clientes-alvo.

Neste exemplo, os clientes-alvo podem ser empresas multinacionais que assinam formulários em todo o país e, possivelmente, em todo o mundo, pequenas agências de mídia digital que precisam assinar as obras finais para vários projetos, e pequenas empresas que precisam de formulários assinados como parte de seu fluxo de trabalho dentro e fora da empresa.

3. Crie certos artefatos para provar aos clientes que esse produto é real.

Os artefatos são uma folha de dados, uma lista de preços, uma breve apresentação sobre os recursos e benefícios do produto e uma demonstração feita no Microsoft PowerPoint ou Word. Note que você não criou o produto de verdade, mas apenas o suficiente do conceito do produto para apresentá-lo aos clientes para que eles tenham uma ideia realista do que seria oferecido.

4. **Faça reuniões individuais com várias pessoas de cada grupo de clientes-
-alvo e veja o que eles dizem.**

O grupo-alvo está interessado no produto? Quais características cada grupo
considera críticas? Como estão resolvendo o problema hoje?

Quando tiver uma lista de cada um dos grupos-alvo interessado no produto,
poderá voltar e pesquisar o tamanho desse mercado-alvo e, em seguida, criar
uma estimativa curta e grossa de quanto potencial de receita e lucro poderia
gerar. Com o feedback dos clientes, você pode partir para um planejamento
mais aprofundado com mais confiança.

Um exemplo de validação de produto

Zappos, a empresa de distribuição de calçados online, testou seu conceito
fazendo arranjos com lojas de sapato de verdade. Em vez de primeiro construir
um depósito e um sistema de distribuição, a Zappos testou o conceito colocando
fotos e preços de sapatos online, e depois fez os pedidos a partir de uma loja de
sapatos física. Dessa forma, ela evitou os custos iniciais de um local de armazenamento até ter validado seu conceito.

Analisando os Números com
Previsões Financeiras

Em algum momento, a decisão sobre com qual, se houver algum, produto avançar se resumirá à lucratividade. E nessa fase do desenvolvimento do produto
(ou não desenvolvimento do produto), você não quer ficar atolado em folhas de
dados financeiros e previsões excessivamente complexas. Contudo, você realmente precisa apoiar sua hipótese com alguma análise financeira simples e com
uma lista de suposições que foram utilizadas ao criá-la. Para fazer isso, você
deve criar uma demonstração de ganhos e perdas, fazer uma análise de equilíbrio e calcular o retorno sobre o investimento (ROI). O Capítulo 9 tem mais
detalhes a respeito.

CAPÍTULO 6 **Lição de Casa: Avaliando Suas Ideias** 103

104   PARTE 2 **Descoberta, Avaliação e Planejamento de Grandes Produtos...**

NESTE CAPÍTULO

» Organizando suas prioridades

» Avaliando modelos de pontuação para entender o ponto de vista do cliente

Capítulo 7

Priorizando e Selecionando Ideias

E ste capítulo mostrará como priorizar todas as grandes ideias geradas até agora para que sua empresa possa determinar onde investir seu dinheiro e seus recursos. Com o uso de técnicas de priorização simples, porém poderosas, você poderá determinar com quais ideias prosseguir.

Priorizando Suas Ideias

Você tem uma longa lista de ideias para produtos. Todas elas são oportunidades possíveis. Porém, seu orçamento para desenvolvimento geralmente o limita a apenas uma escolha. Qual é a melhor forma de tomar essa decisão?

Seu trabalho como gerente de produtos é garantir que a ideia que você recomenda seja a certa para justificar o investimento. Use a Tabela 7-1 para encontrar uma oportunidade que será bem recebida por sua empresa.

TABELA 7-1   Encontre Ideias Certas para a Sua Empresa

	Empresa	Produto	Combinação: Sim ou Não?
Visão	Escreva a visão da empresa aqui.	Escreva a declaração de visão do produto aqui.	
Marca	Qual é a marca da empresa?	Qual marca você quer que o produto tenha?	
Posicionamento	Qual é o posicionamento da empresa no mercado?	Como o produto pode ser posicionado no mercado?	
Competência	Quais são as competências essenciais da empresa? Quais outras podem ser adquiridas?	O produto aproveita as competências essenciais?	
Distribuição	Quais canais de distribuição a empresa possui atualmente?	De qual canal de distribuição o produto necessita?	
Proposta exclusiva de vendas (PE)	Qual é a PE da empresa?	Quais são as PEs do produto?	
Valor	Que valor a empresa oferece?	Que valor o produto oferece?	

Encontre a escolha certa com a tríade de ajuste produto/mercado

Conseguir fazer um produto entrar no mercado com sucesso não é para os fracos. A Figura 7-1 mostra a tríade de ajuste produto/mercado, que é uma forma de analisar os três componentes principais que você deve equilibrar de modo a lançar um produto com sucesso. Você equilibra essas três áreas o tempo todo enquanto constrói sua solução:

» **Problema:** Tratar as necessidades corretas e valiosas do cliente.

» **Produto:** Atender bem a essas necessidades.

» **Modelo de negócios:** Disponibilizar o produto através do canal correto (onde o cliente possa encontrá-lo) e com um preço atrativo (onde o cliente comprará o produto e manterá o negócio).

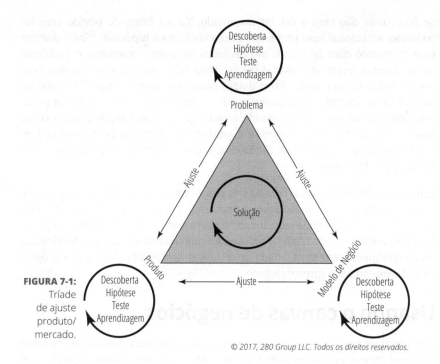

FIGURA 7-1: Tríade de ajuste produto/mercado.

© 2017, 280 Group LLC. Todos os direitos reservados.

Os Capítulos 1 e 4 trataram da resolução dos problemas dos clientes e definição de no que exatamente consiste o produto. Um *modelo de negócios* é como você vende seu produto aos clientes e ganha dinheiro, incluindo toda a oferta do produto, o suporte, o serviço e outros itens de despesas e lucros. Por exemplo, um modelo popular de negócios é chamado de modelo *barbeador e lâminas* [também conhecido por "Lâmina de Barbear"], usado por vários fabricantes de barbeadores [mas não só]. Em vez de tentar ganhar muito dinheiro vendendo um barbeador chique logo de cara, seguindo esse modelo, a empresa vende barbeadores baratos, sabendo que lucrarão no futuro, pois será necessário trocar as lâminas, as quais só essa empresa fornece.

Usar o modelo de ajuste produto/mercado é como fazer malabarismos com 3 mãos e 12 bolas. Quando algo muda em uma mão, as outras duas precisam saber se isso irá afetá-las — e como. Você utiliza um processo de *ciclos de descoberta* para gerenciar proativamente seu aprendizado de como otimizar cada vértice da tríade de ajuste produto/mercado: o produto, o problema e o modelo de negócios.

Cada ciclo de descoberta tem quatro fases: descoberta, hipótese, teste e aprendizagem. Geralmente o primeiro passo é a descoberta. Usando os métodos de pesquisa de mercado do Capítulo 5, você terá insights sobre uma das três partes da tríade de ajuste produto/mercado. Com essa base, desenvolva uma hipótese. Experimente com um exemplo simples: fones de ouvido para smartphones. No lado do produto, você descobre e observa que os clientes gostam de falar, mas não com o celular no ouvido. Talvez fones de ouvido com fio poderiam solucionar esse problema. Então você cria a hipótese: "Creio que um fone de ouvido com fio e com um pequeno microfone resolveria o problema de os clientes terem que usar o celular para falar, porque eles querem ficar com as mãos livres e poder fazer outras coisas ao mesmo tempo." O próximo passo é fazer um teste. Você poderia pedir a alguém para soldar algumas peças rudimentares de um fone de ouvido e pedir que alguns amigos o usem como teste. Veria, assim, que a hipótese é verdadeira. Contudo, perceberia que os fios começam a se emaranhar. Então criaria outra hipótese, a testaria, e modificaria o produto de acordo.

Lembra-se do malabarismo com as três mãos? Enquanto muda o produto, você continua refinando sua visão sobre o problema que ele soluciona e pesquisa no mercado para garantir que existam clientes em potencial suficientes para justificar o investimento de trazer o produto ao mercado através de sua fabricação, ou de qualquer outro modo. Cada uma dessas descobertas leva a seu próprio ciclo de aprendizado interconectado.

Usando o canvas de negócios

Um canvas de negócios é um modelo simples para escrever suas hipóteses sobre um produto e depois acompanhá-lo para ver como muda com o tempo. Três tipos de canvas de negócios incluem o canvas do problema, o canvas da solução e o canvas da solução do modelo de negócios. A Figura 7-2 oferece um exemplo do canvas do problema. As seções neste canvas o ajudam a definir o *cliente* e o *problema* (você cria um produto para solucionar o problema do cliente). Na seção do *cenário* há um espaço para se aprofundar no problema do cliente. Imagine que seu cliente é um pai trabalhando em casa e que tem uma fragmentadora de papéis. O problema dele é que está preocupado que seus filhos possam se machucar na fragmentadora, caso ela possa ser ligada facilmente, enquanto brincam em seu escritório. Esse cenário é sua oportunidade de dar mais contexto para a situação dele ao descrever aspectos de seu problema que ajudarão seus engenheiros a criar soluções em potencial.

Em *alternativas*, nesse canvas, você escreveria outras coisas que o pai poderia fazer para proteger seus filhos. Ele pode decidir colocar a fragmentadora no alto de uma prateleira, ou cobri-la com uma caixa pesada quando não a estiver usando. E depois, em *sucesso*, escreva como os clientes definem sucesso. Neste exemplo, poderia ser que a solução envolva conseguir fragmentar um documento em um segundo, sabendo que mesmo se não desligá-la, a fragmentadora não machucará seus filhos. Neste exemplo a *evidência para pagar* pode incluir hipóteses sobre quanta renda extra o cliente tem. Caso ele tenha bastante renda extra, então o custo/benefício de manter seus filhos seguros pode levar a uma escolha óbvia, o que significa que ele investirá o dinheiro em sua solução para a fragmentadora.

Canvas do Problema

Título:

Proprietário: Data   Versão

Clareza do Problema   (marque o nível de compreensão sobre o problema)

Definido ▓▓▓▓▓▓▓▓▓▓▓▓▓▓▓▓▓▓▓▓▓▓▓▓▓▓▓▓ Indefinido

O usuário tem uma necessidade   O usuário tem pouca consciência da necessidade
explícita e pode descrevê-la completamente   ou da habilidade para articular o problema

Cliente   Liste os clientes, considerando Usuários, Compradores, Influenciadores e Aprovadores (anote cada um com U, C, I, A). Considerando uma solução rápida, quais clientes são mais valorosos (um), para quem você vai otimizar a solução (dois), a solução vai apoiar a quem (amarelo), e quem a solução vai excluir inicialmente (três). Trabalhe verticalmente pelo restante do canvas.

Problema   Relate os problemas para cada cliente e classifique-os para este cliente.

Cenário   Descreva o cenário em que o problema é encontrado.

Alternativas   Ao considerar os pares de cliente/problema com classificação mais alta, explore as alternativas de produto (incluindo não fazer nada) assim como os prós e os contras das alternativas. Classifique a satisfação do cliente com alternativas (Alta, Média, Baixa).

Sucesso   Descreva como os clientes definem sucesso.

Evidência para Pagar   Descreva a evidência que os clientes pagarão para resolver este problema.

Ao considerar os pares cliente/problema com classificação mais alta, avalie a confiança nas descrições do cenário desenvolvidas sobre os usuários, o problema e a definição de sucesso (verde, amarelo e vermelho).

© 2017, 280 Group LLC. Todos os direitos reservados.

FIGURA 7-2:
Canvas do
problema.

CAPÍTULO 7 **Priorizando e Selecionando Ideias**   109

Canvas da Solução do Produto

Título:

Proprietário: | **Data** | **Versão**

Clareza da Solução do Produto (marque o nível de compreensão sobre a solução do produto)

Definido ▮▮▮▮▮▮▮▮▮▮▮▮▮▮▮▮▮▮▮▮ Indefinido

A solução do produto é bem compreendida, tem um bom ajuste com o problema, os usuários entendem como usar o produto e é viável com a tecnologia atual.

A equipe tem uma solução de produto geral para o problema, que é compreendida, mas características específicas e o uso não são bem compreendidos.

Pares de Cliente Importante/Problema

Liste os pares cliente/problema com maior classificação a partir do Canvas do Problema, aos quais o produto será direcionado.

Estratégia de Entrada no Mercado

Identifique a estratégia de entrada no mercado para a solução do problema e comente, conforme for necessário.

Crie um novo mercado.	Mercado existente com produtos otimizados.	Crie um novo segmento com produtos mais simples/menos caros.	Crie um novo segmento com um produto voltado a um nicho.

Solução do Produto

Faça um esboço da solução do produto: qual será sua aparência, quantas configurações serão suportadas, quais funções desempenhará, como queremos que o cliente se sinta ao usar o produto, como o cliente aprenderá a usar o produto?

Riscos/Jurídico/Regulamentação

Quais são os riscos da solução/desenvolvimento ou as considerações jurídicas e de regulamentação?

Alternativas liste as 3 principais	**Diferenciação** Descreva a diferenciação. Classifique-a como incremental, principal ou descontínua.
1.	
2.	
3.	

Concorrentes liste os 3 principais	**Reações** Quais são as possíveis reações e em qual período?
1.	
2.	
3.	

Ao considerar os pares cliente/problema com maior classificação, avalie a confiança nas descrições dos cenários feitas sobre a solução do problema.

© 2017, 280 Group LLC. Todos os direitos reservados.

FIGURA 7-3: Canvas da solução do produto.

Canvas da Solução do Modelo de Negócio

Título:

Proprietário: | Data | Versão

Clareza da Solução do Modelo de Negócio (marque o nível de compreensão sobre o modelo de negócios após completar o canvas)

Definido ▮▮▮▮▮▮▮▮▮▮▮▮▮▮▮▮▮▮▮▮▮▮▮▮▮▮▮▮▮▮▮▮▮▮▮ Indefinido

Os clientes estão familiarizados com o modelo de negócio, incluindo onde encontrar este tipo de produto, o processo de vendas e o modelo de precificação. | Explorar um modelo de negócio ao qual os clientes não estão familiarizados, como forma de comprar este tipo de solução de produto.

Segmentos Liste os principais segmentos de mercado, depois trabalhe verticalmente no canvas. Os segmentos ideais são mensuráveis, alcançáveis, estáveis e têm as mesmas preferências.

Características Quais são as características principais deste segmento (as preferências de produto, atitudes, demografia).

Jornada de Compra Como o segmento será alcançado? Como o cliente terá suporte durante a jornada de compra (percepção → consideração → percurso → compra → lealdade → evangelismo)? Onde o produto poderá ser encontrado, comprado e receberá manutenção? Qual é o nível de serviço em cada etapa?

Precificação Qual é a unidade de valor que será vendida ou monetizada? Qual é o preço alvo por unidade de valor (por usuário, custo por unidade etc.)? O produto será vendido, terá uma licença, será uma assinatura? A precificação é fixa, negociável ou dinâmica? Há fluxos múltiplos de renda? Quais serviços podem ser vendidos junto com o serviço ou vice-versa (pense além do que apenas na garantia e no suporte)?

Financeiro e KPIs Liste as métricas financeiras principais. Qual é o tamanho do mercado? Qual porcentagem comprará o produto? Qual é o custo de aquisição? Qual é a taxa de retenção do cliente ou a frequência de compra? Qual é a validade do valor do cliente? Qual é a margem de lucro de cada canal? Outros KPIs (uso, conversão, convites para network etc.)

Parceiros Qual parte da cadeia de valor será realizada por nossos parceiros

Propriedade Intelectual

Há uma PI defensável? Há PI que precisamos evitar infringir? Há IP que precisa ser licenciada?

Preocupações Sobre quais outras coisas do modelo de negócio você não tem certeza ou lhe deixa preocupado?

FIGURA 7-4: Canvas da solução do modelo de negócio.

Avalie a confiança das declarações sobre o cenário feitas no modelo de negócio (verde, amarelo e vermelho).

© 2017, 280 Group LLC. Todos os direitos reservados.

CAPÍTULO 7 **Priorizando e Selecionando Ideias** 111

O canvas de solução do problema na Figura 7-3 inclui os aspectos mais importantes a serem considerados sobre todas as partes da solução do problema enquanto você desenvolve e expande suas ideias.

Na Figura 7-4, o canvas de negócio o ajuda a saber o que considerar em termos de todas as partes necessárias para construir um modelo de negócios viável e lucrativo em torno de sua ideia de produto.

Esses canvas devem ser grandes. Eles geralmente são pôsteres que medem 1 x 1,5m (ou o tamanho de uma folha A1). Você também pode criá-los usando algumas folhas de um flipchart, colando as folhas na parede ou até desenhando uma tabela usando fitas coloridas e escrevendo o título para cada uma em uma nota adesiva grande. Seja criativo e divirta-se.

Pesando as diferentes oportunidades

É importante identificar o tipo de oportunidade que você acha que terá para garantir que trabalhará na ideia de um produto da forma certa. Há algumas oportunidades que podem ser explícitas, enquanto outras podem ser bem menos definidas. Uma boa maneira de resolver isso é usar o *quadrante do produto e do problema* (veja a Figura 7-5).

Ao se deparar pela primeira vez com uma ideia de produto em potencial, você precisa entendê-la sob dois pontos de vista:

» **Problema:** Será que realmente entendo o problema que estou tentando resolver? Quanto do problema é compreendido/entendido, e quanto não é bem compreendido, em qualquer nível? Um problema que não é bem compreendido é considerado um problema indefinido.

» **Solução de produto:** Quanto tenho da definição sobre uma possível solução de produto? Quanto da solução de produto está definida, e quanto ainda precisa ser definida/compreendida?

Observando o quadrante do produto e do problema na Figura 7-5, veja as definições e o exemplo a seguir para cada quadrante:

» **Tipo I:** O problema e a solução de produto estão definidos. Se você é o gerente de produtos de um software de processamento de textos em sua versão 10 e busca desenvolver a versão 10.1, os problemas que seus clientes têm são possivelmente muito óbvios. Os clientes decidiram, nos últimos 20 anos, que precisam criar documentos escritos e que o software de processamento de textos é muito mais fácil de usar do que uma máquina de escrever. Ao buscar adicionar mais recursos ou outras formas de facilitar a utilização do produto, tenha certeza de que qualquer solução de produto que você encontrar estará certa, desde que seja bem recebida pelos clientes, através dos testes. Com sorte, a maioria dos gerentes de produtos gerencia produtos de Tipo I, relativamente menos complicados, e nunca pensam duas vezes na dificuldade de encontrar soluções quando o produto ou o problema não estão definidos.

» **Tipo II:** O problema está definido, mas a solução de produto está indefinida. Assim como no exemplo do Tipo I, os clientes precisam de documentos escritos criativamente. Em vez de propor uma solução bem compreendida, como um computador com um software de processamento de textos, talvez você queira explorar produtos que escrevam documentos sem um teclado. De que outra forma os clientes podem atingir esse objetivo? E se eles fizerem movimentos no ar? Ou falarem? Resolver esse problema tornou-se algo indefinido. Qualquer solução possível neste quadrante geralmente precisa de uma validação extensiva antes que se acredite, de fato, que a solução dará certo para os clientes. Um exemplo clássico disso foi o iPad. O problema era como consumir produtos como livros e filmes, podendo segurar o produto facilmente sem precisar de bateria extra, por longos períodos de tempo. O iPad representou uma solução de produto indefinida que resolveu o problema de uma nova forma e criou um novo mercado.

» **Tipo III:** Aqui a carroça entrou na frente do cavalo, por assim dizer. Você tem uma solução definida, apenas não tem certeza se de fato há um problema definido a ser resolvido. Um dos engenheiros pode ter criado uma ótima solução com base nas tecnologias emergentes. O produto proposto ou a ideia do produto faz alguma coisa. Seu trabalho agora, como gerente de produtos, é garantir que, independentemente do que o produto faça, ele deve levar valor aos clientes. Essa área é um cemitério de produtos tecnológicos adoráveis de que ninguém precisa, mas que os engenheiros construíram porque pareciam ser "legais". Caso sua ideia esteja neste quadrante, valide-a com seus clientes várias vezes, para ter certeza de que você definiu o problema que está resolvendo.

» **Tipo IV:** Nem o problema nem a solução de produto estão claros, ou pelo menos estão só vagamente definidos. Talvez você nunca tenha que lidar com um produto neste quadrante. Um exemplo de produto do Tipo IV é o Twitter, antes de ser lançado. Que tipo de problema 140 caracteres resolvem? Como a solução de produto se alinha com o problema do cliente? Alguém sabia que muitas pessoas estavam interessadas em compartilhar publicamente seus momentos e pensamentos do dia em um minuto? Se sabiam, poderiam ter imaginado que o produto precisaria de fotos, mensagens e seguidores. Estabelecer um produto como o Twitter não é um malabarismo; é como se estivesse girando quatro pratos na ponta de varetas enquanto anda em um monociclo em cima de obstáculos. Um passo em falso e tudo cairá de forma espetacular. Os produtos do tipo IV exigem um nível extremo de flexibilidade e disposição para ajustar tanto a definição de problema quanto a solução de produto simultaneamente.

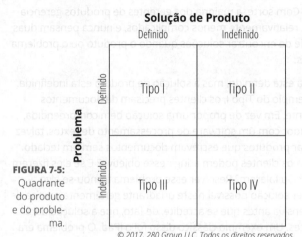

FIGURA 7-5: Quadrante do produto e do problema.

Aplicando os Modelos de Pontuação

Os *modelos de pontuação* são ferramentas flexíveis usadas para estabelecer onde reside o valor do cliente e em qual ordem você deve resolver os problemas dele. Os modelos o ajudam a determinar onde os engenheiros devem concentrar seus esforços tanto em curto quanto em longo prazo.

As próximas seções tratam de vários modelos de pontuação. Experimente vários deles para ver qual funciona melhor para contar a história de seu produto de modo mais eficaz.

Pontuando para diferenciação: O modelo Kano

Você terá sucesso no mercado de produtos basicamente de duas formas: ofereça preço baixo ou algo diferente. Sua empresa já deveria saber em qual espaço seus produtos atuam. Na IKEA, por exemplo, cada projeto de desenvolvimento de mobiliário e decoração começa com um custo final. A empresa sabe que seus clientes buscam uma solução de baixo custo e desenvolve seus produtos de acordo. Uma bolsa luxuosa, por outro lado, começa com um conceito de como ela pode ser diferente de outras bolsas no mercado, e os designers não poupam esforços ou gastos para criar algo único.

LEMBRE-SE

A maioria dos produtos fica entre esses dois extremos. A ideia principal aqui é a de que os clientes selecionam um produto, em vez de outro. O modelo Kano é uma maneira de categorizar as características do seu produto para entender melhor como ele se ajusta em um dos extremos. No modelo Kano mostrado na Figura 7-6, qualquer característica ou benefício do produto cai em uma de três categorias: essenciais, performance e encantadores.

» **Essenciais:** Uma característica da categoria *essenciais* é que ela constitui o mínimo necessário. Ao comprar um carro, você espera que tenha motor e freios. Você não compraria um carro sem essas características. Entregar uma característica essencial bem-feita não deixa o cliente emocionado com seu produto. Entregue uma característica essencial malfeita e os clientes ficarão infelizes.

» **Performance:** Uma característica de *performance* é aquela em que quanto mais melhor. Quanto mais cavalos de potência o motor tiver, geralmente o carro será percebido como mais valioso. Para um outro tipo de cliente, mais quilometragem por litro seria uma característica de performance. Quanto melhor a quilometragem, mais feliz será o cliente.

» **Encantadores:** *São* as características e benefícios que levam os clientes a dizerem "Uau!". Nos carros de hoje, os *encantadores* podem ser uma câmera de ré e funções de autoestacionar. Esses extras são aqueles que darão uma razão ao cliente para escolher um produto, em vez de outro.

Como você definiria as características e benefícios de seu produto com o modelo Kano? Cuidado se não tiver características encantadoras. Se for esse o caso, você está competindo usando a força de sua marca ou, talvez, apenas o preço.

LEMBRE-SE

A real surpresa sobre o modelo Kano é a seguinte: qualquer característica que é encantadora hoje se tornará essencial no futuro. Tempos atrás, ar-condicionado no carro era um encantador, mas isso já está no passado. É uma busca sem fim pela próxima característica encantadora.

No modelo Kano, oferecer encantadores que atendem cada vez mais às necessidades aumenta a satisfação geral do cliente. Por outro lado, os essenciais são obrigatórios para garantir que os clientes não fiquem insatisfeitos. E a performance fica no meio — entregar características de performance pode aumentar a satisfação, mas não tanto quanto os encantadores.

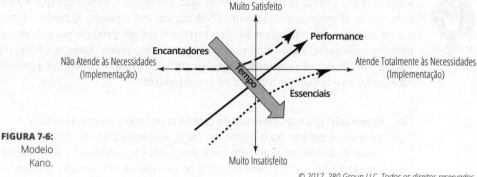

FIGURA 7-6:
Modelo
Kano.

© 2017, 280 Group LLC. Todos os direitos reservados.

Pontuando pelo uso eficiente de recursos de desenvolvimento: A análise de valor versus esforço

Várias vezes você prioriza muitas oportunidades e tem um senso de quanto esforço cada uma dessas atividades requer. Para conseguir escolher a oportunidade que trará maior retorno, você geralmente escolhe aquela que tomará menos tempo e exigirá menos dinheiro para o desenvolvimento e, ao mesmo tempo, oferece o maior valor ao cliente. A análise de valor para o cliente em quatro quadrantes (resumido para "análise de valor versus esforço") permite que você faça isso de forma rápida e fácil.

DICA

Ao usar a análise de valor versus esforço (veja a Figura 7-7), sua mente se concentrará rapidamente em quanto valor uma atividade ou característica oferece e quanto tempo, custo, risco ou esforço ela requer para chegar ao resultado. A análise de valor versus esforço aproveita o fato de que os humanos são ótimos para comparar alternativas e não tão bons em avaliar acuradamente um item por si só.

Quando todas as opções forem colocadas no quadrante correto, então você poderá concentrar sua atenção em qual oportunidade escolher.

1. Quadrante IV: Valor alto, risco ou custo menor
2. Quadrante II: Valor alto, custo ou risco maior
3. Quadrante III: Valor baixo, custo ou risco menor
4. Quadrante I: Valor baixo, custo ou risco maior

FIGURA 7-7: Análise dos quatro quadrantes.

© 2017, 280 Group LLC. Todos os direitos reservados.

Preencha uma matriz de priorização

A análise dos quatro quadrantes é maravilhosa se você puder simplificar a decisão para dois eixos diferentes. (Vá para a próxima seção para ver mais sobre a análise dos quatro quadrantes.) No entanto, se estiver considerando mais de dois fatores, a matriz de priorização na Figura 7-8 será uma ferramenta mais útil. Em vez de ter duas formas de avaliar as opções, você terá até seis critérios diferentes. Com esses seis entre os quais escolher, pelo menos um ou dois poderão focar o valor estratégico de uma opção em particular e dar um destaque maior aos aspectos de longo prazo de uma opção. Cada critério pode ter um peso diferente, desde que o peso total seja 100%.

No lado esquerdo você faz uma lista com todas as ideias possíveis. As próximas duas colunas têm espaço para informações com mais detalhes sobre a ideia em particular. Cada ideia será então julgada usando-se cada critério em uma escala de zero a cinco, onde cinco é a nota mais alta. No lado direito, a planilha mantém a pontuação. Neste exemplo, a pontuação maior é 60. Sua empresa deve trabalhar com prioridades que tenham essa pontuação ou uma próxima a ela.

DICA

Usar a matriz de priorização é ótimo quando você tem um grupo que não consegue decidir nada. Uma vez que as partes são divididas em decisões muito pequenas, a decisão final elimina o consenso e conhecimento do grupo.

Os critérios que já estão na matriz são a dor para o usuário, a porcentagem de clientes impactados, receita de upsell [colocação de produtos mais caros no mesmo cliente] para clientes existentes, receitas de novos clientes, diferenciador de produto principal e necessidade competitiva. Mude-os conforme a sua necessidade.

CAPÍTULO 7 **Priorizando e Selecionando Ideias** 117

Matriz de Priorização
0 = baixo
5 = alto

Critérios para julgar as ideias

	Aplicação / Característica / Serviço Principal	Visão Geral	Requerente	Dor do cliente[2] (0–5)	% de clientes impactados[3] (0–5)	Receita de upsell dos clientes existentes[4] (0–5)	Receita dos novos clientes (0–5)	Diferenciador do produto principal (0–5)	Necessidade competitiva (0–5)	PONTUAÇÃO TOTAL
Peso[1]				25	20	15	15	15	10	100
1	Performance	Reduzir a renderização de tela para menos de 2 segundos	Clientes, Suporte Técnico	5	5	0	0	0	5	55
2	Acesso simples	Os aplicativos não solicitarão autenticações múltiplas	Clientes	3	5	2	1	0	4	52
3	Integração com SF.com	Sincronização total com SF.com	Vendas, Clientes	4	2	0	2	4	0	46
4	Suporte para IE 8.0	Compatibilidade total com IE 8 mais suporte para novos atributos de segurança	Clientes, Gerência	4	3	2	4	0	5	60
5										0
6										0

FIGURA 7-8: Matriz de priorização.

Ideias

[1] O peso deve ter um total de 100.
[2] Considere o grau de dificuldade para usar uma característica e com que frequência ela é usada para acessar a dor.
[3] Deve levar em conta a porcentagem de clientes impactados e sua importância.
[4] Você deve contar a retenção de clientes que, de outro modo, sairiam como $.

Pontuação 0–5

© 2017, 280 Group LLC. Todos os direitos reservados.

Colhendo os votos: Dot voting

Dot voting [em tradução livre, "votação por pontos"] é outra forma simples de priorizar as oportunidades (assim como as opções: ideias, características, tempo ou próximos passos). Dê entre um e três dots para cada pessoa. Em geral, mais dots serão necessários se houver mais opções a serem escolhidas. Faça com que todos posicionem seus dots para mostrar quais são suas prioridades. Aqueles que estão totalmente dedicados a uma prioridade podem colocar todos os seus dots ao lado dessa opção. Por exemplo, na Figura 7-9, um grupo está priorizando as duas melhores escolhas para o jantar. Cada pessoa tem dois dots e os coloca próximos à opção que preferem.

FIGURA 7-9: Um exemplo de votação com dots.

© 2017, 280 Group LLC. Todos os direitos reservados.

No término, reveja as seleções feitas com o grupo para garantir que ninguém tenha ficado sem representação. Por exemplo, nesta seleção de opções para o jantar, escolher qualquer uma das opções de cima deixará um vegetariano

118 PARTE 2 **Descoberta, Avaliação e Planejamento de Grandes Produtos...**

solitário passar fome. Neste caso, o grupo pode fazer o compromisso de escolher entre lasanha e o refogado de vegetais.

Se você não tiver os dots físicos, entregue canetinhas coloridas para que as pessoas desenhem seus próprios círculos.

Comprando atributos

Se você precisa saber o grau de valor de um atributo em especial, fazer com que seus clientes gastem uma grana preta (ou algo parecido) nesses atributos é uma ótima maneira de submetê-los a um processo de escolha.

Entregue uma mesma quantia de dinheiro de brincadeira para que cada cliente coloque sobre os atributos que estão disponíveis. Se um atributo é válido para muitas pessoas, eles gastam mais dinheiro nele. Os atributos com menos valor recebem menos dinheiro. Tente fazer isso usando a Tabela 7-2, fazendo de conta que você tem $100,00 para gastar em recursos de um smartphone. Para você, quanto vale cada atributo e o benefício associado? Você conhece alguém que teria uma resposta totalmente diferente?

TABELA 7-2 **Planilha de Compra de Atributos**

Atributo do Smartphone	Quanto pagaria por este atributo
Acesso por digitais, sem a necessidade de senha	
Tela que não embaça e não tem borrões	
Fones wireless: não é necessário conectá-los fisicamente ao telefone	
Fazer pagamentos ao aproximar seu telefone de um leitor	
Total (não ultrapasse $100)	

NESTE CAPÍTULO

» Entendendo as diretrizes básicas de planejamento

» Vendo o planejamento pela ótica das ferramentas Lean, Ágil e cascata

» Entendendo quanta e qual documentação é apropriada

Capítulo **8**

Planejando Planejar: Escolhendo uma Abordagem Certa

Neste capítulo falaremos sobre todas as variáveis que afetam como você decide planejar um novo produto ou uma nova adição a um produto. Este capítulo faz com que você entenda todos os detalhes de sua situação específica e mostra por que pode ser valioso mudar a forma pela qual você planeja alcançar resultados melhores.

Adotando as Melhores Práticas de Planejamento

O principal benefício que a organização de uma gerência de produtos competente pode trazer ao sucesso da empresa é garantir que os produtos desenvolvidos realmente ofereçam soluções valiosas aos clientes e que o produto seja lucrativo para a empresa. A fase de planejamento é quando você realiza um trabalho detalhado para garantir que a organização foque um problema válido a ser resolvido e que resolvê-lo é o mesmo que garantir receitas para a empresa, lucro e quaisquer outros objetivos que você tenha estabelecido para o produto. Planejando planejar pode soar esquisito, mas o processo de planejamento tem tantas variáveis a serem vistas que o caminho mais seguro e sensato a ser tomado é o do planejamento cuidadoso.

Comece cedo

Em nossa experiência com vários clientes, o problema mais comum com a forma pela qual muitas empresas criam os produtos é que elas entendem o processo como serial, em vez de paralelo. Na realidade, como mostra a Figura 8-1, o desenvolvimento do produto geralmente começa cedo e continua, ao mesmo tempo em que é realizado o trabalho contínuo de entender como o produto será levado e posicionado no mercado e vendido da melhor forma.

FIGURA 8-1: Atividades de produto e marketing acontecendo ao mesmo tempo.

Conceber > Planejar > Desenvolver > Qualificar > Lançar > Maximizar > Aposentar

Desenvolvimento do Produto →

Marketing e Gerência de Vendas →

© 2017, 280 Group LLC. Todos os direitos reservados.

A coisa mais importante sobre o planejamento é garantir que você comece cedo. De fato, você sempre deve começar muito mais cedo do que pensa, de modo a determinar as partes da equação da entrega, tanto do produto quanto do marketing. Ao investigar uma ideia na fase de concepção, planeje com antecedência o que será necessário para realmente conseguir o financiamento para um projeto.

DICA

Enquanto estiver na fase de concepção — ao examinar e rapidamente rejeitar ou aceitar muitas opções —, preencher os canvas do produto, do problema e do modelo de negócios irá ajudá-lo a criar um esboço do que você precisará na fase de planejamento. Veja os Capítulos 4 e 7 para mais detalhes sobre a fase de concepção.

Incluindo sua equipe

Veja uma frase interessante: "GP como GG". Ela significa que um gerente de produto deve pensar sobre seu trabalho da mesma forma que um gerente-geral pensa. Não, a maioria dos gerentes de produtos não tem o escopo de todas as responsabilidades financeiras que um gerente-geral de verdade tem. Porém, o conceito de um gerente de produtos atuando como um executivo supervisionando todos os aspectos do plano e da execução é muito válido.

Os produtos são melhor trazidos ao mercado por intermédio de uma equipe integrada, incluindo membros de todas as partes da organização. Em nosso trabalho de consultoria, no qual encontramos organizações que estão lutando para alcançar seu potencial, geralmente ouvimos sobre funções *em silos* que não estão trabalhando juntas ou se comunicando. As funções em silos acontecem quando a informação não é compartilhada entre os departamentos ou quando cada departamento apenas cuida de seus próprios interesses e define as regras sem qualquer ajuste com os outros departamentos. O resultado é uma transição desarticulada e ineficiente entre os grupos internos que não se veem como parte de uma equipe interdepartamental. Ao iniciar, chame sua equipe integrada e compartilhe sua visão. Faça com que cada membro contribua com a visão para que todos tenham uma parte nela. Este é um dos segredos de ótimos produtos: um ótimo trabalho em equipe.

Tratando seu planejamento como um documento vivo

Lembre-se: a informação muda. Cada documento que você cria para seu projeto precisa ter controles de versão, de modo que você possa saber com clareza qual é a última versão e assim poder continuar adaptando o documento. Separe um tempo a cada semana ou mês para atualizar o documento que está desenvolvendo. Em algum momento talvez você não seja mais o gerente de produtos para esse produto, então assegure-se de que as outras pessoas que o acompanham possam entender as mudanças que você fez e o porquê. A Tabela 8-1 mostra uma adição e o histórico de edição de uma mudança simples. Mudar o número da versão também pode ajudar os leitores a identificar facilmente se eles têm a versão mais atual. A documentação online, como wikis compartilhados, geralmente inclui informações sobre planejamento usando os registros de mudança e permitindo aos leitores subscrever um documento para que recebam alertas quando houver qualquer mudança.

TABELA 8-1 **Acompanhamento de Mudanças em um Documento Vivo**

Plano de Marketing Estratégico	Data	Descrição da Mudança	Mudança Feita Por
V 1.2	Mar. 2017	Acrescentei "frete marítimo" como um mercado-alvo adicional com declarações de posicionamento associadas	Julie Harris

CAPÍTULO 8 **Planejando Planejar: Escolhendo uma Abordagem Certa** 123

Decidindo a Quantidade Certa de Planejamento

Produtos diferentes exigem quantidades diferentes de planejamento. Para um projeto, imagine que esteja desenvolvendo um aplicativo para ajudar os clientes a controlarem a quilometragem por litro de combustível. Para um segundo projeto, imagine que precise controlar todos os tipos de propulsores e seus status atuais em um foguete tripulado por humanos indo para Marte. Nos dois casos, você está verificando até onde pode viajar. As diferenças nos projetos — que são o cliente, os riscos envolvidos com o projeto, o custo total do investimento — definem quanto de planejamento precisa haver.

Aqui está uma lista de itens que indicam que você precisará de muito mais planejamento:

» Seu setor de atividade e linha de produtos são altamente regulados.

» O tempo de desenvolvimento é muito longo.

» Os custos de desenvolvimento ou da mudança durante um projeto são muito altos.

» A equipe que trabalha no projeto é muito grande.

» Você está trabalhando em algo que é apenas parte de uma solução muito maior e você precisa estar integrado de forma mais próxima às outras partes da solução.

» Sua empresa ou organização é muito avessa ao risco e exige muitos níveis de aprovação para agir.

Depois de saber como será o escopo de seu planejamento, você pode alinhar seu tempo e esforço como necessário. Geralmente, quanto mais claramente seu material estiver escrito, usando uma história convincente guiando a narrativa, menos trabalho haverá para trazer o resto da empresa junto de você.

Comparando Lean e planejamento com profundidade

Os dois métodos populares de planejamento são o Lean e o "com profundidade" [em inglês, "in-depth planning"]. Falaremos mais sobre os dois mais adiante neste capítulo, porém faremos uma breve comparação entre eles agora. O termo *Lean* ficou muito popular no mundo dos produtos, gerenciamento de produtos, desenvolvimento de produtos e até no gerenciamento simples à moda antiga.

124   PARTE 2 **Descoberta, Avaliação e Planejamento de Grandes Produtos...**

Em sua essência, o método Lean de planejamento é construído sobre dois conceitos centrais:

> » **Respeito pelas pessoas:** Foco no cliente e valorização dos indivíduos que executam o trabalho.
>
> » **Melhoria contínua:** Foco nas mudanças recorrentes do produto baseadas em um método consistente de lidar com as incertezas. Uma ótima ferramenta Lean é o ciclo de Descoberta, Hipótese, Teste e Aprendizado (mostrado na Figura 8-2). Ao usar esse ciclo de aprendizagem, a equipe que está trabalhando para solucionar os problemas começa pela descoberta de novas informações, desenvolvendo uma hipótese que será testada, e então aprenderá com os testes. Uma vez que novas informações são adquiridas, a equipe as acrescenta à próxima rodada de aprendizagem. As melhores equipes não adotam qualquer ideia até que tenha sido testada e aprovada como sendo a melhor.

Diferentemente da metodologia de planejamento com profundidade, em que você desenvolve planos extensivos com antecedência e não espera que eles mudem muito, as metodologias Lean são construídas na aprendizagem e mudam conforme você segue em frente.

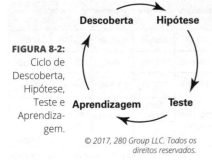

FIGURA 8-2: Ciclo de Descoberta, Hipótese, Teste e Aprendizagem.

© 2017, 280 Group LLC. Todos os direitos reservados.

LEMBRE-SE

O planejamento com profundidade tem como predicado conseguir a resposta certa. Há versões da resposta, mas após todos concordarem com uma, voltar atrás ou adicionar um novo aprendizado é muito difícil. O processo não é rápido o suficiente para acomodar a nova aprendizagem e ajustar o plano. É por isso que muitas equipes, após seus planejamentos anuais serem concluídos, não olham mais para eles novamente. Quando chega a hora do novo ciclo de planejamento, elas retiram o planejamento do ano anterior da gaveta, e todos poderão lê-lo e ajustá-lo com o aprendizado que houve no meio tempo. Mas um ano é muito tempo. Considerando a natureza volátil de vários mercados, setores e produtos, incorporar aspectos dos processos de pensamento e planejamento Lean geralmente aumenta os resultados do negócio.

Completando a grade de tipos de novos produtos e serviços

No Capítulo 7 apresentamos o quadrante de ajuste de produto/mercado para determinar em qual espaço de produto e problema — definido ou indefinido — você está trabalhando durante a fase de concepção. Neste capítulo sobre planejamento, seu foco é adicionar uma dimensão de viabilidade do negócio. Você precisa saber que tem um modelo de negócios que gera lucros, considerando o problema que está solucionando e o produto que desenvolve para solucionar o problema.

Olhe bem a Figura 8-3. Se você está pesquisando um produto do Tipo I, em que você sabe qual solução de produto tem e qual problema ele resolve, então terá muito menos trabalho ao determinar sua viabilidade financeira. O exemplo mostrado é para o Microsoft Word 10. Se você já vendeu o Word com sucesso durante anos, então não há muita incerteza financeira. Recentemente a Microsoft transformou alguns de seus produtos para o modelo de assinatura, o que aumentou a incerteza financeira. O foco do gerente de produto do Word é, portanto, descobrir qual seria o impacto de uma mudança no modelo de precificação na receita total. O produto e o problema que ele solucionou permaneceram sem mudanças, uma vez que já haviam sido definidos com sucesso.

Tipo		Otimizar (Tipo I)		Orientado ao Mercado (Tipo II)		Orientado à Tecnologia (Tipo III)		Visionário (Tipo IV)	
Problema		Definido	Definido	Definido	Definido	Indefinido	Indefinido	Indefinido	Indefinido
Solução	Produto	Definido	Definido	Indefinido	Indefinido	Definido	Definido	Indefinido	Indefinido
	Modelo de Negócio	Definido	Indefinido	Definido	Indefinido	Definido	Indefinido	Definido	Indefinido
Exemplo		MS Word 10	Dell	Flip	YouSendIt (Hightail)	Gore Assoc.	Salesforce	Post-it® Notes	Xerox
		Samsung Galaxy				Vocera	Redbox		Twitter

FIGURA 8-3: Combinando modelos de problema, produto e negócios.

© 2017, 280 Group LLC. Todos os direitos reservados.

Se, ao contrário, você identifica que está trabalhando com um produto do Tipo IV, em que está simultaneamente trabalhando na definição de qual é o problema do cliente enquanto define qual produto pode solucionar esse problema, seu planejamento deve ser muito mais cuidadoso e usar um processo empírico disciplinado, como o ciclo de aprendizagem apresentado mais cedo neste capítulo. O *processo empírico* é aquele guiado por evidências.

Comece com fatores indefinidos, o equivalente para a gerência de produtos às ilustrações de dragões que os cartógrafos medievais colocavam nos mapas para indicar territórios desconhecidos. Caminhe pé ante pé, com cuidado. Examine cada suposição. Valide constantemente e esteja pronto para aceitar que jogar tudo fora e começar de novo, ou mudar de direção (*fazendo um pivô*, na terminologia de startup Lean), é a coisa certa a ser feita. Para os fatores que estão definidos, assegure-se de documentá-los muito criteriosamente em uma linguagem orientada ao cliente.

Encontrando o nível certo de planejamento para a cultura de sua empresa

Apenas você conhece a cultura de sua empresa o suficiente para decidir qual nível de planejamento é esperado e necessário. Aqui seu foco é o equilíbrio, que pode ser perdido quando qualquer outro departamento assume o processo de planejamento. As organizações geralmente são mais guiadas em uma das seguintes direções do que em outras, conforme mostrado na Figura 8-4:

» **Financeiramente:** Cada decisão é tomada estritamente sob a ótica financeira. Essa abordagem pode funcionar para a próxima versão de um produto existente. Para produtos de última geração ou produtos que entregam benefícios mais etéreos, como clientes felizes ou posicionamento estratégico de longo prazo no mercado, tomar decisões baseadas no aspecto financeiro pode ser desafiador. E uma vez que o departamento financeiro esteja no comando, entender o real valor do cliente escondido atrás de números torna-se um desafio e tanto. O processo de planejamento se prolonga e se torna detalhado e complicado.

FIGURA 8-4: Como você deixa de ser orientado pelo cliente e pelo mercado (modifica a organização).

© 2017, 280 Group LLC. Todos os direitos reservados.

» **Vendas:** Neste ambiente, o foco é deixar o cliente (talvez vários clientes, ou apenas um mais exigente) feliz de qualquer maneira, em curto prazo, para completar a venda. Você precisa ter cuidado aqui, porque há algumas armadilhas comuns do planejamento voltado para as vendas:

- **Versões diferentes:** Fazer versões diferentes de um produto para cada cliente produz múltiplas versões customizadas dele. Essa diversidade pode prejudicar a sistemática de distribuição e suporte do produto.

- **Entender o desejo do cliente:** O setor de vendas pode não ter realmente compreendido o que os clientes pediram. Se você não consegue validar o pedido porque o departamento de vendas apressa a mudança do produto, é muito fácil acabar desenvolvendo o produto errado. Esteja seguro de que validou e esclareceu as necessidades e pedidos antes de alocar recursos para construir qualquer coisa.

  Há um grande sinal amarelo para o planejamento guiado pelas vendas. Algumas empresas atendem bem poucos clientes. Virtualmente, cada bem que eles produzem é customizado. Nesse cenário, é melhor criar uma plataforma de produto subjacente que se adeque à maioria dos desejos dos clientes e proativamente crie um limite sobre o qual o produto será customizado.

» **Produto:** Este método também é conhecido como "síndrome do objeto brilhante". Alguém, geralmente no alto escalão da gerência ou na organização do produto, pensa que essa nova ideia legal de produto ou atributo é exatamente aquilo de que o mercado precisa. Uma organização como essa pode não sentir a necessidade de fazer uma análise detalhada do mercado e do cliente. Em vez disso, é guiada pelo instinto de alguém e espera que tudo dê certo. Tal abordagem é muito comum entre os fundadores de startups. O planejamento pode sofrer um curto-circuito ou ser revisado frequentemente assim que o próximo objeto brilhante for colocado no topo da lista de desenvolvimento.

ANÁLISES E O MEDO DO RISCO

Assegurar que você baseará todas as suas decisões em fatos concretos e em uma análise clara é tentador, porque pode ser confortável ter números para darem suporte a cada decisão que você toma. A suposição latente é a de que cada decisão pode ter uma resposta absolutamente correta que claramente exclui as outras opções. A única solução ao problema 2 + 2 é 4. Esse tipo de raciocínio e espaço de problema é denominado *bem definido*.

Infelizmente, o espaço da gerência do produto é aquele em que o problema que está sendo resolvido (cliente, produto etc.), e, portanto, a solução pode estar *mal definida*. Simplesmente há muitas variáveis que você não pode definir e inserir números com um nível excepcional de exatidão. Analisar exageradamente pode levar à paralisia por análise. Ao reconhecer em qual espaço de problema você está, poderá determinar guias principais e depois usar os métodos Lean para rearticular ou mudar o projeto em uma direção diferente enquanto explora o problema mais a fundo.

» **Cliente ou mercado:** Em geral, acredita-se que este cenário seja a orientação certa para as organizações de sucesso. Ao focar as necessidades do cliente, seu processo de planejamento é entregue com o nível certo de detalhes e equilibra as finanças, a aceitação do departamento de vendas e a diferenciação do produto.

Se você realmente quiser ajudar sua empresa a se tornar mais orientada ao cliente, planejar será um elemento crítico. Organize os investimentos de produto com uma estratégia coerente e você terá uma ideia mais clara de quando decisões sobre produto, vendas ou finanças podem pôr em perigo objetivos de mais longo prazo.

Considerando as expectativas de seus executivos

Os executivos do primeiro escalão, que dirigem a maioria das organizações, têm expectativas sobre como será seu trabalho e o tipo e quantidade de informações de que precisam antes de tomar uma decisão. Considere a lista a seguir de perguntas sobre seus executivos ao começar seu planejamento:

» **Os executivos estão envolvidos ou não?**

» **Como eles preferem receber a informação?** Você precisa falar com eles utilizando recursos visuais; enviar um documento ou apresentação escrita e falar com eles depois; passar as informações com muita antecedência e esperar que venham com as perguntas depois; ou passar as informações perto do prazo final (sabendo que eles não as olharão até o último momento possível)?

» **Eles usam uma linguagem específica ao aceitar ou rejeitar uma ideia?** Você pode usar essa linguagem ao falar com eles para trazer a conversa em seu favor?

» **Eles são muito analíticos?**

» **Eles entendem as questões atuais dos clientes ou são mercenários ao tirar todo tipo de vantagem que puderem dos clientes?**

» **Eles realmente sabem o que é ser um cliente ou estão apenas supondo?** Quando realmente sabem de que os clientes precisam, eles têm coragem de fazer as mudanças que melhorarão a experiência do cliente?

» **De quanta informação você precisa para (gentilmente) instruir seus executivos?**

» **O estilo de comunicação deles é direto ou indireto?** Você sabe dizer quando eles dizem sim ou não?

» **Eles são decididos?** Eles tomam decisões claras e permanecem assim ou se esquivam delas?

Após analisar seus padrões de comportamento geral, crie um plano de comunicação para transmitir sua ideia. Associe o resultado entregue por seu produto com os objetivos dos executivos para a empresa. Não deixe qualquer parte fundamental fora da equação. Conseguir a aceitação dos executivos é crucial.

Avaliando o risco do investimento

O risco do investimento relaciona-se diretamente com o equilíbrio entre os recursos da empresa. Para startups, o foco é conseguir uma receita de autossustento, ou crescer e atingir o domínio do mercado o mais rápido possível. O que vários novos gerentes de produto lutam para entender é como o processo de investimento é percebido no nível corporativo. Para as empresas maiores com produtos existentes e com a oportunidade de desenvolver novos (seja desenvolver algum existente ou criar totalmente novos), cada projeto é avaliado de forma diferente. Muitas empresas dividem seus orçamentos de desenvolvimento em duas ou três categorias, como mostra a Figura 8-5.

» **Suporte contínuo de produto:** Esta categoria também é conhecida como *engenharia contínua*. É alocada para reparar erros e às vezes permitir pequenas melhorias. O risco de investimento nesta área é pequeno.

» **Novos produtos:** O maior gasto com o desenvolvimento de produtos acontece aqui. Tipicamente, mais produtos buscam financiamento do que aqueles que podem realmente ser financiados, e a priorização deve ser estratégica. As empresas geralmente decidem equilibrar seu risco de investimento ao selecionar alguns projetos a partir do ajuste produto/mercado da categoria Tipo I e depois alguns das categorias Tipo II ou Tipo III. Pode ser que se encontre um produto da categoria Tipo IV aqui. (Veja o Capítulo 7 e a Figura 8-3.)

» **Produtos avançados:** Novas tecnologias ficam nesta cesta. Esta categoria de alto risco é aquela das "coisas novas legais". A maior parte não dará certo, mas às vezes dá. Por exemplo, a tecnologia "touch screen" para iPhones veio do grupo de tecnologia avançada da Apple. Dito isso, você pode considerar que a maioria dos produtos está nesta categoria Tipo III: tecnologia procurando um mercado e um problema para resolver.

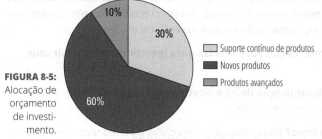

FIGURA 8-5: Alocação de orçamento de investimento.

© 2017, 280 Group LLC. Todos os direitos reservados.

Se você não tiver o cuidado de podar sua linha de produtos, a categoria de suporte contínuo de produtos pode crescer tanto que ficará difícil conseguir financiamento para novos produtos. O Capítulo 16 dará uma ideia da melhor maneira de aposentar produtos e conseguir mais recursos financeiros para desenvolver novos produtos.

Aperfeiçoando o Processo de Planejamento com um Planejamento Lean e Simples

Usar uma abordagem Lean de planejamento em uma gerência de produtos significa não definir todos os detalhes logo de cara. Significa aceitar, e até dar as boas-vindas, o fato de que haverá mudança e ela será parte do processo de desenvolvimento.

Entendendo a abordagem Lean

O objetivo da visão Lean para a gerência de produtos é diminuir o tempo para colocar o produto no mercado e projetar custos sem sacrificar o foco no *valor do cliente*. Ao mesmo tempo, o projeto precisa atingir o ajuste produto/mercado. (Veja o Capítulo 7.) Com Lean, você investiga o sistema todo ao usar um ciclo de aprendizagem. Abaixo você verá dois modelos de aprendizagem:

» O Ciclo de "Descoberta, Hipótese, Teste e Aprendizagem" funciona bem nos estágios iniciais e com situações fluidas, e funciona bem com o Ágil.

» O Teste A/B mostra qual dentre duas escolhas é a mais eficaz.

Esses modelos são investigações deliberadas do sistema que você usou originalmente para criar o produto e entregar valor. Com os resultados do teste, você pode alterar os aspectos do sistema para melhorar o todo. Se, por exemplo, você reduzir custos por entregar o software mais rápido porém com um código cheio de erros, e consertá-los aumentaria o tempo para ser lançado, o sistema não está otimizado. Seria melhor diminuir o ritmo da codificação e ter um resultado melhor desenvolvido e passível de ser mantido no fim.

Tendo a ideia da gerência de produto Lean em mente, as próximas seções tratarão os aspectos da gerência de produtos que precisam estar ajustados para que o Lean cumpra sua promessa: mais valor por menos custo e tempo.

CAPÍTULO 8 **Planejando Planejar: Escolhendo uma Abordagem Certa** 131

Quais números você está olhando?

Incorporar o Lean no processo de planejamento significa ser honesto consigo mesmo. Parte dessa honestidade gira em torno dos números que você olha. No mundo atual do marketing digital, você pode olhar qualquer número de números (trocadilho proposital). Com um produto seguindo o planejamento, você desenvolve e testa — e provavelmente vende em algum ponto. Acompanhe cada passo do processo para ver, por exemplo, quantas pessoas assinam o serviço, usam, continuam usando e depois pagam. Procure a grande diminuição de clientes no trajeto entre percepção e comprometimento.

Na Tabela 8-2, 100 mil pessoas tiveram a percepção do produto, 10 mil mostraram interesse, 1.000 avaliaram o produto, e 1 pessoa se comprometeu. Essa diminuição dos clientes ao passar por cada um dos passos do processo de decisão de vendas é enorme e precisa de uma investigação urgente sobre todos os aspectos da proposição de valor desse produto. Ao usar o raciocínio Lean, você pode usar um teste como esse e, em associação com a equipe de desenvolvimento Ágil, fazer as mudanças rapidamente para corrigir a situação.

TABELA 8-2 Análise Percepção/Compromisso

	Percepção	Interesse	Avaliação	Compromisso
Número de pessoas	100.000	10.000	1.000	1

DICA

Cuidado ao olhar números que aparentemente mostram sucesso (neste caso, o alto índice de percepção e interesse de clientes) quando sabe que há algo errado. Essa abordagem é chamada focar a *métrica da vaidade*. Em vez disso, comece a buscar os números que o ajudarão a encontrar os problemas (neste caso, o baixo índice de compromisso), e depois poderá começar a resolver os problemas, um de cada vez.

Observando um canvas de modelo de negócios popular

A Figura 8-6 mostra o canvas de modelo de negócios popular. Você o utiliza no lugar de um plano de negócios quando trabalha em um método Lean com alta incerteza — muito incomum para produtos conhecidos (Tipo I). Ao explorar as ideias e buscar se adaptar às novas informações, o canvas do negócio mantém todos no ciclo com referência ao raciocínio atual, que pode facilmente mudar amanhã.

As seções de um canvas de negócios estão na lista a seguir. Veja o Capítulo 7 para detalhes sobre como criar um canvas de negócios.

» Parceiros principais

» Atividades principais

» Recursos principais

» Propostas de valor

» Relação com os clientes

» Canais

» Segmentos de clientes

» Estrutura de custo

» Fluxos de receita

Por onde começar? Por qualquer parte que você acredita ser verdadeira. Você deve começar com a proposição [ou "proposta"] de valor que quer entregar com seu produtos. Você também pode começar com segmentos de clientes não atendidos que quer alcançar. Depois, continue preenchendo as partes que faltam. Se o esquema todo desmoronar devido a uma inconsistência ou alguma parte do quebra-cabeça do negócio que não pode validar, você apenas perdeu tempo — e não milhões de reais que poderia ter investido na construção de um produto através de métodos de planejamento mais tradicionais.

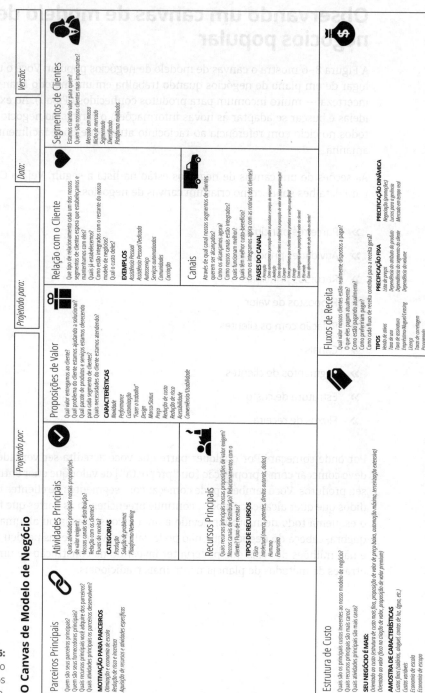

FIGURA 8-6: O modelo de negócios padrão.

Fonte: By Business Model Alchemist – http://www.businessmodelalchemist.com/tools, CC BY-SA 1.0, https://commons.wikimedia.org/w/index.php?curid=11892574 *[conteúdo em inglês]*

Preparando-se para mudar e pivotar rapidamente

O Lean incorpora a ideia de conferir e mudar como parte do processo. Para implementá-lo, pode ser útil pensar nos eixos que podem ser mudados ou em pivotar [em outras palavras, "rearticular"] sua oferta, mercado, preço ou comunicação. Esses eixos podem incluir o seguinte:

» **Problema:** Se descobrir que os clientes ainda não estão interessados após ter resolvido um problema definido, talvez seja necessário rever o problema e garantir que realmente entendeu a necessidade implícita.

» **Segmento de cliente:** Está se dirigindo a um segmento ou grupo de clientes errado? Uma análise cuidadosa pode mostrar que um segmento diferente de clientes poderia ser mais receptivo a sua oferta. Use o Capítulo 5 para obter ajuda sobre a criação de um segmento de clientes e análise.

» **Produto:** Talvez seus clientes estejam usando apenas parte de seu produto. Para rearticular, você deve refocar e expandir sobre a parte do produto que está funcionando e tirar o foco ou apagar o restante. Foi isso que aconteceu com a Groupon. Ela pivotou para a parte do produto que os clientes estavam usando: descontos em compras e serviços.

» **Marketing:** Você pode pivotar e decidir reposicionar seu produto no mercado. Por exemplo, em uma empresa, a análise de ganho e perda mostrou que um produto vendeu mais quando foi combinado com outro. O marketing foi então mudado para atingir esse mercado-alvo, e os esforços de vendas tiveram mais sucesso.

» **Preço:** A estrutura de precificação pode influenciar como os clientes recebem e percebem um produto. É interessante notar que se a oferta for posicionada como um produto e marca premium, uma opção pode ser aumentar o preço para que os clientes entendam o valor da oferta.

Os pivôs são uma parte essencial do processo Lean. Sendo assim, planeje revisar os números regularmente (mensalmente é uma boa frequência) e decida se um pivô seria apropriado. Depois, pense sobre cada uma das opções de pivô e veja qual ou quais podem oferecer uma mudança que o coloca no caminho do sucesso.

CAPÍTULO 8 **Planejando Planejar: Escolhendo uma Abordagem Certa** 135

Usando uma Abordagem Mais Meticulosa: Planejamento com Profundidade

Se sua proposta é gastar muito dinheiro para desenvolver uma ideia totalmente nova, esteja preparado para gastar muito tempo justificando o investimento. Seus executivos e a empresa podem precisar de um planejamento profundo e justificação, então os documentos de seu planejamento provavelmente serão longos e complexos.

DICA

Em muitas empresas, a tendência é usar apresentações, em vez de documentos escritos, como uma forma de documentação. Embora as apresentações sejam mais rápidas de criar, o raciocínio profundo contido em um documento escrito cria uma compreensão mais meticulosa das questões. Pense em uma apresentação como um filme e no documento escrito como um livro. Quando um escritor adapta seu livro para um filme, há muito mais material de fundo que pode ser escolhido. Mesmo que a história do livro seja simplificada de forma geral, o produto final ainda será mais rico por causa de todo o conteúdo preexistente. Mas um livro que segue exatamente um filme será muito superficial, porque o escritor teve bem menos material com o qual trabalhar. Mesmo que tudo o que tenham pedido para você fazer tenha sido criar um filme (apresentação), gaste tempo escrevendo o livro (documentos). Você ficará surpreso com a quantidade de raciocínio que ainda precisa para completar os documentos de que não precisou para completar as apresentações.

Decidindo documentar ou não

Embora realizar um projeto inteiro de um case de negócios usando apenas um canvas na parede possa ser legal, a realidade é que o nível de documentação depende de uma variedade de condições:

» **Você desenvolve usando a metodologia Ágil ou cascata?** Nas Partes 2 e 3, especificamos a documentação certa para cada uma.

» **Qual é a natureza implícita do projeto que você quer documentar?** Se for uma mudança em grande escala no produto, então a documentação em detalhes da necessidade do mercado e o produto correspondente são apropriados. Se o foco for na mudança ou no aumento do público-alvo, então será necessário passar mais tempo com os documentos de estratégia de mercado.

» **Para que você está tentando criar a documentação?** É muito fácil documentar e proceder com a resolução de um bug ou outra mudança simples. Mas se está planejando gastar $1 milhão, com certeza precisará de um plano detalhado e meticuloso, que deverá ser lido e autorizado pelos executivos. Esteja pronto para considerar cuidadosamente cada aspecto do projeto. A Tabela 8-3 mostra uma forma de classificar o tipo de mudança ou projeto e o tipo correspondente da documentação necessária.

TABELA 8-3   Comparando os Níveis de Documentação

Nível de Documentação	Conteúdo	Tipo de Mudança ou Projeto	Requisitos para Autorização
Leve	Nenhum ou poucos documentos escritos. Todas as questões críticas consideradas pessoalmente. Um e-mail com o resumo é enviado para documentar a decisão.	Consertar um bug, mudança simples na interface do usuário.	Concordar informalmente — até mesmo por e-mail.
Médio	Alguns ou todos os documentos escritos de forma curta. O nível de detalhes é mantido no mínimo possível.	Próxima revisão pequena ou média de um produto existente.	Às vezes. Pode apenas ter a assinatura direta do gerente.
Pesado	Documentos completos entregues para todas as fases com detalhes extensivos.	Grandes e/ou novas áreas de produtos, soluções que atingem múltiplos produtos como parte da oferta.	Todos os interessados autorizam e concordam com todos os documentos.

Usando os documentos principais e as questões correspondentes

O Capítulo 3 fala sobre os documentos que você usa durante todo o ciclo de vida do produto. Mostramos detalhes de como analisar e criar os conteúdos de cada um dos documentos estratégicos nos Capítulos 9, 10, e 11. No estágio de planejamento, os membros da equipe devem completar os documentos estratégicos a seguir para um projeto de grande escala:

» **Caso do negócio:** Captura o raciocínio para iniciar um projeto e determina se o esforço deve continuar com base na lucratividade e no ajuste estratégico. O público-alvo deste documento é a gerência administrativa, que é a instância que decide se um projeto avança.

CAPÍTULO 8 **Planejando Planejar: Escolhendo uma Abordagem Certa**   137

- **Necessidades do mercado:** Descrição do negócio ou dos desafios do cliente para serem solucionados através de uma análise das necessidades do mercado, das personas do usuário (veja o Capítulo 5) e dos cenários de utilização. O público é o desenvolvimento do produto e as organizações de garantia de qualidade.

- **Descrição do produto:** Uma descrição completa do conjunto de soluções, o uso esperado e as exigências de tecnologia e entrega. Inclui um escopo inicial do produto e os custos do projeto. O desenvolvimento do produto geralmente cria este documento, e o público-alvo é a gerência do produto, que confirma que o documento atinge as necessidades do cliente conforme descritas no documento de necessidades do mercado. Em alguns casos, a garantia de qualidade usa o documento para garantir que todas as partes do produto estejam completadas.

O setor de desenvolvimento do produto geralmente não gosta de ter que criar um documento de descrição do produto. Eles não querem assumir a responsabilidade caso tenham esquecido de algo ou caso o produto não vá bem porque foi descrito incorretamente. As alternativas incluem selecionar um engenheiro e, para o software, alguém de UX [experiência do usuário] para trabalhar a seu lado. Faça com que esse trabalho seja especificamente delegado para eles através da organização de engenharia. Depois você poderá colaborar com os detalhes do documento. Outra alternativa é criar uma versão sua, entregar para alguém ou para uma equipe pequena do desenvolvimento de produto, e depois mudá-la conforme eles informam o que está errado. Como esse documento orienta o básico que será feito pelo produto, os gerentes de produto farão o necessário para completá-lo, não importa o tipo de equipe de desenvolvimento com que trabalham.

- **Roadmap:** Descrição de um conjunto sequencial de lançamentos de produtos com base no escopo, estratégia e objetivos. Rodmaps são usados para vários públicos internos para explicar a direção em longo prazo de um produto. Veja as advertências para usar roadmaps com públicos externos no Capítulo 20.

Quando trabalham com equipes Ágil, os gerentes de produtos geralmente pulam uma atividade de planejamento com profundidade. As equipes podem confundir o planejamento de um produto no estágio de planos na gerência do ciclo de vida do produto com as atividades do planejamento scrum. Nos dois casos, a palavra *plano* é usada, mas o trabalho realizado é, na verdade, bem diferente. Para manter a visão e estratégia de longo prazo em foco, os gerentes de produtos precisam ter uma documentação estratégica bem pensada disponível o tempo todo. Essa documentação é bem detalhada para que os membros da equipe Ágil fiquem melhor servidos por uma visão de produto concisa desenvolvida na base da documentação estratégica que representa uma luz guia durante todo o projeto.

Uma vez que nenhum processo de desenvolvimento é realmente 100% Ágil ou 100% cascata, muitas organizações criam processos híbridos que retêm a flexibilidade e adaptabilidade do Ágil e têm os elementos do raciocínio precoce e profundo e do planejamento de cascata. Na Tabela 8-4 você verá que o método híbrido se parece muito com o Ágil, com as exigências do Ágil (chamadas de *épicos*) tomando o lugar dos documentos sobre as necessidades do mercado e as descrições do produto. (Falamos sobre cascata e sua comparação com Ágil no Capítulo 12.)

TABELA 8-4 Comparando Documentos Ágil, Híbridos e em Cascata

	Documentos da Fase de Planos
Ágil	Planejamento de negócios/caso de negócios. Visão do produto. Histórias priorizadas de usuários de alto nível.
Híbrido (Ágil e cascata)	Planejamento de negócios/caso de negócios. Visão do produto. Épicos com profundidade com mais direção para que as outras áreas possam conseguir atingir certos objetivos para os clientes. Documento das necessidades do mercado (em alguns casos) para pensar nas personas, nos pontos sensíveis e nos problemas dos clientes em uma escala com mais profundidade em longo prazo.
Cascata	Planejamento de negócios/caso de negócios. Documento das necessidades do mercado. Documento da descrição do produto. Planejamento do projeto.

Estimando seu investimento de tempo

Escrever com coerência e meticulosamente, para clarear seus próprios pensamentos e depois usar o conteúdo para influenciar os outros leva tempo, e seu tempo como gerente de produtos é precioso. Cada página de um documento que você escreve pode facilmente tomar uma ou duas horas simplesmente porque, ao começar a escrever, você percebe que esqueceu de identificar alguns detalhes e precisa solucioná-los. Mesmo um e-mail bem escrito e completo pode consumir uma hora.

DICA

É provável que você não tenha tempo livre para criar cada um desses documentos de uma vez. Em vez de lidar com essa atividade como um texto só, planeje passar nela algum tempo a cada dia, quando não será interrompido. Não tenha medo de alternar esforços entre documentos diferentes. Em especial, os documentos de necessidades de mercado e estratégia de mercado estão interconectados, e você passará de um para o outro. (Verifique os Capítulos 10 e 11 para ter uma visão mais detalhada dos conteúdos desses documentos.) O mais importante é que você pense com antecedência sobre todas as questões críticas que esses documentos apresentam ao projeto e depois atualize seu raciocínio e as hipóteses enquanto segue em frente.

Uma recomendação é criar um rascunho bem aproximado e pedir a opinião de todos. Dessa forma você não passará muito tempo criando uma mensagem apenas para descobrir que algumas questões em particular ainda não estão claras.

Para um projeto detalhado, o tempo entre começar e terminar um planejamento extensivo pode ser de dois ou três meses enquanto se concentra em uma solução que funcionará com todos os interessados, internos e externos. O tempo real que gastará escrevendo será muito menor do que isso. Mas se tiver que defender que sua empresa gasta muito dinheiro desenvolvendo, lançando e fazendo o marketing de um produto, o tempo que leva para responder questões críticas logo de cara e constituir um plano sólido será bem gasto.

NESTE CAPÍTULO

» Entendendo o valor do caso de negócios

» Dividindo as seções de um caso de negócios

Capítulo **9**

Desenvolvendo Seu Caso de Negócios

Antes de investir uma grande quantidade de tempo e dinheiro desenvolvendo um novo produto ou serviço, é melhor criar um caso de negócios coeso. Na gerência de produtos, um caso de negócios tem dois componentes principais: fatores externos de marketing e fatores internos de produto. Neste capítulo tratamos dos fatores externos que devem ser considerados ao criar seu caso de negócios. (Veja o Capítulo 11 para informações sobre os fatores internos.) O caso de negócios ajuda a ganhar a aceitação dos executivos de sua empresa para seguir adiante com o desenvolvimento de um produto.

Dê uma olhada nos fatores externos tratados neste capítulo:

» Olhando de fora da empresa para o problema que o cliente tem.

» Buscando uma oportunidade em potencial para lidar lucrativamente com o problema do cliente.

» Completando uma análise profunda sobre o mercado e a concorrência.

CAPÍTULO 9 **Desenvolvendo Seu Caso de Negócios** 141

O exemplo de documento foi escrito para um produto fictício, que é um fone de ouvido que está sempre superconectado e sem a necessidade de que se usem as mãos, pois fica na sua orelha. O nome desse produto é "EarBud". Neste capítulo nos referimos ao EarBud como uma forma de demonstrar como montamos um caso de negócios. A Figura 9-1 mostra como o EarBud se parece.

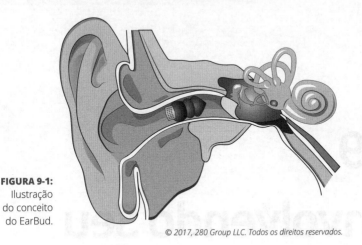

FIGURA 9-1: Ilustração do conceito do EarBud.

© 2017, 280 Group LLC. Todos os direitos reservados.

Criando um Caso de Negócios para o Novo Produto ou Serviço

Ter uma ótima ideia nunca é o suficiente. Você sempre se confronta com o momento da verdade: consegue convencer a gerência e fazer com que financiem o desenvolvimento? Considerando que os executivos examinam as oportunidades em um nível bem amplo, é melhor não exagerar nos detalhes. Você deve contar sua história com clareza e convencer a gerência, através de fatos, de que a ideia vale o investimento de tempo e recursos.

LEMBRE-SE

Caso de negócios ou plano de negócios? A tendência é usar esses termos de forma intercambiável. No entanto, eles trazem dois conceitos distintos. Um *caso de negócios* é feito no nível do produto e mostra por que a criação ou modificação de um produto ou solução específicos é uma boa ideia para a empresa por motivos estratégicos e/ou de lucratividade. O caso de negócios é destinado a convencer a empresa a fornecer os recursos financeiros necessários para financiar a primeira etapa de uma jornada mais complexa. Um *plano de negócios* é um plano detalhado para a empresa como um todo e como ele vai operar e crescer com o tempo.

Reconhecendo a importância de um caso de negócios

O caso de negócios é crítico para conquistar a aceitação da empresa. Sem ele, sua empresa não lhe dará os recursos financeiros necessários para levar o produto ao mercado. Para tornar seu caso de negócios fácil de ser entendido, divida-o nos três componentes a seguir:

» **A história:** O porquê de tentar resolver o problema que você está focando. Por que resolvê-lo é tão importante para um grupo (ou grupos) específico de clientes? Conte essa parte da forma mais clara e simples possível. Esqueça palavras complicadas e não se delongue muito.

» **Os números:** A evidência que apoia sua história. É legal que você queira resolver um problema para alguém. Na seção dos números você dá a prova — por exemplo, você tem muitos clientes em potencial e, com um certo orçamento, um nível esperado de lucratividade. Novamente, simplifique. Você pode ter uma planilha enorme de números como material de apoio, mas realce aqueles que são mais importantes para apoiar sua história.

» **A desvantagem:** Estes são os riscos e sequelas das escolhas que a empresa teve que fazer e dos quais precisa estar ciente. Uma dica de psicologia humana: se você admitir as partes fracas do seu caso de negócio, as pessoas que o escutam acreditarão mais em você. Seja realista, diga a seu público sobre as potenciais desvantagens, e você ficará, de fato, em uma posição melhor.

Esboçando seu caso de negócios

Seu caso de negócios tem muitos componentes. A Tabela 9-1 esboça brevemente os títulos principais e apresenta mais detalhes sobre as divisões de cada parte do quebra-cabeça do caso de negócios ao longo deste capítulo.

TABELA 9-1 **Um Esboço Típico de um Caso de Negócios**

Seção de Documentos	Descrição
Sumário executivo	Esta parte é escrita por último, mas no início do documento. Ela resume o caso de negócios inteiro.
Problema e oportunidade	Qual é o problema e como sua empresa pode aproveitar o máximo ao resolvê-lo?
Cenário de marketing	O que está acontecendo no mercado como um todo que faz você acreditar que resolver esse problema é o melhor uso do tempo e dos recursos da empresa?

(continua)

(continuação)

Seção de Documentos	Descrição
Cenário da concorrência	O que está acontecendo com a concorrência em seu mercado de escolha que faz você acreditar que resolver esse problema permitirá que sua empresa concorra e ganhe?
Análise financeira e de impacto	Quanto dinheiro e outros recursos serão necessários para completar o projeto?
Análise de risco	Quais riscos específicos você vê e como pode mitigá-los?
Hipóteses	Você está fazendo hipóteses subjacentes sobre o mercado, economia e/ou situação interna?
Questões em aberto	Ficou algo faltando (como uma pessoa principal, um relacionamento principal ou um avanço tecnológico desconhecido)?
Conclusões e recomendações	Qual a ideia principal? Por que a empresa deve dizer sim?

LEMBRE-SE

Só porque um caso de negócios tem muitas partes não significa que ele precisa ser longo. Dê ênfase ao que é importante. Não seja repetitivo sem necessidade. Quando terminar de escrever, deixe-o de lado por 24 horas e depois releia-o do começo ao fim, para encontrar repetições e informações que podem ser eliminadas. Tenha como objetivo cortar 30% do conteúdo de seu rascunho final, para aprimorar apenas as partes mais críticas e necessárias.

Juntando as informações necessárias

Para juntar as informações necessárias para cada seção do caso de negócios, você fará pesquisas de mercado e da concorrência (em muitos casos, ao escrever o caso de negócios você já as terá terminado). Veja o Capítulo 6 para obter detalhes sobre como fazê-las. Uma boa maneira de garantir que seu caso de negócios tenha detalhes e informações suficientes é perguntar a seu gerente e a outras pessoas da empresa o que os executivos esperam ver em um caso de negócios típico. Verifique novamente as seções do modelo do caso de negócios e adicione qualquer coisa que seja específica a sua empresa e às expectativas da gerência.

Juntando Tudo: Documentando Seu Caso de Negócios

As seções a seguir contêm os componentes principais de um caso de negócios como esboçado na Tabela 9-1. Siga as diretrizes em cada seção para criar um caso de negócios de sucesso.

Parte I: Sumário executivo

Embora o sumário executivo seja a primeira seção de seu caso de negócios, você o escreve por último, após saber quais informações está resumindo. O objetivo é incluir o seguinte conteúdo: definição do problema, visão, avaliação do projeto, riscos, retorno sobre o investimento (ROI) e recomendação. O sumário deve ter cerca de uma página — duas no máximo — para uma ideia completamente nova. Veja um exemplo no box "Por Exemplo: Sumário Executivo" neste capítulo. A seguir, três razões para deixar o sumário executivo curto e direto ao ponto:

» Os executivos não leem nada muito longo.

» Quando apresentar seu caso de negócios para aprovação, você já deve ter feito uma pré-venda da ideia dentro da organização.

» Os detalhes aparecem nas seções posteriores do caso de negócios caso surjam perguntas ou alguém queira se aprofundar na informação.

Parte II: Problema e oportunidade

A seção de problema e oportunidade do sumário explica qual é o problema do cliente e como sua empresa o resolveria. A Tabela 9-2 divide as diferentes seções da Parte II de seu caso de negócios.

TABELA 9-2   Perguntas sobre Oportunidade e Problema

Seção	Principais perguntas a serem respondidas
Definição do problema	Qual problema um cliente em particular tem? Esta seção pode ter alguns parágrafos ou algumas páginas. Depende muito da complexidade do problema que está tentando descrever.
Visão da solução	Qual é a sua visão sobre uma possível solução? Por que ela é tão ótima — algo convincente que os clientes têm que ter? Sua visão tem alguma desvantagem? Inclua analogias e exemplos similares, se isso ajudar a construir uma visão mais forte e irresistível.
Alternativas atuais	Quais outras coisas as pessoas estão fazendo hoje, ou planejando fazer no momento em que o produto estiver disponível? O que os clientes fazem hoje que você poderá fazer melhor com sua solução proposta?
Alinhamento estratégico e valor de negócio	A oportunidade se alinha com os objetivos gerais da empresa ou aos objetivos das divisões e adiciona valor de negócio à companhia dentro desse contexto?
Metas e objetivos com indicadores-chave de desempenho (KPIs, sigla em inglês)	Quais são os números que mostram que você teve sucesso ou que está a caminho dele?

(continua)

CAPÍTULO 9 **Desenvolvendo Seu Caso de Negócios**   145

(continuação)

Seção	Principais perguntas a serem respondidas
Janela de oportunidade	Quando este produto deve ser entregue para capturar o mercado e maximizar a lucratividade? Por que a empresa deve agir imediatamente? Quais são os impactos de atrasar o andamento?
Estratégia de saída	Se for uma oportunidade temporária, como planeja sair do mercado?

POR EXEMPLO: SUMÁRIO EXECUTIVO

Usando o exemplo do EarBud mencionado neste capítulo, a seguir você encontra um sumário executivo bem abreviado. Você pode ver como a oportunidade é discutida rapidamente e como o pedido final é direto.

"Nossa empresa acredita que a tecnologia existe para criar um dispositivo acessório de áudio discreto para muitas necessidades não atingidas. Estas incluem o uso de um telefone celular sem recorrer às mãos, assim como a habilidade de ouvir informações em áudio (música, podcasts, endereços etc.). A solução que propomos soluciona vários dos desafios em razão de estar sempre ligada e sempre acessível.

Nossa empresa pode atender melhor esse mercado graças ao portfólio de nossas patentes, especialmente no quesito Wi-Fi de longa distância, o que cria uma barreira contra a entrada de outros concorrentes. Nossa empresa também possui expertise única de engenharia que nos permitirá levar vantagem nesse mercado de forma mais rápida que nossos concorrentes. Embora tenhamos expertise de engenharia, precisaríamos desenvolver rapidamente uma expertise em marketing e vendas, para alcançar segmentos de clientes que não atendemos no momento.

Esse é um mercado inteiramente novo, que se desenvolverá nos próximos 5 a 10 anos e nos permitirá selecionar clientes, assim como mercados especializados em B2B, socorristas credenciados e forças armadas.

O potencial para este produto chega a $200 bilhões, com uma margem bruta de 25%. Esperamos alcançar uma participação de mercado de 10%. O investimento inicial é de $250 milhões para desenvolvimento e adicionais $250 milhões para marketing e vendas. O ROI é de 10.000%

Há duas opções em potencial.

1. Proceder com o planejamento inicial do projeto por dois meses. Isso exigirá um investimento de $100 mil para entender melhor a oportunidade, desenvolver um trabalho inicial de tecnologia, determinar com profundidade as exigências do mercado e planejar a estratégia de entrada no mercado.

2. Proceder com a proposta completa por um ano ao custo de $250 milhões, com revisões progressivas trimestrais. O resultado desse trabalho será um produto totalmente funcional e que estará pronto para ser lançado no mercado, e os $500 milhões custearão adequadamente todo o desenvolvimento, o marketing, as vendas e outras atividades.

A recomendação da equipe é proceder com a opção 2. Considerando que várias outras empresas possivelmente estão trabalhando nessa tecnologia e em produtos similares, acreditamos que a janela de oportunidade para entregar esse produto e captar o mercado se abrirá dentro dos próximos dois anos, e proceder com o desenvolvimento total dará a melhor chance de sucesso para nossa empresa."

Parte III: Cenário do mercado

A seção da Parte III contém os três principais componentes a seguir:

» **Visão geral:** Fornece uma visão geral do mercado. É um crescimento setorial ou um mercado estabelecido que cresce lentamente? Inclua uma análise breve de onde você acredita que a tecnologia de seu produto está em seu ciclo de adoção. Faça uma lista do tamanho do mercado, crescimento e projeções futuras. Identifique qualquer dado principal sobre o mercado em geral. Qual é o tamanho total de seu mercado? Forneça uma estimativa do mercado total disponível (TAM) em termos de receitas, se disponível (número total de clientes em potencial x número total de unidades por consumidor x preço).

» **Tendências:** Liste de três a cinco principais tendências que você prevê no setor, tanto em curto como em longo prazo. Identifique e descreva o crescimento do mercado, a situação da concorrência, tendências nas preferências dos clientes ou empresas e as tendências da tecnologia em seu segmento de mercado pretendido (e em outros relacionados).

» **Barreiras de entrada:** As barreiras comuns à entrada são custos de capital elevados, custos altos de marketing, custos de frete, barreiras tarifárias e quotas, reconhecimento de marca, aceitação do cliente, efeito de network, integração vertical, treinamento e habilidades, tecnologia única, regulação governamental e patentes, sindicatos, e assim por diante. Quais barreiras de entrada você encontra para penetrar nesse mercado?

LEMBRE-SE

No segmento do cenário da concorrência de seu caso de negócio, você responde a pergunta: "Quais barreiras os concorrentes encontram que podemos colocar no caminho deles?"

CAPÍTULO 9 **Desenvolvendo Seu Caso de Negócios**   147

Parte IV: Cenário da concorrência

A seção do cenário da concorrência descreve quem você acredita que serão seus principais concorrentes. Ela começa com a descrição geral sobre sua empresa e depois oferece detalhes sobre seus concorrentes e seus produtos.

O contexto da empresa

Na primeira parte do cenário da concorrência, o foco é no alinhamento entre a empresa e o produto proposto.

Comece definindo do que se trata a sua empresa. Identifique os fatores a seguir a respeito de sua empresa:

» **Metas:** São destinos. Onde você quer que sua empresa esteja? Um exemplo de meta é ter uma empresa saudável e bem-sucedida que seja líder no serviço ao cliente e tem clientes leais a seguindo.

» **Objetivos:** São marcadores de progresso ao longo do caminho para focar a realização. Exemplos de objetivos atrelados às metas do tópico anterior são metas de vendas anuais e algumas médias específicas de satisfação do cliente.

» **Valores:** O que é importante para sua empresa? Certos produtos apenas não se ajustam aos valores da empresa, e você precisa garantir que seu produto se ajuste a esse escopo.

» **Forças:** Em quais áreas sua empresa é especialmente forte? Há áreas em que sua empresa é excelente e que outras empresas teriam dificuldades para se igualar?

» **Competências centrais:** Quais são as principais coisas que sua empresa faz muito bem? Qual capacidade ou vantagem definida distingue a sua das outras empresas?

» **Barreiras:** Quais barreiras existentes à entrada trabalham a favor da empresa e contra a concorrência (ou poderia ser reforçada com este objetivo)? Quais novas barreiras sua empresa pode criar? Os exemplos incluem o custo de mudar de um produto para outro quando o novo produto é de um novo fornecedor, a lealdade do cliente, o controle de recursos, a economia de escala, a precificação, as patentes, o efeito de network, a integração vertical, e assim por diante.

Concorrentes

Nesta seção do cenário da concorrência, responda as perguntas a seguir: contra quais empresas você competirá? Quais são os atributos delas? Elas competirão

148   PARTE 2 **Descoberta, Avaliação e Planejamento de Grandes Produtos...**

com você em tudo ou apenas com certos produtos, certos clientes ou certas localidades? Você terá concorrentes indiretos importantes? (Por exemplo, as videolocadoras costumavam competir com os teatros, embora sejam tipos diferentes de negócios.)

DICA

Se você criou uma análise competitiva usando SWOT ou a análise das cinco forças de Porter (veja o Capítulo 6), inclua-a na seção do cenário da concorrência.

Produtos concorrentes

Compare de três a cinco produtos concorrentes. Para manter o foco no cliente, inclua o valor ou benefício ao cliente para cada atributo listado. Na figura 9-2 você pode ver uma matriz de comparação de atributos simplificada.

DICA

Não caia no erro de comparar seu produto futuro com os produtos concorrentes atuais que já estão sendo vendidos. Você precisa projetar onde pensa que seus futuros produtos concorrentes estarão quando começar a vender.

FIGURA 9-2 Matriz simples de comparação de atributos com o exemplo EarBud.

Atributo	Benefício	Valor do Cliente	Seu Produto	Produto 1	Produto 2
Bateria de longa duração	Redução da preocupação sobre a disponibilidade de comunicação	Médio	Sim – 6 meses	Sim – 1 mês	Sim – 1 mês
Controle por voz	Controla o uso sem as mãos	Alto	Sim	Sim	Não
Comunicação protegida	Sem riscos de compartilhar conversas	Alto	Até 3 grupos	Até 2 grupos	Não
Troca múltipla de grupos	Controla o uso sem as mãos	Médio	Automático	Manual	Manual

© 2017, 280 Group LLC. Todos os direitos reservados.

Análise situacional

Descreva como a empresa está se saindo no contexto da concorrência, ciclo de vida e sob a perspectiva do mercado.

História do produto

Se há uma história do produto, torne-a visível aos tomadores de decisão. Como a empresa tentou aproveitar essa oportunidade até agora? O que deu certo e o que deu errado? Por quê?

Parte V: Análise de impacto financeiro e de recursos

A parte V lida com o impacto financeiro e de recursos que a empresa sofrerá ao trazer seu produto para o mercado. Isso inclui quanto ele custará, quais serão as receitas e os lucros projetados e quais recursos serão necessários.

Resumo

Agora é hora de fazer contas: o produto vai dar dinheiro? E quanto tempo a empresa levará para ter o retorno do investimento? Em vez de mostrar todos os detalhes no sumário, selecione a dedo aqueles que mostram isso o mais claramente possível e os coloque aqui. Uma tabela simples ou um gráfico fácil de ler são os melhores. Se necessário, use setas para apontar a informação que você quer destacar.

A seguir estão as métricas que você deve incluir:

» **Receitas esperadas:** Quanto dinheiro você espera ganhar com a venda desse produto (preço/unidade x número de unidades a serem vendidas)? Inclua uma estimativa para um, três e cinco anos.

» **Lucros esperados:** Qual o lucro que você espera ter com a venda deste produto (lucro por unidade x número de unidades a serem vendidas)? Inclua uma estimativa para um, três e cinco anos.

» **Retorno sobre o Investimento (ROI):** Qual lucro a empresa terá se fizer o investimento para levar o produto ao mercado. Por exemplo, se o produto custa $5 milhões para ser desenvolvido e levado ao mercado durante o primeiro ano e você espera ganhar $20 milhões de lucro, o ROI seria de $20 milhões/$5 milhões = 400%.

» **Tempo do payback:** Quanto tempo levará para que os lucros compensem o investimento inicial. Usando o mesmo exemplo, um investimento de $5 milhões que tem $20 milhões de lucro no primeiro ano ($5 milhões a cada três meses) teria um payback de três meses.

» **Breakeven [Ponto de Equilíbrio]:** Quantas unidades do produto precisam ser vendidas para alcançar o equilíbrio e compensar o investimento inicial? Se o lucro de cada unidade do produto for de $50 mil e seu investimento inicial é de $5 milhões, então $5 milhões/$50 mil = 100 unidades. Em outras palavras, uma vez que você vender as primeiras 100 unidades, terá compensado todo o investimento inicial.

Ao fornecer a informação financeira com esse nível de detalhes, seus executivos poderão ver rapidamente quais são os riscos e recompensas do investimento. Se quiserem mais detalhes sobre as hipóteses e questões financeiras, eles podem ler mais adiante no documento.

Impacto de recursos

Resuma como o projeto impactaria o uso de recursos (especialmente de colaboradores) da empresa. Inclua todos os grupos que são impactados, tais como o desenvolvimento, vendas e suporte. Quais recursos seriam necessários desses vários grupos, tais como desenvolvimento, suporte, marketing e assim por diante? Qual é a disponibilidades desses recursos?

Canibalização

Não, isso não tem nada a ver com comer pessoas! A *canibalização* para os gerentes de produtos descreve o impacto possível de um projeto nas vendas ou substituições de produtos já existentes da empresa. Por exemplo, o iPhone da Apple canibalizou as vendas do iPod porque muitos clientes que teriam comprado um iPod acabaram comprando o iPhone, que oferecia a mesma funcionalidade (e mais). Explique os planos de transição entre os produtos existentes e seu novo produto em termos gerais e especificamente em sua análise financeira.

Financiamento

Faça uma estimativa dos custos necessários para construir adequadamente e ir ao mercado com esse projeto. Quais organizações internas a empresa pode abordar para que ajudem a financiar esse esforço de serviço? Ela pode acessar recursos financeiros externos como outras empresas que possam querer formar uma parceria estratégica? O orçamento deve incluir todos os resultados de vendas, promoções e comunicação de marketing.

Parte de seus cálculos deve incluir o custo humano do financiamento, geralmente mencionado como *custo total de um colaborador*. Adicione ao salário do colaborador, valores referentes a impostos, benefícios e até despesas básicas com objetos de escritório. Uma boa medida de cálculo é adicionar 25% sobre o salário médio. Por exemplo, nos Estados Unidos, um engenheiro que tem um salário anual de $200 mil na realidade custa $250 mil para a empresa. Já no Brasil, o custo total de um colaborador chega a duas vezes o salário nominal.

Parte VI: Riscos

Identifique as principais barreiras que poderiam impedir o progresso do projeto, considerando o desenvolvimento e lançamento no mercado. Como os riscos poderiam afetar a empresa? Para cada risco, ofereça uma estimativa informando se o risco é baixo, médio ou alto. Também inclua recomendações para a redução dos riscos. Por exemplo, se o desenvolvimento do produto tiver uma alta dependência de um de seus engenheiros que tem uma expertise profunda em uma área que ninguém mais no mundo tem, você pode recomendar um incentivo financeiro para garantir que o engenheiro fique até o lançamento do produto. Mantenha suas respostas curtas, mas assegure-se de declarar os riscos claramente.

O BÁSICO SOBRE LUCRO E PREJUÍZO

Como gerente de produtos, você não precisa ser um gênio da área financeira. Se for, parabéns! Se você não teve muita exposição para os cálculos financeiros, verifique as descrições de uma declaração de lucros e perdas [prejuízos] (L&P):

- As declarações de L&P mostram receitas, despesas e lucros projetados ao longo do tempo. Geralmente o L&P é anual, porém, em negócios mais rápidos, pode ser trimestral ou até mensal.

- Receita = Número de unidades x preço.

- CMV (Custo das Mercadorias Vendidas) = Número de unidades × custo por unidade.

- Receita – CMV = Margem Bruta (MB).

- Às vezes pedirão que você mostre uma porcentagem de margem bruta (MB%), que é calculada ao dividir a margem bruta em reais pela receita total. As margens brutas variam muito, dependendo do setor de atividade, assim como onde um produto está no ciclo de vida de produto. Por exemplo, em um mercado maduro com muitos concorrentes, as margens brutas podem ser menores devido à concorrência de preços.

- P&D = Pesquisa e desenvolvimento: Os custos de desenvolvimento do seu produto estão aqui.

- Vendas e mkt = Vendas e marketing: O custo para a gerência de produção também está incluído aqui.

- G&A = Geral e administrativo: O custo de RH, operações, escritórios, suporte e qualquer outra coisa entra aqui.

- Despesas = P&D + Vendas e mkt + G&A.

- Lucro Operacional = MB – Despesas.

- A porcentagem de margem líquida (ML) é outro cálculo que podem pedir para você. A porcentagem da ML = lucro operacional ÷ receita, e é uma medida que mostra o que a empresa realmente ganha com o produto.

- Também podem lhe perguntar sobre o custo por unidade, que deve usar na declaração de L&P. Suas operações e equivalentes devem conseguir lhe dar uma estimativa razoável do custo. O custo nunca é um cálculo fechado e definitivo por uma variedade de fatores. Variações cambiais, diminuição de custos de componentes pré-planejados e as mudanças de fabricação que adicionam e removem custos tornam esse número um alvo em movimento mais do que muitos imaginam. Encontre um método de chegar a um número que você acredita ser razoável e que o pessoal do financeiro e os executivos verão como uma boa estimativa e siga em frente sem tentar achar uma resposta perfeita para os custos.

152   PARTE 2 **Descoberta, Avaliação e Planejamento de Grandes Produtos...**

Treine para conseguir ler bem as declarações de L&P. Calcule rapidamente os porcentuais de margem líquida e bruta. Qual é o custo médio por unidade vendida? O que o nível de vendas e de gastos com marketing lhe diz sobre a dificuldade em vender esse produto? Compare declarações diferentes de L&P de outras empresas para praticar.

Partes VII a XI: Outras seções

Aqui há algumas outras seções com mais explicações que você pode incluir em seu caso de negócios. Escolha quais delas serão necessárias com base no que sua gerência executiva provavelmente quer ver.

» **Pressupostos:** Um caso de negócios faz uma previsão do futuro, então, a menos que tenha uma máquina do tempo, você terá que trabalhar com vários pressupostos ao escrever. Registre-os nesta seção e esteja preparado para defendê-los.

» **Questões em aberto:** Acompanhe qualquer questão em aberto que possa ter surgido até aqui no projeto. Quando essas questões forem resolvidas, documente. Delegue qualquer questão não resolvida a uma parte responsável. Provavelmente você terá várias questões em aberto, que geralmente são resolvidas com o andar do projeto. Identifique onde, durante o processo, essas questões necessitam ser resolvidas.

» **Conclusões e recomendações:** Descreva sua conclusão e a justificativa da recomendação, incluindo o efeito provável que haverá em seguir suas propostas. Quais são os prós e os contras? Descreva outras alternativas, assim como o que pode acontecer se a empresa seguir essa oportunidade.

DICA

Identifique também o que acontecerá se você não for adiante com o projeto. Todos os bons executivos se perguntam "E se não fizermos isso?" pelo menos uma vez. Esteja preparado para responder com clareza e coerência.

» **Governança:** É o processo de conseguir a aprovação e seguir em frente. Isso inclui quem precisa ser informado sobre as decisões para aprová-las. Descreva os processos de *governança* e as estruturas dentro da empresa. O que aconteceu até este momento e quais são os próximos passos após a tomada de decisão? Seja breve.

Faça uma lista com a função e o nome de cada colaborador e os revisores principais desse documento. Algumas empresas exigem várias assinaturas, e outras, muito poucas. Alguns enviam o documento online, enquanto algumas imprimem e grampeiam o documento que passa por cada fase. Acompanhe a obtenção da autorização de todos para que o projeto não se atrase.

> **»** **Documentos e apêndices:** Este é o lugar para incluir informações adicionais ou com mais detalhes sobre a essência de seu argumento. Outras partes que são comuns a esta seção são um glossário, uma projeção de lucros e perdas (veja a Figura 9-3) e qualquer dado que dê suporte e referências externas.

FIGURA 9-3: Exemplo de tabela de lucros e perdas EarBud.

Ano	-1		0		1		2		3		4		5
Unidades vendidas (em milhares)		0		0		990		4.950		24.750		99.000		198.000
Receita (em milhares)		0		0	$	1.165.725	$	5.828.625	$	29.143.125	$	116.572.500	$	233.145.000
CMV	$	-	$	1.709.375	$	338.456	$	1.692.281	$	8.461.406	$	33.845.625	$	67.691.250
MB	$	-	$	(1.709.375)	$	827.269	$	4.136.344	$	20.681.719	$	82.726.875	$	165.453.750
P&D	$	20.000	$	40.000	$	80.000	$	240.000	$	720.000	$	2.880.000	$	11.520.000
Vendas e Mkt	$	-	$	408.004	$	2.040.019	$	2.914.313	$	12.750.117	$	36.428.906	$	43.714.688
G&A	$	6.557	$	52.458	$	104.915	$	524.576	$	2.622.881	$	10.491.525	$	20.983.050
Despesas	$	26.557	$	500.461	$	2.224.934	$	3.678.889	$	16.092.998	$	49.800.431	$	76.217.738
Lucro de Operações	$	(26.557)	$	(2.209.836)	$	(1.397.665)	$	457.455	$	4.588.720	$	32.926.444	$	89.236.013
Lucro Acumulado de Operações	$	(26.557)	$	(2.236.394)	$	(3.634.059)	$	(3.176.604)	$	1.412.116	$	34.338.560	$	123.574.573
Nota: Todos os números em milhares														

© 2017, 280 Group LLC. Todos os direitos reservados.

Conseguindo a aceitação do seu caso de negócios

Quando terminar de escrever e revisar, para deixar claro cada parte da história de seu caso de negócios, assegure-se de que cada pessoa que participou faça uma revisão e ofereça feedback. O próximo passo será criar uma apresentação curta, focada e convincente para contar sua história aos executivos e conseguir o financiamento. A apresentação deve incluir tudo o que está em seu resumo executivo do caso de negócios. Os executivos tomam decisões todos os dias, então é melhor facilitar para eles saberem o que está acontecendo. Quanto mais clara for sua história, mais chances seu caso de negócios tem de ser aprovado.

154   PARTE 2 **Descoberta, Avaliação e Planejamento de Grandes Produtos...**

> **NESTE CAPÍTULO**
>
> » Entendendo por que você precisa da estratégia de mercado em primeiro lugar
>
> » Equipando a si mesmo com as melhores ferramentas de estratégia de mercado
>
> » Aproveitando o poder da segmentação, de ter alvos, do posicionamento, e assim por diante
>
> » Criando seu documento de estratégia de mercado

Capítulo **10**

Desenvolvendo Sua Estratégia de Mercado

Estratégia de mercado. Por trás dessas palavras há um mundo de trabalho e pensamento. *Estratégia*, neste cenário, quer dizer criar um plano de alto nível para atingir os objetivos em condições de incerteza. E a palavra *mercado* fornece um contexto para a palavra *estratégia*. Ao criar sua estratégia de mercado, você criará um plano de alto nível, orientado ao mercado sob condições incertas. Essa tarefa pode parecer difícil, e realizá-la bem é certamente um desafio. Neste capítulo dividiremos os componentes que compõem uma estratégia de mercado maior. Pegue os resultados do trabalho da seção "Entendendo a Importância de uma Estratégia de Mercado" e crie um plano muito convincente e abrangente para seu produto quando ele entrar no mercado.

DICA

Se você não tiver nenhuma experiência com marketing, este capítulo (com o Capítulo 15) é para você. No Capítulo 5 falamos sobre conceitos diferentes voltados aos clientes, tais como personas. Este capítulo mostrará como levar aqueles conceitos para um nível superior enquanto seu cliente interage (psicologicamente falando) com seu produto. Responda as três perguntas essenciais a seguir:

> Quais clientes estão mais interessados no meu produto?

> O que quero que pensem sobre meu produto?

> Há algum outro parceiro nesse processo de comunicação com meu cliente que preciso integrar? E como farei isso?

Três tópicos. Parece fácil. Para entender esse processo de fato, você precisa se aprofundar nos processos de pensamento e nas ações de outras pessoas, e então decidir como será melhor influenciar as ações delas para que escolham comprar ou ajudar a vender seu produto.

Entendendo a Importância de uma Estratégia de Mercado

Em nossa prática, a 280 Group se relaciona com muitas organizações, e a maioria delas espera muito tempo para desenvolver suas estratégias de mercado. A estratégia fica sendo algo posterior, seja quando o produto está a ponto de ser desenvolvido ou, pior, no momento em que está terminado. Desenvolver sua estratégia de mercado no início no ciclo de vida do produto no estágio de planejamento pode aumentar dramaticamente as chances de sucesso de seu produto. Veja no Capítulo 3 uma revisão sobre o ciclo de vida de um produto.

LEMBRE-SE

Se em sua organização a atuação da gerência de produtos e a gerência de marketing de produtos são autônomas, a estratégia de mercado fica a cargo do gerente de marketing de produtos. Se você não tem uma responsabilidade direta para desenvolver a estratégia de mercado, ainda assim será um colaborador essencial de conteúdos. Então continue lendo.

Desenvolver uma estratégia de mercado envolve alguns componentes:

> Qual é seu plano de ação para levar seu produto ao mercado? E por que isso resultará em vitória contra os concorrentes?

> Qual é o produto inteiro que está oferecendo, incluindo serviço e suporte?

> Quais segmentos de mercado podem ser alcançados e quais mercados-alvo você está buscando?

> Qual é seu posicionamento? Veja a seção "Posicionamento" mais adiante para obter mais informações sobre esse assunto.

> Como seu posicionamento é reforçado em sua mensagem? Quais são as mensagens para cada mercado-alvo?

> Em um alto nível, o que é necessário para lançar esse produto? Verifique os Capítulos 13 e 14 para obter mais informações sobre lançamento.

> Quanto dinheiro (estimativa aproximada) será necessário para seu produto obter percepção de mercado suficiente no início e depois continuar com o aumento de vendas e receitas?

Dominando as Ferramentas de Estratégia

Estratégias de marketing envolvem muitas partes móveis, mas com as ferramentas certas você pode navegar pelo processo com confiança. As seções a seguir mostram a importância de uma estratégia de ida ao mercado e dão uma variedade de opções para determinar sua posição estratégica de mercado.

Estratégia go-to-market (estratégia de mercado)

Desenvolver uma estratégia "go-to-market" coerente é um fator crítico para o sucesso de seu produto. Olhe bem a Figura 10-1, começando pelo lado esquerdo, com sua análise de mercado. Um papel central de um gerente de produtos é definir as necessidades dos clientes e analisar os tópicos de mercado que são discutidos em vários capítulos anteriores como 4, 5 e 6. O caso de negócios (que discutimos no Capítulo 9) esboça as capacidades de sua empresa; o Capítulo 6 trata sobre concorrência. O Capítulo 15 tem informações sobre colaboradores e parceiros, mix de marketing, aquisição de clientes e distribuição.

LEMBRE-SE

Estratégia go-to-market é a abordagem e o plano que você usa para ter sucesso no mercado e para garantir que seu produto seja o mais bem-sucedido possível, tanto em curto como em longo prazo. Pense nessa estratégia como a perspectiva de marketing de que você precisa para dar suporte a seu produto através das sete fases do ciclo de vida do produto (Capítulo 3). Sob uma perspectiva de marketing, isso envolve abordar cada uma das quatro partes da Figura 10-1. Grande parte deste livro foi escrita para que você consiga completar sua análise de marketing, fazer escolhas sobre quais mercados definir e esclarecer qual é sua mensagem para esses mercados. Este capítulo tem o foco principal no processo de seleção de mercado. No Capítulo 15 o foco é o mix de marketing e a aquisição de clientes.

FIGURA 10-1: Estrutura de estratégia de marketing.

© 2017, 280 Group LLC. Todos os direitos reservados.

Modelos de estratégia

Determinar sua posição estratégica no mercado é muito mais fácil quando você usa alguns modelos de estratégia. As ferramentas nesta seção o ajudarão a identificar sua situação em relação a cada modelo. A vantagem de usar esses modelos ou ferramentas de estratégia é que a análise e as conclusões eliminarão muitas outras possibilidades. Então você poderá focar as melhores oportunidades considerando seu contexto estratégico.

A matriz Boston Consulting Group (BCG)

O Boston Consulting Group desenvolveu a matriz apresentada na Figura 10-2 nos anos 1970 para analisar unidades diferentes de negócios e tomar decisões sobre estratégia e investimento. Ela também é uma ferramenta para avaliar linhas de produtos diferentes. Para usá-la, você pega uma linha de produto — por exemplo, lâmpadas incandescentes — e determina onde ela se ajusta na matriz, considerando sua taxa de crescimento e participação de mercado [em inglês, "market share"].

FIGURA 10-2: Matriz Boston Consulting Group.

Figura: Matriz BCG com quadrantes — Alto Market Share / Baixo Market Share nos eixos verticais e Taxa de Crescimento Baixa / Alta nos eixos horizontais. Quadrantes: Vacas Leiteiras, Estrelas, Abacaxi, Em questionamento.

© 2017, 280 Group LLC. Todos os direitos reservados.

Lâmpadas incandescentes (aquele tipo antigo de lâmpadas que esquentam muito e estão banidas em alguns países) têm uma taxa de crescimento de mercado baixa (na verdade, é negativa). Seguindo os eixos na Figura 10-2, se você for um líder de market share (tem um alto market share), esse negócio é considerado uma *vaca leiteira*. Se você tem um market share baixo, categorize seu produto no quadrante *abacaxi*. Por outro lado, lâmpadas LED, que estão substituindo as incandescentes, têm uma taxa de crescimento alta. Dependendo do seu market share, você pode classificar sua linha de produto como uma *estrela* (market share alto) ou um *ponto de interrogação* (*market share baixo*). Seu quadrante determina sua estratégia e tática. Você decide investir mais ou menos no sucesso do produto. A melhor forma de entender como usar a matriz BCG é aplicá-la em seus próprios produtos. Classifique cada um de acordo com o market share deles e a taxa de crescimento, e depois coloque o produto no quadrante correto na Figura 10-2.

Falamos sobre a matriz BCG neste livro porque, como gerente de produtos, você precisa saber em qual quadrante seu produto está. A matriz BCG é uma ferramenta boa e simples para ser usada como a base de sua estratégia.

LEMBRE-SE

A matriz BCG tem uma desvantagem e nem sempre é útil. Por quê? As linhas de produtos podem ter sucesso por outras razões diferentes da taxa de crescimento e do market share. Se você tem um produto de nicho que é crítico em um setor de atividade específico no qual você tem um market share geral baixo e a taxa de crescimento é baixa (um produto no quadrante abacaxi), pode ser que tenha clientes que são leais aos seu produto e marca. Você ainda pode conseguir continuar desenvolvendo, fazendo o marketing e vendendo o produto com bastante lucratividade. A questão principal é se você deve fazer isso às custas de outros produtos que podem estar no quadrante da estrela com um market share alto e com taxas de crescimento altas.

Gráfico do ciclo de vida do produto

O ciclo de vida do produto é o período entre um produto sair de "Acho que tenho uma ideia" para o produto de fato (veja no Capítulo 3 os detalhes sobre o ciclo de vida inteiro do produto). Há dois tipos de ciclos de vida de produtos:

» Ciclos de vida para produtos desde o momento que são uma ideia até que não existam mais (ou seja, as sete fases do Processo de Produto Ideal que descrevemos no Capítulo 3).

» Ciclos de vida para o mercado geral após o público tomar conhecimento do produto. Essas fases são introdução, crescimento, maturidade e declínio. Esse ciclo de vida também é conhecido como ciclo de vida de produto ou, às vezes, como ciclo de vida setorial.

Quando você trabalha em sua estratégia de mercado, uma ótima ferramenta para o ciclo de vida do produto/setor (CVP) é o gráfico do ciclo de vida do produto mostrado na Figura 10-3. Usando o gráfico, você combina o conhecimento de onde você está no ciclo de vida do produto/setor com o que deveria estar acontecendo em seu mercado e quais ações você deveria tomar. Um bom exemplo é o mercado de smartphones. Na maior parte do mundo, o mercado de smartphones é considerado maduro. Leia a coluna abaixo da palavra *Maturidade* na figura. Com respeito ao objetivo de marketing, os líderes de mercado nesse campo querem que você seja leal às suas marcas. Há muita concorrência e uma linha completa de produtos. As empresas com um bom market share, tais como Apple e Samsung, defendem o mercado através de promoções e ao encorajar você a mudar para as marcas e modelos delas. As promoções não envolvem muita explicação sobre o que é um smartphone. Em vez disso, as propagandas relembram que sua marca favorita ainda está por aí e que você pode comprar seus produtos em qualquer lugar. Esse cenário é o chamado distante de um passado em que o mercado de smartphone estava nas fases de introdução e crescimento. Naquela época, a ideia de um smartphone e por que as pessoas precisavam de um exigia muita explicação.

Um exercício útil é descobrir onde todos os seus produtos estão com base nos critérios na Figura 10-3. Eles estão na fase de introdução, crescimento, maturidade ou simplesmente em declínio? Se você tiver muitos produtos maduros no mercado, o CVP mostra que você é lucrativo. No entanto, se não tiver produtos nas fases de introdução ou crescimento, sua empresa pode não estar investindo o suficiente em novos produtos que fornecerão a próxima onda de crescimento de receitas.

160 PARTE 2 **Descoberta, Avaliação e Planejamento de Grandes Produtos...**

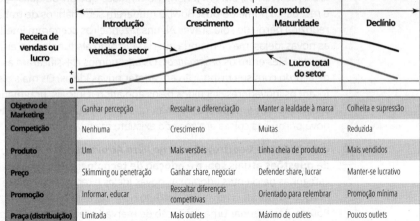

FIGURA 10-3: Gráfico do ciclo de vida do produto/setor.

© 2017, 280 Group LLC. Todos os direitos reservados.

Um ótimo benefício de ter uma linha de produto de sucesso no mercado é que seus clientes já estão familiarizados com ele e (espera-se) serão leais a sua versão do produto. Em muitos setores, tais como alimentos, as vendas realmente só crescem com a população. Nos Estados Unidos, o crescimento populacional é mínimo. Para aproveitar as marcas e produtos conhecidos, as empresas de produtos embalados como Proctor & Gamble, Nestlé e Unilever desenvolvem versões levemente diferentes de um produto de sucesso. Elas ressegmentam seus mercados para que possam atender às necessidades de um cliente mais precisamente e com uma versão levemente diferente de um produto de sucesso. Isso é chamado de criar uma *extensão de linha de produto*, e o efeito é aumentar a receita da linha de produto e estender o tempo que um produto permanece no estágio de maturidade.

Um exemplo é o molho de salada. O cliente já compra o molho ranch, então a extensão de linha de produto pode ser uma variação do molho de salada, como queijo gorgonzola, ou potes do molho ranch de tamanhos diferentes: grandes para famílias grandes, menores para indivíduos e casais. As possibilidades são infinitas. Você pode decidir se quer seguir com essa estratégia para seus produtos.

O modelo abismo

O *modelo abismo*, conforme a Figura 10-4, mostra como tipos diferentes de clientes adotam um produto ao longo do tempo. O modelo abismo é mostrado no formato de uma curva de sino e é construído a partir de duas teorias:

» **Adoção de novas ideias e tecnologia:** Esse conceito nasceu do trabalho feito nos anos 1930, quando os agrônomos dos Estados Unidos tentaram convencer os fazendeiros que haviam sido castigados por tempestades de areia recorrentes, em um fenômeno climático que durou quase dez anos e recebeu o nome de Dust Bowl, a mudarem seus hábitos de trabalho e reduzir a perda de solo arável. Alguns fazendeiros aceitaram imediatamente as novas ideias, mas a maioria queria ver como ela funcionava em outros lugares. Eles eram os *pragmáticos*. Os agrônomos classificaram as pessoas de acordo com sua disposição em adotar novas ideias. Os mais dispostos foram os inovadores, seguidos pelos apoiadores iniciais, pragmáticos, conservadores e, depois, os lesmas, que tinham que adotar uma tecnologia nova porque as coisas antigas não existiam mais.

» **O trabalho de Geoffrey Moore no livro** *Atravessando o Abismo*, **que trata de questões atuais sobre a adoção de tecnologia:** As primeiras duas categorias de clientes adotam as novas ideias e tecnologias quase somente porque é uma ideia nova, um produto novo ou uma tecnologia nova "legal". Porém, para ganhar uma aceitação de mercado real, alcançar lucratividade de longo prazo e atingir os pragmáticos, a nova tecnologia deve entregar valor de cliente real. Esse conceito orienta a maior parte da gerência de produtos de hoje. É por isso que o mantra de ouvir seus clientes à medida que se vai além dos inovadores e apoiadores iniciais em direção aos pragmáticos é tão crítico. Sem entregar um valor real orientado ao cliente, os produtos não conseguirão atravessar o abismo e alcançar uma aceitação mais ampla dos clientes — e uma viabilidade e lucratividade de longo prazo. Para atravessar o abismo, as mensagens de marketing mudam de um foco na tecnologia do produto para um foco no problema que o produto resolverá para o cliente.

Como gerente de produtos, você tem que responder quatro perguntas:

» Você entende as necessidades diferentes de cada um desses tipos de clientes?

» Como está se comunicando com cada um desses tipos de clientes?

» Com qual tipo primário de cliente (inovadores, apoiadores iniciais...) você está se comunicando neste momento?

» Seu produto entregou valor real de cliente além da solução da tecnologia legal para que possa atravessar o abismo?

Matriz de oportunidade de Ansoff

Outra forma de analisar a oportunidade com a qual se está trabalhando é usar a matriz de oportunidade de Ansoff, apresentada na Figura 10-5. A matriz é simples e poderosa. O conceito básico por trás dela é o de que você pode escolher atender mercados existentes ou novos, e pode fazer isso tanto com produtos existentes quanto com novos.

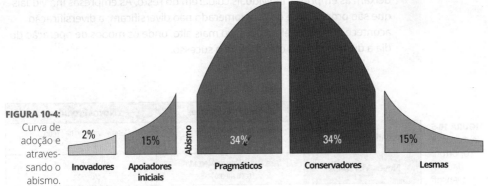

FIGURA 10-4: Curva de adoção e atravessando o abismo.

© 2017, 280 Group LLC. All Todos os direitos reservados.

Esta matriz conduz às quatro estratégias de crescimento correspondentes:

» **Penetração de mercado:** Seguir uma estratégia de *penetração de mercado* significa que seu objetivo é vender mais de seus produtos existentes para seus mercados existentes, o que geralmente traz menos riscos do que outras estratégias.

» **Desenvolvimento de produto:** Ao buscar a oportunidade de *desenvolvimento de produto*, você cria novos produtos para os mercados que já sabe atender. Em muitos casos, essa abordagem significa que sua força de vendas e de canais pode permanecer onde está, e você simplesmente adiciona mais produtos ao portfólio de coisas que eles podem vender. Este método traz mais riscos do que a estratégia de penetração de mercado. Operar no quadrante de desenvolvimento de produto pode custar mais e exigir mais tempo do que a penetração de mercado, mas muitas empresas usam essa estratégia com sucesso.

» **Desenvolvimento de mercado:** Com esta estratégia de crescimento você decide levar seus produtos existentes para novos mercados. Por exemplo, você pode ter um produto de banco de dados que é vendido atualmente no mercado de cuidados com a saúde. Agora sua empresa estende o uso desse produto para os mercados de serviços financeiros. O novo mercado também pode ser em outra região ou país. No desenvolvimento de mercado, o produto não muda (muito), mas a força de vendas e de canais pode ter que mudar. Dependendo de como proceder, seu risco será o mesmo que com a estratégia de desenvolvimento de produto.

» **Diversificação:** Com a diversificação você muda tanto o mercado quanto o foco do produto, ao mesmo tempo. Suas chances de cometer erros são muito maiores. Algumas empresas, como conglomerados, fazem esta estratégia dar certo porque não se importam muito com qual mercado trabalham. Elas operam um modelo de lucro controlado muito de perto e

CAPÍTULO 10 **Desenvolvendo Sua Estratégia de Mercado** 163

deixam as empresas individuais cuidarem do resto. As empresas individuais que são propriedade do conglomerado não diversificam; a diversificação acontece em um nível corporativo mais alto, onde os modos de operação do dia a dia não são tão críticos para o sucesso.

FIGURA 10-5: A matriz de oportunidade de Ansoff.

	Produtos Existentes	Novos Produtos
Mercados Existentes	Penetração de Mercado (risco baixo)	Desenvolvimento de Produto (risco médio)
Novos Mercados	Desenvolvimento de Mercado (risco médio)	Diversificação (risco alto)

© 2017, 280 Group LLC. Todos os direitos reservados.

CUIDADO

Agir sem saber qual quadrante da matriz de Ansoff você escolherá pode expô-lo a um risco significantemente maior do que você havia estimado. Isso geralmente ocorre com as startups que têm um produto que parece ser revolucionário e que exige o desenvolvimento simultâneo de um mercado novo e de um tipo de produto novo.

As cinco forças de Porter para a concorrência

As cinco forças de Porter formam outra ferramenta estratégica que permite a você avaliar onde estão seus riscos. (Vá para o Capítulo 6 para ver uma descrição completa dessa ferramenta.) Usar as cinco forças de Porter é essencial para entender o grau de sua vulnerabilidade com a concorrência, com seus compradores e seus fornecedores — e a partir daí o desafio aparecerá. Preencha as cinco células na Tabela 10-1 na coluna "cinco forças de Porter" com as respostas às perguntas desenvolvidas no Capítulo 6. Então você poderá planejar como neutralizar as ameaças.

Juntando toda a informação estratégica no mesmo lugar

Com todas as análises estratégicas prontas, junte toda a informação na Tabela 10-1 preenchendo a coluna da direita com posicionamento, oportunidades e desafios. Essa informação é importante para planejar e documentar sua estratégia de mercado. Ao terminar, leia o que escreveu e procure temas repetidos, áreas para evitar a concorrência e áreas onde você tem mais forças e oportunidades. Discuta o resultado com seu chefe ou mentor para ver quais outros insights ele tem. Este exercício oferece o raciocínio estratégico e o contexto para tomar ótimas decisões. Ele também posiciona você como o especialista interno sobre o mercado e estratégia para seu produto ou linha de produtos em sua equipe.

TABELA 10-1 Tabela de Resultados de Modelos de Estratégia

Modelo Estratégico	Subclassificação dentro do modelo estratégico	Seu posicionamento/oportunidades/desafios
Matriz de Ansoff		
Matriz BCG		
Ciclo de vida do produto		
	Objetivo de Marketing	
	Concorrência	
	Produto	
	Preço	
	Promoção	
	Posição (Distribuição)	
Modelo Abismo		
Cinco forças de Porter		
	Poder de negociação de clientes	
	Poder de negociação de fornecedores	
	Ameaça de substitutos	
	Ameaça de novos concorrentes	
	Intensidade da rivalidade de concorrência	

Considerando Outros Componentes da Estratégia de Marketing

Muitos fatores fazem parte de sua estratégia de mercado, desde o nome de seu produto até a precificação e muito mais. As seções a seguir tratam de conceitos importantes de estratégia de marketing que você deve conhecer.

Oferta do produto inteiro

O Capítulo 1 fala sobre a *oferta do produto inteiro*, um conceito que é construído sobre a ideia de que os clientes compram seu produto não apenas por seus atributos intrínsecos e seus benefícios associados ao cliente, mas também por causa de atributos expandidos de produto, tais como serviço, suporte e financiamento. Como gerente de produtos, o sucesso geral de seu produto pertence a você, que provavelmente é o único que observa a oferta do produto inteiro para garantir que ela se ajuste a sua estratégia de cliente e à promessa de seu produto e sua marca. Sua responsabilidade é influenciar todas as partes na empresa para garantir que a oferta do produto inteiro seja convincente e consistente com sua estratégia.

A promessa da marca

Uma *marca* é uma promessa de benefícios. Ela pode ser formada por palavra(s), imagem e slogan. Tente o seguinte. Feche seus olhos e pense na Nike. Qual imagem lhe vem à mente? Qual é o slogan? Quais emoções são produzidas? Agora faça o mesmo com a Coca-Cola, Apple e Tesla.

Em cada caso, você registra uma promessa central que acredita que os produtos vendidos por essas empresas entregarão se você usá-los. Esse é o poder da marca. Agora feche seus olhos novamente. Diga o nome de sua empresa. Qual imagem, pensamento, crença e sentimentos lhe vêm à mente? É isso que seu cliente pensa sobre sua empresa? É isso que quer que eles pensem sobre sua empresa?

Uma *promessa de produto* é a garantia implícita que você dá a seus clientes sobre a experiência e benefícios que ganharão ao comprar ou usar seu produto. Se sua promessa for de que seu produto é fácil de usar, porém a oferta de produto inteiro falhar ao entregá-la, mesmo que seu produto tenha os atributos certos, não vai adiantar. Seu cliente ficará muito infeliz.

DICA

Mais adiante neste capítulo também falaremos sobre posicionamento. A relação entre uma marca e posicionamento depende de onde o produto se encontra: com uma marca conhecida ou com uma marca em definição ou redefinição.

» **Marca conhecida:** A marca da Coca-Cola define o posicionamento da Coca Diet. É a Coca-Cola sem açúcar. A marca da Coca-Cola acelera a compreensão do cliente sobre o posicionamento da Coca Diet.

» **Marca indefinida/redefinida:** Alguns anos atrás, a marca Tesla era desconhecida. Agora, com mais carros elétricos nas ruas e com uma familiaridade maior das pessoas com a Tesla, seu posicionamento como fornecedora de carros elétricos avançados criou uma percepção de marca que a empresa agora usa para oferecer novos produtos, como baterias solares para uso industrial e residencial.

Precificação

O fator mais importante para estabelecer seu preço é determinar como ele se ajusta a sua estratégia geral. Sua marca é de luxo, sendo que, nesse caso, você pode colocar seu preço lá em cima para expressar o fato de que sua marca é muito exclusiva e nem todos podem bancá-la? Você é uma marca de baixo custo, como Walmart, sendo que, neste caso, você coloca seu preço lá em baixo e ganha com a venda em quantidade?

A precificação é um fator crítico de sucesso para seu produto. Coloque seu preço muito alto e você pode perder força ou acabar com as vendas iniciais e criar uma percepção no mercado de que seu produto está caro demais. Por outro lado, coloque seu preço baixo demais e você pode deixar os lucros para trás, e seu produto pode ser percebido como inferior, porque o preço é baixo demais quando comparado com alguns concorrentes.

Há duas formas primárias de abordar a precificação:

» **Custo mais:** Quanto o produto custa, mais uma margem ["markup", em inglês]. Este método interno de focar a precificação de fato não leva em conta qual é o valor para o cliente, mas é uma forma de garantir o lucro que deseja para cada unidade do produto que é vendida.

» **Baseada em valor:** Quanto o produto vale para os clientes? Você está solucionando um problema grande que eles têm ou está ofertando algo que realmente querem? Como saber? Quanto ele vale para o cliente, independentemente do custo para oferecer o serviço? Determinar a precificação baseada em valor é muito complexo. No restante desta seção daremos exemplos de cenários que o ajudam a analisar sua própria situação. Uma regra geral é a seguinte: separe cada parte do valor adicional que oferece para as soluções de hoje e além, e depois calcule o total. Então teste com públicos diferentes, para ver o que acontece quando os clientes se deparam com uma decisão de compra com aquele preço. Outro grande conselho é falar com um especialista em precificação.

Vejamos um exemplo simples de precificação de valor. Você leva seu filho ao zoológico e ele quer dar comida às cabras. Você insere uma moeda de $0,25 na máquina de comida para cabras. Sob uma perspectiva de precificação, há o preço da comida para cabras — cerca de dois centavos. E então há o valor incrível que você ganha quando assiste seu filho sorrindo ao alimentar as cabras. Você tira fotos. Que bonitinho! Certo, quanto vale isso? $5? $10? Você mostrará essa foto na festa de casamento dele daqui a 20 anos, certo? $100? O zoológico cobrou $0,25. É um ótimo negócio. O zoológico provavelmente está usando uma precificação de "custo mais", quando poderia cobrar uma quantia muito maior, porque o valor desse momento especial é muito alto para os pais.

CAPÍTULO 10 **Desenvolvendo Sua Estratégia de Mercado** 167

Agora pense em seu produto e no problema que ele resolve ou o que ele oferece ao cliente. O cliente consegue ir mais cedo para casa à noite? Ou não tem que se preocupar muito com seu trabalho? Se você vende software de segurança para um gerente de TI que poderá gerenciar o software mais facilmente e trabalhar menos, então o valor para ele pode ser muito alto. Qual valor seu produto oferece? Não está em uma lista de atributos, está nos benefícios (geralmente definidos em termos emocionais) que seu produto oferece aos clientes. Quanto vale cada benefício, comparado com o que o cliente faz agora?

Precificação com base na posição de mercado

O fundamento da precificação está baseado em como seu produto é percebido no mercado. Você é um líder de mercado com um produto diferenciado? Caso seja, seu preço provavelmente estabelece a referência para o mercado. Todos os outros produtos terão seus valores com base no seu. Se tiver uma posição menos dominante, pode ser que estabelecer o preço abaixo daquele do líder de mercado seja a única forma de competir. Se tiver um nicho especializado, pode cobrar ainda mais do que o preço normal, porque há muito mais valor. Por exemplo, pense nos produtos para os militares. Caso sua empresa faça produtos que suportem condições pesadas, como calor extremo e lugares com areia, e não haja fornecedores especializados do produto, os militares estarão dispostos a pagar um preço mais alto para você.

Precificação com base na qualidade

Na Figura 10-6, o *modelo de estratégia de precificação de Kotler* oferece outra forma de analisar suas escolhas de precificação ao comparar a qualidade da oferta de seu produto com seu preço, que podem ser baixos, médios ou altos. Se tiver um produto de alta qualidade que você oferece por um preço médio, então você tem uma *estratégia de alto valor*. Seus clientes gostarão muito, porque têm um ótimo produto por um preço razoável. Essa situação pode levar a um relacionamento de longo prazo com eles. Contudo, se você cobra muito e a qualidade de sua oferta é baixa, você está usando o que é chamado de *estratégia de exploração*. Se está vendendo produtos de baixa qualidade em um aeroporto com muitos turistas em trânsito, pode ser que se saia bem. Se quiser que seus clientes retornem, a exploração não é uma boa estratégia de longo prazo. Acima de tudo, entenda onde quer estar, seja consistente com sua estratégia de precificação em tudo o que faça, e se não der certo, mude de forma deliberada e cuidadosa para outra posição na tabela de estratégia de precificação.

	Preço Alto	Preço Médio	Preço Baixo
Qualidade Alta	Estratégia premium	Estratégia de alto valor	Estratégia de valor soberbo
Qualidade Média	Estratégia de supercobrança	Estratégia média	Estratégia de bom valor
Qualidade Baixa	Estratégia de exploração	Estratégia de falsa economia	Estratégia de economia

FIGURA 10-6: Estratégias de precificação de Kotler.

© 2017, 280 Group LLC. Todos os direitos reservados.

Qual preço e onde?

Ao criar um produto, geralmente você não é o único que o vende aos clientes. Eles geralmente adquirem o produto de revendedores, que compram de distribuidores. Cada passo nessa cadeia entre o produtor e o consumidor pega um pouco do dinheiro que vem do cliente. A Tabela 10-2 mostra como acontece o empilhamento de preço para uma saca de 12kg de alimento para cabras.

TABELA 10-2   O Empilhamento de Preço pela Distribuição

Cadeia de Distribuição de Alimento para Cabras	Margem = (Preço de Venda – Custo)/Preço de Venda
Produtor produz alimento para cabra por $2,00.	
Produtor vende para o distribuidor por $4,00.	100% para o produtor
Distribuidor vende para o revendedor local por $4,80.	20% para p distribuidor
Revendedor vende para o cliente por $10,00.	52% para o revendedor

Os números na tabela podem parecer ser generosos demais (as margens dependem do mercado específico e do tipo de produtos), mas assim fica mais fácil observar para onde os lucros vão. Na realidade, a seguir temos algo verdadeiro sobre o exemplo do alimento para cabras:

» **Produtores:** Alimento para cabras é uma commodity [bem de origem primária comercializado em bolsas de mercadorias]. As margens são baixas com commodities porque um concorrente pode oferecer a mesma coisa por um preço menor. No fim, cada produtor apenas sobrevive.

» **Distribuidores:** Os distribuidores, nos Estados Unidos, geralmente ganham uma margem de 10%. Eles operam centros de transporte eficientes e tentam manter qualquer produto pelo menor tempo possível em seus centros. Eles podem até ter termos e condições que garantam que produtos não vendidos possam ser vendidos de volta aos produtores por um pouco a menos do que pagaram.

> » **Revendedores:** Eles geralmente têm markups razoavelmente altos (na Tabela 10-2, o markup do revendedor — preço de venda/custo — está acima de 100%). Eles têm que pagar adiantado pelo produto e podem ter que ficar com ele por algum tempo até que o cliente compre. Têm custos com loja, colaboradores, e assim por diante. Às vezes eles têm perda total com produtos danificados que não podem ser vendidos. Outro fator importante: clientes que compram bastante de um produto pedirão desconto. O revendedor precisa manter uma margem suficiente de reserva para que o cliente final se sinta bem com um desconto e ainda ganhe dinheiro.

Como gerente de produto, você precisa entender não apenas seu preço, mas também a variação de preços de seu canal de distribuição — e em detalhes. Quais margens cada parceiro de canal pode aceitar e ainda ter um negócio viável? Se não sabe isso hoje, comece a pesquisar. Precisará disso em breve.

Diretrizes adicionais de precificação

Precificar é um assunto bem complicado, e já foram escritos livros inteiros sobre isso. Estamos tratando apenas uma pequena parte de um tema muito importante. Há algumas considerações adicionais que recomendamos ao determinar seu preço:

> » Leia conteúdo adicional sobre precificação no artigo `www.dummies.com/business/start-a-business/business-models/ten-pricing-models-to-help-raise-margins/` [conteúdo em inglês].

> » Lembre-se de que é praticamente impossível aumentar seu preço após o lançamento do produto. O mercado raramente aceita isso. Porém, o contrário é verdadeiro. Você sempre pode abaixar seu preço, se necessário.

> » A maioria das decisões de precificação é feita usando-se a intuição. Ao aplicar um pouco de raciocínio estratégico você estará à frente de muitas empresas, assim como de seus concorrentes.

Segmentação

Segmentar seu público significa que você divide seus clientes em grupos de acordo com os atributos (necessidades, interesses e prioridades em comum) que compartilham coletivamente. O Capítulo 5 apresenta mais detalhes sobre segmentação. Ao desenvolver sua estratégia de mercado, sua segmentação fornece um alvo para cada declaração de posicionamento com a plataforma de mensagens acima do posicionamento. Se você não sabe a qual segmento está se dirigindo, não pode completar sua estratégia de mercado — e fazer com que o cliente pretendido compre seu produto.

Posicionamento

Uma frase comum de posicionamento é "A posição do meu produto é X", mas, na verdade, o *posicionamento* se refere ao significado do produto na mente do cliente. Por exemplo, a Heineken vende cerveja na Holanda (seu país natal), assim como nos Estados Unidos. Se comprar uma Heineken nos Estados Unidos, você pagará mais, porque ela está posicionada como uma cerveja premium de exportação. Os clientes norte-americanos compram a Heineken em ocasiões especiais. Na Holanda, a Heineken é uma cerveja do dia a dia — assim como a Budweiser nos Estados Unidos. Os clientes holandeses não pagam mais pela Heineken. O líquido na garrafa é o mesmo nos dois lugares. A única diferença é o valor que está na mente do cliente norte-americano, diferente do holandês.

O posicionamento é uma ferramenta poderosa. É a base sobre a qual todas as decisões sobre seu produto — marketing, desenvolvimento, canais de vendas, tudo isso — serão tomadas. A Figura 10-7 mostra que o posicionamento dá suporte às mensagens principais, que então são usadas para criar todo o material de ativação de marketing e vendas, conhecido como *artefatos de marketing*. Veja o box sobre esses artefatos de marketing em particular neste capítulo. O Capítulo 15 trata sobre os artefatos ou materiais de marketing com mais detalhes.

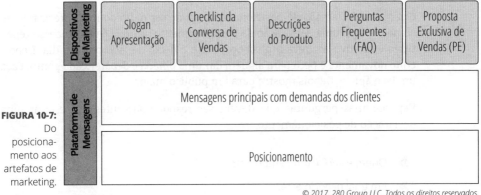

FIGURA 10-7: Do posicionamento aos artefatos de marketing.

© 2017, 280 Group LLC. Todos os direitos reservados.

Se você não sabe qual posição quer que seu produto ocupe na mente de seu segmento-alvo, será difícil criar a mensagem, as demandas do cliente e, depois, os artefatos de marketing. Continue lendo para descobrir como decidir sobre a posição de seu produto.

Formato de posicionamento

Para cada segmento de seu mercado, você deve desenvolver uma declaração de posicionamento. Veja o formato a ser usado:

Para [cliente alvo] que [declaração da necessidade ou oportunidade], o [nome do produto] é um [categoria do produto] que [declaração do principal benefício/razão convincente para comprar].

Diferente de [alternativa primária de concorrência], nosso produto [declaração de diferenciação primária].

Fazer uma boa declaração de posicionamento pode tomar muito tempo e exigir esforço. Veja um exemplo de declaração de posicionamento para uma loja de departamentos de alta qualidade chamada Grandex (abreviação de Grande Experiência).

"Para os clientes da classe média alta preocupados com as tendências e que buscam produtos de alta qualidade, a Grandex é uma loja de departamentos focada na moda que oferece uma experiência de compras emocionante, ampla e única.

Diferente de outras lojas de departamento, a Grandex oferece um serviço personalizado em um ambiente de compras cativante."

Criando declarações poderosas de posicionamento

Criar uma declaração de posicionamento pode ser definido mais precisamente como esculpir uma declaração de posicionamento, porque é um processo repetitivo e criativo. Escreva um esboço, edite e deixe de lado por um dia. Depois edite novamente e peça para alguém dar uma olhada e debater cada ponto. Faça um leve ajuste. Depois mostre para um público maior.

Veja algumas perguntas que devem ser respondidas antes de se criar uma declaração de posicionamento:

» Quem é você (como empresa)?

» Em qual negócio está?

» Quem são os clientes-alvo?

» Quais são as necessidades (principais) de seus clientes-alvo?

» Quem são seus concorrentes?

» Qual(is) benefício(s) único(s) você oferece, em comparação com seus concorrentes?

Uma ferramenta útil é comparar seus produtos com a concorrência em um gráfico com eixos x/y. A Figura 10-8 apresenta um formato em branco para você praticar. Você deve criar os nomes para cada eixo, mas geralmente eles incluem performance, funcionalidade e facilidade de uso. Os nomes devem refletir os eixos variados pelos quais os clientes decidem sobre os produtos diferentes em seu mercado.

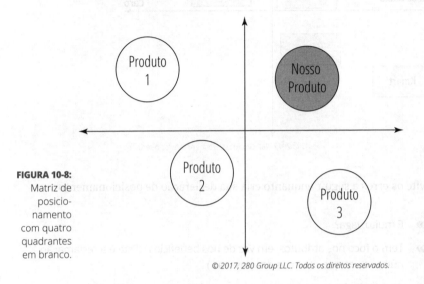

FIGURA 10-8: Matriz de posicionamento com quatro quadrantes em branco.

© 2017, 280 Group LLC. Todos os direitos reservados.

Uma vez que os quatro quadrantes de posicionamento forem preenchidos, você pode usar os nomes dos eixos e a posição relativa de cada uma das empresas ou produtos para completar a parte de comparação de concorrência ao fim da declaração de posicionamento. Usando a Figura 10-9, uma declaração de posicionamento seria:

"Para o cliente com foco no valor que está procurando uma variedade de roupas e itens para a casa, a Kohls oferece...

Diferentemente de outras lojas de departamento completas, os produtos da Kohl têm preços baixos todos os dias."

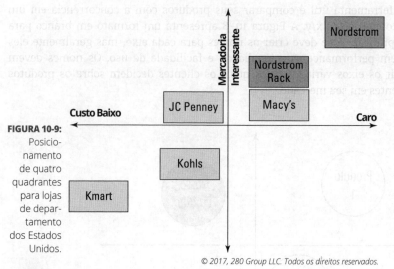

FIGURA 10-9: Posicionamento de quatro quadrantes para lojas de departamento dos Estados Unidos.

© 2017, 280 Group LLC. Todos os direitos reservados.

DICA

Evite os erros a seguir enquanto cria sua declaração de posicionamento:

>> É muito vaga?

>> Tem o foco nos atributos, em vez de nos benefícios? (Esta é a reclamação número um que ouvimos das pessoas.)

>> É muito limitada, de modo que poucos clientes se identificarão com o produto?

>> É muito ampla; alega ter benefícios demais?

>> É difícil de acreditar?

E, ao revisar criticamente a declaração de posicionamento, veja se ela atinge os critérios a seguir:

>> É memorável, motivadora e focada no mercado-alvo.

>> É crível para seu mercado-alvo vindo de sua empresa.

>> Sua marca pode bancá-la. Você pode desenvolver uma vantagem competitiva que ajudará sua empresa a crescer.

>> Os clientes podem decidir se compram ou não com base no posicionamento.

DICA

Os entusiastas de música clássica fecham seus olhos para ouvir a música mais profundamente. Você pode fazer o mesmo ao ouvir uma declaração de posicionamento. Enquanto outra pessoa a lê, ouça os benefícios. Os benefícios causam uma "sensação" diferente do que os atributos e respondem a pergunta "O que

174   PARTE 2 **Descoberta, Avaliação e Planejamento de Grandes Produtos...**

há aí?" Caso tenha uma declaração de posicionamento orientada aos atributos, o sentido emocional será o mesmo que ler uma lista telefônica: nenhum. Porém, se tiver benefícios no coração de sua declaração de posicionamento, eles ressoarão a um nível emocional.

Por que isso é tão importante? Porque as pessoas não compram devido aos fatos. Você compra um carro porque ele tem freios, airbags e um teto solar? Não, você compra um carro porque quer que sua família tenha uma experiência segura e divertida ao dirigir. Se tiver os benefícios no lugar, os demais fatores da comunicação de marketing trarão essas histórias naturalmente e farão com que os clientes queiram comprar seu produto.

Dando um nome ao seu produto

O nome do seu produto precisa dar suporte a seu posicionamento e se alinhar com a mensagem (veja a próxima seção para mais detalhes). Escolher o nome de um produto é um dos fatores de sucesso mais críticos para o seu produto. Encontrar um nome que esteja disponível e cumpra com todos os critérios possíveis é uma tarefa desafiadora, porém necessária.

Veja os critérios que deve seguir ao pensar em escolher um nome:

» Memorável.

» Fácil de pronunciar/não confunde.

» Disponível no mundo todo após fazer uma pesquisa completa de patentes.

» Tem endereço URL disponível na internet.

» Tem três sílabas ou menos (se não as pessoas farão um acrônimo ou abreviarão por conta própria).

» É inofensivo e não transmite aspectos negativos importantes em línguas ou países estrangeiros. Um exemplo clássico é o carro Chevrolet Nova; em espanhol, *no va* significa "não vai", o que não inspira bem confiança em um automóvel.

» Não confunde os clientes com um produto concorrente (caso contrário, eles podem comprar a oferta concorrente).

» Esclarece as coisas para o cliente:

- Descreve o que o produto faz.

- Expressa um benefício.

- Oferece um motivo imediato e convincente para comprá-lo.

- Descreve quem deveria comprá-lo.

» Cria um apelo tanto lógico quanto emocional.

CAPÍTULO 10 **Desenvolvendo Sua Estratégia de Mercado** 175

De forma alternativa, você pode usar um nome a partir de uma palavra ou conceito únicos em si mesmos e expressar um apelo intrigante e emocional, ou uma conexão lógica. Os exemplos são Excel, iPod, Acrobat, Zune, Tivo e Napster. Porém, essa abordagem exige muito marketing e nega muitos dos benefícios dos critérios listados anteriormente.

Mensagem

Posicionamento é a base de seus esforços de marketing. Entretanto, é uma base muito abstrata sobre a qual construir os dispositivos de marketing. E você terá que construir. No Capítulo 14, seus programas de marketing e os materiais correspondentes, conteúdo de web e demonstrações de produtos tomam forma com base em seu posicionamento e na mensagem ao apresentar seu produto para o mundo.

A essa altura, é importante ter uma história orientada ao cliente que valha a pena contar. O método de dividir as declarações de posicionamento em partes mais trabalháveis diz para criar *declarações de mensagens*. Cada declaração de mensagem, por sua vez, estará associada a *pontos de prova* [em inglês, "proof points"]. É nos pontos de prova [exemplos que demonstram cabalmente a validade da declaração de mensagem] que seus estudos de caso e os atributos entram em cena.

DICA

Esteja preparado quando alguém — geralmente vendas, marketing ou alguém da gerência — lhe perguntar sobre as "mensagens". Como mostrado na Figura 10-7, eles se referem a sua plataforma de mensagens. Uma plataforma de mensagens é construída com base em suas declarações de posicionamento, que depois são expandidas com mais detalhes, formando declarações de mensagens completas e com pontos de prova para cada uma das declarações.

Diferente da declaração de posicionamento, as declarações de mensagem não têm um formato específico. Veja alguns exemplos a partir da declaração de posicionamento da Grandex que podem ajudá-lo a começar. As linhas em negrito são declarações de mensagem, e os itens abaixo de cada frase são os pontos de prova.

1. **As lojas da Grandex são atrativas e oferecem um lugar diferente para visitar e comprar.**
    - Há alguém tocando piano.
    - As roupas são expostas como em lojas de designers de roupas.

2. **Comprar na Grandex significa que fizemos de tudo para que você encontre tudo o que busca em um só lugar.**
    - A Grandex oferece uma grande coleção de produtos únicos e difíceis de encontrar.
    - Os clientes da Grandex buscam roupas feitas por designers emergentes, assim como por aqueles já estabelecidos.

- Cada departamento garante que os produtos oferecidos são abrangentes em termos de roupas para o corpo todo, e o equivalente em outros departamentos.

3. **A Grandex garante que cada cliente se sinta especial, tendo suas necessidades únicas identificadas e atendidas.**

   - O departamento de calçados infantis tem vários colaboradores experientes, de modo que as crianças não tenham que esperar muito para serem atendidas.
   - Os representantes de vendas individuais têm cartões de visitas com seus nomes.

Agora é a sua vez. Comece com sua declaração de posicionamento. Divida-a em declarações de mensagem individual e com foco nos benefícios.

ARTEFATOS DE MARKETING

Os artefatos [também chamados de materiais] de marketing são as partes que contam sobre o produto, o marketing ou sobre a história do produto para um público em particular em uma circunstância particular. Na Figura 10-7 mencionamos cinco artefatos diferentes de marketing. De modo algum eles são os únicos. Há muitos outros nos Capítulos 14 e 15. Veja uma descrição de cada um desses cinco:

- **Slogan:** É uma declaração breve e memorável sobre o valor dos produtos para o cliente. Deve ter poucas palavras que identifiquem o produto e apresentem um motivo convincente para a compra.
- **Apresentação:** Uma versão maior do *discurso do elevador* [em inglês, "elevator pitch"]. O discurso do elevador é a história do seu produto que pode ser contada no tempo que um elevador leva para subir dez andares. A apresentação é a próxima parte da conversa onde um vendedor distingue cada um dos benefícios do produto e oferece de um a três pontos de prova para cada benefício.
- **Descrições do produto:** O Capítulo 14 tem mais detalhes sobre como você pode desenvolver essas descrições com 25, 50, 100, 200 e 250 palavras.
- **Perguntas frequentes (FAQ):** Geralmente disponibilizadas online para os clientes para que possam responder sem qualquer envolvimento pessoal por parte da empresa. Veja mais sobre este assunto no Capítulo 14.
- **Proposta Exclusiva de Vendas (PE):** É uma breve descrição sobre o que faz com que sua empresa e/ou produto seja diferente de qualquer outro no mercado. Sim, qualquer outra empresa ou produto. Se você não tiver uma proposta exclusiva de vendas, os clientes não saberão por que eles deveriam escolher você e não a concorrência.

Pode ser que você comece a listar os atributos, em vez dos benefícios, como declarações de mensagem. Use o truque "o que significa". Por exemplo, "há alguém tocando piano" é um atributo, não um benefício. Para chegar ao benefício, adicione "o que significa" e complete a resposta:

> Há alguém tocando piano, o que significa que as lojas são atrativas e oferecem lugares diferentes para visitar e comprar.

Agora você tem a primeira declaração de mensagem a partir do exemplo.

Experimente fazer algumas declarações de mensagem e liste pelo menos um ou dois pontos de prova para cada uma. Deixe esse primeiro esboço de lado por um ou dois dias, e então volte a ele com a mente fresca e comece a revisar.

Na segunda checagem, responda as perguntas a seguir: as declarações de benefícios têm um aspecto emocional que um cliente consegue descrever para você? Os pontos de prova estão no lugar certo? Não há regras, então você pode colocar um determinado ponto de prova abaixo de mais de uma declaração de mensagem, se necessário. Mas faça isso o mínimo possível.

Escrevendo Sua Estratégia de Marketing

Quando tiver coletado as informações das seções anteriores neste capítulo, o próximo passo será documentar sua estratégia de marketing, para que possa conseguir o aceite de todas as partes da organização. A Tabela 10-3 lista os elementos principais do documento de estratégia de marketing. Além dessas seções, preencha também os riscos, os pressupostos, as questões em aberto e, é claro, suas conclusões e recomendações.

As seções a seguir tratam apenas sobre como preencher cada parte da Tabela 10-3.

TABELA 10-3 Esboço do Documento de Estratégia de Marketing

Seção	Descrição
Sumário Executivo	Um sumário de toda a estratégia de marketing.
Oferta do produto inteiro	Qual é a oferta do produto inteiro? Quais componentes do produto real e do produto aumentado são mais críticas?
Precificação	Qual é o preço proposto do produto? Qual é a estratégia e o raciocínio para estabelecer esse preço? Se estiver muito adiantado, alguma condição de limite de precificação precisa ser atingida, como a margem ou o custo? O que acontece se essas condições não forem atingidas?

Seção	Descrição
Segmentação	Quais são os segmentos do mercado-alvo que o produto atinge? Por que esses segmentos são o melhor ajuste para seu produto ou solução?
Posicionamento	Qual é o posicionamento geral do produto? Há posições adicionais para os canais de parceiros?
Mensagem	Com base no posicionamento, quais são as mensagens principais? Se não tiver todas as demandas de clientes, escreva o que tem no momento e desenvolva nas versões seguintes.
Estratégia	Qual é sua estratégia para levar esse produto ao mercado? De que forma você é o líder? E como essa estratégia se alinha com a estratégia geral de sua empresa e posição de mercado?
Programas de Lançamento	Quais são seus programas e iniciativas de ponta? Quais são os marcos de lançamento?
Orçamento	Qual é o grau de sucesso para levar o produto ao mercado com o custo aproximado? Esse valor não é o custo de desenvolvimento de produto; é o custo de marketing e vendas.

Parte I: Sumário executivo

Complete esta seção após completar todas as outras seções de seu documento de estratégia de marketing. Esta seção deve ser breve — não deve passar de uma página. Você pode considerá-la como um documento à parte. Explique "porquê", "o quê", "onde", "quem" e "quando" sobre sua abordagem de mercado para seu produto.

Você deve separar os parágrafos para os tópicos a seguir:

» **Estratégia geral:** Com base na situação, nos objetivos e no orçamento atuais, qual é a estratégia geral recomendada? O que gerará a maior demanda? O que criará mais valor na mente do cliente? O que diferenciará o produto de seus concorrentes?

» **Objetivos:** Defina os objetivos principais da estratégia de marketing. Eles devem dar suporte direto aos objetivos do produto e/ou da empresa e devem conter algumas métricas quantificáveis. Um exemplo é alcançar 10% de market share e $100 milhões em receitas. Outro exemplo é ser percebido como o líder tecnológico do mercado.

» **Riscos:** Quais são os riscos da abordagem que escolheu? Há recursos faltando ou você está sobrecarregando a empresa, levando-se em conta todos os outros projetos considerados?

» **Recomendação:** Qual é a sua recomendação geral?

CAPÍTULO 10 **Desenvolvendo Sua Estratégia de Mercado** 179

Parte II: Oferta do produto inteiro

Descreva brevemente o valor que o produto leva para os clientes, como benefícios de cada um dos atributos. Adicione os atributos adicionais, como garantia, programas de suporte, instalação, padrões e qualquer software ou hardware adicional. (Vá ao Capítulo 1 para ver uma discussão mais completa sobre os atributos adicionais.)

Faça uma lista dos atributos principais e de como eles atendem aos problemas que seus clientes têm. Use o Capítulo 11 como referência para esses dois conceitos.

DICA

Um dos maiores erros que os gerentes de produtos cometem é descrever os atributos do produto mas não informar por que os clientes devem se importar com eles. Por exemplo, a maioria dos clientes pode não se importar nada com o fato de um produto funcionar com o sistema operacional Linux. Porém, se você listar esse atributo como um benefício e declarar que o produto "roda com o sistema operacional Linux para que possa ter um alto nível de segurança", os clientes sabem o que há de interesse para eles e por que isso é importante.

Qual é um tema principal para esse produto? Segurança? Performance? E como isso oferece valor ao cliente?

LEMBRE-SE

Geralmente os termos *produto* e *solução* são usados intercambiavelmente. Isso porque um produto deve oferecer uma solução para o problema de um cliente. Às vezes o termo *solução* de fato se refere a vários produtos que, juntos, oferecem uma solução mais importante e com mais valor. Os documentos de estratégia de marketing geralmente são desenvolvidos para explicar uma solução e os produtos que são necessários para dar suporte a ela, e então cada produto é definido em seus próprios documentos de necessidades de mercado e descrição de produto (Capítulo 11). É necessário ter bom senso para garantir que a história certa seja contada no nível certo.

Descreva brevemente como o produto ou a solução identificados se alinham e dão suporte à visão, missão e estratégia da empresa. Como a oferta desse produto inteiro aproveita as competências centrais da empresa para criar uma vantagem única e competitiva sustentável?

O lançamento desse produto ou da nova versão cria uma decisão de descontinuidade para uma versão mais antiga do produto ou para um produto diferente? Se sim, um plano separado de descontinuidade precisa ser escrito. O Capítulo 16 traz detalhes sobre a retirada de produtos e planos de descontinuidade.

Parte III: Precificação

Veja a seção de "Precificação" neste capítulo como referência para descrever seu modelo e estratégia de precificação. Quais são os parâmetros que impactam o preço? Faça uma lista e descreva brevemente as hipóteses inerentes aos alvos de precificação. Quais são os objetivos de sua estratégia de precificação?

Faça uma lista das principais configurações do produto que serão ofertadas. Qual é o preço de varejo sugerido pelo fabricante [MSRP, sigla em inglês], também conhecido como *lista de preços*, e o *preço praticado* esperado (o preço real que os clientes pagam pelo produto)? Quais são os canais de descontos?

PAPO DE ESPECIALISTA

A pegadinha com o preço praticado é, na realidade, determinar como calculá-lo. Pode variar de acordo com o canal, a região e o país. Por exemplo, o preço praticado para a gasolina é afetado por estado e por impostos locais (que nos Estados Unidos podem variar dramaticamente), custos para transportar a gasolina a locais mais remotos e muitos outros fatores, então os clientes pagam diferentes preços praticados em locais diferentes. A alternativa simples para fazer uma estimativa de preço praticado é escolher um desconto típico do MSRP. Dependendo do ramo de atividade, o preço padrão praticado pode ser entre 5% e 25% mais baixo do que um MSRP. Na maioria dos lugares, o fornecedor original de um produto não pode definir o preço final de um produto para o cliente sem problemas legais. Isso é chamado de *cartel* e envolve sérias penalidades legais.

O QUE VEM A SER UM PORTFÓLIO?

Um *portfólio* de produtos são todos os produtos que uma empresa oferece oficialmente. Para os gerentes de produto, o uso mais comum de um portfólio é para descrever um conjunto de produtos que estão todos relacionados entre si de alguma forma — por exemplo, versões inferiores, médias e superiores de um mesmo produto. Há uma relação entre esses três em termos de preço e atributos. A tabela a seguir é um exemplo de como os portfólios são explicados aos clientes.

	Produto com preço barato	Produto com preço médio	Produto com preço alto
Atributo 1	✓	✓	✓
Atributo 2	✓	✓	✓
Atributo 3		✓	✓
Atributo 4			✓
Atributo 5			✓

Parte IV: Segmentação

A segmentação (que discutimos no Capítulo 5) é uma parte de importância crítica de sua estratégia de mercado. Nesta seção, descreva a estratégia de segmentação para a empresa e como ela dá suporte à venda de seu produto para seus segmentes escolhidos de mercado. Ao responder a essas perguntas, esclareça para quem você está vendendo, e como, detalhadamente, eles compram seu produto. Use sua informação de segmentação para responder as perguntas a seguir:

» Seu produto/solução tem um nicho como alvo ou oferece cobertura para qualquer um no mercado? Por exemplo, se você abrir um restaurante de fast-food, pode buscar um nicho-alvo com comida vegana ou oferecer cobertura para quase todos e em qualquer lugar, como o McDonald's faz. A empresa tem um portfólio completo dos produtos da forma que uma loja de departamento oferece produtos de cama com uma variedade de preços, ou ela se especializa em segmentos específicos, como butiques de produtos superiores?

» Quais são os atributos de tamanho e crescimento dos segmentos de mercado escolhidos?

» Como cada segmento-alvo de mercado compra? Os clientes compram diretamente ou através de um canal? Se for o caso, quais canais de parceiros são os melhores para alcançar seus mercados-alvo?

» O ciclo de compra é sazonal? Se for, descreva-o. Qual é a duração média do ciclo de vendas (mais sobre isso no Capítulo 15)? Quais são os critérios principais de seleção para a decisão de vendas? Há algum impedimento para conseguir completar a venda?

» A decisão de compra é feita por um tomador de decisão técnico, financeiro/ empresarial, por um representante de canal ou consultores externos? Veja os Capítulos 5 e 11 para obter mais informações sobre os diferentes tipos de tomadores de decisão.

É difícil responder bem essas perguntas. Quando tiver as respostas, pode ser que revele vários problemas para conseguir, de fato, levar seu produto ao cliente. Quanto antes você descobrir essas questões, mais fácil será resolvê-las.

Parte V: Posicionamento

Coloque sua declaração de posicionamento nesta seção. Assegure-se de incluir informações sobre:

» Se você está aproveitando uma marca existente ou está criando uma marca com sua oferta.

» Se a empresa será líder de um produto, líder de baixo custo ou líder de satisfação do cliente.

Se essa oferta for parte de um portfólio de produtos, descreva como ela será posicionada em relação ao portfólio.

Parte VI: Mensagem

Coloque aqui a mensagem que desenvolveu anteriormente neste capítulo. Garanta que suas mensagens diferenciem claramente seu produto das ofertas e mensagens dos concorrentes, e que a mensagem nesta seção atinja todo seu público crítico, incluindo clientes, canal, mídia e analistas.

» **Clientes**: Inclua as mensagens que destacam a proposta de valor, o posicionamento, os atributos e benefícios e a diferenciação do produto.

» **Canais parceiros**: Inclua mensagens orientadas ao canal que articulem a proposta de valor e como os canais parceiros podem ser bem-sucedidos com seus clientes. Eles podem usar sua oferta para se diferenciar de seus concorrentes?

» **Mídia e analistas:** Faça uma lista de mensagens específicas para a mídia. Essas mensagens externas devem ser focadas na diferenciação e relevância.

Para cada público, crie uma declaração bem breve sobre sua oferta. Ela deve ser clara, concisa e memorável, e deve responder as perguntas a seguir:

» Qual é sua vantagem competitiva?
» Quem está por trás da empresa?
» Qual é seu modelo de receitas?
» Qual é seu produto ou serviço?
» Quem é seu mercado-alvo?
» Quem é sua concorrência?

Parte VII: Estratégia

Ao usar as ferramentas estratégicas deste capítulo, você pode explicar por que tomou certas decisões e por que tomou as decisões sobre o produto, segmentação e mensagem. Então complete com os detalhes sobre como você de fato alcançará o que planejou.

Objetivos de marketing

Quando tiver o contexto estratégico documentado, descreva seus objetivos de marketing. Eles devem ser de alto nível (por exemplo: "construir a percepção entre o público-alvo", "promover upgrades para os clientes leais" e assim por diante). Devem conter pelo menos uma ou duas métricas quantificáveis (como "aumentar a percepção de mercado de X para Y por cento" ou "espalhar X amostras/downloads no mundo todo"). Sua melhor aposta é manter o número total de objetivos entre três e cinco, para que a direção fique clara e não se complique demais.

Estratégia de comunicações

Descreva brevemente as estratégias de comunicação para todas as partes. Considerando sua situação, seus objetivos, seu orçamento e seu público-alvo atuais, qual é a estratégia geral recomendada? Por exemplo, se tiver um orçamento limitado, você pode focar mais programas virais ou marketing online versus atividades caras, como trade shows [eventos ou feiras de negócios] ou propaganda impressa. Se for o caso, inclua as estratégias de comunicação de seu canal e de seus parceiros em sua estratégia de comunicação.

Se já tiver uma base de clientes leais, você pode focar grandes promoções de upgrade ou campanhas do tipo "convide um amigo". Você pode escolher abordagens diferentes para diferenciar os segmentos de público, se for ajudar.

Liderança sustentável

Descreva por que sua estratégia geral lhe permitirá criar uma posição sustentável de liderança no mercado. Isso deve ter o suporte das atividades de desenvolvimento e posicionamento gerais e deve estar alinhado com os objetivos e estratégia de marketing.

Afirmações de performance da empresa

Descreva os objetivos de alto nível corporativo e de marketing de produto. Como os objetivos levam aos objetivos de negócios de alto nível? Descreva os objetivos de curto e longo prazo. Eles devem dar suporte direto aos objetivos do produto/empresa que você também pode declarar aqui.

Barreiras para entrada

Descreva as barreiras para entrada que a empresa pode criar que trabalham contra as forças concorrentes, e identifique aquelas que já estão posicionadas para dar suporte à posição competitiva da empresa. Algumas barreiras típicas incluem altos custos de capital, marketing e/ou frete, barreiras tarifárias e quotas, reconhecimento de marca e aceitação pelo cliente, e regulações do governo e patentes.

Parte VIII: Programas e atividades de lançamento

Resuma brevemente as atividades antecipadas de lançamento (veja o Capítulo 14) e os programas associados a esse produto. Quais são os principais canais para as comunicações de marketing (veja o Capítulo 15)? Algumas opções incluem o seguinte:

> » Blogs
>
> » Mídia
>
> » Propaganda
>
> » E-mails diretos e em massa

Garanta que consiga responder: "Por que estamos escolhendo esses veículos de comunicação em particular, em vez de outras opções?"

Liste os marcos de marketing tanto de curto prazo (de 6 a 12 meses) como de longo prazo (de 12 a 18 meses) como retenção, aquisição e expansão da carteira de clientes. Foque os objetivos de marketing. Descreva como o esforço se alinha com os objetivos gerais do marketing e do negócio da empresa.

Parte IX: Orçamento

Liste o orçamento geral para os programas e métricas principais. Esse número será usado para validar as estimativas dadas no caso de negócio e nas seções sobre os gastos com marketing e vendas. Pegue as estimativas de orçamento de seu plano de negócios do Capítulo 9.

Parte X: Seções de conclusão

Nesta seção, ofereça uma análise de riscos, hipóteses, questões em aberto e, finalmente, as seções de conclusão e recomendação.

> » **Análise de riscos:** Identifique as principais barreiras que podem impedir os objetivos da estratégia de marketing e quais as chances de afetarem sua empresa (por exemplo, baixas, médias ou altas). Como você superará essas barreiras? Mantenha suas respostas curtas.
>
> » **Pressupostos:** Liste quaisquer pressupostos levantados nesse documento.

» **Questões em aberto:** Acompanhe qualquer questão em aberto durante a criação desse documento. Quando a questão for resolvida, documente-a. Quaisquer questões não resolvidas devem ser alocadas para a parte responsável.

» **Conclusão:** Estabeleça sua conclusão e a justificativa da recomendação. Esta seção deve incluir o possível efeito de seguir suas propostas.

NESTE CAPÍTULO

» **Entendendo um pouco da terminologia básica**

» **Definindo a declaração de necessidades de seu mercado**

» **Construindo as descrições de produto com a equipe de desenvolvimento**

» **Pensando no futuro com os roadmaps**

Capítulo **11**

Desenvolvendo um Plano: Necessidades do Mercado, Descrição de Produto e Roadmaps

Transformar a necessidade de um cliente em um produto é a base da gerência de produtos. É um processo empolgante e que oferece grandes recompensas. Você pode encontrar revelações e desafios ao longo do caminho. Neste capítulo você descobrirá como documentar as necessidades de seu mercado com sucesso, trabalhar com o desenvolvimento do produto para traduzir uma necessidade em uma descrição de produto e estabelecer o futuro do produto com um roadmap.

Desvendando a Necessidade do Mercado e Criando Descrições de Atributos do Produto

Qualquer tensão entre a gerência de produto e a engenharia está geralmente ligada ao fato de se a discussão está ocorrendo no espaço do problema (o foco dos gerentes de produto) ou no espaço da solução (onde os engenheiros e muitos outros consideram mais confortável). Os termos usados para descrever as questões mudam dependendo de qual é o foco da conversa e da discussão. Veja uma elucidação sobre a terminologia e como ela pode ajudar sua equipe a trabalhar de modo mais eficaz simplesmente escolhendo as palavras certas.

O espaço do problema

Uma *necessidade do mercado* é uma compreensão claramente articulada e orientada ao cliente sobre um problema que ele precisa resolver. Também é geralmente referida como uma *necessidade do cliente* ou *exigência do cliente* e *exigência do mercado*. Para os objetivos deste capítulo, usaremos o termo necessidade do mercado para abranger todos esses quatro termos.

O espaço da solução

Uma *descrição de atributos de produto* é uma explicação de um atributo ou atributos em seu produto que atingirão uma ou mais necessidades de mercado. Novamente, os termos a seguir são geralmente usados de forma intercambiável: *atributo, atributo de produto* e *exigência do produto*. Neste capítulo usaremos o termo *atributo de produto* para descrever algo que faz parte do espaço da solução.

CUIDADO

A questão com a palavra *exigência* é que ela pode ser usada tanto no espaço do problema quanto no da solução. Se sua empresa usa o termo *exigência*, use tanto *exigência do cliente/mercado* como *exigência do produto*. Além disso, o termo *atributo* é geralmente usado no lugar de *atributo do produto*. Isso pode fazer com que atributo seja às vezes confundido com o que o cliente quer. Selecione as palavras que indicam especificamente que você está ou no espaço do problema ou no da solução e insista para que os outros em sua equipe sigam a mesma padronização.

188 PARTE 2 Descoberta, Avaliação e Planejamento de Grandes Produtos...

Comparando as necessidades do mercado com os atributos do produto

Para esclarecer as necessidades do mercado versus os atributos do produto, veja este exemplo:

> Um vendedor tem a necessidade de conseguir ligar de forma rápida e fácil para as três principais pessoas de uma carteira que ele gerencia. Ele liga para elas várias vezes por semana, geralmente do carro ou quando está caminhando. Ele não quer ter que procurar os contatos no smartphone.

A necessidade do mercado é "ligar para as três pessoas mais importantes em minha carteira principal de forma fácil". É muito importante entregar uma necessidade do mercado bem construída para o departamento de desenvolvimento de produto, em vez de um atributo de produto. Seus engenheiros geralmente apresentarão algo muito mais criativo assim do que caso você tivesse oferecido um atributo de produto como "ter os três principais contatos de uma carteira de clientes na discagem rápida".

Alguns atributos de produtos que podem atender a essa necessidade incluem o seguinte:

» Mostrar uma lista de favoritos, incluindo as pessoas para as quais ele liga com frequência, para que possa tocar na tela uma vez para ver a lista e tocar outra vez no nome da pessoa para fazer a ligação.

» Permitir que ele adicione as três pessoas da carteira principal de forma fácil à discagem direta para poder usá-la.

» Fazer com que o smartphone sugira criar um novo grupo de discagem rápida com essas três pessoas após ter ligado um número definido de vezes para elas.

Ao declarar as necessidades do mercado, em vez de comunicar os atributos do produto, você ganhará vários benefícios como gerente de produtos ao:

» Aproveitar a criatividade e o brilhantismo de seus engenheiros.

» Promover um espírito de equipe maior com seus engenheiros.

» Garantir que as pessoas entendam a importância de seus papéis e se sintam valorizadas com o que contribuem.

» Apresentar soluções melhores para seus clientes.

» Ser percebido como um líder de produto que consegue influenciar sem autoridade formal e sem parecer um ditador.

CUIDADO

Em algumas equipes de engenharia, entregar apenas as necessidades do mercado não é uma estratégia tão eficaz. Se um grupo não tiver um senso de trabalho em equipe com a gerência de produto, ou se a empresa tiver uma cultura em que os engenheiros não querem assumir a responsabilidade por decidir os atributos do produto ou simplesmente acreditam que os atributos devem ser entregues pelos gerentes de produto, pode ser que você tenha que definir atributos específicos para eles. Nesse caso, esteja pronto para fornecer os atributos do produto e até mesmo escrever uma descrição detalhada do produto para dar suporte para cada atributo.

DICA

Uma abordagem para ajudar a promover a criatividade enquanto oferece orientação é declarar a necessidade do mercado e então fornecer uma ou duas potenciais descrições dos atributos do produto que resolveriam o problema. Com essas diretrizes você pode desafiar sua equipe a oferecer algo ainda melhor que atenderá à necessidade do mercado. Dessa forma você está oferecendo mais orientação a eles, mas sem parecer que está lhes dizendo o que exatamente têm que fazer.

Para qualquer produto em particular, uma necessidade do mercado e um atributo do produto não estão necessariamente correlacionados. A relação está mais próxima à Figura 11-1. As necessidades do mercado 1 e 3 estão resolvidas pelo atributo 2. A necessidade do mercado 3 também precisa do atributo do produto 4 para ser completada. Não pense que uma necessidade do mercado será resolvida por completo por apenas um atributo do produto.

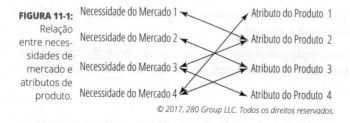

FIGURA 11-1: Relação entre necessidades de mercado e atributos de produto.

© 2017, 280 Group LLC. Todos os direitos reservados.

Mantendo as discussões claras

No universo das necessidades do mercado e dos atributos do produto, uma terminologia clara pode garantir que você e sua equipe estejam em sintonia. É um alívio saber que simplesmente concordar com o sentido de certas palavras pode resolver muitos problemas.

DICA

Uma das declarações frequentes que a 280 Group ouve das organizações é "Não sabemos como colocar no papel exigências eficazes". Geralmente o problema inerente não é que não conseguem escrever o que é necessário, mas, até que a própria linguagem seja esclarecida e atentamente definida, resolver a questão de redigir as exigências é difícil. Às vezes eles se esquecem de que as palavras são uma substituição pobre das imagens e, mais criticamente, das discussões.

> **EVITANDO ERROS COM O ÁGIL**
>
> A possibilidade de que a solução final não se ajuste com a necessidade do mercado é uma das razões pelas quais a metodologia de desenvolvimento Ágil está se tornando tão popular. O Ágil especifica uma reunião para verificar e discutir a compreensão de todos sobre os atributos do produto antes que sejam construídos. Então um pequeno incremento é desenvolvido, e a equipe verifica de novo. A ênfase na conversa, na inspeção frequente e no feedback faz com que seja muito mais difícil que o produto errado seja construído ao longo do tempo.

Na Figura 11-2 você pode ver o efeito de exigências maldefinidas e malcompreendidas — tanto do cliente quanto do produto. Quanto mais durar o desentendimento, maior será a chance de que uma possível solução entregue não atenda às necessidades do mercado.

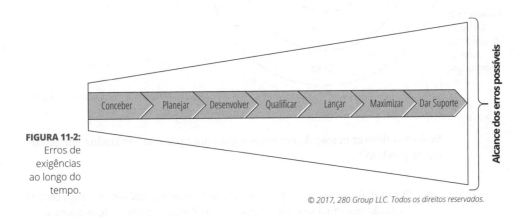

FIGURA 11-2: Erros de exigências ao longo do tempo.

© 2017, 280 Group LLC. Todos os direitos reservados.

Documentando as Necessidades do Mercado

Documentar as necessidades do mercado é o primeiro passo na comunicação e negociação com o desenvolvimento do produto. Pular essa etapa significa incorrer em uma desvantagem significativa ao trabalhar com o desenvolvimento do produto. A documentação das necessidades do mercado mantém você no rumo certo, oferecendo um roadmap de onde o produto começa e termina, assim você poderá dizer se saiu da rota com antecedência.

Por que o "por que" é tão importante

Simon Sinek escreve e fala sobre liderança e gerência. Uma de suas grandes ideias é se manter consciente o tempo todo sobre por que você está priorizando algo. A Figura 11-3 ilustra esse conceito simples e poderoso.

FIGURA 11-3: O círculo dourado de começar com o "por que".

© 2017, 280 Group LLC. Todos os direitos reservados.

Veja uma discriminação de como começar com "por que" se traduz em gerência de produto:

- » **Por que:** A essência da motivação das pessoas é o propósito, a crença central e a razão pela qual sua organização existe. Para um gerente de produto, o "por que" se traduz em uma visão orientadora real — a razão pela qual o cliente achará a oferta do produto e a solução tão convincentes.

- » **Como:** Ao redor da crença central e do significado está o "como". Qual é a maneira especial pela qual sua empresa e seu produto podem entregar valor?

- » **O que:** E então você terá exatamente "o quê" (quais produtos e serviços) deve entregar.

As empresas que têm um "por que" forte geralmente têm avaliações muito melhores no mercado de ações e uma forma mais fácil de tomar decisões de forma significativa. Suas estratégias de produto e sucesso de longo prazo são geralmente muito melhores do que as de seus concorrentes. E todos na equipe têm mais chances de estar em sintonia.

PEGANDO O JEITO DOS DEM E DEP

O documento das necessidades do mercado também é conhecido como documento das exigências do mercado (DEM). O DEM tem sido usado historicamente com os processos de desenvolvimento em cascata e phase-gate em vez de com o Ágil e é desenvolvido para capturar uma descrição mais profunda das necessidades do mercado que os clientes têm. Em muitos casos Ágil, um DEM breve é uma forma eficaz de capturar e entender as necessidades do mercado antes de se jogar de cabeça para escrever as histórias de usuários e produzir vários atributos no backlog do produto o mais rápido possível.

O DEM é acompanhado pelo documento de exigências do produto (DEP). Muitas vezes a empresa está tão empolgada e pressionada para criar um produto rapidamente que muitas organizações eliminam o DEM e pulam direto para o DEP (ou, no caso do Ágil, simplesmente fazem uma lista dos atributos do produto como um backlog, escrevem as histórias dos usuários e começam a desenvolver o produto sem as discussões ou uma compreensão mais profunda). O DEP inclui uma seção para explicar por que o cliente precisa do produto. Se você não for produzir um DEM ou um DEP, esteja seguro de pelo menos ter uma discussão profunda e conseguir a aceitação com sua equipe sobre o "por que" do produto, quais são as verdadeiras necessidades do mercado e como os atributos do produto resolverão essas necessidades. Como resultado, você terá um produto muito melhor e sucesso em sua carreira.

Sua compreensão sobre as necessidades do mercado o protege de qualquer incerteza ao resolver os problemas reais que seu cliente tem. É sua luz guia que lhe dá direção durante as discussões do dia a dia, que de outro modo poderiam consumir toda sua energia e fazer com que perca o foco em seu propósito original. Qual é o seu por quê? Qual é o porquê de sua empresa?

Juntando as informações necessárias

Desenvolver uma necessidade de mercado envolve coletar informações que dão o contexto do problema, quem o experimenta e informa quando a experiência ocorre. Quatro componentes principais que você precisa entender profundamente em termos de necessidades de mercado são:

- » Personas
- » Cenários de problema
- » Jornada/fluxo de trabalho do cliente
- » Declarações de necessidades do mercado

Criando personas

A ideia é começar tendo o cliente em mente, e o método mais comum é definir as personas com as quais seu produto interage. Dê uma olhada no Capítulo 5 para encontrar uma discussão completa sobre personas. Para os propósitos deste capítulo, você precisa saber apenas que personas são arquétipos de indivíduos que compartilham características similares. A Tabela 11-1 mostra como definir uma persona, e a Figura 11-4 inclui uma persona de usuário.

TABELA 11-1 **Informações Necessárias para Criar Personas**

Atributo da Persona	Explicação do atributo	Exemplo
Nome	Nomeie cada persona.	Fred
Papel	Qual é o papel da persona na decisão de compra do produto?	Usuário, comprador, influenciador
Objetivo	Qual problema a persona está tentando resolver e para o qual seu produto oferece uma solução parcial ou total?	Coloque dados para o gerente acompanhar o trabalho
Contexto	Qual é o contexto da persona que informa como ela reage a seu produto?	Ganha $/mês, escolaridade
Atitude	Qual é a atitude da persona com o produto ou com as ações que está pedindo que ela realize?	Intimidada por novas tecnologias
Comportamento	Qual é o comportamento observável da persona com respeito à oferta de seu produto?	Relutante com iPhone; tem medo de telefones com Android
Insight	Você tem outros insights sobre a reação da persona a seu produto que não foram tratados?	Sente-se estressado quando não tem o controle

194 PARTE 2 **Descoberta, Avaliação e Planejamento de Grandes Produtos...**

Característica	Descrição
Citação	• Com meu iPhone, não preciso mais andar com meu notebook
Objetivos	• Lançamento rápido e fácil dos dados de venda para atender a gerência • Acessar as informações de contas de clientes com a interrupção mínima de seu trabalho
Papel	• Usuário Avançado de representante de vendas
Contexto	• 35 anos, masculino, de San Jose, curso superior, $97.000/ano em vendas de software para empresas • Usou Salesforce.com no último emprego • Entende e usa Windows no trabalho, prefere seu Mac em casa • Mac Airbook, Firefox, Mac Office 2011, Wi-Fi no trabalho e em casa, iPhone
Atitude	• Não fornece informações pessoais de qualquer tipo para a maioria dos sites • Não viu nenhum benefício pessoal com o CRM, mas a gerência exigiu como parte do trabalho • Valoriza estilo e elegância
Comportamento	• Geralmente usa o iPhone para pesquisar na internet com o celular • Geralmente compra os equipamentos e softwares mais recentes • Adora ficar se gabando sobre sua competência técnica
Insights	• Fica frustrado rapidamente • O produto deve ser ágil e otimizado para seu uso

FIGURA 11-4: Amostra de persona de usuário: Steven.

© 2017, 280 Group LLC. Todos os direitos reservados.

Cenários de problema ou declaração de problema

Quando tiver definido todas as personas associadas com seus produtos (como discutimos na seção anterior), você precisa criar os cenários de problemas que fazem com que elas precisem de seu produto. O produto deve ser a solução do tipo "Nossa, você resolveu meu problema!"

Os cenários de problema incluem as seguintes informações:

» **Objetivo primário:** Qual é o objetivo primário do cliente nessa situação específica?

» **Persona(s):** Quem está com esse problema e está tentando alcançar esse objetivo específico?

» **Contexto:** Qual é o contexto da situação sobre por que o cliente quer alcançar o objetivo? Pense na diferença entre uma pessoa tentando estacionar em uma rua com bastante espaço e com poucos carros em um dia ensolarado versus alguém estacionando à noite em um lugar cheio de lama durante uma tempestade. O contexto é importante.

» **Frequência:** Com que frequência esse problema acontece? Todos os dias? Uma vez por ano?

CAPÍTULO 11 **Desenvolvendo um Plano: Necessidades do Mercado, Descrição...** 195

» **Causa:** O que faz com que esse problema apareça?

» **Descrição:** Caso tenha, quais seriam outros detalhes que descrevem o problema em sua totalidade?

Veja este breve exemplo:

> Você decide fazer salada de batatas. Você compra as batatas e precisa descascá-las. Você pode usar uma faca. A desvantagem é que fica frustrado pelo tanto de batata que vai junto com as cascas. Sua necessidade de mercado é descascar as batatas sem remover nada além da casca. Aha! Um descascador de batatas é o produto certo para resolver seu problema. Ele remove apenas a casca, deixando a polpa intacta. E você pode pressionar o descascador bem forte para obter mais controle no processo de descascar e ter resultados diferentes.

Se a definição do cliente e da persona que tem o problema mudar, outra solução pode surgir. Por exemplo, pense em uma nova persona — uma pessoa mais velha, Suzana, que tem artrite. A definição do problema muda, e o mercado precisa mudar também. Agora você precisa adicionar um aspecto de conforto ao usar o descascador enquanto ainda consegue reter o controle e aplicar pressão. É por isso que uma empresa chamada Oxo faz uma variedade de implementos para a cozinha com cabos macios e confortáveis. A Oxo estendeu o espaço do problema para incluir esse tipo diferente de persona.

Declarações de problemas e *cenários de problema* são dois termos parecidos. Uma *declaração de problema* é uma versão mais curta de um cenário de problema. No caso do descascador de batatas, uma vez que o problema escrito é bem curto, fica mais próximo de uma declaração de problema. Veja a seguir a mesma informação escrita como cenário de problema com mais contexto e cor:

> Uma vovó, Suzana, decide descascar batatas para o almoço familiar de domingo. Dez pessoas virão para comer, e ela quer fazer purê, porque é a comida favorita da família. Ela não gosta de desperdícios e prefere descascar as batatas o mínimo possível. Ela sabe que as vitaminas estão na superfície da batata e quer alimentar a família bem sem descartar esses nutrientes. Recentemente, a artrite dela tem incomodado, e quando usa o descascador de metal de sempre, suas mãos doem. Parece que tanto a batata quanto o descascador escorregarão e ela se machucará.

Esse cenário de problema tem muito mais detalhes, qualitativos e quantitativos, sobre a situação real que a persona enfrenta antes de a solução do produto ser desenvolvida. Essa abordagem ajuda o grupo que está desenvolvendo o produto a imaginar mais facilmente todos os desafios que a vovó enfrenta e criar uma solução maravilhosa. Embora você não queira escrever um cenário de problema para cada detalhe do problema do cliente, há um fator muito forte para criar pelo menos um ou dois cenários de problema principais que podem guiar sua equipe de desenvolvimento do produto.

As jornadas e os fluxos de trabalho dos clientes

Os problemas do cliente nem sempre são uma situação com apenas um fator. Em vários casos, especialmente em uma sequência de interações de software, um objetivo geral é atingido ao resolver uma série de problemas ao longo do caminho. A sequência é definida ou pela perspectiva do cliente usando uma jornada do cliente, ou pela sequência de tarefas de que o software precisa para ajudar usuários diferentes a navegar do início ao fim. Quanto mais técnica for a sequência e quanto mais pessoas estiverem envolvidas em cada passo, maiores as chances de que o ponto de vista do fluxo de trabalho funcione melhor. Quanto mais genérico o processo for para o cliente, maiores as chances de a jornada do cliente ser útil. O mais comum e genérico dos dois é uma jornada do cliente, então vamos descrever aqui seu processo de criação.

Comece a definição de uma jornada do cliente usando duas partes. Defina o objetivo geral do cliente e depois os pontos específicos do problema, até a resolução dele. Em cada estágio da jornada, identifique os fatores a seguir sob o ponto de vista dos clientes:

> » Qual ação eles precisam realizar para chegar ao próximo nível?
> » Qual é a motivação deles (ou falta dela) para darem o próximo passo?
> » Quais perguntas eles têm a essa altura de sua jornada?
> » Quais barreiras estão impedindo que completem este passo em especial?

Por exemplo, considere que está pagando o IR online. Considerando o nível de jargão de impostos, navegar pelo site da Receita Federal provavelmente será confuso para os clientes. Eles têm pouca motivação positiva, além de precisar pagar o imposto e evitar uma multa. Cada usuário tem muitas perguntas ao longo do processo, e ao enfrentar uma barreira que seja mais complexa do que colocar o nome, endereço e CPF, ele pode simplesmente desistir e pegar o telefone para resolver, em vez de usar o site.

Ao mapear a jornada do cliente e o fluxo de trabalho, a Receita Federal pode obter uma compreensão mais profunda de como o cliente interagirá com o site. Ela pode antecipar as perguntas e barreiras e construir uma solução que minimize os desafios e fique muito mais intuitivo para o usuário. E no fim, poderá economizar muito dinheiro, porque os usuários poderão realizar o que precisam ao usar um site de autosserviço, em vez de ter que pagar um funcionário para atender o telefone.

DICA

Uma forma de mapear a jornada do cliente é usar algumas boas e antigas ferramentas: blocos autoadesivos de cores diferentes e canetas. Escreva cada passo ao longo do caminho em folhas maiores e as coloque em sequência na parte de cima de sua área de trabalho (pode ser um quadro branco, uma parede ou flipchart). Depois preencha as ações, motivações, perguntas e barreiras no decorrer. As situações de fluxo de trabalho variam tremendamente, mas com um pouco de raciocínio você pode experimentar e descobrir componentes essenciais que precisam ser resolvidos em cada passo. Documente a sequência para sua equipe usando um software de gráficos para mostrar a história global e depois dividi-la em cada passo separadamente. Uma das formas preferidas é usar o PowerPoint e apresentar para a equipe.

O mercado precisa de declaração?

Após definir suas personas, descobrir qual problema está tentando resolver para cada uma em particular e determinar onde eles estão em sua jornada para a resolução de seus problemas, sua necessidade de mercado se torna muito mais simples de ser escrita. Vários formatos úteis podem facilitar o processo.

Este é o formato mais simples:

O [papel da persona], [nome da persona], precisa conseguir [atingir um resultado] OU [resolver um problema].

Considere a vovó Suzana, que tem artrite e descasca batatas, da seção anterior, como exemplo:

A usuária, Suzana, deve conseguir remover a casca de seis batatas de 7,5cm de diâmetro sem sentir dor ou perder os nutrientes na parte superficial da batata logo abaixo da casca.

Detalhando seu documento de necessidades do mercado

A documentação das necessidades de seu mercado usa um formato simples com base nos dados que você coletou. Lembre-se de que as descrições das necessidades do mercado e do atributo do produto estão intrinsecamente ligadas. Enquanto você trabalha para resolver as diferenças entre os dois pontos de vista — um do gerente de produto e outro da organização de desenvolvimento do produto —, permaneça flexível. Veja a seguir as partes do documento das necessidades do mercado. As seções subsequentes as explicam com mais detalhes.

» Sumário executivo

» Personas

» Cenários de problema

» Necessidades do mercado

» Critérios de sucesso

» Pressupostos, questões em aberto, documentos e apêndices

Sumário executivo

Complete esta seção após terminar todas as outras seções, mesmo que ela esteja em primeiro lugar no documento. Ela descreve de três a cinco problemas principais a serem resolvidos e as personas que têm esses problemas, definindo os cenários de problema principais usando duas ou três frases. O resumo executivo deve ter, idealmente, apenas uma página — certamente não mais do que duas. Você pode tratá-lo como um documento individual.

Personas

Uma ou duas personas devem sempre ser o foco primário para o desenvolvimento, mesmo que possa haver entre cinco e sete personas no total. Descreva-as, representando os tipos diferentes de usuários dentro dos mercados-alvo.

» **Personas compradoras:** Esta seção descreve os compradores, constituídos pelos tomadores de decisão financeiros e técnicos. Essas pessoas são geralmente encontradas em empresas (B2B) e são diferentes dos usuários que interagem diretamente com o produto. As personas compradoras geralmente são muito preocupadas com os aspectos da oferta do produto inteiro, conforme descrito no Capítulo 1.

- Persona(s) financeiras tomadoras de decisão (CFO): Estas são as personas que determinam se comprarão ou não o produto. Elas podem não ter uma grande compreensão de por que o produto é tão importante para o usuário.

- Persona(s) técnicas tomadoras de decisão (CIO): Estas personas se preocupam com os padrões técnicos utilizados e o suporte para o produto. Elas estão preocupadas sobre como o produto se ajustará ao restante do trabalho feito na empresa.

» **Personas usuárias:** Estas são as personas que interagem com o produto. Elas permitem que a equipe de desenvolvimento viva e respire no mundo do usuário. Ao sempre perguntar "Será que João (ou qualquer persona) usaria isso?", a equipe pode evitar a armadilha de construir o que os usuários pedem ou o que a empresa julgue que seja legal, em vez do que os clientes de fato compram e usam. Avalie constantemente os projetos contra as personas e resolva discordâncias sobre as decisões de projetos ao se voltar para as personas.

Cenários de problema

Esta seção descreve os vários cenários de problema relacionados com a(s) necessidade(s) do mercado relacionada(s) com os objetivos das personas. Os cenários de problema descrevem o estado atual, e não o estado de solução (também conhecido com um caso de uso).

Necessidades do mercado

Nesta seção descreva as necessidades do cliente, a solução que um arquiteto ou designer posteriormente documentará como atributo do produto. As necessidades do mercado são descritas a partir do ponto de vista do cliente e usam a voz do cliente. Elas nunca tratam das capacidades do produto. Use o critério INVEST para criar ótimas necessidades de mercado. O INVEST está descrito no Capítulo 12.

Para cada necessidade nas próximas seções, forneça as informações a seguir:

» **Número de identificação:** Designe a necessidade de um número identificador.

» **Uma descrição:** "Como uma [persona], quero [fazer algo] para que possa [obter um benefício]."

» **Critérios de aceitação:** Quais são os critérios de alto nível que determinam o sucesso dessa necessidade de forma mensurável? Use o formato "considerando que, quando, então" a seguir: "Considerando [condição], quando [evento], então [resultado testável]."

» **Objetivos:** Qual é o valor ou benefício global oferecido ao cliente com essa habilidade?

» **Personas:** Quem são as personas que têm essa necessidade?

» **Cenários de problema:** Quais cenários de problema estão envolvidos com essa necessidade?

» **Prioridade:** Qual a prioridade dessa necessidade? Verifique o quadro "Formas diferentes de dizer 'talvez'" para necessidades de mercado opcionais.

DICA

Além das seções a seguir, você também pode adicionar as seções de jornada do cliente e/ou fluxo de trabalho, dependendo de seu ramo de atividade e solução.

FUNCIONAL

Qual é a funcionalidade que os clientes buscam? O que os clientes precisam fazer para alcançar seu objetivo? A maioria de suas necessidades de mercado termina aqui.

COMPATIBILIDADE

Quais são as plataformas e sistemas com os quais a solução precisa ter compatibilidade (por exemplo, um navegador versão X ou superior ou Windows versão Y ou superior)? Os clientes exigem interação com outros sistemas usando APIs ou certas linguagens de programação? *APIs* são interfaces de programação de aplicações que especificam como seu programa compartilha informações com outro software. De quais formatos de documentos os clientes precisam? Se esta for uma nova versão de um produto existente, quais necessidades de compatibilidade os clientes têm?

SEGURANÇA

Quais são as necessidades de segurança dos clientes? Eles exigem que os dados sejam criptografados? Quais tipos de padrões eles precisam observar? Se uma necessidade legal ou externa orientar a necessidade desse cliente, descreva-a na seção legal, regulatória e compliance.

PERFORMANCE

Muitas vezes o mercado exige, ou espera, necessidades de performance. Não use esta seção para descrever como a solução pode ser desenvolvida. Se existirem padrões setoriais, indique a especificação, em vez de descrever seus detalhes. Não invente critérios. Tenha a pesquisa de mercado como base.

USABILIDADE

Inclua necessidades ergonômicas e de acessibilidade. O produto será usado por pessoas idosas, com problemas de visão, ou que têm dificuldades em se levantar? As necessidades ergonômicas e de acessibilidade devem estar baseadas em padrões conhecidos de experiências de usuários (por exemplo, um indicador de progresso será mostrado para qualquer operação que leve mais do que x segundos). Sempre que possível, faça apenas uma referência aos padrões da empresa de interface do usuário (UI), em vez de descrevê-los aqui.

OPERACIONAL

Para produtos de hardware, esta seção inclui as necessidades de possibilidade de manufatura e serviço. Elas podem incluir questões ambientais, como "Operar em temperaturas acima de 48°C". O desempenho de muitas partes eletrônicas se deteriora (o termo oficial em inglês é *derate*) em certas temperaturas e começa a se comportar de maneira errática ou até para de funcionar. Por exemplo, as secadoras de roupas usam eletrônicos, então saber a temperatura mais alta de operação é um fator importante de desenvolvimento. O produto precisa se conformar com necessidades ambientais, como programas de descarte ou reciclagem? A solução precisa incluir a coleta de dados e o relatório sobre o uso (critérios analíticos ou de outros tipos diagnósticos)?

Os clientes dependem das operações internas da empresa — por exemplo, um serviço de software que precisa ser mantido por operações internas? O cliente precisa de um serviço que funciona em horário comercial, ou precisa ser 24 horas por dia, sete dias por semana?

INTERNACIONALIZAÇÃO

Em quais idiomas e países o produto proposto será usado?

CAPÍTULO 11 **Desenvolvendo um Plano: Necessidades do Mercado, Descrição...** 201

DOCUMENTAÇÃO

Quais formas e tipos de documentação são necessários? (Esta é a documentação para o uso do produto. Você pega materiais de marketing da estratégia de mercado e dos documentos do plano de marketing.) Os documentos podem incluir um manual de usuário impresso ou online e/ou um guia rápido de início de uma página. Inclua as necessidades do canal, os parceiros e os revendedores.

SUPORTE

Quais são as necessidades sobre a organização de suporte? O que os clientes esperam do suporte: troca de hardware, devolução e conserto, respostas por e-mail, telefonemas?

JURÍDICO, REGULATÓRIO E COMPLIANCE

Defina todas as exigências legais e regulatórias de que os clientes precisam. Essa informação pode ser a segurança para os militares ou a privacidade de dados para uma empresa financeira. Podem ser exigências de acessibilidade como definidas pelas leis de cada país.

DISTRIBUIÇÃO E EMBALAGENS

Quais são as necessidades dos clientes em relação à distribuição e embalagens? Eles exigem entregas de um dia para o outro? O produto é vendido em lojas de varejo? Se for, quais as necessidades desses revendedores?

MISCELÂNEA E TÓPICOS ADICIONAIS

Descreva qualquer outra necessidade de mercado que não foi definida previamente.

Critérios de sucesso

Descreva o que é sucesso para os clientes. Como eles medem o sucesso — aumento de produtividade, redução de erros ou a eliminação de um processo manual (só para citar alguns)? Há testes específicos e mensuráveis de sucesso?

Pressupostos, questões em aberto, documentos e apêndices

A predição é essencial ao escrever sobre um produto futuro. Ao escrever o documento de necessidades do mercado você adotou diversos pressupostos. Registre-os aqui e esteja preparado para defendê-los.

FORMAS DIFERENTES DE DIZER "TALVEZ"

Priorizar atributos, necessidades e exigências é, possivelmente, uma das decisões mais difíceis que um gerente de produto precisa enfrentar. O que realmente precisa fazer parte do produto e o que é opcional? Se algo é opcional, quão opcional?

Veja alguns dos métodos comuns que as equipes usam para atribuir a importância relativa a um atributo.

Um método simples, e eficaz, é alocar cada atributo opcional em três níveis.

- **Alto:** Altamente desejável neste lançamento
- **Médio:** É bom ter neste lançamento
- **Baixo:** Pode esperar até o próximo lançamento

A priorização MoSCoW inclui priorização para atributos que tem que ser incluídos, assim como três distinções que diminuem para os atributos menos importantes.

- **Must (Deve):** A exigência deve ser atendida.
- **Should (Deveria):** Um item de alta prioridade deveria ser incluído se possível. É uma exigência crítica, mas pode ser atendida de outras formas.
- **Could (Poderia):** É considerado desejável, mas não necessário. Inclua se o tempo e os recursos permitirem
- **Won't (Não vai):** Não será implementado no próximo lançamento, mas pode ser considerado para o futuro.

Acompanhe qualquer questão em aberto durante a criação deste documento. Quando a questão for resolvida, registre. Qualquer questão não resolvida deve ser alocada para um parte responsável. Provavelmente você terá várias questões em aberto, que tendem a ser resolvidas com o andar do projeto. Identifique em que altura do projeto essas questões precisam ser solucionadas.

Para quaisquer outros dados que não sejam incluídos facilmente neste documento, cite referências para os documentos externos.

Priorizando os detalhes das necessidades de atributos e do mercado

DICA

Esteja certo de que incluiu informações detalhadas sobre a priorização em seu documento de necessidades de mercado. A priorização é uma maneira de reduzir o número de ideias para aquilo que de fato resolverá a necessidade de mercado e o que não resolverá. Em um projeto grande de software, as solicitações de atributos e ideias podem chegar aos milhares. Se trabalhar com Ágil, a lista de histórias de usuários cresce também, e ter ferramentas e métodos de priorização vai ajudá-lo a ser eficiente ao tomar a decisão certa sobre o que construir em seguida. A matriz de priorização no Capítulo 7 é especialmente útil considerando o grande número de escolhas que você precisa fazer. Veja outras ferramentas de priorização enquanto estiver por lá.

LEMBRE-SE

Nesta seção, o termo *atributo* apareceu de novo porque é a terminologia comum para esse tipo de trabalho usando essas ferramentas. As mesmas ferramentas e técnicas funcionam com as necessidades do mercado.

Impulsionando uma Descrição de Atributo de Produto

Você percorreu um longo caminho. Conhece seus clientes, os problemas deles e quando e por que eles ocorrem. Você documentou ou comunicou essa informação aos membros de sua equipe de desenvolvimento, então agora é hora de passar o trabalho para eles.

A Figura 11-5 mostra como "quem" e "por quê" se tornam "o quê" e "como" e mostra duas considerações importantes para você refletir:

» **Há uma linha tênue entre a gerência de produto e o desenvolvimento do produto.** Suas conversas sobre o que seus clientes precisam e o que o desenvolvimento do produto propõe como solução é uma discussão. Durante essa discussão, você, em equipe, encontra a melhor solução possível. De fato, a discussão é crítica para qualquer relação entre a gerência de produto e o desenvolvimento do produto, de modo a oferecer produtos ótimos.

» **A parte do "como" do desenvolvimento do produto não é responsabilidade do gerente de produto.** Como gerente de produto, não é sua tarefa estar envolvido com a essência de como um produto é de fato feito. Sua equipe de desenvolvimento determina quais ferramentas, linguagens de programação e processos de desenvolvimento serão usados para construir o produto. Como gerente de produto, você simplesmente não tem essa expertise (e se tiver, ainda assim não será sua responsabilidade), assim como seus engenheiros não têm o contexto e a expertise do negócio para criar uma estratégia de produto ou um plano de negócios.

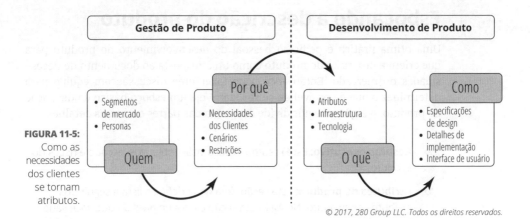

FIGURA 11-5: Como as necessidades dos clientes se tornam atributos.

© 2017, 280 Group LLC. Todos os direitos reservados.

LEMBRE-SE

Uma pequena advertência em relação a esta discussão: os gerentes de produto são capazes de aprender o máximo possível sobre seus produtos. Por exemplo, há algum tipo de plástico proibido por questões regulatórias? Você quer ter essas informações ou precisa saber qual é a real formulação química desse plástico proibido? Não. Mas você precisa ter informações técnicas e do produto suficientes para saber se as decisões que estão sendo tomadas são sensatas.

CASOS DE USO?

Em muitas empresas os gerentes de produto criam ou ajudam na criação de casos de uso. Eles não são a mesma coisa que cenários de problema, porque os casos de uso contêm detalhes do desenvolvimento por níveis e estão focados no espaço da solução. Os casos de uso também não têm a visão holística que a jornada do cliente, os fluxos de trabalho e o mapeamento de histórias (veja o Capítulo 12) oferecem à equipe de desenvolvimento. A principal diferença é que um caso de uso inclui uma descrição sobre o que o sistema fará (tipicamente, uma sequência de passos) enquanto o usuário interage com a solução proposta.

Infelizmente, não há uma formulação padrão para um caso de uso. Geralmente é uma mistura das informações sobre o produto e o cliente que faz com que seja um pouco mais fácil para os desenvolvedores entenderem como resolver o problema. A desvantagem é que essa mistura de informações pode suplantar ou bloquear a necessidade do cliente. A 280 Group recomenda evitar casos de uso, mas você pode ficar sem escolha se a equipe os usa. Ao desenvolver um caso de uso, identifique claramente quais partes são orientadas ao espaço do problema e quais estão focadas no espaço da solução. Proteja-se contra mudanças nos tópicos de espaço do problema, porque é aí que a necessidade do mercado desponta.

Esboçando a descrição do produto

Uma ótima prática é pedir ao pessoal do desenvolvimento do produto para que criem a descrição do produto como uma resposta ao documento de necessidades do mercado. Então você pode fazer uma discussão em equipe para determinar o que é possível de se realizar. Veja um esboço básico da descrição do produto. A seção a seguir divide cada uma das partes e dá mais detalhes.

» **Resumo executivo:** Este resumo inclui a visão, objetivos, escopo e riscos do produto.

» **Atributos do produto:** Esta seção detalhada define a lista a seguir dos atributos do produto. No Ágil, esta seção estará no nível do que você sabe hoje. O Ágil acomoda mais tarde a mudança no processo. Adicione o que precisar na lista, ou delete o que não for aplicável:

- Plano de lançamento
- Funcional
- Compatibilidade
- Segurança
- Performance
- Usabilidade
- Operacional
- Internacionalização
- Documentação
- Suporte
- Jurídico, regulatório e compliance
- Distribuição e embalagem
- Miscelânea

» **Visão arquitetônica:** Qual é a estrutura do desenvolvimento total do projeto? Quais ferramentas e processos serão usados para criar o produto inteiro?

» **Escopo de alto nível:** Esta seção esboça os recursos, ferramentas, datas e marcos necessários.

» **Análise de riscos, pressupostos e questões em aberto:** Assim como em todos os documentos, apresente uma análise de riscos e anote seus pressupostos e questões em aberto.

» **Conclusões e recomendações:** Qual é a sua conclusão e recomendação?

> **» Documentos e apêndices:** Qualquer documento e detalhes adicionais que deem suporte são colocados aqui.

Completando o documento de descrição do produto

O documento de descrição do produto é onde o próprio produto aparece. Enquanto você ou sua equipe de desenvolvimento cria o documento, verifique constantemente o documento de necessidades do mercado, para garantir que todas as necessidades foram consideradas, mesmo em um alto nível para aqueles que trabalham com Ágil. Não é o comprimento do documento que importa, mas a qualidade do raciocínio.

Sumário executivo

Complete esta seção após ter completado todas as outras. Esta seção deve ter apenas uma página, e você pode até tratá-la como um documento separado. Explique "por quê", "o quê", "onde", "quem" e "quando" do produto.

VISÃO DO PRODUTO

Faça uma breve descrição de alto nível do produto e o objetivo global da construção da solução. Quais são os atributos principais (3 a 5) desenvolvidos para estar neste lançamento do produto? Qual é a visão de longo prazo do produto? Esta seção oferece as diretivas que ajudam a guiar as especificações detalhadas do produto e o desenvolvimento. Mesmo que os engenheiros estejam criando o documento da descrição do produto, esta é a seção que deve ser diretamente guiada pela gerência de produto.

OBJETIVOS, ESCOPO E RISCOS

Para quem os atributos são designados e quais são os problemas principais, como descritos no documento de necessidades do mercado, que eles resolvem para o cliente?

Quais são os recursos necessários? Qual é a janela de tempo para o lançamento? Como isso impactará a equipe de desenvolvimento e outros grupos? O que foi identificado do documento de necessidades do mercado que está fora do escopo desse lançamento? Você pode usar um documento de descrição do produto para lançamentos múltiplos ou adicionar versões curtas de novos documentos para lançamentos futuros. Se os itens estiverem fora do escopo, eles estão documentados em um roadmap? *Fora do escopo* aqui quer dizer os atributos que não puderam ser desenvolvidos neste lançamento.

Quais são as principais áreas de risco e quais são os planos de mitigação associados?

CAPÍTULO 11 **Desenvolvendo um Plano: Necessidades do Mercado, Descrição...**   207

Atributos do produto

Descreva cada um dos atributos com os custos associados necessários para fazer as escolhas dentre eles com base nas prioridades orientadas ao valor. Elas foram identificadas no documento de necessidades do mercado. Esta seção também informa aos membros da equipe de marketing o que a solução oferecerá, para que possam criar as estratégias de mercado apropriadas. O formato de um produto obrigatoriamente funcional na cascata é:

O produto DEVE conseguir desempenhar <função>, oferecer <função> ou ter <função>. Veja o box "Formas diferentes de dizer 'talvez'" para ver atributos opcionais do produto. Use os critérios INVEST para criar ótimos atributos de produto. O INVEST é descrito no Capítulo 12.

PLANEJAMENTO DE LANÇAMENTO

O propósito do *planejamento de lançamento* é estabelecer um plano e objetivos com os quais as equipes de desenvolvimento e o resto da organização podem se alinhar para o projeto. O planejamento de lançamento responde as perguntas "Como podemos transformar a visão em um produto vitorioso da melhor forma possível? Como podemos atingir ou superar a satisfação do cliente e o retorno do investimento desejados?" Ele também estabelece uma data provável de entrega e custo que deve ser mantida, caso nada mude.

Qual é o objetivo desse lançamento? Quais são os principais riscos, atributos e funcionalidade globais? Para cada atributo, defina o seguinte: uma identificação única, descrição, critérios de aceitação e custo em termos de engenharia. Para determinar quanto esforço um atributo gerará, use conceitos alto, médio ou baixo, ou o sistema de pontos que sua equipe Ágil usa. Os sistemas de pontos Ágil são geralmente ecléticos e usam valores relativos, por exemplo, tamanhos de camiseta (P, M, G, GG).

FUNCIONAL

Qual funcionalidade o produto oferece? Como essa funcionalidade ajudará os clientes a alcançarem seus objetivos?

COMPATIBILIDADE

Quais são os atributos de compatibilidade do produto? O atributo precisa ser compatível com outro produto ou sistema?

SEGURANÇA

Quais são os tributos de segurança do produto?

PERFORMANCE

Qual é a capacidade de desempenho do produto?

USABILIDADE

Quais são os atributos de usabilidade do produto? Se necessário coloque *wire-frames* (esboços do que o usuário verá na tela) e outros desenhos aqui.

OPERACIONAL

Quais são as capacidades operacionais do produto? Quais exigências operacionais ele faz à empresa? Por exemplo, o produto pode ter um centro de dados, servidores de aplicações e/ou sites.

INTERNACIONALIZAÇÃO

Para quais idiomas o produto terá suporte? Ele precisa atender a qualquer outra necessidade legal ou regulatória para ser aceito em determinados países ou regiões? Escreva isso aqui, com a seção jurídica, regulatória e de compliance, se necessário.

DOCUMENTAÇÃO

Qual forma de documentação será incluída?

SUPORTE

Quais capacidades de suporte serão oferecidas?

JURÍDICO, REGULATÓRIO E COMPLIANCE

Quais exigências legais, regulatórias ou de compliance [em âmbito corporativo, normas regulamentares, de política interna e diretrizes do negócio] terão suporte?

DISTRIBUIÇÃO E EMBALAGEM

Como o produto será embalado e distribuído?

MISCELÂNEA

Descreva como outras necessidades do cliente serão atendidas através dos atributos do produto.

Visão arquitetônica

Descreva brevemente os objetivos de longo prazo do produto. Quais questões arquitetônicas existem? Novas tecnologias ou ferramentas são necessárias? Se sim, elas precisam ser obtidas? É provável que a empresa construa, compre ou faça parceria? Qual engenharia é necessária durante os lançamentos futuros com os quais é preciso lidar agora? As tecnologias podem ser reutilizadas ou criadas para reuso? Como o roadmap técnico se pareceria? Esse projeto faz parte de uma plataforma ou portfólio de produtos? E como eles se integram? Se esse projeto for uma plataforma, como ele se desenvolverá com o tempo? Como as novas capacidades desse projeto dão suporte aos objetivos do negócio e à visão da empresa?

Escopo de alto nível

Esta seção fornece estimativas de escopo a serem comunicadas aos principais envolvidos (alta gerência, gerência de produto, marketing de produto e engenharia). São estimativas (aproximadas) iniciais. Mais detalhes específicos serão trabalhados durante o planejamento do projeto que acontece entre engenharia e financeiro.

RECURSOS

Quais são os recursos necessários para completar esse lançamento?

FERRAMENTAS

Se novas ferramentas forem necessárias, quanto tempo levará para tê-las disponíveis e integradas no processo de desenvolvimento?

DATA ESPERADA DE LANÇAMENTO E MARCOS

Qual é sua melhor estimativa, considerando todos os atributos e recursos necessários descritos neste documento, para o lançamento do produto? Quais são os marcos principais para o projeto, tais como protótipos que podem ser testados, ou uma versão beta para que os clientes instalem? Quando o projeto pode começar?

Análise de riscos, pressupostos e questões em aberto

Identifique as principais barreiras que podem impedir os processos e/ou serviços oferecidos pelo projeto. Como você superará essas barreiras? E como isso afetará sua empresa? Você pode simplesmente marcar a probabilidade como baixa, média ou alta. Mantenha suas respostas curtas. Também identifique os riscos para a empresa ao não considerar os riscos do produto e do desenvolvimento, como barreiras de tecnologia que precisam ser superadas.

Registre seus pressupostos aqui e esteja preparado para defendê-los. Faça marcações e documente qualquer questão em aberto assim que for resolvida. Transfira questões não resolvidas para uma parte responsável e identifique onde essas questões devem ser resolvidas no processo.

210   PARTE 2 **Descoberta, Avaliação e Planejamento de Grandes Produtos...**

Conclusões e recomendações

Declare sua conclusão e a justificativa de sua recomendação. Esta seção deve incluir o efeito provável de desenvolver o produto na forma específica como detalhada no documento. Descreva opções alternativas de desenvolvimento do produto. Quais são os prós e os contras?

Documentos e apêndices

Inclua análises maiores e mais detalhadas que podem ser melhor apresentadas através de tabelas ou gráficos. Para outros dados que não são facilmente incluídos neste documento, cite as referências aos documentos externos. Garanta que todos os itens do apêndice sejam mencionados no texto do documento.

Traçando o Caminho para o Sucesso do Seu Produto com um Roadmap

Os produtos evoluem com o tempo. Os roadmaps são uma ótima forma de documentar as mudanças planejadas para a estratégia, a direção e os atributos de um produto. O Capítulo 21 apresenta muito mais detalhes sobre tipos diferentes de roadmaps que você pode considerar úteis.

LEMBRE-SE

Documentar seu plano para entregar atributos de um produto é crucial para conseguir a aceitação da gerência, para o financiamento do projeto e dos clientes que aceitam comprar o produto antes que seja produzido em grande escala. Esse documento, chamado *roadmap do produto* [ou de roteiro do produto], mostra o que será entregue e quando, e como os atributos do produto darão suporte para sua estratégia e para alcançar a visão de longo prazo.

Os roadmaps do produto são um resultado essencial para os gerentes de produto. A seguir há um processo simples de oito passos para garantir que você não deixe nada de fora.

1. **Decida o nível de detalhes e quanto tempo será gasto dependendo do seu público e da proposta do roadmap.** Deve ser um roadmap rápido e simples que você cria em meia hora ou será algo que passará várias horas fazendo? Quanto detalhe você quer incluir? Ele precisa incluir detalhes sobre todos os atributos em cada lançamento ou pode ser de nível mais alto?

2. **Avalie os passos da concorrência, o mercado e as tendências da tecnologia que formam o contexto no qual você está desenvolvendo seu produto.** Isso o ajudará enquanto planeja a estratégia do produto e determina como será um roadmap vencedor.

3. **Junte e priorize suas exigências.** Veja no Capítulo 7 as ferramentas de priorização.

4. **Decida o período de tempo apropriado.** Seu roadmap será de curto prazo, mostrando apenas três, seis ou doze meses? Ou será um roadmap de longo prazo, mostrando um, três ou cinco anos?

5. **Escolha uma estratégia de organização.** Use temas, atributos de ouro, lançamentos programados ou outras formas de organizar os lançamentos em seu roadmap. O Capítulo 21 faz referência aos detalhes sobre temas, atributos de ouro e lançamentos programados.

6. **Construa um roadmap interno.** Ele deve incluir detalhes suficientes para ajudar a instruir sua equipe e outras pessoas sobre para onde o produto está caminhando e o que esperar de lançamentos futuros do produto.

7. **Consiga a aceitação e finalize seu roadmap.** Compartilhe o roadmap com sua equipe e com os executivos enquanto o desenvolve. Faça com que eles entendam a lógica e o raciocínio utilizados ao organizar a estratégia e outros dados. Uma vez que tenha um esboço final, consiga a aprovação dos principais envolvidos.

8. **Crie um roadmap externo.** Use o roadmap interno como base e depois remova o nível de detalhes e especificações apropriado para que possa ser compartilhado mais amplamente fora de sua empresa para dar uma ideia aos principais clientes, à mídia e aos analistas da indústria de como você alcançará sua visão.

Parece que oito passos é algo simples, mas na prática cada passo pode envolver muito mais pensamento em profundidade.

3
Construindo e Maximizando o Êxito do Produto: Da Criação à Retirada

NESTA PARTE...

Identifique os fatores de sucesso para as metodologias mais comuns de desenvolvimento que sua equipe de engenharia provavelmente usará.

Valide seu produto para que saiba quando ele estará pronto para que os clientes o usem.

Descubra o que torna um lançamento bem-sucedido e como decidir que tipo de lançamento é o certo para sua situação. Realize o lançamento com eficácia para garantir que seu produto atinga ou supere os objetivos estabelecidos.

Descubra como aproveitar cada parte do processo de marketing para maximizar suas vendas.

Garanta que, no momento certo, você remova um produto do mercado de forma silenciosa e eficiente enquanto mantém seus clientes satisfeitos.

> **NESTE CAPÍTULO**
>
> » Mergulhando no desenvolvimento em cascata e Ágil
>
> » Fazendo trade-offs de produtos
>
> » Seguindo práticas importantes de liderança ao longo do desenvolvimento

Capítulo **12**

Guiando uma Ideia de Produto pela Fase de Desenvolvimento

Você tem uma ótima ideia que atinge todos os critérios para o sucesso. Seus planos estão no lugar, e sua equipe de desenvolvimento sabe quem são as personas (veja o Capítulo 5), entende os casos de uso (veja o Capítulo 11) e/ou as histórias de usuários (discutidas mais adiante neste capítulo) e está pronta para construir um ótimo produto. Agora o trabalho de criar esse ótimo produto começa, e você, como gerente de produto, precisa estabelecer e guiar a equipe através de quaisquer obstáculos que possam aparecer na estrada.

CAPÍTULO 12 **Guiando uma Ideia de Produto pela Fase de Desenvolvimento** 215

Conseguindo Detalhes sobre o Desenvolvimento Cascata/Phase-gate versus Ágil

As metodologias gerais de desenvolvimento usadas para desenvolver produtos são a cascata e o Ágil. Cascata é um processo de phase-gate (também chamada de stage-gate) (veja o Capítulo 3), e Ágil é oferecido em vários sabores, como scrum, programação extrema, Lean e kanban. Trataremos aqui sobre os principais princípios da cascata e do Ágil com relação à gerência de produto, de modo que, independentemente do método que você escolha (ou que for escolhido para você), você possa ser bem-sucedido.

Cascata: Meça duas vezes, corte uma

A filosofia por trás do desenvolvimento em cascata é que você faça todo o planejamento em lotes grandes. Os gerentes de produto dão uma lista inclusiva aos desenvolvedores, contendo atributos e necessidades de mercado (veja o Capítulo 11) a partir da qual eles podem construir um produto completo para lançamento. O desenvolvimento em cascata pode levar seis meses, um ano ou até vários anos.

LEMBRE-SE

A abordagem cascata é tipicamente usada para produtos físicos, lançamentos de software em larga escala e produtos que tenham exigências regulatórias ou legais muito estritas. Ela funciona muito eficazmente para produtos em que as exigências, o mercado e a concorrência não mudam ou não mudarão frequentemente.

No desenvolvimento em cascata, o gerente de produto entrega um documento de necessidades ou exigências do mercado (DEM) antes que o desenvolvimento comece. O DEM inclui tudo a respeito do mercado, personas, casos de uso, necessidades do cliente e do mercado, janela de oportunidade e qualquer outra coisa de que os engenheiros precisem para desenvolver o produto completamente. Geralmente é um documento formal que os principais envolvidos (tais como gerência, gerentes de desenvolvimento, o gerente de produto e qualquer outra pessoa na empresa que será afetada) aprovem. Apenas após a aprovação do DEM abrangente na fase de planejamento é o que o desenvolvimento começa. Veja a Figura 12-1 para ter uma ideia da progressão das fases.

FIGURA 12-1: Com cascata, o desenvolvimento começa só após a aprovação do DEM na fase de planejamento.

© 2017, 280 Group LLC. Todos os direitos reservados.

A vantagem da cascata é que o gerente de produto pode separar uma boa quantidade de tempo para criar um DEM cuidadosamente planejado. Ela evita que a empresa se lance ao mercado com pressa e construa atributos potenciais que podem estar na moda este mês, mas que não valerão nada em longo prazo. Ela também evita ter que pedir que a engenharia mude de prioridades constantemente. Usando o desenvolvimento em cascata, todos devem ter sincronia de longo prazo. O gerente de produtos tem mais tempo para planejamento estratégico e para maximizar o sucesso global do produto.

A desvantagem da cascata é que ela não tem flexibilidade para mudar de planos, porque o DEM tem que ser revisado e os envolvidos devem ser informados sobre as mudanças, concordar com elas e aprová-las. Portanto, novos atributos não podem ser adicionados com facilidade, e eles não são entregues aos clientes tão rapidamente como no Ágil, uma vez que os ciclos de planejamento e lançamento são muito mais longos com a cascata. A necessidades do mercado e do cliente podem mudar durante o desenvolvimento, e com a cascata a equipe não pode reagir rapidamente.

Ágil: Planeje e entregue rapidamente

Ágil é o oposto da cascata (que discutimos na seção anterior). O desenvolvimento Ágil usa terminologias muito específicas. Você pode ouvir termos como scrum, scrumban, kanban e programação extrema (XP) com referência a metodologias diferentes de desenvolvimento. A estrutura de desenvolvimento Ágil mais comum é o scrum, que é um dos focos aqui. A Figura 12-2 mostra sua estrutura. Ágil é excelente para produtos de software, especialmente para aplicativos menores, software como serviço (SaaS) e aplicativos com base na internet.

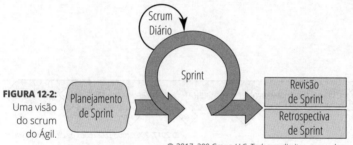

FIGURA 12-2: Uma visão do scrum do Ágil.

© 2017, 280 Group LLC. Todos os direitos reservados.

Sprints para a chegada

Com o scrum, o desenvolvimento acontece em períodos curtos e definidos, chamados *sprints*, que duram até duas semanas e não mais do que quatro. O objetivo de cada sprint é criar códigos de uma forma interativa e incremental e completar uma parte específica do trabalho. Esse processo é repetido (iterado) enquanto o produto é construído progressivamente (em incrementos).

Para cada sprint, a equipe de desenvolvimento pega o trabalho a partir do topo do backlog do produto (discutido em detalhes mais adiante neste capítulo) com foco nos itens de prioridade máxima que podem ser desenvolvidos durante o tempo designado. A equipe divide o trabalho a ser realizado em cada sprint em tarefas e depois realiza cada uma delas. A garantia de qualidade ocorre *em paralelo* (simultaneamente). Se uma tarefa não for completada em seu sprint designado, ela é alocada para o próximo sprint.

Contudo, cada sprint pode ser liberado para os clientes assim que estiver completo. Alternativamente, vários sprints são geralmente colocados juntos e oferecidos aos clientes em um lançamento maior. A Figura 12-3 mostra a relação de cascata entre as tarefas em um sprint, os sprints e o lançamento de um produto.

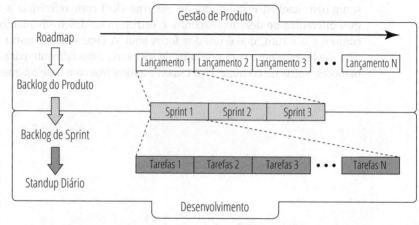

FIGURA 12-3: Separando o trabalho dentro de um sprint.

© 2017, 280 Group LLC. Todos os direitos reservados.

218 PARTE 3 **Construindo e Maximizando o Êxito do Produto: Da Criação...**

Contando histórias (de usuários)

Com o Ágil você comunica as exigências aos engenheiros através de simples *histórias de usuários*, em vez de escrever e pegar a aprovação de um DEM abrangente como na cascata. As histórias de usuários podem ser escritas em blocos de 7cm x 12cm, ou podem ser capturadas eletronicamente em um banco de dados ou em um software de sistema de desenvolvimento Ágil. O foco é na comunicação e no trabalho em equipe enquanto se minimiza a documentação. As histórias de usuário transmitem as necessidades do cliente aos engenheiros e o que o usuário está tentando realizar. Uma vez que a engenharia tenha discutido a história de usuário com o gerente de produto ou com o dono do produto e tenha assimilado completamente seu significado, a engenharia poderá então construir o atributo.

O formato de uma história de usuário é o seguinte:

> Como uma <persona>, quero conseguir <necessidade do cliente> para que eu possa <exigência de benefício>.

A Figura 12-4 é um exemplo de uma história de usuário.

FIGURA 12-4: Amostra de história de usuário.

Criando o backlog no Ágil

Para entender como o produto inteiro é finalmente dividido nas histórias de usuários, você precisa começar no topo do escopo global do produto inteiro e passar a descer em direção dos detalhes da história de usuário. Duas ferramentas principais que você usa para isso são o mapeamento da história e a priorização do backlog do produto.

Mapeamento da história

O *mapeamento da história* é uma técnica desenvolvida por Jeff Patoon para mapear atividades específicas que precisam acontecer no produto para garantir que um cliente realize seu objetivo. O fascinante em um mapa de histórias é a clareza que ele oferece a você e à sua equipe sobre o que será necessário para atender completamente à necessidade de um cliente. No melhor cenário, você junta todos em uma sala e trabalha com a história do começo ao fim. O processo gera aprendizado e compreensão significativos de todos os lados, o que causa menos confusão enquanto dura o projeto.

Para criar um mapa de história, você pode usar blocos autoadesivos, marcadores, bolinhas, fitas adesivas coloridas e uma parede vazia. Na Figura 12-5 você vê como pode começar a estrutura das atividades do usuário na parte de cima. Elas podem ser registros no software, seleção de um produto e passar pelo processo de saída. Em cada um dessas atividades há tarefas (não necessariamente o mesmo que as tarefas que orientam o trabalho de desenvolvimento dentro de um sprint). Embaixo de cada tarefa, a equipe de desenvolvimento escreve todas as subtarefas, a interface do usuário e outros detalhes que o usuário precisa para completar as tarefas. Quando todas as tarefas de desenvolvimento forem documentadas, a lista de tarefas é dividida no que deve absolutamente ser feito para levar o produto ao mercado. Essa *primeira fatia* é seu produto minimamente viável. O trabalho feito em lançamentos futuros é alocado para a próxima fatia.

Priorizando o backlog

LEMBRE-SE

Como sabemos, com o Ágil, a base que uma equipe de desenvolvimento precisa para criar uma parte trabalhável de um software é uma *história de usuário*. É o menor bloco de desenvolvimento. O próximo em tamanho é um *atributo*. E ainda maior é um *épico*. (Na Europa, o termo para épico é *saga*.) Então lembre-se: história de usuário < atributo < épico.

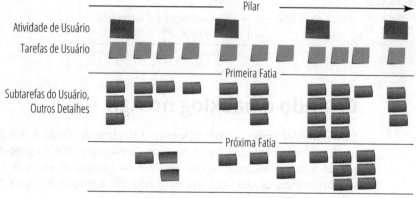

FIGURA 12-5: Ilustração de um mapa de histórias.

© 2017, 280 Group LLC. Todos os direitos reservados.

Veja um exemplo de épico, atributo e história de usuário para uma loja online que vende calçados. O épico tem um escopo maior do trabalho do que o atributo, que é, novamente, mais trabalhoso do que a história de usuário. A história de usuário é a fatia menor de trabalho com a qual o gerente de produto geralmente trabalha.

220 PARTE 3 Construindo e Maximizando o Êxito do Produto: Da Criação...

> » **Épico:** Como cliente, quero poder comprar calçados online para que eu compare facilmente vários tipos de calçados no conforto do meu lar.
>
> » **Atributo:** Como cliente, quero poder comprar os calçados que selecionei para que não tenha que ficar pesquisando em várias lojas.
>
> » **História de usuário 1:** Como cliente, quero poder escolher pagar a partir das mais variadas opções de cartões de crédito para que possa escolher uma forma de pagamento conveniente.
>
> » **História de usuário 2:** Como cliente, quero poder escolher a cidade onde os calçados serão entregues para que possa recebê-los.

As histórias de usuários 1 e 2 ambas lidam com partes do atributo, mas não com ele todo. E o atributo lida com parte do épico, mas novamente precisa de outros atributos para completar todos os aspectos do épico.

Como se pode ver na Figura 12-6, seu *backlog do produto* é feito por muitas dessas histórias de usuários, atributos e épicos. Ao investigar o trabalho de desenvolvimento proposto, você percebe que parte dele tem mais valor para o cliente do que outras partes. Então esse é o trabalho que deverá ser feito antes. A realidade do desenvolvimento é que você simplesmente não consegue chegar ao nível de detalhes necessários com antecedência. Você gastaria muito tempo logo de cara com o desenvolvimento dividindo cada uma das partes do trabalho a ser feito enquanto os desenvolvedores ficam caçando moscas. Em vez disso, priorize o trabalho proposto por valor de cliente e crie um backlog de produto priorizado, mais geralmente referido como *backlog priorizado* ou simplesmente *backlog*.

FIGURA 12-6: Backlog priorizado.

© 2017, 280 Group LLC. Todos os direitos reservados.

No topo do backlog, você tem as histórias de usuários com as quais a equipe de desenvolvimento está prestes a começar a trabalhar. Abaixo delas estão seus atributos e, depois, seus épicos. Uma vez que os atributos e épicos estão no topo de seu backlog, você os divide em histórias de usuários com as quais sua equipe de desenvolvimento possa trabalhar.

Então, por onde começar? Isso depende muito do que está construindo. Se está apenas iniciando, construir uma estrutura ou arquitetura de software para o que virá depois é geralmente o mais importante. Para um produto em desenvolvimento, os itens no topo do backlog são, definitivamente, aqueles com maior valor tanto para o cliente como para sua empresa. A realidade é que às vezes você tem que priorizar o reparo de um erro ou resolver uma questão estrutural maior com o software, que é referido como uma *dívida técnica*.

A beleza de um backlog de produto é que uma pessoa fica responsável: o dono do produto (ou gerente de produto no papel do dono do produto). Isso fica absolutamente dentro do scrum. Essa pessoa decide no que a equipe de desenvolvimento trabalhará em seguida. Tendo dito isso, um dono de produto deixaria a desejar quando não receber feedback para garantir que a equipe de desenvolvimento o informe sobre o que seria mais sensato completar em seguida.

Documentando o backlog de produto

A questão de registrar um backlog Ágil é que o volume de informação é enorme. A maioria das equipes deixa rapidamente de documentar cada informação com cartões de marcação e começam a usar softwares desenvolvidos para isso. Um benefício colateral de usar ferramentas de software é que o registro fica integrado, então também será mais fácil para você entender em que estágio cada parte do trabalho está. Quando souber qual software sua equipe de desenvolvimento está usando, passe um tempo aprendendo todos os detalhes para que possa usá-lo para documentar o backlog do produto com eficiência.

Invista em atributos

Quando escrever os atributos de seu produto, uma regra geral para se certificar de que está indo na direção correta é usar o acrônimo [em inglês] INVEST (parabéns a Bill Wake por esta ideia). A Tabela 12-1 mostra todos os aspectos de um bom atributo ou história de usuários. A "pequena" regra é crucial apenas para o Ágil. O resto é aplicável tanto para exigências em cascata quanto para o Ágil.

TABELA 12-1 INVEST em Bons Atributos

Aspecto	Explicação
Independente	Evita dependências entre os atributos e histórias de usuários.
Negociável	Histórias de usuários são lembretes para colaborar.
Valioso aos clientes	Evita exigências que têm apenas valor técnico.
Estimável	Pode estimar quanto tempo levará para completar.
Pequeno (apenas Ágil) (Small, em inglês)	A exigência não deve levar mais do que dois dias para se completar.
Testável	A exigência tem critérios definidos de aceitação.

Quando um atributo é de fato uma restrição?

Ao criar um produto, às vezes você tem atributos ou histórias de usuários que são realmente difíceis de serem escritas. Elas parecem não se encaixar no padrão normal de história de usuário. Essas serão melhor escritas como *restrições*. Por exemplo, quanto tempo uma tarefa deve levar? Com quais sistemas operacionais ela deve operar ou qual variação de temperatura ela deve suportar? Escreva apenas os limites daquilo que o produto precisa fazer sem referências ao cliente e siga em frente.

Examinando o manifesto Ágil e os princípios essenciais

O Ágil, em todas as suas formas, foi criado com base nos princípios estabelecidos no Manifesto Ágil, apresentado na Figura 12-7, que foi criado por um grupo de desenvolvedores de softwares que estavam buscando uma maneira mais otimizada de desenvolver produtos e levar os atributos ao mercado de forma mais rápida. Com o tempo, o Ágil começou a ser aplicado em vários tipos de produtos, além de apenas em softwares.

O Ágil tem 12 princípios essenciais, mostrados na Figura 12-8.

Estamos descobrindo novas formas de desenvolver software ao fazer isso e ajudar os outros a fazerem também. Através deste trabalho, nós começamos a valorizar:

Indivíduos e interações em vez de processos e ferramentas
Software de trabalho em vez de documentação abrangente
Colaboração do cliente em vez de negociação de contrato
Responder às mudanças em vez de seguir um plano

Isto é, enquanto há valor nos itens do lado direito, damos mais valor aos itens do lado esquerdo.

© 2001 by Kent Beck, Mike Beedle, Arie van Bennekum, Alistair Cockburn, Ward Cunningham, Martin Fowler, James Grenning, Jim Highsmith, Andrew Hunt, Ron Jeffries, Jon Kern, Brian Marick, Robert C. Martin, Steve Mellor, Ken Schwaber, Jeff Sutherland, Dave Thomas; http://Ágilmanifesto.org

FIGURA 12-7: Manifesto Ágil.

> 1. Nossa prioridade mais alta é satisfazer o cliente através da entrega adiantada e contínua de software de valor.
>
> 2. Receber bem as exigências de mudança, mesmo se o desenvolvimento estiver avançado. Os processos Ágil aproveitam a mudança para levar vantagem competitiva ao cliente.
>
> 3. Entregar software funcionando frequentemente, a partir de algumas semanas até alguns meses, com preferência a uma escala de tempo mais curta.
>
> 4. Os executivos e os desenvolvedores devem trabalhar diariamente juntos por todo o projeto.
>
> 5. Construir projetos em torno de indivíduos motivados. Dar-lhes o ambiente e suporte que precisam e confiar que vão entregar o trabalho.
>
> 6. O método mais eficiente e eficaz de transmitir informações para e dentro de uma equipe de desenvolvimento é uma conversa face a face.
>
> 7. O software funcionando é a medida primária do progresso.
>
> 8. Os processos Ágil promovem o desenvolvimento sustentável. Os patrocinadores, desenvolvedores e usuários devem conseguir manter um ritmo constante indefinitivamente.
>
> 9. Atenção contínua para a excelência técnica e bom design melhora a agilidade.
>
> 10. Simplicidade — a arte de maximizar a quantidade de trabalho não realizado — é essencial.
>
> 11. As melhores arquiteturas, exigências e designs surgem de equipes auto-organizadas.
>
> 12. Em intervalos regulares, a equipe reflete sobre como tornar-se mais eficaz e, depois, sintoniza e ajusta seu comportamento desta forma.

FIGURA 12-8: Princípios essenciais do Ágil.

© 2001 by Kent Beck, Mike Beedle, Arie van Bennekum, Alistair Cockburn, Ward Cunningham, Martin Fowler, James Grenning, Jim Highsmith, Andrew Hunt, Ron Jeffries, Jon Kern, Brian Marick, Robert C. Martin, Steve Mellor, Ken Schwaber, Jeff Sutherland, Dave Thomas; `http://Ágilmanifesto.org`

Assumindo as responsabilidades típicas

Esteja você trabalhando em uma equipe que faz desenvolvimento em cascata ou Ágil, é fundamental deixar claros os papéis e as responsabilidades de cada membro da equipe.

As responsabilidades típicas do gerente de produto incluem o seguinte:

» Atua como especialista de mercado

» Define e dirige a estratégia

» É o dono da visão do produto e do roadmap

» Faz a ponte entre a engenharia e o marketing

» Desenvolve e cria o caso de negócio

» Apresenta as necessidades dos clientes

» Faz os trade-offs de atributo, cronograma e custo

» Leva produtos ao mercado

FALANDO DA VERSÃO SCRUM DO ÁGIL

O desenvolvimento Ágil usando a estrutura scrum usa uma linguagem bem específica (veja *Scrum Para Leigos*, de Mark C. Layton). Veja alguns termos adicionais que pode encontrar. A Figura 12-2 pode ajudá-lo com o contexto para cada reunião de sprints.

- **Reunião de planejamento de sprint:** Acontece no começo de um sprint. O dono do produto e a equipe primeiramente decidem sobre um objetivo de sprint. Durante a reunião, o dono do produto descreve cada história de usuário e a equipe faz perguntas e planeja o trabalho em equipe para o sprint. Não confunda planejamento de sprint com a atividade de planejamento da gerência de produto. O planejamento de sprint se concentra no trabalho necessário para completar as histórias de usuários que a equipe designou para o sprint. O planejamento de produto é uma atividade estratégica que oferece direcionamento de longo prazo e se estende por um período de tempo mais longo.

- **Objetivo do sprint:** Uma descrição breve, de uma ou duas frases, que informa o que a equipe Ágil está planejando realizar durante o sprint.

- **Scrum diário:** A reunião de sincronização diária que acontece dentro da equipe. A equipe inclui todos os engenheiros. Os donos do produto e os scrum masters são participantes opcionais. Cada pessoa se levanta e responde as três perguntas a seguir: O que fiz ontem em relação ao objetivo do sprint? O que farei hoje em relação ao objetivo do sprint? O que está me impedindo de realizar meu trabalho para atingir o objetivo do sprint?

- **Revisão do sprint:** Reunião ao fim de um sprint em que o dono do produto revê o objetivo do sprint com os principais envolvidos e faz com que a equipe de engenharia demonstre o incremento do produto completado.

- **Retrospectiva do sprint:** Uma reunião separada da revisão do sprint. Ela pode excluir qualquer um fora da equipe de desenvolvimento. Geralmente, os donos do produto participam dessa reunião, na qual a equipe revê as lições aprendidas e as melhorias que podem ser feitas. Idealmente, a equipe se compromete a fazer, pelo menos, uma mudança na maneira em que trabalha.

» É responsável por entregar valor através do ecossistema do negócio

» É responsável por todos os aspectos do sucesso do produto

As responsabilidades do dono do produto são:

» É responsável por gerenciar e ordenar o backlog do produto

» Otimiza o valor comercial do esforço de desenvolvimento

» Garante que o backlog do produto seja visível

» Garante que a equipe de desenvolvimento entenda cada item do backlog no nível necessário

» Facilita o desenvolvimento de objetivos para cada sprint

» Está o tempo todo disponível para a equipe de desenvolvimento

Desvendando os Segredos do Triângulo Trade-off de Desenvolvimento do Produto

O desenvolvimento do produto envolve um conceito bem conhecido chamado de triângulo trade-off de desenvolvimento. A Figura 12-9 mostra as escolhas de trade-off[1]: atributos, qualidade e cronograma. A ideia é a de que você possa buscar dois vértices do triângulo, mas os três juntos geralmente são inatingíveis. Se quiser mais atributos e manter o cronograma fixo, precisa de uma qualidade mais baixa. Se quiser mais atributos e manter a qualidade fixa, terá que aumentar a quantidade de tempo para o desenvolvimento e mexer no cronograma. E se quiser diminuir o cronograma, terá que desistir do escopo ou qualidade. O desafio é deixar esses três trade-offs da melhor maneira possível para que o melhor produto seja enviado o mais próximo do cronograma com os atributos de que necessita para ser bem-sucedido.

O mais importante em termos do triângulo é que não existe uma fórmula pronta para fazer esses trade-offs. Tomar uma decisão sobre o que deve ser deixado de lado depende muito da situação de seu produto. Como gerente de produto, você tem que monitorar constantemente o progresso da equipe, pegar o feedback dos testadores e do ambiente de concorrência, lidar com a pressão de sua gerência, dar conta de outros fatores e tomar a decisão com mais informações que puder.

FIGURA 12-9: Triângulo trade-off de desenvolvimento de produto.

© 2017, 280 Group LLC. Todos os direitos reservados.

---

1 Genericamente, "trade-off" é uma escolha entre opções desejáveis; ao fazer isso, nos beneficiamos das vantagens de uma e renunciamos aos benefícios de outra(s).

CUIDADO

Em um ambiente de desenvolvimento em cascata, os trade-offs são tipicamente mais difíceis do que com o desenvolvimento Ágil, porque todo o planejamento acontece com antecedência e o desenvolvimento acontece com um longo cronograma. Ter o cronograma e as datas de lançamento já definidas muito tempo antes pressiona para que se mantenha o cronograma original. Essa pressão decisiva leva a sacrifícios na qualidade ou a uma redução de atributos, quando a equipe de desenvolvimento não consegue entregar o que foi prometido inicialmente. Para aumentar a dificuldade do desenvolvimento em cascata, informações adicionais estão fluindo para o gerente de produto enquanto o produto está sendo desenvolvido: informações de concorrentes e solicitações de mudança no produto feitas pela gerência, vendas e outros envolvidos. Adicionar ou mudar atributos novamente adiciona um trade-off entre o cronograma e o nível de qualidade. Geralmente a quantidade de testes também fica em risco. O gerente de produto é a única pessoa que pode entender, sob uma perspectiva de mercado, concorrência e necessidades do cliente, quais são os trade-offs certos entre o cronograma, os atributos e a qualidade.

Quando se está trabalhando com uma equipe que usa o desenvolvimento Ágil, os trade-offs não são necessariamente mais fáceis; são apenas diferentes. O cronograma é geralmente fixado em termos de extensão do desenvolvimento, e a garantia de qualidade é construída dentro do cronograma do sprint. O mais fácil a ser feito é simplesmente remover atributos. Em outras palavras, se um atributo não está pronto durante o sprint, ele é simplesmente empurrado para o próximo sprint.

Um desafio é que, se você está combinando sprints para completar um lançamento maior, atributos críticos podem não estar incluídos, porque a equipe não teve tempo para desenvolvê-los. Esse cenário pode colocar seu produto em desvantagem competitiva ou não torná-lo tão convincente para que os clientes o comprem. O gerente de produto e a equipe de desenvolvimento têm que planejar cuidadosamente para garantir que os atributos difíceis de serem desenvolvidos cheguem ao mercado.

Mantendo as Melhores Práticas durante o Desenvolvimento

É fundamental estar informado e engajado com sua equipe durante o desenvolvimento do produto. Questões críticas sobre como implementar os atributos e quais trade-offs fazer surgem todos os dias. Como líder dos esforços do produto, você deve assumir a frente e estar disponível para ajudar a equipe a fazer a coisa certa pelo cliente.

LEMBRE-SE

Dependendo do tipo de produto que gerencia, você pode passar muito ou pouco tempo na fase de desenvolvimento. Entender e ter sucesso com seus parceiros na jornada da criação do produto é importante para seu sucesso como gerente de produto, não importa quanto tempo você gaste com essa tarefa.

Veja algumas melhores práticas e dicas para atuar do modo mais eficaz possível durante essa fase:

» **Garanta estar facilmente acessível e disponível para sua equipe.** Geralmente as decisões precisam ser tomadas rapidamente. Se os membros da equipe não podem perguntar sua opinião, eles podem continuar com aquilo que pensam ser o melhor.

» **Continue a monitorar o mercado, a concorrência e outros fatores.** Comunique sua equipe sobre o que está acontecendo com os clientes e o mercado global, para que possam vê-lo como o especialista de fato e consigam tomar as melhores decisões sobre o produto. Atualize sua estratégia e seus planos de acordo com isso. Você conhece a visão dos seus engenheiros como a real voz do cliente quando eles vêm a você com perguntas como "Você acha que os clientes prefeririam A ou B?"

» **Sempre que possível, use dados em todas as suas decisões e comunicações.** Os engenheiros amam dados e decisões lógicas, então esteja certo de que eles entendam de onde suas decisões e opiniões estão vindo.

» **Resista à tentação de solicitar ajustes constantes.** Durante o desenvolvimento, seu pessoal de vendas, executivos e outros geralmente virão até você com um senso de urgência ou pânico. Eles querem mudar os planos, adicionar atributos e antecipar o cronograma. Se você reagir a esses pedidos fazendo pedidos constantes para que sua equipe faça ajustes, perderá credibilidade e diminuirá drasticamente sua habilidade de liderar a equipe. Guarde seus pedidos para aqueles momentos em que as mudanças são críticas à missão. Ofereça explicações detalhadas a sua equipe se mudanças forem necessárias, para que os membros saibam que quando você pedir algo, é realmente importante.

» **Não caia na armadilha de querer seu produto no mercado a todo custo.** Essa decisão geralmente é baseada na suposição de que qualquer questão remanescente pode ser consertada facilmente com uma atualização do produto logo após o lançamento. Pode ser tentador quando está chegando ao fim do desenvolvimento e todos na equipe estão cansados, mas não faça isso. Se o produto não está bom o suficiente, você pode causar danos irreparáveis a ele e à reputação de sua marca.

NESTE CAPÍTULO

» Descobrindo como o sucesso é construído ao qualificar seu produto

» Rodando um programa de teste beta com sucesso

» Decidindo enviar o produto

Capítulo **13**

Preparando-se para o Lançamento de Seu Produto: A Fase de Qualificação

Você e sua equipe trabalharam bastante para criar um ótimo produto. Você identificou as personas-alvo, escolheu a melhor oportunidade, priorizou os atributos, fez trade-offs desafiadores e está no desenvolvimento por um bom tempo. O próximo passo no Processo de Produto Ideal é se preparar para rodar um programa beta, levar o produto quase terminado para as mãos dos clientes e garantir que ele esteja pronto para ser lançado para uma gama muito maior de clientes.

Posicionando-se para Acelerar a Fase de Qualificação

Muitas vezes você pode ficar tentado a pular esta fase ou pegar um atalho por causa do cronograma e das restrições de tempo, mas não cometa esse erro. Use esta fase para estar absolutamente seguro de que o produto atinge o nível de qualidade que você precisa. Então você poderá estar certo de que os atributos e benefícios que ele oferece são mais do que adequados para que os clientes tenham uma justificativa para pagar pelo produto. Um teste beta (junto de sua própria garantia interna de qualidade e esforços com os testes) lhe informa que o produto está pronto para brilhar quando for lançado aos clientes — ou que você tem mais trabalho a realizar.

Alpha se refere à primeira fase de testes internos, uma vez que alguns dos atributos estejam no lugar certo e a equipe de qualidade possa começar a testá-lo para encontrar problemas e erros. *Beta* se refere à fase em que o produto já tem todos os atributos prometidos completos e a equipe de qualidade interna (assim como os testadores externos) está buscando apenas por áreas nas quais o produto não funciona adequadamente. Não comece a testar com usuários externos durante a fase alpha; o produto geralmente não será confiável, e os testadores ficarão frustrados.

Garantindo a validação de qualidade interna e externa

Enquanto estiver na fase de desenvolvimento, sua equipe interna de qualidade desenvolve um plano de testes e aplica-o ao produto. Como gerente de produto, você deve ler e aprovar o plano para garantir que a equipe de qualidade esteja testando os cenários de clientes mais comuns. Garanta que o plano inclua uma variedade rigorosa de cenários comuns e configurações que o cliente-alvo provavelmente encontrará em seu ambiente. Por exemplo, para um produto de software de internet, garanta que sua equipe interna de testes inclua uma variedade de sistemas operacionais e navegadores que sejam representativos do que seus clientes usam.

Testes internos rigorosos encontrarão muitos dos problemas com seu produto. Então por que testá-lo externamente? Porque mesmo com a melhor garantia da equipe de qualidade interna, de engenheiros e testadores, as circunstâncias surgem onde clientes do mundo real usam o produto de formas diferentes das que possam ser antecipadas pela equipe interna de testes.

A Figura 13-1 o ajuda a determinar o tamanho da necessidade de um programa beta que seu produto tem ao pedir que você avalie o risco potencial que qualquer erro pós-lançamento possa se apresentar ao cliente contra a dificuldade de consertá-lo. Para alguns produtos, tais como softwares de internet, em que o risco para o cliente é baixo, talvez seja interessante rodar um programa beta aberto para qualquer pessoa. O Google popularizou essa abordagem anos atrás como uma forma de lançar produtos sem fazer com que a empresa fosse responsável por erros, problemas ou coisas que não funcionassem como havia sido prometido. De fato, muitos aplicativos do Google nunca saíram da versão beta.

Para qualquer aplicativo em que o risco para o cliente é baixo ou para produtos que podem ser facilmente trocados e atualizados rapidamente após os clientes terem começado a usá-los, a estratégia de rodar uma versão beta grande e aberta para qualquer um pode ser viável. Para produtos que são essenciais para os clientes ou para produtos que não podem ser facilmente trocados — tais como hardware, produtos físicos, software de serviços financeiros ou outros aplicativos que lidam com dados sensíveis —, essa pode não ser uma abordagem viável.

FIGURA 13-1: Dificuldade de mudança versus risco.

© 2017, 280 Group LLC. Todos os direitos reservados.

CUIDADO

Para todos os tipos de produtos, o risco que você corre ao não realizar um programa beta adequado é o de prejudicar a reputação da marca com os clientes e com o mercado se o produto não for sólido. Mesmo se for um aplicativo baseado na internet, os clientes que tiverem uma experiência negativa podem não querer usá-lo nunca mais. Muitas empresas lançaram seus produtos cedo demais, sem ter uma validação beta adequada, e simplesmente não conseguiram se recuperar.

Criando um plano beta

O plano beta é crucial, pois ajuda a formular planejamentos com muita antecedência e garante que o programa beta correspondente com base no planejamento atingirá os resultados desejados.

Os programas beta demandam muito tempo e esforço para serem executados de modo eficaz. A Tabela 13-1 sugere uma timeline [ou linha do tempo] para cada parte de seu programa beta. Estruture-se para entre 9 a 12 semanas a partir de quando começar a planejar o programa e garanta que tenha um colaborador ou terceirizado dedicando pelo menos meio período a rodar o programa. Planejar, recrutar clientes, reunir feedback e sugestões, aplicar uma pesquisa de saída e computar os resultados para determinar se o produto está pronto para ser lançado são, todas, atividades que consomem muito tempo mas são críticas e precisam ser feitas.

TABELA 13-1   **Timeline do Programa Beta**

Tarefa	Quanto tempo
Estabelecer objetivos, escrever plano e pegar autorização	1 semana
Recrutar e receber inscrições	3 semanas
Selecionar, notificar e enviar acordo	1 semana
Rodar o programa	3–6 semanas
Conduzir pesquisa de saída, computar resultados e escrever relatório final	1 semana
TOTAL	9–12 semanas

Evitando erros comuns do teste beta

Os erros mais comuns cometidos no programa beta são os seguintes:

» **Não separar tempo suficiente no cronograma para realizar o teste beta adequado dentro do mundo real dos clientes:** O desenvolvimento quase sempre leva mais tempo do que planejado, e a empresa está ansiosa para lançar o produto dentro do prazo. Como resultado, o tempo separado para o teste beta é geralmente reduzido dramaticamente bem no fim, resultando em um programa beta ineficiente (às vezes inexistente).

» **Para testar o beta, escolher clientes que não representam os reais clientes e personas:** Amigos e família geralmente testam o beta. Embora eles possam oferecer um bom feedback, não presuma que são representativos de como seus clientes reais usarão o produto ou do tipo de ambiente que os clientes usarão cotidianamente.

» **Rodar um programa beta sem objetivos e métricas pré-definidos:** Se você não estabelecer quais são os objetivos e as métricas antes de rodar o programa, não conseguirá determinar se o produto está de fato pronto para ser lançado. Ter alguma métrica concreta pronta pode ajudar a facilitar muito a sua decisão de pegar um atalho bem no final do desenvolvimento.

232   PARTE 3 **Construindo e Maximizando o Êxito do Produto: Da Criação...**

TESTANDO COM ÁGIL

Uma nota a ser considerada caso esteja trabalhando com equipes de desenvolvimento Ágil: você pode lançar novas versões do produto ao final de cada sprint. Esse cenário geralmente ocorre com aplicativos pequenos ou softwares baseados na internet em que um pequeno subgrupo pode usar o produto em circunstâncias da vida real e depois ele pode ser lançado para um público maior. O grande lance sobre esses tipos de produtos é que você pode facilmente trazê-los de volta à versão anterior se algum problema significativo aparecer.

Se tiver um aplicativo vital ou um que não pode trazer de volta facilmente, talvez seja melhor combinar os sprints em um lançamento master. Salesforce.com é uma empresa que faz isso rotineiramente. Ela desenvolve seu software em sprints mensais e depois faz lançamentos pequenos trimestrais e um grande lançamento uma vez por ano. A vantagem de usar essa abordagem é que você tem mais tempo para um grupo maior de clientes testarem o beta e garantir que tudo esteja funcionando corretamente, em vez de tentar lançar o software rapidamente após cada sprint mensal.

» **Subestimar o grau de dificuldade para recrutar participantes para o programa:** Muitas vezes, as empresas acreditam erroneamente que será fácil encontrar clientes que estejam dispostos a gastar tempo para testar o produto beta. Na vida real, geralmente é muito difícil encontrar pessoas que sejam dedicadas e estejam dispostas a gastar o tempo e a energia necessários para oferecer um feedback útil.

Implementando o Programa Beta

Quando tiver um plano beta abrangente pronto, você pode rodar seu programa beta. Para fazer bem um programa beta minucioso é necessário muito tempo e esforço, mas o feedback que você recebe dos clientes informando se o produto está pronto para o horário nobre faz isso valer muito a pena.

Estabelecendo objetivos adequados

Certifique-se de haver definido seus objetivos com antecedência. O que você está realmente tentando realizar? Você quer que uma ampla variedade de clientes usem o produto durante um longo período para provar que está pronto para ser vendido? Ou o trabalho de seu controle de qualidade (CQ) atual é extensivo e você precisa que alguns clientes validem a prontidão do produto apenas colocando a mão nele? Você quer colher um feedback adiantado para a próxima versão? Ou deseja somente encontrar um grupo de clientes que esteja disposto a falar com a mídia ou lhe oferecer histórias e testemunhos?

Concretizando seus objetivos

LEMBRE-SE

Quanto mais cedo você estabelecer seus objetivos e quanto mais concretos eles forem, melhor. Quando você não define o sucesso logo de cara, é difícil criar seu plano global e saber que você atingiu seus objetivos. Além disso, se os testes mostrarem que o produto não está pronto para ser vendido, você precisa de objetivos concretos que permitam que você recue a equipe e atrase o lançamento.

Por exemplo, seu objetivo pode ser que um certo número de clientes instale e use o produto por N dias (ou N horas ou número de vezes) com sucesso sem encontrar nenhum erro grande que trave o computador. Um objetivo deveria ser que você fará uma pesquisa com os testadores beta ao fim do programa e descobrir que uma certa porcentagem deles (por exemplo, 90%) indica que acredita que o produto está pronto para ser vendido. Pule para a última seção "Pesquisas de saída" para mais detalhes sobre a parte da pesquisa no processo.

Outros objetivos podem incluir encontrar entre três e cinco clientes que estão dispostos a dar depoimentos favoráveis ao falar com a mídia se os repórteres pedirem referências. Um bônus real é se um cliente está disposto a criar um post para você ou recomendar o produto no seu site ou na mídia social. Talvez você queira estabelecer um objetivo de que o número de relatórios de erros deve mostrar uma tendência diminutiva até um nível aceitável antes de declarar que o produto está pronto para as vendas. Obviamente, você pode usar várias métricas.

Recrutando os participantes

Seu sucesso em recrutar clientes depende de vários fatores, incluindo se é um produto de uma marca nova e desconhecida ou uma atualização de uma versão anterior, o quanto sua empresa é bem conhecida e proeminente e o quanto seus produtos são populares. Por exemplo, a Apple provavelmente teria facilidade em encontrar testadores beta do iPhone. Outros fatores incluem a facilidade em encontrar seu cliente-alvo e quanto esforço e tempo você está pedindo que eles invistam.

Se você tem um aplicativo de software para empreendimentos de uma empresa startup completamente desconhecida que exigirá que os clientes beta façam uma instalação demorada (ou ainda pior, a instalação pode afetar seus outros sistemas vitais), você pode ter muita dificuldade para recrutar. Por outro lado, se tiver um aplicativo para o cliente que leva pouco tempo para instalar ou testar e oferece benefícios imediatos, pode ser muito mais fácil recrutar.

Dependendo de todos esses fatores, você precisa avaliar qual tipo de programa de recrutamento você precisa realizar e o quão fortes os incentivos devem ser (veja a seção "Incentivos" mais adiante neste capítulo). Você pode precisar fazer telefonemas e visitas pessoais de modo a convencer os clientes a participar. Ou talvez possa usar e-mail ou até mesmo um formulário no seu site.

As fontes para o recrutamento incluem o seguinte:

» Clientes atuais

» Clientes já prospectados que não compraram antes

» Capitalistas e investidores de risco que podem indicar você para clientes representativos

» Sua rede de contatos pessoal (mas tenha cuidado ao usar os amigos e família; veja a seção anterior "Evitando erros comuns do teste beta")

» Seus leads e força de vendas

» Propagandas (online, no jornal local e assim por diante)

Incentivos

No que se refere a incentivos, você pode oferecer muitas coisas aos participantes. Certamente o "Ajude-nos a melhorar o produto" pode, de alguma forma, funcionar. Se tiver sorte e uma base de usuários fanáticos, você pode até ter que rejeitar gente querendo participar. Talvez você queira oferecer produtos grátis ou com o preço reduzido, ou atualizações. Outra opção é fazer uma competição para deixar os usuários motivados. Por exemplo, rodar um programa chamado a "Grande Caça aos Erros" no qual para cada envio de um erro válido, o testador beta recebe uma inscrição para o sorteio de um tablet ou algum outro prêmio. Essa abordagem não apenas encoraja os testadores a participarem, mas também os deixa entusiasmados para continuarem usando o produto por todo o período de testes.

Taxas de resposta

Você precisa entrar em contato com os clientes para fazê-los participar. A taxa de resposta que você obtém em termos de participação e uso real de um programa beta varia bastante devido a vários fatores, incluindo:

» Popularidade do produto

» Se o produto é completamente novo e não testado

» Quem é sua empresa (bem conhecida, ou nunca ouviram falar)

» Se a abordagem de recrutamento é pessoal e convincente

» Se você se limita a selecionar os clientes que se ajustam a seu perfil

» Se o produto afetará sistemas vitais do cliente

» Quanto tempo e esforço você está pedindo para o cliente investir

Exatamente quantos clientes você precisa contatar para conseguir um número adequado que concorde em ser parte do programa? Mais importante, quantos de fato acabarão testando o produto e farão o que prometeram pela duração do programa? Para lhe dar uma ideia da gama de participação real que você pode esperar, veja alguns números de programas beta reais que a 280 Group fez para alguns clientes.

Para um produto existente (contra um totalmente novo) que é muito popular, com um baixo risco de instalação e uso e não precisa de muito tempo e esforço, você pode conseguir contatar apenas 25 pessoas inicialmente. Se a seleção foi precisa, espere que 20 dos 25 provavelmente se ajustem a seus critérios, e 15 podem se inscrever. Destes, você pode esperar que entre 8 a 10 usem o produto o suficiente para lhe dar um feedback válido do beta. Sua taxa de sucesso é de aproximadamente 30% do número inicial contatado.

Por outro lado, para um produto totalmente novo e desconhecido de uma startup desconhecida que tenha um alto risco e demande muito tempo para a instalação, você pode contatar 100 clientes inicialmente, descobrir que 40 estão interessados, ter 20 inscrições e, no fim, ter entre 5 e 8 que estão realmente ativos. E isso é uma taxa de sucesso aproximada de 5% a 8% do número inicial contatado.

Acordos beta

Quando conseguir os participantes, você deve fazer um acordo beta para eles assinarem. Não precisa ser um acordo formal. Saiba que em empresas maiores (a sua ou a deles) você será forçado a usar um contrato real. Foque a declaração clara de quais são os compromissos e expectativas, incluindo manter a confidencialidade até que o produto seja lançado publicamente. Faça isso da forma mais simples possível. Inclua detalhes, como a duração do programa, incentivos e recompensas pela participação, responsabilidade dos participantes, quantidade esperada de usos e o suporte que será oferecido. Fazer com que os participante assinem de fato um acordo torna o compromisso deles muito mais real. Após terem assinado, você terá mais chances de que realmente usem o produto e deem feedback.

Iniciando o programa

Após ter estabelecido todos os participantes e de eles terem assinado um acordo beta, você estará pronto para iniciar o programa. A coisa mais importante nesse momento é fazer tudo o que puder para evitar um começo em falso. Se os participantes tiverem uma má primeira experiência com o produto, suas chances de que continuem investindo esforços será muito menor.

Para evitar um falso começo, esteja certo de ter concordado com sua equipe sobre quais critérios usar para começar o programa. Por exemplo, todos vocês podem concordar que o programa não pode começar até que todos os erros fatais/que desligam o computador tenham sido consertados ou até que N usuários tenham usado o programa internamente sem grandes problemas por pelo menos uma semana. E vocês podem concordar em não começar o programa até que todos os participantes estejam inscritos.

236   PARTE 3 **Construindo e Maximizando o Êxito do Produto: Da Criação...**

A outra abordagem que você pode querer usar é mobilizar um ou dois participantes que são mais técnicos e/ou que você conhece mais do que os outros. Você pode até querer ir às empresas deles, se estiverem em sua cidade, e vê-los usando seu programa para que possa entender onde provavelmente estarão os obstáculos do caminho para os outros participantes.

DICA

Garanta que todos os componentes do produto estejam sólidos antes de utilizar qualquer coisa. Verifique, e verifique novamente, os instaladores; prepare um documento com as perguntas frequentes (FAQ) para que os participantes não tenham que entrar em contato com você para conseguir as respostas, e inclua conteúdo de documentação e ajuda do sistema, se for possível.

Após o programa ter começado, é fundamental comunicar-se regularmente tanto com os participantes quanto com sua equipe interna. Para programas menores, você deve ligar para os participantes pelo menos uma vez por semana para verificar e garantir que estão usando o programa e não estão tendo problemas. Para programas maiores, envie comunicações regulares via e-mail. Certifique-se de se comunicar sobre o status global do programa, versões novas/conserto de erros que os testadores possam precisar instalar, FAQs atualizadas e detalhes sobre competições ou incentivos. Se os participantes receberem seu contato regularmente, ficarão tranquilos e provavelmente continuarão a investir tempo e esforço para ajudá-lo com o produto.

Também garanta a comunicação interna com sua equipe. Disponibilize um relatório de status semanal, incluindo o número de erros relatados, uso pelos participantes, se está atingindo os objetivos declarados e o que precisa da equipe para continuar a ter sucesso. Manter a equipe informada é crucial para que, à medida que o programa se aproxime do encerramento, todos saibam qual é a situação e ninguém tenha surpresas ou não saiba dos resultados.

Pesquisas de saída

Quando estiver pronto para sair do programa beta, peça aos participantes que preencham uma breve pesquisa de saída. Você pode enviá-la via e-mail ou através de ferramenta de pesquisa online, como SurveyMonkey ou os formulários online do Google. Pergunte aos participantes quanto eles usaram o produto, quais são as impressões gerais, se acreditam que o produto está pronto para ser vendido e o que pode ser melhorado. Também peça para darem uma nota aos atributos do produto de um a cinco (cinco sendo a nota mais alta).

DICA

Se você oferecer um incentivo ou uma competição, faça com que preencher a pesquisa seja um item para qualificação.

Relatório final

Pegue os resultados da pesquisa e entregue um relatório final para sua equipe. Essa apresentação deve incluir um breve resumo sobre os testes, informações sobre as tendências dos erros, informações sobre o atingimento dos objetivos originais que foram aceitos e um resumo das opiniões e do feedback dos clientes. Entregue esse relatório à equipe antes de tomar a decisão de vender o software; é uma ferramenta baseada em fatos para tomar uma decisão informada.

Tomando a Decisão de Vender o Produto

Você estabeleceu seus objetivos, recrutou participantes, rodou um programa beta minucioso e conseguiu os dados que mostram se os clientes tiveram sucesso (ou não) ao usar o produto e se eles recomendam que seja lançado para o público geral. Agora você precisa tomar a decisão final sobre se o produto está pronto ou não.

Esse momento pode ser desafiador para o gerente de produto por uma variedade de razões. Sua equipe de engenharia está cansada e provavelmente quer lançar o produto e tirar uma folga, sua gerência quer as receitas adicionais associadas ao produto e seus clientes podem estar lhe cobrando por ele. Contudo, você ainda deve ser muito cuidadoso ao considerar se o produto está pronto, porque lançar um produto que tem grandes deficiências pode não apenas acabar com as receitas do produto, mas também limitar severamente sua carreira.

Alguns dos principais fatores a serem considerados ao tomar a decisão incluem:

» Qual a porcentagem de testadores beta que acreditam que o produto está pronto para ser lançado?

» Qual é seu nível de confiança sobre a solidez do produto? Você está 50% confiante? Talvez 95% confiante? Algum desses números é aceitável?

» Qual é o risco se você souber que há problemas e quão rapidamente podem ser resolvidos?

» Você tem o luxo de poder esperar, ou sua concorrência roubará muito market share caso faça isso?

O grande lance (e também desafiador) a respeito de ser um gerente de produto é que você está onde a grana para. Você tem o poder de decidir se o produto está pronto para ser lançado para os clientes. De toda forma, explique sua decisão para a equipe de desenvolvimento e da gerência. Não tenha medo de tomar a decisão certa a essa altura. Afinal, sua maior responsabilidade é garantir que o produto tenha o maior sucesso possível.

238   PARTE 3 **Construindo e Maximizando o Êxito do Produto: Da Criação...**

> **NESTE CAPÍTULO**
>
> » Considerando elementos importantes de lançamento, incluindo primeiras impressões
>
> » Estabelecendo objetivos quantificáveis de lançamento
>
> » Determinando o tipo de lançamento
>
> » Escrevendo um plano de lançamento e o comparando com seus objetivos
>
> » Garantindo que sua equipe de lançamento e seus marcos estejam posicionados

Capítulo **14**

Decolar! Planejando e Realizando um Lançamento Eficaz do Produto

Os integrantes de sua equipe têm trabalhado bastante para desenvolver um ótimo produto com base em uma estratégia vencedora e nas necessidades do cliente que você forneceu. Agora vem a parte empolgante, quando você mostra aos clientes e ao resto do mundo no que tem trabalhado e lhes dá a chance de comprar o produto.

Lançar seu produto é tão importante quanto desenvolver um ótimo produto. Se o lançamento não for eficaz, os clientes não saberão de sua solução e podem ter uma má impressão de seu produto, e você poderá não alcançar os objetivos de receita e lucratividade. Sendo assim, planejar com antecedência é crucial. Quando está na fase de qualificação (ou até mesmo antes, durante a fase de desenvolvimento), você deve planejar o lançamento de seu produto, para que quando ele estiver pronto para ser vendido, você esteja pronto para realizar um lançamento eficaz que atinja seus objetivos. (Vá ao Capítulo 3 para mais informações sobre as fases do ciclo de vida do produto.)

Reflita sobre as questões e aspectos mais importantes de seu lançamento e para ajudá-lo a se comunicar com os outros sobre os detalhes, o orçamento e os comprometimentos de orçamento necessários para o lançamento.

Desvendando o que Fazer e o que Não Fazer em um Lançamento Bem-sucedido de Produto

É simples: cause uma ótima primeira impressão ao planejar o lançamento com antecedência. Claro, há muitos fatores em um lançamento bem-sucedido de produto, mas se você seguir a regra de planejar com antecedência, terá um ótimo começo. Continue lendo para descobrir a importância de uma primeira impressão positiva, o impacto de uma primeira impressão negativa e os elementos de um lançamento bem-sucedido.

Entendendo a importância das primeiras impressões

Não há palavras para descrever o quanto é importante causar uma boa primeira impressão no lançamento. Veja a seguir o que uma boa primeira impressão pode fazer por seu produto:

» **Estabelece o estágio de concorrência.** Se você está entrando em um mercado carregado, uma boa impressão lhe dá a chance de ser considerado no lugar das alternativas da concorrência. Se está entrando em um mercado novo, uma impressão positiva lhe dá a chance de estabelecer o padrão contra o qual todos os novos produtos serão julgados.

» **Oferece uma presença online positiva e sustenta reações afirmativas do boca a boca.** Os clientes, como nunca antes, confiam nas informações do boca a boca, da internet e das mídias sociais.

» **Permite uma cobertura positiva da mídia e avaliações excelentes do produto.** A mídia, como os clientes, adora dizer aos outros sobre os produtos que ama.

Em contrapartida, uma má primeira impressão pode realmente danificar a imagem de seu produto e seus lucros. Veja o que acontece quando você gera uma má primeira impressão:

» **Deixa um gosto ruim na boca do cliente.** Ao lançar um produto que não está pronto para o mercado, você está abrindo a porta para uma multidão de problemas que os clientes podem encontrar com um produto incompleto. Os clientes são exigentes. Oferecer a eles uma experiência ruim vai deslustrar sua marca, e eles podem não querer experimentar seu produto — ou até sua empresa — uma segunda vez.

» **Cria uma presença online fraca.** Uma impressão ruim pode viver para sempre através dos posts negativos na internet.

» **As vendas geralmente param.** Se a primeira experiência que o cliente tiver com seu produto lhe der uma impressão ruim, a fama pode chegar a outros clientes potenciais, que escolhem não comprar seu produto, e você pode não alcançar suas projeções de receitas.

Detalhando os elementos de um lançamento bem-sucedido de produto

Há muitos elementos em um lançamento bem-sucedido de produto:

» **Planejamento:** Siga um plano para garantir que todos os elementos de seu lançamento estejam posicionados.

» **Comunicação:** Comunique-se com todas as partes internas e externas para que a percepção de seu produto seja ampla.

» **Timing:** Planejar um lançamento leva geralmente entre três e seis meses. A sequência de eventos é escalonada dependendo da proximidade com o cliente: departamentos internos primeiro, parceiros e mídia em seguida, e finalmente os clientes e o público em geral. Seu objetivo é um entrosamento ininterrupto da prontidão de operações, de vendas e marketing e do produto.

» **Mix eficaz de programa de marketing:** Já escolheu o mix certo de atividades, tais como propaganda online combinada com comentários sobre o produto e uma campanha de mídia social? Criar o mix correto de programa de marketing gera os resultados de vendas que você combinou com sua empresa.

» **Mensagens convincentes:** Quais mensagens motivarão os clientes a comprar seu produto? Você precisa entregar essas mensagens de algum modo específico para ser mais eficaz? Já as testou com clientes potenciais?

CAPÍTULO 14 **Decolar! Planejando e Realizando um Lançamento Efetivo...** 241

> **Orçamento para atingir os objetivos:** Se tiver grandes objetivos de vendas, seu orçamento de marketing e de lançamento precisa lhe permitir alcançar os clientes com as ferramentas apropriadas de marketing.

> **Alcance da mensagem:** Garanta que as atividades de marketing que você aplicar alcancem os clientes que você quer e evitem gastar dinheiro alcançando aqueles que não são seu público-alvo.

> **Prontidão do produto:** Seu produto deve estar pronto com o nível de qualidade que os clientes esperam. Se não estiver, você desperdiça muito dinheiro ao atrair as pessoas para um produto que ou não está pronto, ou decepciona os clientes.

Manter isso em mente pode ajudá-lo a garantir todo o possível para fazer um lançamento muito bem-sucedido e ter as melhores chances de alcançar suas metas de receitas.

Estabelecendo Objetivos de Lançamento

É importante que aquilo que você busca alcançar com seu lançamento esteja muito claro. Seus objetivos de lançamento guiam todos os outros elementos de seu plano, tais como quanto você gastará, quais programas de marketing usará, onde e se quer exposição através das relações públicas e qual tipo de lançamento vai querer usar.

LEMBRE-SE

Escolha objetivos que possa medir. De outro modo, não conseguirá fazer uma análise direta para determinar se seus planos atingirão seus objetivos. Por exemplo, se o objetivo é gerar 1.000 leads [clientes potenciais], você pode analisar quanta exposição suas atividades de lançamento vão lhe dar e estimar se isso é o suficiente para chegar ao objetivo. Claro, usar números concretos também significa que você pode mensurar se alcançou seu objetivo.

Você pode ter simplesmente um objetivo, ou pode ter múltiplos, dependendo do que está tentando realizar com seu lançamento. Veja alguns exemplos de tipos diferentes de objetivos:

> Identificar 700 leads bem qualificados, 3% dos quais compram os produtos, gerando a venda de 21 unidades e $600.000 em receitas.

> Ir ao mercado com um *produto viável mínimo* (MVP), que tem atributos e funcionalidade mínimas, para conseguir o feedback do cliente e rapidamente aprimorar o produto.

PAPO DE ESPECIALISTA

Lançar um MVP é uma estratégia comum para startups, assim como para empresas que levam novos produtos ao mercado usando as metodologias de desenvolvimento Lean startup e Ágil. Os Capítulos 8 e 12 têm explicações sobre os conceitos Ágil e Lean.

» Tornar-se o líder de mercado de fato ao conseguir 12 comentários e menções positivas em uma lista-alvo de publicações e sites.

» Dentro de três meses, conseguir 20 mil assinantes que usem o serviço e o indiquem para pelo menos um amigo.

» Ter 90% ou mais dos clientes indicando que recomendariam o produto para um colega ou amigo.

Verificando Tipos Diferentes de Lançamento

As possibilidades de lançamento variam de uma atualização de aplicativo a cada duas semanas para um lançamento completo a cada um ou dois anos. Continue lendo para ver as vantagens e desvantagens de tipos diferentes de lançamento e o que funcionará melhor para seu produto.

Lançamentos com Ágil ou muito frequentes

Alguns produtos não precisam de nenhuma atividade formal de marketing de lançamento. Por exemplo, se é um produto para a web e você lança novos atributos online uma vez por mês, pode ser que tenha que fazer muito pouco a não ser notificar seus clientes com um pop-up sobre quais são os novos atributos. Esse tipo de estratégia de lançamento é comum com as equipes fazendo o desenvolvimento Ágil. Se a nova versão de seu produto contém grandes atributos, você pode querer atualizar seu site e materiais de marketing para incluir os novos. A desvantagem desse tipo de abordagem é que os lançamentos são geralmente tão pequenos que conseguir qualquer tipo de cobertura da mídia ou gerar muita empolgação é difícil, porque tudo o que você faz é um lançamento menor.

DICA

Assegure-se de que a cadência de seu lançamento considere a rapidez necessária para que seus clientes aprendam a usar os novos atributos. Se mudar seu produto com muita frequência, mesmo se os novos atributos oferecerem valor, seus clientes podem ficar sobrecarregados e infelizes. Essa questão é especialmente verdadeira se os novos atributos mudarem a maneira como os clientes realizam qualquer uma das tarefas importantes e cruciais que realizam rotineiramente com seu produto. Se os clientes tiverem que reaprender a fazer as tarefas básicas, podem ficar frustrados e escolher outro produto. Uma estratégia para combater a overdose de lançamento de atributos — e ajudá-lo a gerar motivação, repercussão e percepção sobre seu produto — é segurar o lançamento de interações menores do produto até que o desenvolvimento esteja completo. Uma empresa que usa esta técnica bem é a Salesforce.com. Embora a empresa faça um desenvolvimento Ágil completo, ela vai segurando os atributos e faz grandes lançamentos com menos frequência, para que os clientes sejam inundados constantemente com os novos atributos das novas versões de seus produtos.

De modo fácil: O lançamento suave

O primeiro tipo de lançamento é o *lançamento suave*. Ele é usado quando o produto é lançado sem muitas atividades correspondentes de lançamento que gerem uma percepção abrangente. Às vezes as empresas fazem esse tipo de lançamento se o produto não está totalmente pronto e elas querem mobilizar um conjunto limitado de clientes que podem ter acordos especiais para pagar mais tarde, até que o produto esteja pronto. As startups geralmente usam os lançamentos suaves porque elas não têm recursos financeiros e de marketing para fazer muito mais. Elas podem precisar lançar um produto rapidamente, capturar alguns clientes e receitas e depois usar os resultados para buscar investidores de risco para que financiem a expansão de suas vendas e esforços de marketing.

A outra razão para fazer um lançamento suave é que a empresa quer levar o produto para os clientes rapidamente no intuito de obter um feedback rápido e melhorar o produto. Para os produtos que são um tipo totalmente novo de oferta, o feedback rápido pode ser útil para que se façam correções em curso para uma versão 2.0 ou 3.0 que de fato atenda às necessidades do mercado.

A desvantagem de lançamentos suaves (quando um produto está totalmente pronto e o objetivo da empresa é maximizar as receitas) é que, muito mais frequentemente, eles geram pouca ou nenhuma receita. Uma vez que um lançamento suave não causa o impulso de uma grande apresentação com as atividades correspondentes de marketing e RP, a consequência é, geralmente, pouca ou nenhuma cobertura da mídia, e a empresa fica, semanas mais tarde, se perguntando por que não conseguiu gerar mais interesse pelo produto e por que não atingiu os objetivos de receita. Uma vez que o produto é lançado, a empresa não pode voltar atrás e relançá-lo, porque ele já está disponível e não é mais novidade. Então a empresa deve criar programas de marketing extensivos e caros para tentar compensar a falta de percepção criada pelo lançamento suave.

Um pequeno esforço: O lançamento mínimo

Um *lançamento mínimo* é algo a ser considerado quando você tem um orçamento de lançamento limitado e poucos recursos. Seu produto pode não ser tão importante quanto a estratégia e o sucesso global da empresa, ou você pode ter criado uma revisão pequena e apenas quer que seus clientes atuais saibam disso para que façam o upgrade.

As empresas também usam o lançamento mínimo porque não conseguiram planejar com antecedência, e então têm que fazer um lançamento mínimo rápido, porque estão sem tempo. Outro cenário é que as empresas erroneamente acham que precisam apenas de um lançamento mínimo para atingir seus objetivos. Isso acontece por causa de expectativas irrealistas sobre a importância do produto para o mercado e a hipótese de que o produto se venderá sozinho.

Os lançamentos mínimos podem ser muito eficazes se você usar seus recursos com sabedoria. Por exemplo, em vez de tentar fazer um *lançamento horizontal* para deixar todo o mercado ciente do produto, uma empresa pode querer buscar um *mercado vertical* bem específico, como nas empresas de planos de saúde, com uma combinação de e-mails em massa, RP e seminários. Se o produto for uma boa solução na vertical, ele pode trazer as receitas necessárias para a empresa expandir as campanhas de marketing mais tarde.

Os lançamentos mínimos podem ter as mesmas desvantagens dos lançamentos suaves (veja a seção anterior). Quando uma empresa lança o produto minimamente, ela pode ter que gastar uma quantia extraordinária de dinheiro para gerar o impulso de receita necessária, se conseguir.

Força máxima: O lançamento de escala total

Um *lançamento de escala total* é designado para maximizar a percepção, gerar o máximo de leads e de vendas possíveis e informar o setor de atividade sobre quem é sua empresa e por que você é importante. Você gasta mais dinheiro em um lançamento de escala total, mas, se o fizer corretamente, cada centavo é muito bem gasto, porque seus programas de marketing se complementam e proporcionam sinergia. Por exemplo, imagine que você faça dezenas de anúncios em publicações, seguidas de propaganda que alcançam os mesmos leitores, recebe ótimos comentários sobre o produto e depois envia um e-mail direto para seus clientes-alvo. Cada uma dessas exposições para o cliente em potencial cria uma percepção e credibilidade adicionais e se complementam, fazendo com que, no final, seus clientes sejam levados a agir e comprar seu produto.

Os lançamentos de escala total podem ser amplamente horizontais por natureza ou podem ter como alvo uma ou múltiplas verticais. A escolha depende de seu produto e da estratégia de marketing escolhida.

Um lançamento de escala total dá a melhor chance de sucesso a seu produto, embora muitas empresas tenham medo de gastar dinheiro para realizar um. Mesmo que elas tenham gastado milhões de reais para desenvolver um produto que mudará a vida de seus clientes, quando chega a hora de abrir mão de algumas centenas de milhares de reais, elas não são tão confiantes de que essa quantia possa ser necessária para gerar os milhões de faturamento que seus planos esperam.

Escolhendo um tipo de lançamento: Considerações essenciais

Uma estratégia excelente é usar o lançamento de escala total como ponto inicial. Se houver limites de orçamento, recursos ou tempo, redimensione seu plano e use o subconjunto de programas listados na Figura 14-1 (e ainda mais opções listadas no Capítulo 15) para fazer um lançamento mais mínimo. Isso lhe dará mais chances de sucesso, garantirá que não se esqueça de considerar todas as opções e permitirá que você faça trade-offs estudados sobre como alcançará seus objetivos. Use a Figura 14-1 para ver trade-offs nos resultados, e a Figura 14-2 para os custos relativos de cada tipo de lançamento.

	Lançamento Suave	Lançamento Mínimo	Lançamento de Escala Total
Orçamento e recursos necessários	Baixo	Médio	Alto
Riscos	Pode não gerar a percepção necessária e custar significativamente mais para fazer isso posteriormente	Pode não ser suficiente para alcançar objetivos agressivos ou irreais	O produto ou o mercado pode não estar pronto e o investimento de dinheiro e recursos pode acabar não compensando
Geração de percepção da marca e do produto	Baixa	Média	Alta
Recompensa possível	Baixa, a menos que o objetivo seja gerar um nível baixo de percepção porque o produto não está totalmente pronto para encantar os clientes	Média a alta, se o produto encantar completamente os clientes, ele pode ser viral através do boca a boca	Alta, devido ao fato de que esta estratégia gera o máximo de percepção possível e seleciona os clientes que possivelmente vão ouvir sobre o produto positivamente, várias vezes, em um curto período de tempo

FIGURA 14-1: Trade-offs de tipos de lançamento.

© 2017, 280 Group LLC. All Todos os direitos reservados.

Item	Lançamento Suave	Lançamento Mínimo	Lançamento de Escala Total
Empresa de RP por seis meses ou boletim de imprensa apenas	$1k	$1k	$120k
Campanha AdWorks	$4k	$4k	$5k
Capacitação de vendas: treinamento, colateral, demo	$5k	$10k	$25k
E-mail em massa para listas compradas		$10k	$20k
Propaganda impressa			$250k
Trade show ou evento de lançamento			$30k
Programa de canal de marketing			$50k
Atividades de guerrilha pelo pessoal da casa	✓	✓	✗
TOTAL	$10k	$25k	$500k+

FIGURA 14-2: Custos de tipos de lançamento.

© 2017, 280 Group LLC. Todos os direitos reservados.

246   PARTE 3 **Construindo e Maximizando o Êxito do Produto: Da Criação...**

PAPO DE ESPECIALISTA

Atividades de marketing de guerrilha são as ações que os colaboradores e amigos da empresa realizam para promovê-la. Isso inclui que eles vistam camisetas do produto em um evento, escrevam blogs, postem no Twitter e curtam e compartilhem os artigos do blog da empresa no LinkedIn. Todas essas atividades custam pouco ou nada. Elas também causam um impacto mínimo, mas quando você não tem um grande orçamento, é preciso ser criativo. As atividades de marketing de guerrilha têm um impacto muito pequeno nos lançamentos de escala total, como se nunca tivessem ocorrido.

Fazendo um Lançamento Tranquilo de Produto

Você tem um plano sólido desenvolvido para alcançar seus objetivos realisticamente. O fator crítico agora é realizar um lançamento impecável, para que tudo ocorra conforme o planejado (embora você possa ajustar o plano onde/se necessário) e para que a empresa e a equipe de lançamento lhe deem o suporte e a cooperação de que você precisa.

Algumas empresas têm grupos dedicados a realizar lançamentos de produtos, enquanto outras têm processos específicos de lançamento com papéis, responsabilidades e timelines muito claros. Porém, algumas não têm nada dessa infraestrutura posicionada, então você tem que dar o primeiro passo, criar e implementá-la para este e futuros lançamentos. Não tenha medo de definir as melhores práticas e um processo simples que declare quem faz o que e quando. Fazer isso reduzirá o estresse futuro e posicionará você como um líder bem informado e que leva os melhores interesses da empresa no coração. A equipe provavelmente receberá bem um processo simples que minimize as falhas, o apagar incêndios e a retirada das pedras no caminho.

Montando seu time de lançamento

Identifique quem estará no time de lançamento de cada um dos departamentos, incluindo operações, marketing, suporte, engenharia, relações públicas, controle de qualidade, área internacional e quaisquer outros grupos pertinentes. O setor de vendas pode estar em seu time de lançamento, mas geralmente o pessoal não está no escritório. É mais fácil mantê-los informados ou pedir uma participação específica conforme necessitar. Reúna-se com os membros do time pelo menos três meses antes do lançamento para dar as primeiras informações, repassar o plano e estabelecer o que se espera e precisa deles. Se houver resistência, este é o momento para lidar com ela e garantir que há um comprometimento total.

Informe sua empresa e o maior número de envolvidos e executivos sobre quem está no time de lançamento, para que os membros do time se sintam felizes de estar incluídos e publicamente comprometidos com o sucesso do lançamento. Reconheça o papel de cada membro do time e as habilidades especiais que eles têm como fatores decisivos do plano e demonstre confiança de que a equipe pode entregar o que é esperado.

Registrando os marcos e garantindo a prestação de contas

Faça um gráfico dos marcos e uma tabela com as atividades essenciais, como as fases colaterais e o conteúdo do site, ao serem realizadas, mostrando quem está responsável por elas. Inclua os prazos, para que possa controlar o progresso semanalmente, e faça reuniões com o time de lançamento sempre que necessário, para que possa prestar contas à equipe e garantir que nada passe despercebido.

Não se esqueça de comunicar o status através de um relatório curto para um público maior, incluindo seus executivos e canais parceiros, para que saibam dos efeitos de como o plano está sendo realizado. Por exemplo, se o lançamento for liberado, avise-os para que possam se planejar e saibam como reagir em cada área. Compartilhe qualquer novidade ruim ou desafios com eles, e destaque os acontecimentos positivos — dando crédito ao time, é claro!

Preparando sua equipe de vendas e outros envolvidos

Uma ferramenta muito eficaz durante a fase inicial de seu lançamento é uma folha única sobre o lançamento do produto, como mostrado na Figura 14-3. Esse documento curto e simples oferece à sua equipe de vendas, e a outros leitores essenciais, a informação crucial que precisam saber. Criar esse documento e torná-lo prontamente disponível pode lhe economizar dezenas de horas respondendo perguntas e dando explicações (e reexplicando) os detalhes do produto.

FIGURA 14-3: Descrição do produto em uma página.

Visão Geral de Uma Página do Produto/Codinome
Confidencial para a Empresa
Descrição do produto em 100 palavras
Clientes-alvo
Posicionamento
Slogan
Três atributos principais
Proposta exclusiva de vendas
Precificação
Disponibilidade
Descrição dos canais sendo usados
Promoções
Disponibilidade estimada Beta: Golden Master (software final lançado):
Concorrência: três principais
FAQ: três a cinco principais

© 2017, 280 Group LLC. Todos os direitos reservados.

DICA

Logo no início do processo de lançamento, crie descrições de 25, 50, 100, 150 e 250 palavras sobre seu produto. Você precisará de descrições de vários tamanhos para a internet, catálogos, propagandas e sites parceiros, e fazer todos eles de uma vez economizará muito tempo.

Ao se aproximar do lançamento, treine o pessoal de vendas para que saibam a quem o produto se destina (isto é, as personas; veja o Capítulo 5), o que há para cada um no ciclo de compras, por que as vendas serão fáceis e convincentes e o que há para eles. (*Dica:* Faça com que o pessoal de vendas entenda como atingir seus objetivos e alcançar suas quotas e comissões facilmente!) Treine o pessoal de suporte, e caso seu produto esteja substituindo outro já existente, informe as pessoas certas sobre os planos de fim de vida e de retirada do produto. (O Capítulo 16 tem detalhes sobre o planejamento de fim de vida.) E treine e informe todos os outros que serão cruciais para manter a máquina de lançamento de seu produto rodando suavemente quando ele começar e progredir.

Criando um Plano de Lançamento de Produto

Seu plano de lançamento informará a sua empresa e aos envolvidos o que você está planejando e como isso os impacta. O processo de criação do plano vai ajudá-lo a pensar sobre os diferentes aspectos do lançamento para que esteja bem preparado para realizar o plano.

Reconhecendo a importância do plano de lançamento

Assim como tudo na vida, gastar um tempo planejando seu lançamento provavelmente será recompensado com um grande sucesso. Se você tem uma ideia de quais são seus objetivos e um plano bem elaborado, está indo na direção certa.

Em nossa prática de consultoria, temos dificuldades em acreditar como muitas empresas gastam tanto dinheiro desenvolvendo o próximo produto arrasador e, no entanto, dedicam tão pouco ou nenhum tempo para determinar como fazer o lançamento e conseguir que o motor de receitas e lucros continue funcionando. Elas simplesmente acham que os clientes virão aos bandos para o produto. Em vez de simplesmente confiar em achismos, garanta que esteja à frente do jogo para que seu trabalho para construir aquele ótimo produto não escoe pelo ralo.

O planejamento para o lançamento acontece durante as fases de desenvolvimento e qualificação (que discutimos nos Capítulos 12 e 13). **Nota:** Não se esqueça de revisar documentos que já desenvolveu, como o documento de estratégia de marketing. Eles contêm alguns dos elementos que tipicamente estariam em um plano de lançamento individual (como o mercado disponível total, segmentação de mercado, posicionamento e proposta exclusiva de vendas). Você pode atualizá-los agora com base em qualquer mudança no mercado e/ou produto e incluí-los no plano de lançamento se outros em sua empresa precisarem saber sobre eles e/ou aprová-los.

Preenchendo o modelo de plano de lançamento

O modelo de plano de lançamento inclui uma breve história de fundo. A maior parte dele é uma longa lista de atividades de lançamento e as razões para cada item. Quanto melhor puder contar a história global do lançamento e como todas as partes se encaixam, mais poderá defender seu plano de lançamento.

Sumário executivo

Resuma os objetivos de sua campanha: as mensagens da empresa, o público do produto, os objetivos para o lançamento e como medirá o sucesso do lançamento. Identifique aqui os atributos essenciais do produto que está lançando, incluindo atributos, funções e requerimentos de sistema. Você pode pegar alguns desses itens no documento de estratégia de marketing.

Descrição do produto

Inclua uma breve descrição do produto (dois ou três parágrafos) informando o que é o produto, os principais atributos e benefícios que ele oferece e como ele soluciona os problemas do cliente. Essa é uma síntese da informação que você criou no documento de necessidades do mercado junto da solução, conforme definida no documento de descrição do produto.

Público-alvo

Quem é seu cliente-alvo? Quem são as personas do produto? Quais são seus segmentos de mercado-alvo? Quais segmentos de negócios você está buscando? Identifique aqui os fatores diferenciais de seus produtos e as necessidades do cliente que eles satisfazem. Identifique o valor do consumidor e o custo total de questões de propriedade.

Mensagens principais

Quais são as mensagens principais do produto? Da sua empresa? Essa informação virá da plataforma de mensagens que você criou como parte do documento de estratégia de marketing discutido no Capítulo 10.

Fatores cruciais para o sucesso

Inclua os critérios específicos que indicam que o lançamento foi um sucesso. Inclua objetivos concretos e mensuráveis, como objetivos de receitas, números de artigos/menções na mídia, número de parceiros levando seu produto, disponibilidade de canal e percepção competitiva no mercado.

Datas e marcos cruciais

Faça uma lista com todas as datas e marcos cruciais, incluindo a disponibilidade do produto, a finalização do nome do produto, o orçamento, o posicionamento e as atividades de mídia.

Comprometimentos internos e donos

Liste todos os comprometimentos dos indivíduos ou dos grupos em sua empresa necessários para o sucesso e indique quem é o responsável por cada um.

Comunicações de marketing

Quais veículos de marketing darão mais certo para você, considerando seu limite de orçamento e seu público-alvo? A seguir há alguns componentes que os gerentes de produto precisam considerar:

» **Materiais adicionais:** Quais tipos de materiais, como ficha técnica do produto, catálogos e outros, você precisa para dar suporte ao lançamento? Os materiais correspondentes da empresa são necessários? As peças adicionais relativas à empresa como um todo precisam ser atualizadas?

» **Evento/conferência de imprensa:** Você quer fazer um evento/conferência de imprensa para seu produto? Quais pessoas essenciais da mídia você quer convidar? Você pode decidir em qual mídia específica quer se concentrar com base em suas mensagens principais.

» **Trade Show:** Você quer marcar presença em uma feira ou evento de negócios em que seu público-alvo estará presente? Como essa presença se dará — um estande, uma sala ou reuniões individuais com o cliente? Quem de sua empresa fará essas reuniões?

» **Boletins de imprensa:** Envie comentários de seus clientes prime/beta para as publicações-alvo.

» **Publicações:** Crie artigos especiais para publicações-alvo. Envie artigos escritos por alguém da empresa ou fique disponível para entrevistas com publicações e redatores online.

» **Avaliações do produto:** Você fará avaliações do produto? Publicará os dados de benchmark [padrão de referência]? Quais fontes reputáveis mencionará?

» **Comunicação online:** Como será sua comunicação online? Quais propagandas online desenvolverá e usará (banners de propaganda, e-mails da campanha, e assim por diante)?

» **Sites da empresa:** Você atualizará os sites da empresa? Quais? Oferecerá demonstrações de seu produto? Através de um site?

Marcos

Faça uma lista com uma timeline global das atividades que precisam acontecer no plano de lançamento.

PARTE 3 **Construindo e Maximizando o Êxito do Produto: Da Criação...**

Financeiro e alocação de orçamento de lançamento

Qual é o orçamento para seu plano de lançamento? Providencie um gráfico pizza mostrando como alocará o orçamento de lançamento (veja a Figura 14-4) e dê detalhes em uma tabela. Inclua uma explicação curta com a justificativa para alocar os fundos desta maneira.

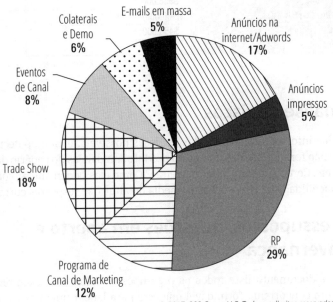

FIGURA 14-4: Amostra de alocação de orçamento de lançamento.

© 2017, 280 Group LLC. Todos os direitos reservados.

Orçamento de lançamento e ROI

Qual é seu orçamento de lançamento? Como espera que cada item contribua para o retorno sobre o investimento (ROI) global do lançamento? Suas vendas de lançamento geralmente não recuperam todos os custos de desenvolvimento do produto. Idealmente, você quer que as vendas geradas durante o lançamento reembolsem os gastos de lançamento. Se está trabalhando para uma startup ou tem ciclos de vendas muito longos, recuperar seu investimento durante o lançamento pode não ser possível. A Figura 14-5 mostra um cálculo típico de ROI de plano de lançamento. Veja o Capítulo 9 para mais informações sobre os cálculos de ROI.

CAPÍTULO 14 **Decolar! Planejando e Realizando um Lançamento Efetivo...** 253

Programa	Custo	Nº de Exposições	Nº de Leads	Vendas Fechadas	Lucro
Webinars	$75.000	1.200	24	3	$9.600
Adwords/Propaganda Online	$100.000	500.000	12.500	1.250	$125.000
Distribuição de White Papers	$75.000	40.000	4.000	40	$160.000
Trade Shows	$140.000	6.000	2.400	240	$384.000
E-mails em Massa – Clientes Conhecidos	$75.000	3.000	300	30	$120.000
Programa de Canal de Marketing	$35.000	10.000	1.000	70	$160.000
TOTAL	$500.000				$958.600
Lucro Total	$958.600				
Menos o Custo total	$(500.000)				
Retorno Líquido	$458.600				
ROI	92%				

FIGURA 14-5: Orçamento de lançamento com ROI.

© 2017, 280 Group LLC. Todos os direitos reservados.

Análise de riscos

Inclua informações sobre todos os riscos possíveis, incluindo decisões cruciais que não foram tomadas, falhas no produto, mudanças no cenário da concorrência etc. Como superará essas barreiras? Como elas podem afetar sua empresa? A probabilidade de riscos é baixa, média ou alta? Use respostas curtas.

Pressupostos, questões em aberto e governança

Neste documento liste todos os pressupostos feitos. Por exemplo, você pode ter um concorrente formidável que está para lançar uma nova versão do produto dele, e seu plano de lançamento pode presumir que o lançamento de seu produto ocorrerá seis meses antes.

Liste todas as decisões em aberto, incluindo o orçamento final e qualquer outra coisa que precise ser resolvida para ir em frente. Registre qualquer questão em aberto durante a criação desse documento. Quando a questão for resolvida, documente-a. Qualquer questão não resolvida deve ser transferida a uma parte responsável.

Descreva os processos de governança e as estruturas dentro da empresa. O que aconteceu até agora, e quais são os próximos passos? Seja breve.

Aprovação de documentos

Faça uma lista com o nome e a função daqueles que contribuíram e dos revisores principais desse documento.

254   PARTE 3 **Construindo e Maximizando o Êxito do Produto: Da Criação...**

Equipe central do projeto

Especifique quais comprometimentos são necessários de cada departamento envolvido. Quais pessoas nomeadas são parte do time de lançamento? Qual é o papel delas no lançamento?

Validando o Plano perante Seus Objetivos de Lançamento

Ao chegar perto da finalização do plano, esteja certo de que fez uma verificação real para determinar se ele consegue atingir os objetivos declarados de lançamento. Responda as perguntas essenciais, como se o tipo de lançamento, orçamento, recursos alocados e o comprometimento da empresa são suficientes para atingir o necessário para fazer do produto e do lançamento um sucesso.

Um dos objetivos mais comuns é alcançar um certo nível de vendas, receita, lucros e/ou adoção e uso pelo cliente. Analise seu plano de lançamento cuidadosamente para determinar se suas atividades atrairão clientes potenciais suficientes, para perceber e considerar que, mesmo que alguns deles desistam, você ainda terá um número de unidades vendidas e receitas que é realista, considerando seus objetivos.

DICA

Faça uma análise como a mostrada na Figura 14-6 e apresente-a aos executivos e envolvidos para conseguir o apoio e recursos necessários, ou estabeleça as expectativas de como os resultados provavelmente se alinharão com os objetivos da empresa. De outra forma, espere mostrar objetivos insensatos — e ser o culpado por falta de resultado se as coisas não derem certo. Ao incluir os pressupostos, faça com que todos vejam cada um e entendam os cálculos e depois registre os resultados, a fim de usar os dados para construir seu caso e levar a empresa a lançar com sucesso.

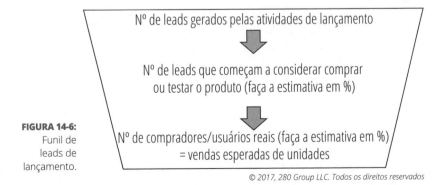

FIGURA 14-6: Funil de leads de lançamento.

Use a Figura 14-6 para praticar com o exemplo a seguir de baixo para cima. A empresa concordou que seu objetivo é vender 1.000 unidades nos três primeiros meses durante o lançamento. Assim, você tem uma expectativa de 1.000 unidades vendidas. Agora comece pelo topo. Seu marketing gera 10.000 leads (as pessoas que querem saber mais sobre seu produto). Sua estimativa é de que 5% (10.000 x 0,05 = 500) dos leads conheçam mais sobre o produto e considerem comprá-lo. No próximo passo você estima que 10% dos 500 que consideram comprar de fato fazem a compra; isso representa 50 (500 x 0,10) unidades vendidas, nem de perto seu objetivo de 1.000 unidades. Fazendo o cálculo ao contrário, se o objetivo é vender 1.000 unidades, então teria que ter 10.000 pessoas que consideram comprar (1.000/0,10) e 200.000 (10.000/0,05) leads. Esse é um aumento de 20 vezes sobre os 10.000 que tinha planejado. E agora você tem que explicar que vai precisar de mais orçamento de marketing para atingir os objetivos de vendas.

Uma vez que o lançamento esteja acontecendo, analise como está indo em relação aos objetivos declarados e faça ajustes de como e onde seus fundos de marketing são gastos. Faça uma revisão formal com o time de lançamento para avaliar como o processo de lançamento funcionou: o que deu certo e o que pode ser melhorado? Você atingiu seus objetivos? O que aprendeu com as hipóteses, os papéis, as responsabilidades e os cronogramas? Colete os resultados formalmente e compartilhe com a empresa. Se fizer uma revisão formal, compartilhe os resultados e ajude a empresa a melhorar constantemente. Você não apenas terá um sucesso maior e receberá aceitação por seus esforços como também começará a ser percebido com um verdadeiro líder de produto e da empresa.

NESTE CAPÍTULO

» Lidando com os fundamentos de marketing

» Usando o forecasting para pensar no futuro

» Deixando seu plano de marketing o melhor possível

» Alinhando as atividades de marketing

» Ajustando seu plano para aumentar o sucesso

Capítulo **15**

Maximizando a Receita e os Lucros de Seu Produto

Este capítulo discute a fase na qual provavelmente seu produto passará a maior parte do tempo: maximização. Muitos produtos na fase madura do ciclo de quatro fases do produto (veja o Capítulo 3) ficam lá por anos, ou até décadas. Maximizar as receitas requer trabalhar com todos os aspectos do marketing para continuamente melhorar a mensagem, os programas de marketing, a precificação, os canais e, possivelmente, o próprio produto.

Marketing é um tema vasto, e é tratado em profundidade em livros como *Marketing para Leigos*, de Alexander Hiam. Neste capítulo focaremos o conhecimento e as ferramentas de marketing que lhe permitirão, como gerente de produtos, dialogar eficazmente com seus colegas de vendas e marketing. No fim, a gestão de produtos, o marketing e as vendas querem maximizar as vendas e os lucros. Este livro não pode tratar em profundidade cada uma das situações possíveis e todos os conceitos sobre marketing, então este capítulo se detém nos conceitos centrais.

CAPÍTULO 15 **Maximizando a Receita e os Lucros de Seu Produto** 257

Ao obter o know-how básico sobre marketing, você pode contribuir efetivamente com o plano de marketing e acompanhar e descobrir se a campanha de marketing é um sucesso. Este capítulo apresenta os fundamentos tanto de marketing como de forecasting e mostra como você pode colocá-los em prática após seu produto ter sido lançado.

Entendendo o Básico sobre Marketing

O básico do marketing é saber o vocabulário a ser usado com o pessoal do departamento de marketing e trabalhar com eles de maneira eficaz. É comum você trabalhar bem de perto com o pessoal de marketing (geralmente conhecidos [nos Estados Unidos] como *marcom*, abreviação [em inglês] de comunicações de marketing), então falar a língua deles é importante.

As seções a seguir dão alguns insights sobre o que acontece no departamento de marketing para que você possa ser um participante ativo.

Mix de marketing

O *mix de marketing* é a combinação de vários fatores diferentes que você pode usar para mudar como seu cliente percebe sua oferta total de produto. O mix de marketing é tradicionalmente conhecido pelos quatro *Ps*, embora, na realidade, existam sete *Ps* a serem considerados. Explicaremos cada um nas seções seguintes. Ao trabalhar em seu plano de marketing, olhe todos os aspectos de sua oferta de produto inteiro e a ajuste, para que tudo funcione bem para contar sua história ao consumidor.

Ao planejar suas atividades de marketing e todos os serviços associados (ou rever um plano que está sendo criado por outra pessoa), lembre-se dessas sete variantes do mix de marketing conforme for criando um quadro de qual será a melhor forma de vender o produto e deixar os clientes satisfeitos após a compra.

Os quatro Ps fundamentais

Os quatro *Ps* tradicionais são *produto*, *preço*, *praça* (que na verdade é distribuição, mas essa palavra não começa com p) e *promoção*.

PRODUTO

Para atender melhor às necessidades do seu mercado-alvo, você pode variar ou ajustar seu produto das formas comuns a seguir:

> » **Variedade:** Quantos tipos diferentes de produto você oferece? Uma forma comum de variar sua linha é ter uma série de produtos que correspondem a bom, melhor e o melhor.

258   PARTE 3 **Construindo e Maximizando o Êxito do Produto: Da Criação...**

- » **Qualidade:** Os produtos oferecem níveis diferentes de qualidade? Um deles dura mais do que o outro?

- » **Design:** Os produtos podem ser desenhados para aparentarem ser mais ou menos caros ou escalonados para servirem mais ou menos usuários.

- » **Atributos:** Quais atributos estão disponíveis? Quais não estão disponíveis em um produto mais barato?

- » **Marca:** Uma marca cara e luxuosa oferece uma expectativa de um produto de maior qualidade do que um produto sem marca.

- » **Embalagem:** Qual história a embalagem conta? Ela é luxuosa para um produto caro? Mais simples para um mais barato? A própria embalagem faz parte do valor do produto? Um exemplo é a caixa de cookies em formato de circo. O arco que fica em cima é o que as crianças usam para segurar a caixa, e qualquer gerente de produto que assume esse produto ouve "Não mexa com o arco!" Esse arco é uma parte tão inerente à experiência, que se torna intocável mesmo que outras partes da embalagem possam mudar.

- » **Serviços:** Algum serviço está associado diretamente ao produto ou disponível em adição ao produto principal?

A maioria das mudanças no produto é feita mais cedo no processo de desenvolvimento. Mas à medida que o produto é vendido, novos mercados-alvo surgem, e você deve estar pronto para ajustar sua oferta conforme o necessário. Geralmente você volta ao começo do processo de ciclo de vida do produto e começa com a introdução. No entanto, em vez de passar por cada passo do processo detalhado, você passa rapidamente pelas fases para chegar a um produto final, porque está baseando sua revisão em uma compreensão inerente preexistente do mercado.

PREÇO

Para conseguir o preço base, comece com o preço de varejo sugerido pelo fabricante (PVSF). Assim, a maioria dos produtos recebe descontos sobre o volume e a localização. Um produto de serviço adicional a ser considerado para ser oferecido aos clientes é o financiamento, que permite que os clientes comprem produtos caros e paguem ao longo do tempo. Isso aumenta o número de clientes que têm condições de pagar por seu produto. Para um olhar com mais profundidade sobre precificação, vá para o Capítulo 10.

Às vezes os preços sofrem desconto apenas por um certo tempo. Essa precificação promocional cria uma urgência artificial, o que significa que haverá a tendência de os clientes comprarem antes do que normalmente o fariam, porque querem aproveitar a vantagem do preço bom. Cada indústria tem seu vocabulário especial sobre precificação. Seu pessoal de vendas é uma ótima fonte de informações sobre como eles variam os preços para gerar vendas mais rápidas.

Os gerentes de produto têm mais ou menos controle sobre a precificação dependendo da regulação, da complexidade da precificação em um setor de atividade em particular e da quantidade de controle que a organização financeira demanda sobre a precificação. Quando podem, os gerentes de produto recomendam a precificação, que então é aprovada pela gerência e pelo financeiro.

CUIDADO

O preço é orientado por seu posicionamento no mercado. Se for uma marca de alto preço, baixar seu valor pode confundir os clientes. Deixe que sua marca e estratégia de produto orientem o preço, e não o contrário.

PRAÇA (DISTRIBUIÇÃO)

Seu produto normalmente é distribuído onde seus clientes estão acostumados a comprar seu tipo de produto. Se não tiver (ou não quiser) relacionamentos diretos com todos que vendem seus produtos (como lojas ou sites), você pode trabalhar com distribuidores. Eles vendem vários tipos de produtos através do outlet, que vende seu produto para o usuário final. Há uma forte interconexão entre a distribuição e o que o usuário final paga, porque um parceiro de distribuição traz um ou mais intermediários. Quanto mais intermediários exigem margens e lucros de seu produto, maior será o preço para o usuário final.

Os gerentes de produto não decidem qual mecanismo de distribuição uma empresa usará. As vendas são o fator-chave para tomar a decisão sobre a distribuição. No entanto, você deve saber quanta informação os clientes precisam para estar confortáveis o suficiente para comprar seu produto de um revendedor específico, parceiro de canal ou site. Com bens de preço alto, o tipo de experiência que os clientes têm com os revendedores também é um fator a ser considerado. Por exemplo, você pode encontrar um produto mais barato na Amazon, mas não terá nem de perto o tipo de experiência que teria em uma loja de revenda de produto caro, que pode tratar das devoluções ou configuração do produto e permitir que você experimente o produto mais facilmente. Certas marcas de preço alto têm uma distribuição extremamente limitada, porque, no caso delas, ser difícil de encontrar faz parte do atrativo.

Outra questão sobre distribuição tem a ver com a logística e o estoque. Se não quiser ter que pagar para manter seu produto em seu próprio depósito e não quer ter a dor de cabeça de lidar diretamente com lojas e revendedores, os distribuidores farão isso por você. O serviço de distribuição é pago com as margens que eles levam ao venderem o produto.

PROMOÇÃO

Promoção é provavelmente o que você visualiza em primeiro lugar ao pensar em marketing: propagandas, campanhas de vendas, tour com a mídia, entre outros. Sim, a promoção de seu produto é divertida. É até melhor quando você está certo sobre a mensagem que faz com que os clientes comprem (rapidamente, e com o preço sensato mais alto possível), e você comunica essa mensagem através do veículo adequado de marketing. É um ato complicado de malabarismo

— no qual você melhora com o tempo. Veja "Ajustando-se ao funil de vendas e de marketing" mais adiante neste capítulo para entender melhor todas as partes da sequência de promoção.

Os três Ps adicionais

Se você trabalha com produtos de serviço como linhas aéreas, bancos, igrejas e aluguel de carros, os três *Ps* a seguir também serão muito úteis. De fato, eles são úteis para qualquer produto, porque praticamente qualquer venda exige uma interação que depende de um desses três *Ps*. Para os produtos de serviço, no entanto, entendê-los pode significar a diferença entre o sucesso e o fracasso, uma vez que esses três *Ps* representam a única interação que um cliente tem com o produto.

PESSOAS

Os colaboradores que entregam um serviço a seus clientes são, às vezes, o único contato que o cliente terá com seu produto ou marca. Seu pessoal (colaboradores) e a habilidade deles em lidar de forma consistente e cuidadosa com vários tipos de clientes determinam o sucesso da sua empresa. Fazer um treinamento sobre como tratar os clientes bem e com consistência é algo fundamental para seu sucesso como serviço.

PROCESSO

Uma vez que o serviço é, na maioria das vezes, intangível, a consistência de como você oferece esse serviço faz com que seu cliente sinta confiança de que você sabe o que está fazendo. Se eles pedem que uma tarefa seja realizada, querem poder esperar que certos procedimentos e processos estejam sendo seguidos. Por exemplo, se você liga para seu banco, o processo correto é que verifiquem sua identidade de várias formas. Ligar para um banco não é o produto principal que oferecem, contudo, ao seguir um processo consistente, os clientes ficam confiantes de que esse banco é seguro em relação a todas os produtos que usam. O banco, afinal, está buscando o dinheiro dos clientes! Se você recebe muito feedback negativo deles, verifique como seu pessoal está seguindo o processo necessário. Ele pode precisar ser atualizado, melhorado ou simplesmente seguido mais de perto.

EVIDÊNCIA FÍSICA (PHYSICAL EVIDENCE)

No mundo online de hoje há pouquíssima evidência de que uma transação está ocorrendo. A evidência física (ou até a interface do usuário ou o recibo online, nesse sentido) é a única manifestação de que uma transação ocorreu. Se a evidência disponível não estiver clara de alguma forma, ela desvaloriza substancialmente o produto que foi oferecido.

Aqui estão alguns exemplos de evidência física que dão suporte ao valor de um produto de serviço:

>> Um cliente na Nordstrom interage com um vendedor e este lhe dá um cartão de visitas. Isso reforça o valor de marca de alto padrão da Nordstrom.

>> Seu software antivírus funciona oculto. De vez em quando, aparece uma janela e avisa quantos vírus foram bloqueados.

>> Você usa um serviço de cupons em uma loja. Uma vez por trimestre você recebe um e-mail mostrando quanto dinheiro economizou.

Lembre-se da evidência física para qualquer coisa que o cliente olhar. É ela que determina seus pressupostos de que o produto é bom, viável e valioso.

Trabalhando com comunicação e criando o marketing colateral

O *marketing colateral* ou material de marketing, se refere a tudo que você usa para comunicar sobre sua empresa e produto, como peças virtuais, impressos, vídeos e outros. Seu pessoal de comunicação sabe bem como criar o pacote todo de materiais com o custo mais baixo possível. Por exemplo, se eles insistem que uma peça de marketing tenha um tamanho específico, pode ser porque eles sabem que aumentá-la em um centímetro dobrará o custo. Eles sabem quanto tempo leva para criar e imprimir algo ou para deixar uma página de internet disponível online — incluindo o tempo de design. Eles sabem o papel que as fontes, o layout e o design têm para comunicar a mensagem da melhor forma para que o cliente possa de fato entender e usar o produto. Trabalhe perto deles. Você admirará as habilidades especializadas deles, e eles o ajudarão imensamente com o sucesso de seu produto.

Assim como escolher a roupa para um evento especial, o pessoal de marketing vai propor uma variedade de materiais para serem escolhidos. Alguns desses itens são criados por eles. E alguns, como a apresentação do produto, podem ser criados por você, o gerente de produto. No entanto, o catálogo deles com as peças comuns de marketing que foram criados pode guiá-lo para entender o que o pessoal de vendas considera útil. Se não ficar convencido pelo que propuserem, fale diretamente com alguns vendedores e pergunte o que acham útil. Com base em nossa experiência, o pessoal de vendas nunca usa nem 40% de todo o material de marketing, então você pode conseguir economizar dinheiro ao pesquisar de que exatamente o departamento de vendas e os clientes precisam e focar apenas nas peças-chave de marketing.

A equipe a seguir prepara os materiais de marketing:

>> **Gerente de produto:** Responsável pelo conteúdo principal, fatos técnicos, rascunhos iniciais e verificações técnicas finais.

» **Gerente de marketing de produto (se houver):** Desenvolve os primeiros rascunhos para garantir que seja usada a linguagem focada no cliente. Verifica os layouts finais preparados pelo pessoal de comunicação. Se não houver um gerente de marketing de produto, o gerente de produto realiza essas tarefas.

» **Pessoal de marketing:** Pega os textos iniciais e adiciona imagens e gráficos. Cria um layout com as informações que estão de acordo com os padrões do material de marketing da empresa. Verifica com a gerência do produto e com o marketing do produto se as versões finais estão corretas e providencia que os materiais criados sejam postados (online) ou impressos (cópias físicas).

Aqui estão algumas peças possíveis de marketing:

» **Datasheets e catálogos:** Datasheets [planilhas de dados conhecidas como "literatura técnica"] são a fonte inicial para a informação que é compartilhada com seus clientes. Geralmente é a primeira peça de marketing gerada e uma das mais usadas. O segredo para fazer uma planilha eficaz é ter dados e informações suficientes, mas não em excesso, para não cansar os clientes potenciais com detalhes. Uma boa ideia é focar o começo de uma planilha colocando os benefícios para os clientes e deixando as partes mais técnicas para o final dela. Os catálogos juntam vários produtos para contar uma história maior sobre as soluções de sua empresa. A informação em um catálogo é uma versão abreviada da planilha de dados ou conta a história de uma solução que o produto oferece.

» **Histórias de sucesso ou de casos:** Mais frequentemente usadas em ambientes B2B, esses itens são histórias criadas a partir de clientes reais que concordam em promover seu produto ou solução. Essencialmente, são depoimentos de como seu produto, ou grupo de produtos (solução), ajudou um cliente a resolver um problema real. As histórias de sucesso são usadas para convencer clientes potenciais de que sua oferta resolve a necessidade deles. As histórias de sucesso são ferramentas de vendas muito poderosas, então continue trabalhando para fornecer algumas delas ao pessoal de vendas, especialmente se souber que seus concorrentes as utilizam.

» **Demonstrações de produtos:** Um boa apresentação de produtos pode realizar maravilhas nas mãos certas. Crie um roteiro detalhado caso seja para uma apresentação ao vivo. Se não for algo que possa ser rapidamente replicado, planeje usar um vídeo ou screenshots [imagem digital] com comentários no PowerPoint.

» **Páginas de internet:** Crie algumas páginas-chave que contenham sua história. Caso o site de sua empresa não funcione bem para explicar a história particular de seu produto, veja do que gosta nos sites de outras empresas para ter mais algumas ideias. Então trabalhe com o pessoal de marketing para implementar sua versão dos sites de sucesso que viu.

CAPÍTULO 15 **Maximizando a Receita e os Lucros de Seu Produto** 263

» **Vídeos:** Os vídeos contam visualmente a história de seu produto. Um bom vídeo gerará tráfego de outros sites, como YouTube, o que aumenta o ranking de sua empresa em mecanismos de busca. Como um bônus, você pode adicionar propagandas no vídeo e gerar vendas ou capturar interesse imediato diretamente delas. Cuidado com vídeos chatos. Os clientes que não precisam desesperadamente de seu produto sairão rapidamente se não estiverem entretidos.

» **Apresentações:** Tal como a literatura técnica, a apresentação do produto é outra peça essencial no quebra-cabeça do conjunto de materiais de marketing. A apresentação é usada para descrever seu produto para o departamento de vendas, suporte, parceiros de canal externo e para a mídia, em uma variedade de eventos antes, durante e depois do lançamento de um produto. Se tiver orçamento ou um designer gráfico interno, será útil trabalhar com um profissional para melhorar a aparência da apresentação. Veja o livro *PowerPoint 2016 For Dummies* (sem publicação em português), de Doug Lowe, para aumentar sua habilidade com apresentações.

» **FAQs atualizadas:** Selecione todas as perguntas que fizerem durante suas apresentações e nas conversas com os clientes para usá-las na criação da FAQ (lista de perguntas mais frequentes) de seu produto. Talvez você tenha que criar uma para o público interno, como vendas e suporte, e outra para os clientes com menos informações sensíveis. Dependendo de sua empresa, de seu produto e de como é feita a venda, as FAQs são enviadas por e-mail, é feito o upload para bancos de dados internos e postadas na internet. Como gerente de produto, você geralmente será a única pessoa que tem as respostas, então ter as FAQs para oferecer aos outros fará com que economize bastante tempo.

» **Materiais de marketing para parceiros de canal:** Parceiros de canal são empresas externas que vendem seu produto para os clientes, em seu nome. Se você confia neles para gerar vendas a você, ofereça-lhes materiais de marketing. Isso garante que a mensagem seja consistente e que o visual e o impacto dos materiais sejam profissionais. Converse com seus parceiros de canal para descobrir de que precisam. Os pedidos comuns incluem modelos de e-mail aos clientes, gráficos, uma apresentação em que possam incluir o logo deles e os treinamentos aos vendedores (que recebem vários nomes diferentes nos diferentes ramos de negócio e empresas). Ao entregar o que seu parceiro de canal quer, você facilita a venda de seu produto para eles (e corta a possibilidade de que criem materiais que não se alinham com sua proposta). Por sua vez, eles ficarão mais propensos a vender seu produto.

» **Postagens em blogs e na mídia social:** Crie uma lista de possíveis postagens para blogs e um cronograma de publicação. (Planeje um tempo adicional caso sua empresa precise de aprovação legal sobre o que foi escrito.) Publique as postagens no site da empresa e use-as no LinkedIn, assim como em grupos no LinkedIn que estejam interessados no tópico. Destacamos o LinkedIn porque ele funciona bem para negócios B2B. Isso já não ocorre para negócios B2C. Poste em plataformas de mídia social nas quais seus clientes passam algum tempo. Isso aumenta o valor e a percepção de cada postagem que você cria.

ESCREVENDO DE FORMA LEGÍVEL

Os professores de idiomas realizam um esforço enorme tentando fazer com que os alunos aumentem seu vocabulário e usem estruturas complexas de frases. Escrever para o marketing significa desaprender um pouco disso. Uma boa escrita de marketing normalmente contém três elementos:

- **Linguagem mais simples:** Use palavras simples para transmitir sua ideia. Para simplificar uma longa aula de linguística: palavras mais curtas e com menos sílabas são mais eficazes para transmitir um ponto de vista e gerar ação.
- **Estrutura de frases simples e concisa:** Divida suas frases para que sejam mais interessantes de ler. Use tanto estruturas curtas quanto longas até certo ponto. Seus clientes entenderão mais facilmente o que você escreve.
- **Humor e sagacidade:** O humor faz com que a mensagem pegue melhor. Se não conseguir um humor suave de vez em quando, tente uma boa história ou exemplo. Isso prenderá a atenção do seu público.

MARKETING DIGITAL

Já que cada vez mais as atividades de marketing passam para o domínio virtual, você também precisa saber como o marketing digital funciona. Este tópico vai muito além do escopo deste livro, e ele inclui tudo, desde analisar um e-mail e tráfego de internet até selecionar propagandas em várias plataformas para sistemas de gestão de relacionamento com o cliente (CRM) para acompanhar as oportunidades de vendas.

Seu colaborador de marketing digital ou canal de marketing deve usar um painel de controle para visualizar o que está acontecendo com as diferentes atividades de marketing. Peça que ele lhe mostre as capacidades do sistema e busque oportunidades para acompanhar o que seus clientes estão de fato fazendo. Faça ajustes com base no que descobrir. Seu trabalho é descobrir, com seu pessoal de marketing, por que os clientes não estão fazendo o que você espera que façam e ajustar seus programas de marketing para melhorar as taxas de resposta.

CAPÍTULO 15 **Maximizando a Receita e os Lucros de Seu Produto**

Ajustando-se ao funil de vendas e de marketing

Em vez de lidar com um plano de marketing como um conjunto monolítico de tarefas, separe o que precisa fazer durante cada fase do processo de compras (percepção, interesse, avaliação, comprometimento e referência) usando um funil de vendas, como mostra a Figura 15-1. Geralmente encontra-se um desses na sala dos vendedores. Entretanto, o marketing também tem um papel nas diferentes etapas desse funil.

É um funil porque vários clientes começam no estágio de percepção. Ao pesquisarem sobre soluções oferecidas por produtos, começam a se concentrar em menos opções, naquelas que realmente parecem atingir suas necessidades. Então eles podem avaliar ainda menos opções antes de comprometer-se com uma solução.

Dependendo do tipo de seu produto, a transição entre marketing e vendas pode ser mais simples ou mais complexa, e pode ocorrer de forma rápida ou vagarosa. Por exemplo, quando foi a última vez que teve uma conversa com vendedores para comprar um livro online? Provavelmente não teve. Provavelmente fez o processo de compra inteiro através de um conjunto automatizado de atividades de marketing que não envolvem um vendedor. No entanto, se estivesse comprando telhas para sua casa, é muito provável que passaria por um ciclo complexo de vendas que incluiria muita interação com os vendedores.

FIGURA 15-1: Funil de vendas/marketing por estágio e atividade.

© 2017, 280 Group LLC. Todos os direitos reservados.

Quando seu plano de marketing estiver tomando forma, uma boa ferramenta a ser usada é a atividade de marketing por estágios da Figura 15-2. Para cada estágio do funil de vendas e marketing você tem um objetivo e uma lista do marketing que será necessário para alcançar esse objetivo. A coluna da direita é o *chamado para a ação* — o que a peça de marketing especificamente pede que os clientes façam.

Estágio do Ciclo de Compra	Objetivo	Marketing para Atingir o Objetivo	Chamada para Ação
Percepção	Gerar percepção da marca e do produto	Anúncios: TV, rádio, internet, mídia social	Descubra mais
Interesse	Este produto vai resolver meu problema	Site, webinar, trade show	Tenha mais informações específicas
Avaliação	Deixe eu testar	Ofertas especiais, pessoal de vendas envolvidos	Faça agora!
Comprometimento	Ok, vou comprar	Processo fácil de compra (baixa fricção)	Você está quase lá!
Referência	Demonstrar lealdade pública	Boca a boca, mídia social	Curta nossa página!

FIGURA 15-2:
Atividade de marketing por estágio.

© 2017, 280 Group LLC. Todos os direitos reservados.

A seguir, o que você deve buscar nas atividades de marketing em cada estágio do funil de vendas e marketing:

» **Percepção:** Quais atividades estão gerando percepção de sua marca e de seu produto? Estão gerando percepção nos lugares certos para alcançar as personas de seus clientes (que descrevemos no Capítulo 5)? O que os clientes precisam saber para que passem ao próximo estágio? Que tipos de informações seriam exageradas nesta fase? Sua mensagem é convincente o bastante para que os clientes potenciais tenham percepção de seu produto?

Outro fator é se o marketing é persistente o suficiente para cativar as pessoas ao entrarem no ciclo de compras. Por exemplo, você vê vários anúncios de carros. Na maioria das vezes, os ignora — até que queira ou precise comprar um carro. Então passa a assistir atentamente, tentando decidir qual carro traz os atributos de que você precisa e combina com a imagem que tem de si mesmo.

» **Interesse:** O que convencerá os clientes de que seu produto pode resolver o problema deles? Como eles encontrarão essa mensagem? Como vão acessá-la? De qual informação eles precisam para determinar que o produto vale a pena ser pesquisado? Os resultados de mecanismos de busca online podem trazer clientes potenciais diretamente para você nesta fase.

» **Avaliação:** Após os clientes terem estreitados suas opções, eles pesquisam para terem mais informações. Qual informação os clientes exigem para avaliar seu produto? Eles precisam de uma amostra? Eles precisam de encorajamento para ir em frente e testar seu produto? Muitos produtos de software usam, com sucesso, uma opção de uso gratuito por 30 dias. Outros tipos de produto podem exigir que, caso o cliente não goste, haja uma garantia de que o dinheiro será devolvido.

CAPÍTULO 15 **Maximizando a Receita e os Lucros de Seu Produto** 267

» **Comprometimento:** Nada de suas atividades de vendas e marketing terá importância a menos que o cliente diga "sim". Neste ponto, seu foco é o que pesa em uma venda e evita que o cliente desista.

Um conceito-chave aqui é o de *compras sem atrito* [em inglês, "frictionless purchasing"]. Você não quer que seu cliente tenha que passar por muitos passos para, de fato, comprar seu produto. Você quer fazer de tudo para que o "sim" dele seja o mais fácil possível. A "Amazon 1-Click" é um ótimo exemplo de como uma empresa reduziu o processo de compras para apenas um clique de um botão.

PAPO DE ESPECIALISTA

No cenário digital, se os clientes visitarem seu site, responderem a seus e-mails ou clicarem em seus anúncios, você pode ficar relembrando a eles sobre seu produto por um período estendido ao usar uma técnica chamada *anúncios de remarketing*. Você pode configurar os anúncios de remarketing para que apareçam na frequência em que definir, relembrando o cliente a continuar considerando seu produto. Infelizmente, essas ferramentas não distinguem as pessoas que compraram e as que não, então você pode acabar relembrando as pessoas de comprar um produto que já compraram.

» **Referência:** Na maioria dos casos, as empresas param no comprometimento, mas você pode criar campanhas de marketing que se concentrem em fazer com que os clientes indiquem seus amigos e colegas. Em um mundo ideal, os clientes que ficaram felizes com suas compras falam sobre elas para todo mundo, e os clientes infelizes espalham o dissabor por toda a internet. Uma referência de um cliente é geralmente vista como mais verdadeira do que o marketing da própria empresa, então pense em formas de usar a lealdade do cliente para atrair outros clientes ao funil de vendas.

Oferecendo as ferramentas para que o departamento de vendas faça seu trabalho

As atividades de marketing têm o foco em motivar os clientes para mudar seu comportamento (isto é, fazer com que comprem sua mercadoria). *Capacitação de vendas* é quando você passa o bastão de uma comunicação de massa impessoal para o departamento de vendas. Para realizar seu trabalho e completar a venda, eles precisam de materiais que os ajudem a comunicar a proposta de valor de forma eficaz e fácil. Uma proposta de valor define as razões essenciais que fazem com que um cliente selecione seu produto e não outro. As declarações de posicionamento de mensagens do Capítulo 10 mostram a base de sua proposta de valor. Em um nível básico, você precisa ajudar o departamento de vendas a vender seu produto ao fazer o seguinte:

» Dizer a eles quem são os clientes-alvo e quais são suas necessidades específicas.

> Oferecer qualquer ferramenta que ajudará na realização da venda: documentos escritos, planilhas que ajudem a calcular o retorno sobre o investimento do cliente, demonstrações, um roteiro de vendas sobre a concorrência (como vender contra ofertas específicas da concorrência), modelos de e-mail a serem usados em cenários diferentes e muito mais. Essas ferramentas de vendas vão muito mais fundo em conteúdo e estão muito além do material de marketing orientado ao cliente de que tratamos anteriormente neste capítulo.

CUIDADO

O que você compartilha com o departamento de vendas é, às vezes, um tipo de material que não deve ser passado aos clientes, então tenha cuidado. Se algo for altamente confidencial e não deve ser compartilhado (como um roadmap do futuro de seu produto ou uma análise controversa sobre a concorrência), sempre avise claramente para que não seja compartilhado de forma inapropriada. Em alguns países e ramos de atividade você não pode comparar publicamente seus produtos com a concorrência. E em muitos casos você não quer mesmo atrair a atenção dos concorrentes.

O grande problema com a capacitação de vendas é que o marketing geralmente desenvolve um conjunto de materiais "tamanho único" para todos, clientes e vendedores, e nem todas as partes são úteis para os dois lados. Para realmente impulsionar suas vendas você precisa ser proativo e desenvolver as ferramentas mais eficazes com um plano de melhoria de capacitação de vendas, que é uma série de mudanças no marketing e nas atividades de vendas que levam ao sucesso de aumento de vendas. Veja como preparar um plano:

1. **Visite clientes que compraram e que não compraram de você.**

Descubra por que eles realmente compraram/não compraram o produto. Descubra quais ferramentas de vendas influenciaram a decisão deles e quais eles acharam mais úteis.

2. **Fale com os vendedores bem-sucedidos e descubra o processo que eles usam para fechar as vendas.**

Sonde o que de fato eles usam ao vender e do que mais precisam.

3. **Prepare um plano de capacitação de (aumento de) vendas que use a mensagem que os clientes reais lhe deram e o entregue na forma que os vendedores bem-sucedidos disseram que funciona.**

Seus clientes lhe disseram por que compraram o produto. Use suas palavras e crie mensagens de marketing a partir delas.

4. **Treine todo o pessoal de vendas sobre como usar a capacitação de vendas e as ferramentas que você criou.**

Tornando-se perceptivo ao marketing

Além de focar a compreensão do cliente, pratique tornar-se perceptivo ao marketing. Preste atenção em como reage quando vê um anúncio (ou qualquer forma de marketing — até uma literatura técnica) para todos os produtos aos quais é exposto diariamente. Você acha que é eficaz? Por que sim ou não? Quem você acha que é o cliente-alvo? É o mesmo segmento de mercado que você está buscando? Se estiver com outras pessoas, pergunte o que acham do anúncio. O que perceberam nele (se é que o notaram)? Depois pergunte a si mesmo: "Qual é a proposta pretendida e o alvo desse anúncio ou marketing?" Também pense sobre o custo de marketing, seu potencial retorno sobre o investimento, e assim por diante. Com o tempo você ficará melhor em decifrar a intenção de marketing por trás de cada tipo de comunicação e levantar os custos do material de marketing e das ações sem precisar de ajuda.

Forecasting: Um Olhar para o Futuro

Forecasting [de modo amplo, significa fazer previsões] é uma parte integral da vida de muitos gerentes de produto de bens físicos. Para gerentes de produto de serviços e software, pode ser ou não uma grande parte de sua responsabilidade de trabalho. O motivo pelo qual o forecasting faz parte da fase de maximização é porque é aqui que fazer uma previsão correta se torna uma parte contínua do acompanhamento do sucesso e do fracasso de seus produtos.

LEMBRE-SE

Aprenda tudo o que puder sobre toda a cadeia de suprimentos. Seja criativo para resolver as questões de forecasting quando elas aparecerem. E não se preocupe em estar 100% correto — é simplesmente impossível. As seções a seguir dão uma olhada em como ser o mais preciso possível levando em conta a incerteza que rodeia qualquer previsão.

Juntando dados para o forecasting

Forecasting pode ser definido como uma estimativa de vendas futuras. A primeira regra do forecasting é muito simples: você não pode fazer uma previsão perfeita. Sempre será apenas uma estimativa, e não importa quantas técnicas e quanta análise você usar, a resposta sempre estará incorreta. Quando você tiver superado a tentação de conseguir a previsão perfeita, siga estas sugestões para melhorar cada vez mais.

A história tem um papel a cumprir

Seus dados históricos são um ótimo ponto de partida. Se vendeu 100 unidades mês passado, e tudo continuou igual, você deve vender 100 unidades no próximo mês. É por isso que uma de suas primeiras funções como gerente de produto é pesquisar os dados de vendas de sua linha de produtos (incluindo aqueles que foram descontinuados), partindo do mais antigo possível. Agrupe os produtos para entender as tendências de vendas em um nível de linha de produto.

Se não tiver dados históricos, experimente fazer o forecast de cima para baixo ou de baixo para cima:

» **De cima para baixo:** Trabalhe a partir do tamanho total do mercado. Estime quanto dele é seu mercado-alvo. Determine quanto do mercado-alvo você pode realmente alcançar, e então decida por um nível de market share possível de ser alcançado. Envolva seu pessoal de vendas nessa discussão.

» **De baixo para cima:** Se optar por este método, defina os programas de marketing que atraem as vendas e os possíveis resultados de vendas de uma certa quantia que foi gasta em programas de marketing. Por exemplo, quanta percepção suas atividades de marketing atrairão e, depois, quantos leads criarão? Qual porcentagem desses leads vai realmente comprar o produto? O canal (global) de vendas estará pronto para vender seu produto dependendo do que você priorize fazer?

A Tabela 15-1 mostra um exemplo de previsões de cima para baixo e de baixo para cima. Em cada mês, escolha a menor das duas estimativas — junho: 500, julho: 600, agosto: 600, e setembro: 800.

TABELA 15-1 Resultados de Forecast de Cima para Baixo e de Baixo para Cima

Resultado de Vendas Mensais de Cima para Baixo durante 6–12 Meses	Resultado de Vendas Mensais de Baixo para Cima durante 6–12 Meses
Junho: 700	**Junho: 500**
Julho: 600	Julho: 700
Agosto: 600	**Agosto: 600**
Setembro: 800	Setembro: 1.200

DICA

Você também pode usar proxies [uma fonte de informação representativa de um determinado segmento de mercado] para gerar um forecast. Se vender 1.000 unidades de uma câmera, então, a partir dos dados das vendas setoriais totais e seu conhecimento dos hábitos de compras dos clientes, você espera que 3% de seus clientes também queiram lentes objetivas grande-angular.

As variações trimestrais e sazonais podem impactar a previsão

Os ciclos de vendas trimestrais podem afetar quanto você vende, porque o departamento de vendas quer bater as metas e fará de tudo para fechar vendas no último mês do trimestre. A sazonalidade também pode interferir. As vendas de brinquedos são altas em novembro e dezembro, mas não conte com o mesmo volume para janeiro, após a correria do Natal. As grandes empresas e agências do governo compram logo antes de o ano fiscal terminar, para usar o orçamento, o que pode significar um grande pico durante esse período. A questão é que, como gerente de produto, você precisa ter uma compreensão profunda do que orienta as diferenças nas vendas de seu produto de um mês para o seguinte e ao longo de períodos maiores. Seus dados de histórico (veja a seção anterior) o ajudam a ter uma noção de quais são essas orientações. E geralmente os departamentos de vendas, marketing e de operações têm ótimos insights sobre o "porquê" desses números.

O forecasting do lead time é crucial

Os produtos físicos normalmente são planejados e desenvolvidos muito antes de chegarem aos clientes. Você precisa saber que apresentar um forecast geralmente impulsiona a produção em um tempo diferente do que você imagina. É preciso estar muito ciente de quanto tempo é necessário para fazer o pedido das peças e planejar a capacidade de fabricação e de transporte dos bens. O período de tempo total dessas atividades constitui seu *lead time*.

Por exemplo, na Figura 15-3, a *tabela cascata de forecasting* mostra que em dezembro a empresa apresentou um forecast de 1.000 unidades para o mês de julho. Em outras palavras, em julho o produto será apresentado ao mercado e naquele dezembro anterior a empresa acredita que a demanda será de 1.000 unidades para julho. Esse é um conceito complicado, então fique atento à diferença entre quando um forecast é feito (dezembro) e o mês para o qual se destina o forecast (julho). A cada mês, a empresa deve rever o número do forecast de julho. E ele flutua entre 1.000 e 2.500 unidades. No entanto, as operações e a fabricação param de reagir às mudanças do forecast após dezembro. Eles têm um lead time de seis meses para a fabricação (de dezembro a junho, quando as unidades precisam estar no depósito para o lançamento de julho). Mesmo se o forecast estiver mudando, o plano para a entrega do produto não está. Ele ainda será de 1.000 unidades. Uma vez que os gerentes de produto estão cientes do lead time de seus produtos, eles geralmente controlam o forecast, especialmente para os primeiros meses da vida do produto.

272   PARTE 3 **Construindo e Maximizando o Êxito do Produto: Da Criação...**

Quantidade prevista para introdução em julho

	Dez	Jan	Fev	Mar	Abr	Mai	Jun
Quantidade prevista para cada mês para introdução em julho	**1.000**	**1.500**	**2.000**	**2.500**	**1.500**	**2.000**	**2.000**
Operações	Pedido de peças para 1.000 unidades		Peças chegam para 1.000 unidades				
Planejamento de fornecimento	Agendar capacidade da fábrica para março: 1.000						
Fábrica				Fabricação de 1.000 unidades			
Despacho					Despacho de 1.000 unidades		1.000 unidades chegam

© 2017, 280 Group LLC. Todos os direitos reservados.

FIGURA 15-3: Previsão em cascata.

Restrições operacionais podem aparecer

O pessoal de operações e fabricação pode fazer o que parecem milagres, se pedir a eles. Eles podem enviar os produtos de forma mais rápida (com um preço muito maior). Podem obter peças adicionais se a demanda tiver um pico, e atrasar a produção caso a demanda caia. Se tiver questões de lead time com seu produto, trabalhe em proximidade com seus parceiros de operação para ver a flexibilidade que podem ter. Um aviso: ao pedir medidas heroicas a seus parceiros de fabricação, sua empresa paga um preço em termos de lucro e estresse. Seus parceiros de fabricação e produção podem ficar menos dispostos a fazer negócios com você e podem até aumentar seus preços.

O ciclo de venda pode causar um efeito

Você precisa entender qual é a velocidade com que os clientes realmente comprarão novos produtos. O ciclo de venda é uma mensuração de quanto tempo é necessário para que os clientes de fato comprem um produto, desde que passaram a saber dele. Se, por exemplo, você lançar seu produto em julho, os grandes clientes podem levar seis meses para avaliar e começar e comprar em volume. Então seis meses será seu ciclo de venda. Até chegar nesses seis meses, você não terá muito volume. Quanto é o suficiente? Veja os dados históricos para os produtos que foram antes ao mercado para ter um guia.

Pontos de vista diferentes oferecem insight

Outra técnica para fazer um forecast é conseguir outros forecasts de um grupo de especialistas, fazer com que saibam os resultados uns dos outros e depois pedir que façam o forecast novamente. Apenas ouvir as diferenças nos pontos de vista oferece insights a você para um possível forecast. Lembre-se de que,

CAPÍTULO 15 **Maximizando a Receita e os Lucros de Seu Produto** 273

falando de modo geral, os especialistas estão mais familiarizados com as tecnologias de novos produtos e presumirão uma adoção de novos produtos mais rápida do que aquela experimentada na vida real.

Fazendo suposições

A melhor maneira de garantir que seu forecast seja confiável é ser claro sobre suas suposições. Escreva cada uma delas e informe ao pessoal de operações e vendas. Elas podem conter informações diferentes, então juntar todas em um lugar só é uma tática muito poderosa para obter um forecast melhor.

Para praticar, veja a Figura 15-4, que mostra os dados de histórico de vendas do Produto A. Responda as questões a seguir:

» O que você pode aprender com as tendências dos dados de histórico?

» Qual seria sua estimativa para o forecast de março, abril e maio?

Ao ler o gráfico, perceba o seguinte:

» **Ciclo trimestral:** Há um ciclo de três meses para as vendas. Janeiro e fevereiro têm vendas menores do que março, e isso acontece a cada trimestre. Uma boa hipótese é a de que os vendedores começam a empurrar o produto para vendas no último mês do trimestre para bater as metas.

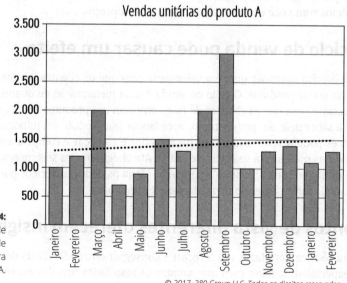

FIGURA 15-4: Dados de histórico de vendas para o produto A.

© 2017, 280 Group LLC. Todos os direitos reservados.

» **Ciclos de vendas anuais:** Outra hipótese é que há um motivo para o pico de vendas em setembro. Será um mercado como o financeiro ou de seguros, que não compram após setembro para que a instalação esteja pronta até o fim do ano? O produto é vendido para clientes de varejo que também não gostam de fazer grandes mudanças ao chegarem perto do Natal?

» **Tendências globais de vendas:** E as tendências globais de vendas? A linha pontilhada mostra um crescimento global anual. Então outra hipótese é a de que o mercado (ou sua fatia dele) está crescendo.

Não há respostas certas, mas você pode criar bons pressupostos e chegar a conclusões lógicas e sustentáveis.

Criando um Plano de Marketing Eficaz

Os planos de marketing são a versão contínua do plano de lançamento — geralmente com menos urgência de tempo, porque o produto "novo" está pronto e liberado para a venda. No entanto, sua empresa tem que continuar a gerar a empolgação do mercado e a percepção de seus produtos. Ao usar os conceitos de marketing discutidos anteriormente neste capítulo e o esboço de como criar um plano, que está nesta seção, você pode criar e manter um alto nível de interesse pelo seu produto, o que faz com que seus objetivos de vendas e lucros sejam alcançados.

Reconhecendo a importância de um plano de marketing de alta qualidade

Um ótimo plano de marketing leva em conta o processo de tomada de decisão do cliente e também dá uma olhada geral sobre qual método, ou métodos, está em cada altura específica da jornada até a compra. Cada exposição que um cliente tem à sua mensagem é chamada de *ponto de contato*. Por exemplo, ver um anúncio é um ponto de contato. Ler uma avaliação é um ponto de contato.

Muitas pessoas do marketing e da gestão de produtos se enganam ao presumir que os clientes potenciais terão que ouvir apenas uma vez sobre seu produto para ficarem interessados, porque o produto é bom demais. Para compras menos caras ou itens de compras puramente impulsivas, uma vez pode ser o suficiente, mas para compras maiores e mais importantes, provavelmente muitas outras vezes serão necessárias. Uma boa regra é supor que um cliente precise de pelo menos sete pontos de contato para ficar interessado e, por fim, decidir comprar seu produto.

CAPÍTULO 15 **Maximizando a Receita e os Lucros de Seu Produto**   275

Esboçando seu plano de marketing: O que incluir

O plano de marketing provavelmente não é um plano do qual você, como gerente de produto, é o dono: ele pertence a seu departamento de marketing. Dito isso, se você tiver ofertas de novos produtos ou se precisar de um marketing contínuo para produtos existentes, o plano deve refletir suas necessidades contínuas como parte dos objetivos globais de marketing. Suas informações devem orientar os conteúdos do plano de marketing. Aqui estão os elementos principais do plano de marketing:

» **Sumário executivo:** Um sumário que abrange a situação do mercado, os objetivos principais, as estratégias principais e as abordagens para chegar aos objetivos de marketing. Quais são os riscos e o retorno sobre o investimento, e qual é a recomendação do marketing? Lembre-se de que os sumários executivos são escritos após todas as outras partes estarem prontas.

» **Análise situacional:** Qual é o cenário do mercado? O que aconteceu no passado? Qual é a oportunidade atual e quais recursos de marketing (dinheiro, pessoas) estão disponíveis?

» **Objetivos e estratégia de marketing:** Quais são os objetivos globais de marketing (e os específicos do produto, caso seja necessário) e as estratégias principais de marketing? Quais mercados a empresa ou divisão planeja alcançar? O marketing precisa levar qualquer outra coisa em consideração? A informação específica do produto nesta seção deve vir da estratégia de marketing e possivelmente dos documentos das necessidades do mercado.

» **Mix de programa:** Nesta seção, defina todos os componentes de seu mix de marketing. (Nós já falamos sobre o mix de marketing anteriormente neste capítulo.)

- **Marca e mensagem:** Como o marketing dará suporte para sua marca?

- **Propaganda:** Documente todas as propagandas aqui, incluindo os planos de anúncios online.

- **Plano de mídia social:** Qual tipo de saída de mídia social o marketing planeja usar? Seja específico.

- **Relações públicas:** Quais são as estratégias de relações públicas? Novamente, seja específico.

- **Mala direta/e-mail:** Quais são os planos para mala direta e e-mails? O plano de marketing pede o envio regular de uma newsletter ou compra de listas de novos clientes potenciais? Quais atividades o marketing realizará para fazer a lista de e-mails crescer?

- **Trade shows e eventos:** Quais feiras de negócios ou eventos o marketing planeja apoiar, e como? Sua empresa estará lá, ou o marketing, a gerência de produto e de vendas apoiarão os esforços de algum parceiro? Quais são os objetivos e metas específicas para cada evento?

- **Canal:** Quais são os planos do departamento de vendas e marketing para trabalhar com o canal? Se os fundos de marketing forem separados como uma porcentagem de vendas, qual será o melhor uso desse dinheiro?

- **Timelines:** O que e quando as coisas acontecem? As atividades devem ser espalhadas para que algo esteja sempre acontecendo. Por outro lado, o marketing deve evitar gastar dinheiro quando há menos chances de os cliente comprarem.

- **Resultados:** Quais são os resultados principais? Vídeos, peças colaterais? Um novo site?

» **Orçamento e retorno sobre o investimento (ROI):** Qual é o orçamento para as atividades de marketing durante um certo período? Quais são os planos de gastos para cada parte do mix de marketing? Como resultado de todas essas atividades, qual é o ROI esperado?

» **Governança:** Quem são os integrantes essenciais da equipe de marketing? Quem precisa aprovar esse documento? Deixe um espaço para cada pessoa assinar física ou eletronicamente.

» **Riscos, pressupostos, questões em aberto, documentos e apêndices:** Como em todos os documentos, anote os riscos, os pressupostos e as questões em aberto, providenciando os documentos e apêndices necessários.

Como gerente de produto, seu foco devem ser as seguintes partes essenciais do plano de marketing:

» Quais são os objetivos e estratégias de marketing? Elas dão o suporte necessário para fazer o produto ter sucesso? O plano de marketing pode detalhar as atividades que dão suporte ao número global da receita. Ele se alinha com seu forecast e suas expectativas?

» Qual é o mix de programas de marketing? Assegure-se de que tenha entendido como as escolhas das atividades de marketing vão ajudá-lo ou prejudicá-lo com o sucesso global do produto. Há propagandas online suficientes? Não há foco suficiente nas relações públicas ou para conseguir boas avaliações? Assegure-se de que o mix oferecerá pontos de contato suficientes para o mercado que está buscando.

DICA

Para começar, dê uma olhada no plano de marketing de produtos do último ano ou do último semestre para seus produtos ou outros produtos de sua empresa. Veja qual é o raciocínio por trás dele e como ele se aplica a seu plano do produto.

Estabelecendo objetivos

A Figura 15-2 no início deste capítulo mostra o que você deve ter como um componente de marketing para cada fase. Para realmente ter sucesso, você precisa adicionar outra coluna para estabelecer a métrica de sucesso para cada fase e/ou qual porcentagem de pessoas deve passar de um estágio para outro. Use esses números para estabelecer objetivos específicos para o plano de marketing.

Veja alguns exemplos de objetivos que você pode estabelecer para cada estágio.

» **Percepção:** Quantas pessoas serão expostas ao produtos e de quantos pontos de contato elas precisam antes de tomarem uma ação? Mesmo quando as pessoas se interessam por algo, elas precisam ver um anúncio por volta de três vezes antes de até mesmo se lembrar de tê-lo visto. Se o objetivo é alcançar 100 mil pessoas com um anúncio por três vezes, trabalhe com seu gerente de marketing para descobrir como fazer isso e quais serão os custos. Os profissionais de marketing são os mais bem posicionados para elaborar essa fase das vendas.

» **Interesse:** A pesquisa online é a forma mais usada pelas pessoas para pesquisar opções. Mesmo se não conheceram sua marca ou produto, provavelmente alguns clientes o verão, se você souber quais serão os prováveis termos de busca e estiver nas três primeiras opções que aparecerem. Esteja certo de que as poucas palavras que eles verão nos resultados de busca (ou nas propagandas feitas pelo Google AdWords) passem uma mensagem curta e atrativa que os convença a clicar. Confie na expertise do marketing para definir os termos de busca e as mensagens atrativas. Esses mesmos colegas do marketing provavelmente saberão quanto custa uma boa opção de cliques. Por exemplo, em alguns ramos de atividade, uma taxa de cliques de 1% é considerada bem-sucedida. Caso sua meta de percepção seja alcançar 100 mil pessoas, em uma taxa de cliques de 1%, 1.000 pessoas terão clicado para visitar seu site.

» **Avaliação:** O objetivo de avaliação a ser definido depende do produto. Por exemplo, as empresas de software podem simplesmente permitir que os clientes assinem e usem um produto por 30 dias. Essa abordagem reduz drasticamente o risco de que o cliente não teste o produto. E como não estão pagando, pelo menos inicialmente, eles provavelmente experimentarão. E os itens mais caros que exigem uma instalação complexa, que têm custos altos ou podem ser críticos para a missão de um negócio? Como você convence esses clientes a avaliarem o produto?

278   PARTE 3 **Construindo e Maximizando o Êxito do Produto: Da Criação...**

Muitas empresas oferecem uma folha com os detalhes técnicos abrangentes, ou outro tipo de informação. Os clientes deixam as informações de contato, e depois a empresa pode enviar uma lista de e-mails informativos (chamado de *campanha de marketing de conta gotas*) ou faz com que o vendedor entre em contato. Você semprebuscará um certo número de pontos de contato. Se sua métrica for uma taxa de avaliação de 10% e seu objetivo de interesse for 1.000 pessoas, seu foco aqui é conseguir que 100 clientes de fato façam algum tipo de avaliação.

» **Comprometimento:** Quando as pessoas avaliam produtos e têm uma experiência positiva, há uma grande possibilidade de que comprem. Se presumir que 50% das pessoas que avaliaram o produto vão realmente comprá-lo, seu objetivo de comprometimento é vender 50 unidades para as 100 mil pessoas originalmente expostas ao produto.

» **Referência:** As referências são um tema mais avançado que é abordado de algumas formas. Para vendas maiores que exigem o envolvimento dos vendedores, o pessoal de vendas pedirá indicações para o cliente ou para que seja uma referência quando necessário. Para compras que não envolvem vendedores, a forma mais comum de passar à fase de referências é pedir que os clientes façam avaliações ou comentários. A Amazon pede por avaliações após ter comprado um produto, e os aplicativos de smartphone estão sempre pedindo avaliações. Os gerentes de produto, com frequência, não são convidados nem pedem para participar dessa atividade.

DICA

O cálculo anterior estabelece objetivos de cima para baixo (da percepção e interesse até o comprometimento e referências), mas você também pode fazer o cálculo de baixo para cima (do comprometimento ao interesse e percepção). Comece com o nível de comprometimento que você busca: "Preciso de 50 clientes com um valor médio de vendas de $100 mil. De quantos clientes potenciais eu preciso em cada fase da compra para chegar a 50 clientes?" Ao usar essas duas abordagens e compará-las com os programas no plano de marketing, você pode estimar se as atividades de marketing permitirão que você alcance os objetivos globais do produto.

Monitorando as Métricas de Sucesso do Produto

Considerando que as empresas têm objetivos globais de vendas que precisam alcançar, ficar de olho nas vendas reais é o que os gerentes de produto mais fazem quando não estão trabalhando na próxima versão do produto.

CAPÍTULO 15 **Maximizando a Receita e os Lucros de Seu Produto**   279

Ficando de olho no funil de vendas: Leads, oportunidades e conversões

Tradicionalmente, cada passo no funil de vendas (veja a Figura 15-1) tem uma taxa de sucesso diferente para cada produto. Monitore a taxa de sucesso em cada estágio de forma contínua e use os dados para alterar as expectativas de receita de seu produto, os planos e o forecast. A Tabela 15-2 mostra um exemplo de acompanhamento de vendas (incluindo os termos comuns que os vendedores geralmente usam para cada fase) através de um funil de vendas.

TABELA 15-2 **Resultado de Receita Esperada do Funil de Vendas**

Termos de Marketing e Vendas	Receita Calculada Possível	Receita Esperada no Ciclo de Vendas
Interesse ou leads	1.000 × 10% × $100.000	$10 milhões
Avaliação ou oportunidades	100 × 50% × $100.000	$5 milhões
Comprometimento ou conversões	50 × 90% × 100.000	$4,5 milhões
Receita esperada no pipeline		$19,5 milhões

Se você acredita que seu ciclo de vendas dura mais que seis meses, deve esperar ver cerca de $3,25 milhões em vendas por mês ($19,5 milhões ÷ 6).

Esse número é de receita de vendas. Seu foco é gastar eficazmente os fundos de marketing. Se espera um ROI de 100 vezes o que gastou com marketing, você não deve gastar mais do que $195 mil durante os seis meses. Isso quer dizer uma média de $32 mil por mês. Na verdade, os orçamentos de marketing raramente são gastos de forma igual. Há altos e baixos, sendo por esse motivo que os gastos são calculados pelo menos por trimestres.

Examinando as receitas e a lucratividade

Como o tempo, rever a receita e a lucratividade esperada de um produto e mantê-los atualizados com os dados reais é importante. (Veja o Capítulo 9 para ter uma análise detalhada de como entender esses números.) É o mesmo com a revisão regular de sua receita, lucratividade global e margens brutas (especialmente para bens físicos). Caso esses números deixem um intervalo aceitável, crie um plano de ação para lidar com o problema e consertá-lo.

Avaliando o market share

Determinar seu market share não é fácil. Em alguns setores de atividade há analistas que acompanham e determinam o market share para o mercado geral.

Se estiver em um desses segmentos, você pode comprar os relatórios desses analistas e ver como está posicionado. *Lembre-se:* Esses rankings de market share geralmente são dados em termos de receita. Você pode verificar seus vieses considerando sua receita conhecida e ver se são fontes confiáveis de informação ou se eles se ajustam a suas particularidades.

O que acontece caso tenha um tipo muito especializado de produto que não é acompanhado pelos analistas? Você pode usar algumas abordagens:

» Observe o volume de receitas informadas publicamente por seu concorrente e compare os números com sua própria receita.

» Peça informações ao distribuidor sobre quantos de seus produtos são vendidos em comparação com a concorrência. Os distribuidores raramente darão os números reais das vendas, mas eles podem estar dispostos a informar um número total ou uma posição.

» Compare suas vendas globais com o mercado total disponível (TAM) que você calcula como parte da pesquisa de mercado que busca os mercados e seus tamanhos (veja os Capítulos 5 e 10) para ver qual porcentagem do mercado você atingiu.

Infelizmente, não há uma varinha mágica do market share para calcular este número. Porém, ao descobrir um método que entregue dados sensatos, continue usando-o consistentemente. Você deve buscar, na realidade, as mudanças para cima ou para baixo.

Benchmarking: Comparando com o plano de negócios

Ler todo o caso de negócios (veja o Capítulo 9) vários meses após ter feito lançamentos de produtos pode ser um exercício de humildade quando se depara com o grau de erros que seus planos iniciais tinham, mas geralmente isso oferece grandes insights. Suas previsões podem ter sido muito incorretas, mas agora você pode aprender com seus erros do passado. Faça planos de fazer uma reunião para tratar dos resultados de vendas reais comparados com os planejados. Faça uma lista, de forma coletiva, de todas as diferenças entre o plano e a realidade. Se possível, atribua quantidades porcentuais para cada uma das variações.

Quando tiver comparado os resultados reais com resultados de seu caso de negócio, determine quais mudanças são necessárias em seu plano de marketing. Rever o resultado real em comparação com o planejado significa que você pode evitar repetir alguns dos erros da próxima vez. Quanto mais dessas revisões de negócios você fizer, mais precisão terá. Finalmente, escreva suas descobertas. Mesmo que nunca mais volte a olhar para elas, isso irá ajudá-lo a se lembrar melhor delas.

Mudando de Direção: Fazendo Ajustes

Ao progredir e obter mais dados, seu plano de marketing provavelmente precisará de ajustes. Você precisa encontrar formas de otimizar o que está gastando, focar o que está dando certo e eliminar o que não está funcionando.

A Figura 15-5 mostra dois eixos diferentes de análises e mudanças possíveis:

» **Influenciadores de margem:** A lucratividade pode mudar devido a uma variedade de fatores.

- **Preço de vendas:** Considere mudar o preço. Uma vez que as mudanças de preços são geralmente irreversíveis, este influenciador não é o melhor lugar para um gerente de produto fazer mudanças.

- **Mix de volume:** O *mix de volume* é uma análise de como o número de vendas de cada tipo de produto muda a lucratividade de toda a linha de produtos. Você está vendendo mais produtos de baixa lucratividade ou menos produtos de alta lucratividade do que esperava? A proposta de valor para cada produto específico faz sentido para os clientes ou é mais um entre outros produtos vendidos? Como o mix de produtos vendidos afeta a lucratividade geral?

- **Satisfação do cliente:** Os clientes não estão satisfeitos após comprar seu produto?

- **Eficácia do marketing:** Seu marketing não está entregando os leads esperados? Os leads não são muito bons?

- **Eficácia de vendas:** Os vendedores sabem o que precisam fazer? Eles estão realmente fazendo o que pedem a eles?

- **Custo de mercadorias vendidas (CMV):** O custo aumentou? Por que e o que pode ser feito a respeito disso?

» **Ângulo de análise:** O ângulo de análise pode ser visto através das lentes do produto, região, segmento de cliente ou um canal específico. Separe os números de vendas e faça a tabulação ao longo do tempo para ver qual parte do sistema de entrega de produto não está funcionando a contento.

282   PARTE 3 **Construindo e Maximizando o Êxito do Produto: Da Criação...**

FIGURA 15-5: Pesquisa detalhada de performance de produto.

Ao usar a Figura 15-5, você pode pesquisar as vendas de um produto específico. Você também pode compará-lo com outros produtos ou linhas de produto. Se esses produtos/linhas estão se saindo melhor, determine o porquê e aplique esses fatores de influência a seu produto.

Reforçando o suporte de vendas

Ao conduzir uma pesquisa de performance de produto, geralmente você descobrirá que a questão está ligada a alguns influenciadores de margens. Enquanto está ocupado resolvendo os problemas de longo prazo, talvez queira dar um suporte melhor ao pessoal de vendas como uma medida de curto prazo. Por exemplo, eles precisam de alguma ferramenta adicional ou informações de vendas? Você pode fazer uma promoção ou desconto em curto prazo que resolverá as questões de preço em uma região específica? Conte com seu pessoal de vendas para dizer o que pode estar segurando as vendas e use essa informação para reagir rapidamente

Melhorando o produto

Caso seu produto esteja falhando de forma geral, pode ser que você simplesmente não tenha entendido a proposta certa de valor. Agora você tem a dura tarefa de consertar o produto e gerenciar as expectativas dos clientes e dos negócios até que possa entregar o produto certo. Essa situação o leva de volta à fase de concepção do Processo de Produto Ideal (veja o Capítulo 4), onde precisa fazer um brainstorming e juntar ideias para os atributos e adições ao produto que o tornarão mais atrativo para os clientes potenciais. Se for possível de alguma forma, converse com os clientes que consideraram comprar seu produto mas acabaram não comprando, e anote os motivos específicos de eles não terem comprado seu produto e o que compraram no lugar.

Aparando os custos

A redução dos custos do produto pode ser difícil de ser conseguida. No entanto, se confiar nos integrantes de sua equipe — como aqueles nas operações —, você pode conseguir cortar custos, o que aumentará a lucratividade. Essa economia a partir dos custos dá um impulso imediato ao resultado da empresa.

Aqui estão algumas ideias:

» Para um produto de hardware, é possível cortar os custos de componentes, e como construí-los de forma menos cara? Você pode trocar de fornecedores das peças? O fabricante fará um preço melhor com base no volume com que você trabalhar com ele? É possível aumentar o número de produtos feitos ao mesmo tempo para diminuir seu custo por unidade? Se construir unidades extras ao mesmo tempo, considere o custo de armazenar estoque extra.

» Para todos os produtos, examinar o sistema inteiro de entrega do produto usando as técnicas como a jornada do cliente no Capítulo 11 pode trazer insights sobre formas mais rápidas e mais baratas de fazer o trabalho. Por exemplo, você pode reduzir o suporte ou custos de frete para os distribuidores ou clientes?

NESTE CAPÍTULO

» Entendendo o que é a retirada do produto e por que ela deve ocorrer

» Definindo elementos do plano de retirada do produto, incluindo situações de produtos especiais

» Considerando alguns pontos sobre a retirada do produto

Capítulo **16**

Retirada: Substituindo um Produto ou Retirando-o do Mercado

etirar um produto (o que é geralmente definido como *fim da vida*) é necessário quando uma empresa decide sair do mercado. Às vezes elas tomam essa decisão estrategicamente após muitas considerações. Outras vezes, um produto pode ter dado totalmente errado ou se extinguido com o tempo, ficando óbvio que está na hora de parar de vendê-lo.

A retirada pode envolver tirar o produto completamente do mercado sem substituí-lo ou, em muitos casos, trocá-lo por uma nova versão. Os produtos podem ser descontinuados por vários motivos, como mudanças na tecnologia que deixam o produto obsoleto, pressão da concorrência que inviabiliza o produto, ou simplesmente porque ele não consegue atingir a receita necessária ou os limites de lucratividade.

A retirada é uma área do ciclo de vida do produto que as empresas geralmente ignoram. Contudo, seguir com um produto que não é lucrativo pode ser muito custoso para a empresa. Aposentar os produtos e determinar como maximizar os lucros correspondentes não é algo glamoroso, e, de fato, a maior parte desse processo é uma verificação e reverificação tediosa para garantir que nenhum aspecto da retirada tenha sido esquecido. No entanto, esse é um componente necessário da gerência de produto. Este capítulo explica por que a fase de retirada é importante e como programar um plano de retirada coeso.

Decidindo como Retirar um Produto

É necessário ponderar bastante para saber como aposentar um produto, porque a retirada impacta certos departamentos, programas e recursos. Os clientes podem ter expectativas sobre até quando você venderá e dará suporte ao produto, e se você retirá-lo da forma errada pode prejudicar sua marca ou seu relacionamento com os clientes. Retirar um produto exige muita comunicação interna da empresa, assim como comunicação externa com os clientes, para garantir que as expectativas estejam ajustadas e sejam atingidas corretamente. Pense nisso como um plano de lançamento ao contrário.

LEMBRE-SE

Passe algum tempo planejando a retirada. Não faça isso em um impulso ou sem considerar tudo. Se for substituir o produto por uma nova versão, esteja certo de planejar o fim de vida da versão antiga ao mesmo tempo em que planeja o lançamento da nova versão, porque elas serão muito dependentes uma da outra.

Levando em conta expectativas internas e externas

Quando retirar um produto, você precisa observar dois pontos de vista distintos:

» **O lado do cliente:** Quem compra agora? Quanta receita depende da venda desse produto? Ele está relacionado com outro produto de modo que sua remoção causará problemas para vender esse outro? Seu pessoal e operações de vendas são fundamentais para fazer esta parte dar certo. Passe um tempo com eles para explicar o raciocínio e dar-lhes tempo para informar aos poucos os clientes e lidar adequadamente com o resultado.

» **O lado das operações:** Observar a retirada de um produto sob um ponto de vista operacional como gerente de produto é totalmente diferente. Por exemplo, digamos que você esteja vendendo apenas 10 unidades/mês de um certo produto e deve retirá-lo. No entanto, você ainda tem 20 mil unidades em estoque. Descartar essas unidades custará $1 milhão para a empresa. Sua tarefa é discutir com o financeiro o custo de estoque levando em conta as opções de redução de preço bem como o custo de descarte. Dessa forma, você está dando opções à empresa e mostrando uma visão bem equilibrada de como retirar o produto do mercado.

Considerando Fatores Cruciais em um Plano de Retirada de Produto

Quando desenvolver seu plano de fim de vida, lembre-se dos fatores cruciais a seguir.

» **Lealdade:** Como manterá a lealdade dos clientes?

» **Implicações negativas:** Há alguma implicação jurídica ou contratual em parar de vender o produto? Você prometeu algo aos clientes que não entregará?

» **Financeiro:** Esse produto ainda é lucrativo ou você está perdendo dinheiro com ele? Se for lucrativo, o custo de oportunidade de gastar recursos para mantê-lo no mercado vale a pena? Ou esses recursos seriam melhor aplicados em algo novo que pode ter um crescimento e um potencial de lucros maiores?

» **Preocupações físicas:** Se for um produto físico, quais são as ramificações de descontinuar o produto em termos de estoque, canal de parceiros, retornos ou substituição e suporte para o cliente?

» **Riscos:** Há algum outro risco associado com a descontinuação desse produto, como alienação de clientes antigos ou possivelmente criar uma revolta na mídia social se os clientes estiverem chateados pela descontinuação?

Dividindo as questões específicas de fim de vida por tipo de produto

Nem todos os tipos de produtos apresentam as mesmas questões durante a fase de retirada. Aqui estão algumas questões específicas a serem observadas, dependendo do tipo de produto que está sendo retirado.

CAPÍTULO 16 **Retirada: Substituindo um Produto ou Retirando-o do Mercado** 287

Produtos físicos

Os produtos físicos não vão embora magicamente após a emissão de uma notificação de fim de vida para a empresa, clientes e canal. Ao descontinuar um produto físico, lembre-se de fazer o seguinte:

>> **Gerencie de perto seu estoque e o dos canais de distribuição.** Seus parceiros de canal geralmente têm acordos de devolução de estoque não vendido após certo tempo. Você também pode ter algumas unidades em um depósito distante. Faça uma lista de cada unidade que tem e decida o que fazer com elas: vender, guardar para reparos ou descartar.

>> **Reduza o preço para estoque em excesso.** Para aquelas poucas unidades em algum canto esquecido de um depósito, considere reduzir o preço drasticamente para encorajar as vendas de forma não retornável.

>> **Aumente o preço para levar os clientes a trocar o produto.** Esse tipo de solução sem restrições é ótimo para fazer com que as pessoas mudem para um novo produto. Aumente o preço do produto existente e os clientes lhe implorarão para mudar para a nova versão.

>> **Mantenha peças extras disponíveis.** Sempre, mas sempre, fale com seu gerente de manutenção e pergunte quantas unidades poderão necessitar de reparos. Os gerentes de manutenção têm uma fórmula mágica conhecida apenas por eles que informa que, se a empresa vender x unidades ao longo de y anos e precisar consertar 1% delas, então o departamento de manutenção precisará manter z unidades de reserva. Transfira esse número de unidades para o departamento deles e diga "Obrigado".

Software

Os produtos de software têm seu próprio grupo de questões. Uma vez que raramente há uma embalagem física que os clientes compram, as questões de estoque geralmente são mínimas. Todavia, muitos clientes continuarão a usar os produtos de software por muitos anos, e questões como por quanto tempo o suporte será oferecido para a versão descontinuada devem ser definidas. Aqui estão algumas considerações adicionais:

>> **Renunciando aos custos de novos produtos para compradores recentes:** Se você é um fornecedor de software em negócios B2C, você não pode dizer a seus clientes que está introduzindo um produto novo/melhorado no próximo mês. Aqueles que acabaram de investir na versão atual não gostarão disso. Então você oferece a nova versão gratuitamente aos clientes

que compraram o software, digamos, nos últimos três meses, aplicando o que é conhecido como uma *precificação de proteção de upgrade*. Os clientes de negócios B2B geralmente são protegidos por contratos de suporte que lhes dão o direito de fazer o upgrade sem custo.

» **Trabalhando com os desenvolvedores para dar suporte ao produto descontinuado:** Caso tenha desenvolvedores externos (leais) que constroem em cima do seu software, diga que, após a disponibilidade da nova versão, você pode garantir por algum tempo os ajustes de erros e patches. Certifique-se de especificar quanto tempo pode dar para que, de forma razoável, façam a transição. (Dois dias, por exemplo, é pouco tempo.) Essa tarefa não deve ser difícil. Como parte do seu plano de fim de vida, você deve perguntar a seus desenvolvedores quanto tempo é necessário para mudar para a nova versão e incorporar essa informação nos seus planos.

» **Garantindo a compatibilidade com versões anteriores do produto:** Nada é tão chato como ter de criar um documento em um formato e depois não conseguir abrir quando chegam as novas versões. Garanta que as versões novas e velhas tenham compatibilidade entre si, para não atrapalhar os clientes. Leve bastante tempo nisso, pois, de outro modo, você perderá clientes rapidamente.

Serviços

Descontinuar serviços também tem seus desafios únicos. A seguir há uma lista de considerações.

» **Downloads de informações técnicas:** Alguns anos atrás, verificamos o que ocorria com produtos que havíamos lançado dez anos antes. Para nossa surpresa, os downloads de software e materiais de suporte ainda estavam vivos. A empresa mesmo havia sido vendida, mas o site ainda dava suporte aos clientes muitos anos depois de as últimas unidades terem sido vendidas. Planeje manter serviços antigos de bancos de dados para clientes existentes por muito tempo após as vendas ou inscrições terem sido encerradas.

» **Continuidade de dados:** De tempos em tempos, as empresas migram para um novo banco de dados ou site. Lembre-se de que gerentes de produto com visão do futuro organizam a transição dos dados e informações para o novo sistema. Tivemos a agradável surpresa de ver um revendedor que manteve nossos dados (e descontos) valendo por mais de dez anos. Nossa lealdade a essa empresa será muito duradoura.

Distinguindo as várias datas de fim de produto

Quando se fala no fim de vida de um produto, tem-se a sensação de que se trata de uma data fixa no tempo, mas a realidade é que um produto tem várias datas de fim. O último dia em que um produto é vendido não é necessariamente o último dia em que ele recebe manutenção ou suporte. Ao desenvolver seu plano, faça uma lista de todas essas datas de fim e estime o grau de notificações necessário para cada passo. Microsoft, IBM e Cisco são organizações que esclarecem extremamente bem o cronograma de descontinuidade. De fato, a maioria das grandes empresas escreve políticas para que os clientes saibam claramente o que esperar. A Tabela 16-1 explica o que cada uma dessas datas representa.

TABELA 16-1   Terminologia de Data de Fim de Vida

Termo	Definição
Data do anúncio de fim de vida (FDV)	Dia em que a empresa notifica os clientes que um produto será retirado
Fim das vendas	Dia em que os pedidos não são mais recebidos
Fim da construção	Dia em que o produto não é mais fabricado
Fim do contrato	Dia em que a empresa não dá mais suporte a um produto, com exceção de tempo e materiais (se disponíveis)
Fim do serviço (também conhecido como shutdown)	Dia em que o serviço não está mais disponível porque os contratos de manutenção ou assistência técnica expiraram

Verificando as partes de um plano de retirada de produto

Um plano de retirada de produto tem muitas seções. Veja a Figura 16-1 para ter um exemplo dos componentes de um desses planos. Visto que a fase de retirada oferece muitas opções, talvez não seja necessário preencher todas as seções.

FIGURA 16-1: Componentes de um plano típico de fim de vida.

Introdução	
Descrição de produto	
Partes afetadas pela retirada	Grupos internos na empresa
	Revendedores e parceiros de canal
	Clientes
Alternativas de retirada	Liquidar produtos para outra empresa
	Prolongar produto
	Continuar vendas por tempo limitado
	Encerrar produto em breve
Alternativa escolhida e raciocínio	Liquidar produto para outra empresa. O produto não é mais um bom ajuste estratégico para onde a empresa está indo.
Plano de anúncio	Datas críticas
	Plano de fabricação
	Plano de fornecimento de partes extras
	Assistência de upgrade
	Opções de suporte ao cliente
	Plano de suporte técnico
	Compatibilidade
	Reciclagem/diretrizes de descarte
	Opções de troca ou upgrade
Fatores críticos ao sucesso da retirada do produto	

© 2017, 280 Group LLC. Todos os direitos reservados.

Seguindo as Melhores Práticas na Retirada de um Produto

Eis as melhores práticas para quando decidir retirar um ou mais produtos:

» Considere a criação de um processo de fim de vida padronizado, para que possa minimizar e prever mais facilmente os impactos nos diferentes grupos dentro de sua empresa e nos revendedores e clientes.

>> Comunique com antecedência e frequência para que os envolvidos saibam o que esperar e quando.

>> Consiga com bastante antecedência o suporte e o apoio de todos os grupos responsáveis e executivos, para que as coisas aconteçam suavemente.

>> Planeje oferecer suporte contínuo, serviços de garantia, e assim por diante, por um período estabelecido de tempo, para atender às políticas prometidas aos clientes.

Faça com que a fase de retirada de um produto seja tão importante quanto a fase de lançamento. Quando retira um produto com sucesso por seguir um plano, você mantém os grupos internos e os clientes externos atualizados e felizes.

4

Tornando-se um Gerente de Produtos Fenomenal

NESTA PARTE...

Melhore as habilidades de seu pessoal para alavancar sua carreira.

Comunique-se com todos os envolvidos no processo para mantê-los focados em seus objetivos.

Saiba como influenciar as pessoas que não se reportam a você, mas que são necessárias para seu produto ter sucesso.

Mapeie seu plano de carreira de sucesso passo a passo.

NESTE CAPÍTULO

» Examinando o que faz um ótimo líder de gestão de produtos

» Entendendo como suas forças e fraquezas contribuem para seu estilo de liderança

Capítulo **17**

Cultivando Suas Habilidades de Gestão de Produtos

Como gerente de produtos, você pode ter a função tática de realizar vários serviços detalhados com a equipe e oferecer contribuições significativas ao esforço dela. Alternativamente, você pode dar um passo à frente e ser um líder de produto, criando e orientando a estratégia enquanto inspira e guia a equipe. Para alguns gerentes de produto, a primeira opção é o que gostam mais e o que os leva a uma carreira recompensadora. Mas para outros, a paixão é liderar a equipe e o esforço global. Dar um passo à frente para fazer isso exige uma combinação de coragem, tato e habilidade. Embora cultivar habilidades de liderança possa melhorar as duas opções de carreira, este capítulo se dedica especialmente aos gerentes de produto que querem um papel de liderança com responsabilidades expandidas. O capítulo oferece alguns insights sobre o que é necessário para se desenvolver e ser um líder.

Identificando os Traços de um Líder Eficaz de Gestão de Produtos

Várias características e habilidades transformam ótimos gerentes de produto em ótimos líderes. A seguir estão as mais importantes para você desenvolver em si mesmo:

» **Visão:** A *visão* é a propensão a ver aonde o mercado, a concorrência e o setor estão indo e criar uma visão forte sobre onde o produto precisa estar para vencer no mercado e satisfazer os clientes. Melhorar a visão inclui um raciocínio tanto de curto como de longo prazo, e geralmente exige definir em que os outros na empresa podem acreditar considerando que eles não têm tanta informação ou insights sobre o cliente e mercado quanto você. Com uma visão forte e convincente, você pode atrair os outros.

» **Ousadia:** Significa defender seu ponto de vista. Se tiver ótimas ideias, mas não fizer o esforço de lutar por elas, pode ser que nunca saia de sua zona de conforto e alcance um papel mais alto de liderança. Crie oportunidades para si mesmo ao pensar fora da caixa e transformar ideias em realidade.

» **Habilidade de influenciar:** Um líder de gestão de produtos deve conseguir usar tanto a lógica quanto a emoção para conquistar uma grande variedade de públicos enquanto implementa a visão e a estratégia do produto nas quais acredita. Por exemplo, se há um atributo especialmente importante que precisa ser incluído em seu produto, você consegue encontrar uma maneira de usar tanto os dados (para apelar ao lado lógico) quanto histórias pessoais sobre os clientes (para apelar ao lado emocional) para persuadir seus engenheiros a incluírem o atributo?

» **Expertise:** É fundamental ser um especialista tanto no campo da gestão de produtos como nos segmentos de mercado que seu produto busca. Se não for um especialista a respeito dos clientes, mercados, tecnologia e tendências para seu produto, conseguir que os outros lhe sigam será difícil, se não impossível. Por exemplo, você rotineiramente passa algum tempo lendo artigos disponíveis online sobre seu mercado, seus concorrentes e clientes?

» **Entusiasmo:** O entusiasmo é contagiante. Um gerente de produtos entusiasmado une as pessoas. Ao transmitir entusiasmo, você faz com que você mesmo e sua equipe almejem um nível mais alto. Você deixa os outros empolgados por estarem envolvidos com sua visão. **Nota:** O oposto disso é ainda mais verdadeiro. Um gerente de produto cansado e negativo falhará, no fim, com o avanço dos produtos e de sua carreira.

» **Tenacidade:** A habilidade de continuar, a despeito de enfrentar pessoas e circunstâncias difíceis, é fundamental. Como gerente de produto, você se depara com situações que parecem intransponíveis, e a tenacidade é a chave

PARTE 4 **Tornando-se um Gerente de Produtos Fenomenal**

para atravessá-las. O esforço não é realizar uma atividade ou reunião, mas continuar na jornada com visão e ação para atingir seu objetivo.

LEMBRE-SE

Os gerentes que fazem contratações buscam, instintivamente, gerentes de produto que sejam tenazes. Quando se deparou com um obstáculo, o gerente de produto desistiu ou encontrou uma saída? Uma ótima abordagem se você tem o que parece ser um desafio intransponível é separá-lo em passos menores e fazer o máximo de mudanças possíveis.

» **Comprometimento com a excelência:** Esta característica inclui a excelência no trabalho que realiza e nos resultados. Suas apresentações, seus documentos de exigências do mercado e os casos de negócios devem ser bem escritos e ter uma aparência fantástica. Os detalhes de seu produto devem brilhar. O gerente de produto está no centro de todos os aspectos do produto. Se você não tem excelência ao entregar todos os aspectos do produto, ninguém mais terá.

Desenvolvendo Seu Estilo de Liderança

O estilo de liderança é algo bem pessoal. Depende muito de sua própria personalidade e daquilo em que você é bom. Qualquer um pode ser um ótimo líder: introvertido ou extrovertido, altamente analítico e orientado aos detalhes ou pensador do panorama geral. A chave é ser autêntico sobre quem você realmente é, em vez de tentar ser alguém que não é. Esta seção trata de dois estilos diferentes de liderança e de como lidar com o estresse e se comunicar como um líder.

Alcançando resultados e motivando pessoas

Há dois fatores primários a serem considerados ao determinar seu estilo de liderança: preocupação com os resultados e com as pessoas. Os líderes geralmente tendem a ser mais fortes e mais focados em um do que no outro. O resultado é que a eficácia de sua liderança varia bastante. Veja a Figura 17-1 para entender como as pessoas percebem os líderes dependendo de onde seu foco de liderança está.

» **Medo:** Se está mais preocupado com resultados do que com as pessoas, você pode conseguir resultados de curto prazo. Porém, em longo prazo os membros de sua equipe podem sair, decidir não cooperar ou até se virar contra você. Um foco apenas em resultados faz com que as pessoas tenham medo de você. Esse caminho pode fazer com que se comportem passiva e agressivamente e desenvolvam ressentimento, e pode contribuir para uma política corporativa maldosa, que dificulta o sucesso de seu produto ou até limita sua carreira.

» **Gostar:** Por outro lado, se você está preocupado apenas em deixar as pessoas felizes, você pode ter uma equipe que gosta de você como pessoa mas não faz o que é exigido para alcançar os resultados do negócio que a empresa exige. Como gerente de produto, você ainda é responsável pelos resultados globais, então, se o sucesso do produto não acontece, a equipe executiva colocará a culpa em você.

» **Não percebido:** Se você não foca os resultados nem as pessoas, sob uma perspectiva de liderança, você se torna irrelevante. As pessoas não percebem o que você diz e não consideram sua opinião. De todas as formas, evite ser um gerente de produto que as pessoas não percebem.

» **Confiança:** Um verdadeiro líder de gestão de produtos encontra uma forma de caminhar pela linha tênue entre resultados e pessoas, focando ambos. O resultado é que a equipe e os envolvidos confiam no gerente de produto. Confiança significa que estão dispostos a apoiar sua visão e trabalhar duro para alcançá-la. Em alguns casos, a confiança e o respeito que você ganha significam que você sacrifica a popularidade. A confiança de todos os envolvidos em você vem da compreensão deles sobre o equilíbrio que você atinge entre resultados e deixar as pessoas felizes. Olhe para trás em sua carreira e provavelmente descobrirá os líderes que cuidaram tanto dos resultados quanto das pessoas e atingiram resultados de grande sucesso. Esses líderes podem não ter sido muito apreciados, mas receberam a confiança para levar as equipes por jornadas desafiadoras. Certifique-se de se tornar um desses líderes.

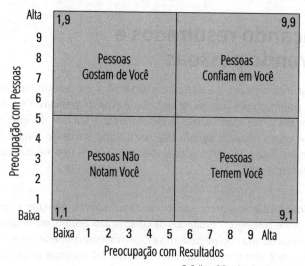

FIGURA 17-1: Grade de liderança.

Lidando com o estresse

A gestão de produtos é um trabalho estressante, pois você tem demandas conflitantes. O caminho para o sucesso nem sempre é claro, frequentemente você tem que se dirigir ao pessoal envolvido e pedir que façam mudanças, as quais podem induzir o estresse neles e em você. Esta seção trata sobre como lidar com o estresse em si mesmo e nos outros.

Transformando o negativo em positivo

Ao longo do tempo, uma vez que fazer seu trabalho geralmente significa tornar o trabalho dos envolvidos mais estressante, ir à sala de alguém ou até mesmo seu nome em um e-mail pode induzir uma reação de estresse. Para contrabalancear isso, você deve ser a pessoa mais positiva e elogiosa do escritório. Uma regra de relação 5:1 pode ajudá-lo a superar o déficit de estresse que você cria nos outros. A regra básica é que cinco interações positivas podem compensar uma interação negativa. Tanto este capítulo como o Capítulo 18 mencionam levar as pessoas para almoçar, que é uma ação que conta como uma interação positiva. Aqui estão algumas outras formas de chegar às cinco:

» Felicitar e agradecer alguém por um trabalho bem feito
» Contar uma piada
» Mostrar interesse pelos filhos e hobbies dos colaboradores
» Sorrir para o pessoal da equipe

Quais outras formas você consegue imaginar?

Gerenciando o estresse do pessoal envolvido

Os seres humanos são programados para reagir ao perigo, estresse ou conflito (real ou imaginário) com um destes instintos: luta, fuga ou congelamento (veja a Figura 17-2).

FIGURA 17-2: As três formas de reagir a desafios.

© Colleen O'Rourke, rTen Consulting

Como você não pode fazer com que o processo de estresse pare de acontecer, seu objetivo é simplesmente reconhecer que ele acontecerá e se esforçar através de cada estágio até que o envolvido atormentado volte a um estado em que vocês dois possam lidar com o novo desafio à frente.

A seguir estão as principais maneiras de acalmar os envolvidos no processo:

» Diga às pessoas envolvidas que você entende sua decepção. Nomear corretamente a emoção delas já deixa a situação mais leve.

» Dê algum tempo para que passem pela raiva (luta), retirada (congelamento) ou não aceitação (voo) considerando a nova informação. Para grandes mudanças (ou para membros da equipe especialmente sensíveis à mudança), sugira voltar a discutir a mudança mais tarde, quando já tiveram tempo para digerir a informação. Se esse processo de acalmar levar apenas um ou dois minutos, mantenha-se firme. Pratique suas habilidades de escuta ativa e continue usando-as enquanto desenvolve coletivamente um caminho adiante. Habilidades de escuta ativa são tratadas no Capítulo 18.

Reduzindo seu próprio estresse

Você não está imune às reações de estresse. Planeje-se para elas. Caso sinta que seu sangue está fervendo, que ficou chocado em silêncio ou que está fugindo do problema, diga às pessoas que está tentando digerir a mudança e peça que lhe deem alguns momentos para que se recomponha. Desenvolva exatamente os passos que funcionam para você, e depois coloque seu plano no lugar. Com o tempo, seus colegas de trabalho aprenderão que você tem sua maneira de lidar com o estresse e respeitarão o fato de que consegue gerenciar a si mesmo durante a situação.

Construindo confiança

A chave para construir confiança é reconhecer que suas reações emocionais são parte de sua natureza humana. Construir confiança é descobrir como trabalhar com suas tendências naturais para transformar cada uma dessas situações em uma oportunidade para exercitar sua coragem. Em vez de ceder a seus primeiros instintos de luta, congelamento ou voo, desenvolva uma abordagem deliberada e consciente para enfrentar as situações difíceis. Sua solução para enfrentar situações difíceis combina a preocupação sincera e genuína tanto com pessoas envolvidas quanto com os resultados que esteja tentando alcançar. Quando realizar os dois, estará praticando a verdadeira liderança, e os resultados que pode atingir com o tempo podem impressioná-lo.

300   PARTE 4 **Tornando-se um Gerente de Produtos Fenomenal**

Você não nasceu com um manual sobre como lidar com situações difíceis que podem aparecer a qualquer momento e sem aviso prévio. Saiba que em qualquer momento você pode ser chamado para lidar com uma situação que acredita estar muito além de suas habilidades. Quando se deparar com uma situação impossível, lembre-se de que você é suficiente — que tem compaixão, conhecimento, resiliência e inteligência suficientes para passar por qualquer coisa que o mundo jogar na sua frente. Lembre-se de que você é *sempre* bom o bastante, e sempre será.

Pensando, agindo e se comunicando como um líder

O antigo axioma de que as pessoas o percebem com base em como você percebe a si mesmo é altamente aplicável na liderança de gestão de produto. Se você pensa e vê a si mesmo como um líder, provavelmente projetará as qualidades de um líder. Similarmente, os outros sentem quando você não pensa que é capaz de liderar.

Como gerente de produto, você precisa praticar o pensar, agir e comunicar-se como um líder o tempo todo.

» **Aja decisivamente.** Não hesite quando se comunicar ou agir. Tome decisões e lidere os outros usando suas habilidades de análise de negócios, sua expertise do mercado e dos clientes e não tenha medo de cometer erros.

» **Peça ajuda.** Não receie pedir ajuda se não estiver seguro ou precisar de mais informação. Os melhores líderes sabem que não têm todas as respostas e que a equipe que estão liderando geralmente as tem. De fato, as pessoas ficam lisonjeadas quando você pede seu conselho.

» **Dê crédito, leve a culpa.** Os líderes são aqueles que se permitem dar crédito aos outros quando tudo vai bem. Eles também levam a culpa quando as coisas não saem como o planejado. A liderança não vem com um herói de capa vermelha. Ela vem com uma dose enorme de humildade.

Se você acha que dar crédito aos outros os torna líderes, experimente este exercício: da próxima vez que algo bom acontecer no grupo, seja a primeira pessoa a dar crédito para alguém. Uma vez que os líderes são aqueles que supostamente dão crédito aos outros, com o tempo, você será percebido como o líder.

A liderança é conquistada, não tomada. Pensar em si mesmo como um líder não significa que você pode mandar nas pessoas a seu redor. Significa que você desenvolveu uma percepção interna profunda, de modo que as pessoas com o tempo respeitarão e seguirão você com base em suas ações consistentes.

LIDERANÇA DE EQUIPE

Um dos papéis primários de um gerente de produto é trabalhar de maneira eficaz com suas equipes de engenharia. Às vezes você é secundário, e às vezes é o líder. Aqui estão algumas dicas para lidar com as situações da equipe e garantir que sejam bem lideradas:

- **Mantenha a equipe psicologicamente segura.** Estudos mostram que os membros de uma equipe participam quando sentem que é seguro fazê-lo — isto é, quando todos podem falar pela mesma quantidade de tempo. Não estamos sugerindo que comece a usar um cronômetro. Porém, se alguns indivíduos dominam a conversa, fale com eles e peça que parem um pouco, para permitir uma participação maior, e peça a opinião dos membros quietos da equipe. A participação e o rendimento da equipe aumentam quando todos os membros estão psicologicamente seguros.

- **Engaje as equipes remotas.** Indivíduos e equipes remotas podem se sentir deixados de lado. Mantenha-os engajados ao ligar o vídeo. Periodicamente faça coisas divertidas como equipe virtual. Ouvimos de uma equipe que fazia eventos virtuais mensais vestindo pijamas (todos os integrantes da equipe trabalhavam de casa), ou com camisas esquisitas ou chapéus engraçados. O que mais você consegue imaginar para engajar os integrantes de sua equipe virtual?

> **NESTE CAPÍTULO**
>
> » **Estabelecendo uma base de estratégias de persuasão**
>
> » **Convencendo os executivos de vendas de suas ideias**
>
> » **Trabalhando mais eficazmente com os engenheiros**
>
> » **Preparando e alavancando sua equipe de vendas**

Capítulo **18**

Dominando a Arte da Persuasão

Persuadir e influenciar são as habilidades que um gerente de produto precisa tirar do papel e colocar em prática. Você pode fazer todo um trabalho excelente para criar uma estratégia de produto e um plano confiável, mas se não conseguir que os outros apoiem seus esforços, não terá sucesso. Uma vez que praticamente todos os gerentes de produto são colaboradores individuais e as pessoas das quais eles dependem para entregar produtos não se reportam a eles, conseguir influenciar sem autoridade é fundamental para seu sucesso.

Este capítulo oferece dicas sólidas de como aplicar seu eu mais persuasivo, assim como especificamente influenciar a diretoria executiva, sua equipe de desenvolvimento e a força de vendas.

Revisando o Básico sobre Persuasão

A base da persuasão como uma habilidade é saber qual resultado quer alcançar e então usar seus melhores argumentos e comunicá-los da forma mais eficaz possível. Nesta seção tratamos de três aspectos centrais básicos da persuasão

CAPÍTULO 18 **Dominando a Arte da Persuasão** 303

eficaz: escutar ativamente, convencer e pedir. Domine essas ferramentas e você estará no caminho de conseguir os resultados que deseja.

DICA

Recomendamos que leia um livro como *Persuasão e Influência Para Leigos*, de Elizabeth Kuhnke, para complementar esta seção e continuar a aumentar suas habilidades. Também sugerimos procurar algum curso que ensine com profundidade sobre habilidades interpessoais para gerentes de produto e permita que você aprenda e pratique em um ambiente de imersão.

Escuta ativa

Antes que possa encontrar uma solução, primeiro você precisa ter uma compreensão profunda da situação. A escuta ativa é uma técnica muito popular e altamente eficaz que o ajuda a entender bem o ponto de vista da outra pessoa. Quando está tentando influenciar um integrante da equipe sobre um novo produto, você precisa conseguir ouvir primeiro e falar depois. Além disso, usar a escuta ativa pode atenuar situações desafiadoras quando os outros são insistentes ou argumentativos. Muitas vezes os conflitos surgem simplesmente porque a outra parte não sente que foi ouvida e não acredita que você entende profundamente o ponto de vista e as opiniões dela.

Para praticar a escuta ativa, faça o seguinte:

1. Deixe a pessoa falar e relatar o caso completo.

Não interrompa ou tente responder. Deixe-a falar sua parte para que possa dar voz a tudo de que precisa. Se ela falar por muito tempo, dê alguns sinais verbais como "ahã", para que saiba que você ainda está escutando.

2. Quando ela terminar, diga "Parece que..." ou "O que escutei você dizer é que...", e depois repita o que acha que ouviu.

Se você entendeu certo, a pessoa automaticamente responderá com um "sim". Se não, ela corrigirá a parte que você não pegou ou até mesmo dirá "não". Se estiver um pouquinho inseguro, pois talvez você não tenha entendido corretamente, pergunte à pessoa como ela se sente, ou informe qual é sua compreensão sobre o ponto de vista dela. Se você não se sentir confortável parafraseando o que ela acabou de dizer, apenas repita as últimas três palavras.

LEMBRE-SE

No fundo, a necessidade de escuta ativa é apenas, em parte, para garantir que você entenda os fatos. Reconhecer os sentimentos por trás de um argumento é igualmente, ou até mais, importante. Aqui está a diferença: "Entendo que você quer ir à loja." Fato, não sentimento. "Entendo que você está frustrado porque você quer ir à loja e não consegue descobrir como chegar lá." Pratique o segundo tipo de resposta.

3. Repita os Passos 1 e 2 conforme o necessário até que ambas as partes estejam convencidas de que você entende totalmente o ponto de vista do outro.

Se encontrar um obstáculo nesse processo, você pode precisar fazer perguntas abertas para captar mais insights da outra pessoa sobre o que você não está compreendendo. Tente começar suas perguntas abertas com "o que" e "como", para ter respostas mais informativas.

O interessante da escuta ativa é que, após esse processo, geralmente você não precisa explicar seu ponto de vista para a outra pessoa. Quando ela se sente ouvida e sabe que você entende (mas não necessariamente concorda), ela pode deixar a questão totalmente de lado. E às vezes, quando a outra pessoa acredita que foi ouvida, você pode informá-la de que agora a entende e considerará a opinião dela nas decisões que tomar sobre o produto.

DICA

O papel geral de um gerente de produto é ser um árbitro e um tomador de decisão. A escuta ativa pode ser muito frustrante, porque você simplesmente não pode dizer a alguém o que fazer. Imagine que na maior parte de suas atividades, você se inclina para a frente para levar a conversa adiante. Em uma situação de escuta ativa, mude a postura e se incline para trás, apoiando-se nos calcanhares ou em sua cadeira. Isso lhe dá uma sensação diferente e vai lembrá-lo de que você está no modo de escuta. Pratique essa habilidade frequentemente e se surpreenderá com os resultados.

Convencendo com o método das três razões

Após realizar um pouco de escuta ativa para entender o ponto de vista da outra parte (veja a seção anterior), ainda pode ser preciso convencê-la a concordar com você. Um dos métodos mais simples e eficazes é o método das três razões.

Veja como ele funciona em uma conversa para a qual você se planejou antes:

1. Diga o que acredita que deve acontecer e que você tem três razões para isso.

Planeje quais são as três razões.

2. Ofereça a primeira razão, usando quaisquer dados ou exemplos do mundo real que você tiver.

Use o máximo de fatos que puder, pois é difícil argumentar contra fatos e dados.

3. Repita o Passo 2 com sua segunda razão.

Novamente, use fatos e exemplos sempre que possível.

4. Se as primeiras duas razões não convenceram seu público, você pode apresentar uma terceira razão.

REDUZINDO OS CONFLITOS EFICAZMENTE

A resolução de conflitos também usa a escuta ativa. Se alguém está expondo seu ponto de vista ou frustração energicamente, responda com mais energia em sua voz. Isso não significa gritar. Apenas queremos que você iguale a energia da outra pessoa. Imagine que está conversando com uma criança animada que acabou de descobrir um inseto. Você não diria "Acalme-se". Você ficaria animado com ela, de início, e depois diminuiria seu nível de energia vagarosamente com o desenrolar da conversa, para modelar como a criança deve reagir. O mesmo princípio se aplica a adultos em conflito. Uma vez que você igualou a energia da outra pessoa, ela seguirá seu modelo enquanto você leva a conversa para um estado de mais calma.

CONVERSAS INESPERADAS

Nem todas as conversas são planejadas. Você se depara com um colega ou gerente no corredor ou começa a conversar durante o almoço. Você ainda pode usar o método das três razões. Quando não estiver preparado, provavelmente ficará sem razões após ter dado a segunda. Não se preocupe. Diga que tem três razões, e se não conseguir pensar em uma terceira, apenas diga que perdeu sua linha de raciocínio e não consegue lembrar a terceira.

Então, por que esse método funciona tanto? Não importa se tem um argumento bem desenvolvido logo de cara, usar essa abordagem dá a impressão para a outra pessoa de que você está confiante do que está dizendo. Qualquer um que tiver três boas razões para uma opinião muito provavelmente tem um ponto de vista sensato para argumentar, então declarar que as tem coloca você em uma posição vantajosa logo no início. Dá certo o tempo todo? Não, mas se não conseguir pensar em três razões para sua opinião e seu argumento estarem certos, você pode ter que repensar sua posição.

Pedindo o que precisa — Concisamente

Uma das chaves para conseguir que as pessoas o escutem (ou leiam o que enviou) e depois façam o que pediu é manter tudo o mais breve possível. Por exemplo, se precisa influenciar sua equipe para mudar o cronograma de modo a adicionar um novo atributo crucial, uma longa conversa ou um e-mail de três páginas detalhando cada motivo que pode imaginar simplesmente não funcionará. Muito provavelmente seu público perderá a atenção após o primeiro minuto ou ninguém vai ler o e-mail inteiro. Sua informação simplesmente será ignorada ou desconsiderada.

306   PARTE 4 **Tornando-se um Gerente de Produtos Fenomenal**

Em todas as suas comunicações, seja o mais breve e direto que puder. Nos e-mails, use tópicos, se possível. Muitas vezes, sua resposta a um e-mail pode ter apenas uma ou poucas palavras, como "Aceito" ou "Aprovado". De fato, as comunicações curtas podem, em muitos casos, ser mais eficazes do que as mais longas. Os gerentes de produto que falam demais, seja por e-mail ou nas conversas, tendem a ser bem menos eficazes do que aqueles que conseguem passar seu ponto de vista de forma rápida e eficiente.

A Figura 18-1 resume um bom método para apresentar seu caso concisamente para conseguir o que quer. Você resume a situação em algumas frases, oferece algumas informações vitais para criar seu argumento e depois diz claramente à outra parte o que você quer e por que ela entregar isso para você será bom para ambas as partes. A chave para esse método é tentar não apresentar um caso longo e detalhado. Deixe sua comunicação curta e convincente.

DICA

Se você acredita que tem a tendência de ser prolixo demais — ou mesmo se não —, marque o tempo da próxima vez que der uma explicação. Veja o mais próximo que consegue chegar a uma explicação suficiente (não exaustivamente completa) em 30 segundos. Nos e-mails, busque não escrever mais do que dois ou três parágrafos curtos.

FIGURA 18-1: Método de três passos para conseguir apoio rápido.

© 2017, 280 Group LLC. Todos os direitos reservados.

Convencendo Sua Equipe de Executivos

Como gerente de produto, é fundamental sua habilidade para influenciar executivos, vender sua ideia para eles e conseguir que apoiem você. Geralmente os executivos não conhecem os detalhes do mercado ou as complexidades de um produto. É, portanto, seu trabalho desenvolver a confiança deles de que você é um líder de mercado e de produto e de que sua compreensão da estratégia e execução corretas os ajudarão a ter sucesso.

CAPÍTULO 18 **Dominando a Arte da Persuasão** 307

Elaborando um mapa de influência

Uma ferramenta a ser utilizada para influenciar os executivos (e outros envolvidos) é um mapa de influência, conforme mostrado na Figura 18-2. Ele o ajuda a determinar quem está do seu lado e quanto eles podem ajudar ou atrapalhar seus esforços. Um mapa de influência também pode lhe dar um senso de qual tipo de políticas podem estar acontecendo nos bastidores, para que você desenvolva os relacionamentos e tenha as conversas que precisa com antecedência para conseguir o apoio para seus esforços.

Para criar seu mapa de influência, liste todos os executivos que têm qualquer influência em seu trabalho. Faça um mapa do grau de apoio que eles dão a seus esforços para os produtos e depois a influência deles na organização. Você deve buscar aqueles que têm muita influência e que o apoiam muito. Oriente seus influenciadores essenciais com mais informações e peça que apoiem sua causa com outros executivos.

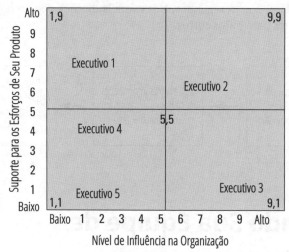

FIGURA 18-2: Mapa de influência para executivos.

© 2017, 280 Group LLC. Todos os direitos reservados.

Em raríssimos casos, todos (ou quase todos) os executivos são mapeados como não apoiadores de seus esforços para produtos. Se você não tiver o apoio de que precisa e acreditar que não conseguirá mudar a situação, sua melhor aposta pode ser mudar para uma situação em que você terá mais chances de sucesso. Por exemplo, se o CEO ou vários executivos de nível sênior não acreditam em seu produto ou em sua estratégia e não estão dispostos a financiá-los, você terá uma batalha contra o vento como gerente de produto. A alternativa é continuar no trabalho e ficar frustrado e negativo, e isso é um verdadeiro limitador de carreira.

Construindo relacionamentos com as pessoas essenciais

Uma técnica útil para influenciar os executivos dentro da organização é determinar as cinco pessoas-chave das quais precisará receber apoio. É importante promover relacionamentos com tais pessoas o mais cedo possível, sem qualquer assunto planejado. Ao conseguir conhecê-los a um nível pessoal, mostrando ser um especialista no mercado e no produto, você estará se posicionando para que, quando precisar de apoio em uma situação crítica, eles confiem em você.

Construir esses relacionamentos pessoais também é uma ótima maneira de ajudar sua carreira a ir para a frente. Descubra em que os executivos estão interessados e o que os motiva. Leve-os para almoçar ou pare-os no corredor e peça seus conselhos. Se puder, faça com que sejam seus mentores. Os gerentes de produto que tiveram sucesso de fato fizeram exatamente isso.

Aqui estão algumas formas de construir um relacionamento harmonioso:

> » Espelhe a linguagem dos executivos, tanto verbal quanto corporal, enquanto se comunica com eles. Perceba como eles se vestem e se vista de forma parecida. Não vá comprar a mesma camisa que o CEO usou na semana passada, mas siga o mesmo estilo corporativo geral. As mulheres devem copiar o mesmo nível de formalidade, ou levemente mais alto, e não adotar, por exemplo, camisas com colarinho e calças (se esse for o uniforme corporativo masculino).

> » Busque oportunidades para compartilhar experiências, seja trabalhando em uma tarefa difícil na empresa ou, caso viaje a negócios, desenvolvendo algo com eles fora do horário de trabalho.

> » Compartilhe informações e ofereça ajuda sem restrições. Seja prestativo, animado e sempre positivo. Compartilhe seus sucessos com eles.

> » Lembre-se de que eles também precisam de um tempo sozinhos. Não os incomode. Deixe que eles mostrem o nível de interação que será confortável para eles.

Falando com propriedade: A fala dos executivos

Para conseguir influenciar os executivos, você tem que aprender como eles pensam e falar a língua deles. Por exemplo, os gerentes de produto geralmente têm muito interesse nos mínimos detalhes de como seus produtos funcionam.

Tudo precisa estar no lugar para que entreguem um produto refinado que encante os clientes.

Porém, os executivos geralmente não sabem ou não se importam com a profundidade dos detalhes ou atributos do produto. Eles estão muito mais preocupados com o panorama geral e coisas como acelerar o crescimento do negócio e se estão alocando recursos da forma certa para maximizar o retorno do investimento para a empresa. Portanto, as apresentações que têm 20 (ou mais!) slides sobre os detalhes do produto farão com que os executivos percam o interesse (e isso ameaça sua credibilidade). Torne as coisas breves, agradáveis e com foco naquilo que é importante para eles.

Lembre-se destas diretrizes ao se comunicar com executivos:

» **Seja breve e vá direto ao ponto.** Não desperdice o tempo deles.

» **Foque aquilo que é importante para a empresa e para eles.** Seja específico sobre os benefícios em que a empresa e os executivos têm interesse. Aprenda quais argumentos de sucesso funcionaram com os executivos e use similares. Por exemplo, uma empresa pode ter o foco apenas na lucratividade. Em outra, o que importa é o engajamento dos clientes.

» **Ofereça um resumo, mas tenha os detalhes e dados à mão caso eles queiram se profundar em um tópico.** Coloque os slides não essenciais em um apêndice.

» **Em suas conversas, seja sucinto e fique no assunto dos negócios.**

Conquistando Sua Equipe de Desenvolvimento

Conseguir influenciar e trabalhar efetivamente com a equipe de desenvolvimento e com os engenheiros individuais é uma parte importante que define se terá sucesso e estará satisfeito com seu trabalho de gerente de produto. Seu sucesso depende de sua habilidade de fazer com que seus engenheiros desenvolvam o produto que você acredita que atenderá às necessidades do cliente e levará sua missão à frente.

Construindo sua credibilidade

Credibilidade é tudo em um gerente de produto. Seu desafio será construir credibilidade, não importa o que o pessoal de desenvolvimento acredite que seja ou não o seu papel. Você precisa mostrar aos engenheiros o que e por que está fazendo algo e garantir que eles o vejam como um especialista em uma variedade de áreas. As áreas nas quais mostrar sua habilidade incluem:

» **Técnica:** Posicionar-se perante sua equipe de desenvolvimento como um especialista técnico é algo absolutamente fundamental. De outro modo, eles podem simplesmente não respeitá-lo ou não trabalhar com você. Sua habilidade para influenciá-los será insignificante. Siga as tendências em sua área de tecnologia para conhecer os acrônimos e terminologias. Você não precisa necessariamente ser um especialista total e entender todas as bases da tecnologia, mas precisa provar para a sua equipe que você tem a *habilidade* de compreensão. Verifique o Capítulo 2 para ter mais detalhes.

Se você não tiver o conhecimento técnico em sua área de responsabilidade, peça que algum engenheiro resuma os detalhes do produto para você. É comum que os engenheiros façam isso para os gerentes em assuntos tecnológicos, então não se acanhe com isso. Em cada estágio, lembre-se de buscar a significância para o cliente de cada tecnologia ou atributo que os desenvolvedores estão lhe mostrando. Anote o máximo possível, pois você precisa seguir em frente rapidamente.

» **Gestão de produtos:** Todos na empresa — não apenas sua equipe de engenharia — precisam ver você como alguém que entende de gestão de produtos sob todos os aspectos. Você não contrataria um diretor financeiro ou contador se não soubesse que o candidato conhecesse finanças nos mínimos detalhes, e não é diferente para os gerentes de produto.

Certamente, qualquer treinamento que puder fazer e certificações que puder obter aumentarão sua credibilidade. Se você se tornar um gerente de produto certificado pela AIPMM (Associação Internacional de Gestão e Marketing de Produto), por exemplo, e pendurar o certificado em seu escritório, sua equipe verá que você realmente estudou essa matéria e é muito bom no que faz.

» **Melhores práticas:** Você deve conseguir dizer com confiança "Esta abordagem está errada. A maioria das empresas faz da seguinte forma." Você também precisa das habilidades correspondentes para as tarefas como criar casos de negócios, priorizar os backlogs de produtos, escrever histórias de usuários e criar personas.

» **Mercado:** Você tem que saber mais do mercado do que qualquer outro em toda a empresa. Você precisa entender as taxas de crescimento e concorrência e precisa conseguir ter os fatos e dados prontos para que possa usá-los em suas discussões.

» **Cliente:** Você quer ser visto como a pessoa que é a verdadeira voz do cliente. Você saberá que se posicionou como o verdadeiro especialista que está ligado nos clientes quando sua equipe de desenvolvimento proativamente vier lhe perguntar: "Conseguimos resolver esta questão desta ou daquela forma; qual delas você acha que os clientes vão querer?"

Para se sintonizar com as necessidades dos clientes, faça muitas visitas a eles. Escreva resumos do que encontrou em cada visita. Inclua histórias sobre o que aconteceu e informações sobre o ambiente do cliente. Depois compartilhe seu relatório ou envie por e-mail para a equipe de desenvolvimento. Faça isso para cada uma das visitas, resumindo as informações em itens específicos onde for possível. Sempre mencione os clientes em suas conversas, para relembrar os engenheiros de que você passou um tempo significativo com eles.

Outra boa tática é ocasionalmente levar seus engenheiros para as visitas aos clientes. Levá-los lá fora e fazê-los observar os tipos de perguntas que você faz e o ambiente em que seus clientes trabalham é sempre extremamente valioso. Por exemplo, um engenheiro viu um cliente chorar de verdade ao se deparar com um teste de interface difícil de usar e o adaptou da noite para o dia para a próxima rodada de feedback dos clientes. Quando os engenheiros conhecem os clientes reais, eles compartilham a experiência com os colegas da equipe de desenvolvimento, e fica muito mais fácil de conseguir que a equipe adote, mais tarde, as ideias que você tiver.

Avaliando sua equipe e se ajustando

Você precisa analisar a equipe de desenvolvimento com a qual está lidando e se ajustar a ela apropriadamente. Você pode ter uma equipe ótima ou difícil, que pode ou não respeitar você (ou qualquer outro que seja o gerente de produto).

Em alguns casos, você terá uma ótima equipe, podendo estabelecer facilmente a si mesmo como o líder. Quando estiver no quadrante superior direito da Figura 18-3, seu trabalho na gerência de produto será muito, muito divertido.

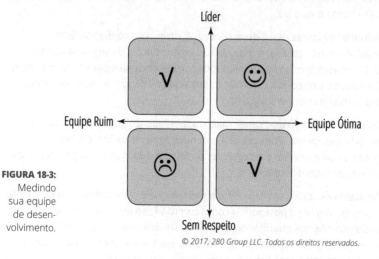

FIGURA 18-3: Medindo sua equipe de desenvolvimento.

© 2017, 280 Group LLC. Todos os direitos reservados.

Se você estiver em algum dos quadrante sem a marca de OK, com certeza consegue dar um jeito e caminhar para o quadrante superior direito. Na maioria das situações, é onde você será um gerente de produto. Faça um brainstorming com a equipe ou com seu gerente sobre como se mover para o quadrante superior direito ao desenvolver um trabalho em equipe e aumentar seu respeito dentro da equipe.

No pior dos casos, não há nada que possa fazer com algumas equipes e situações. Você pode estar no quadrante inferior esquerdo e pode precisar pensar seriamente se vai querer mudar para um produto diferente ou mudar para uma equipe diferente. Antes de desistir totalmente, fale com o gerente da equipe (ou com o RH, se o gerente for parte do problema). Veja se podem trazer um coach ou se o RH pode facilitar uma intervenção com a equipe para melhorar as relações e trabalhos internos. Em algumas situações, simplesmente não há como vencer. Não se permita ficar preso muito tempo em uma situação dessas — é algo que limita sua carreira.

Avaliando tipos diferentes de desenvolvedores e como lidar com eles

Entender as personalidades de cada um dos desenvolvedores e como lidar com cada uma delas é tão importante quando trabalhar com a equipe de desenvolvimento como uma unidade coletiva. A seções a seguir separam os tipos de personalidades comuns de desenvolvedores e oferece dicas para trabalhar com cada uma.

Tipos de personalidades

Há três tipos principais de personalidades de desenvolvedores (veja a Figura 18-4):

» **Autossuficiente:** Estes desenvolvedores são absolutamente brilhantes em insistir em ter um argumento para tudo de modo a garantir que eles chegaram na verdade (embora, geralmente, eles já se convenceram sobre o que é a verdade). Eles podem ser excelentes no que fazem, mas não necessariamente sabem ou se importam com o papel do gerente de produto.

» **Codificador:** Os codificadores são pessoas que não têm opiniões muito fortes, mas que dizem "Diga exatamente o que devo construir. Dê especificações; eu apenas escrevo códigos. Vou adicionar qualquer atributo que você quiser. Apenas seja muito claro e específico."

» **Colaborador:** Entre o codificador e o autossuficiente está o terceiro tipo, que é um colaborador. Ele entende o valor que um gerente de produto oferece e quer de fato trabalhar com você de forma interativa para construir um produto que os clientes adorarão.

CAPÍTULO 18 **Dominando a Arte da Persuasão** 313

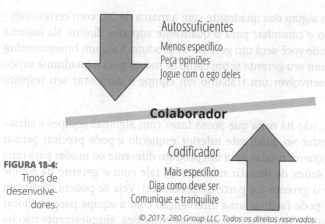

FIGURA 18-4: Tipos de desenvolvedores.

© 2017, 280 Group LLC. Todos os direitos reservados.

Lidando com personalidades diferentes

Cada personalidade de desenvolvedor descrita na seção anterior requer uma abordagem diferente para chegar a seu resultado desejado. Siga as dicas a seguir para conseguir o máximo de cada relação:

» **Seja menos específico com os autossuficientes.** Por exemplo, quando você entrega um documento de exigências de produto ou de mercado, ou especifica alguns atributos, sugira algumas soluções possíveis, em vez de mostrar *a* solução. Coloque uma recomendação que diz "Os clientes precisam conseguir fazer o seguinte. Esta é uma forma de como você pode fazer isso, mas é apenas uma ideia." Deixe que o autossuficiente resolva. De fato, desafie-o a achar uma ótima solução. Peça a opinião dos autossuficientes e suas justificativas. "Esta é mesmo a melhor forma de resolver o problema?" Jogue com o ego deles.

Sua função ao trabalhar com autossuficientes é deixá-los famintos por dados do mundo real sobre os clientes e o mercado que só você pode fornecer. E se conseguir apresentar argumentos a partir dos quais eles extraem conclusões lógicas que acreditam ter descoberto sozinhos, muito melhor.

» **Esteja aberto para a criatividade dos colaboradores.** Forneça aos colaboradores as informações sobre as necessidades dos clientes, os pontos difíceis e uma ideia das exigências, e permita que eles descubram uma solução com criatividade. Eles geralmente o surpreenderão com a elegância e criatividade que têm.

» **Seja mais específico com os codificadores.** Diga aos codificadores exatamente do que você precisa: "O atributo a seguir precisa ser implementado desta forma. Volte com um design, e aprovarei." Mantenha uma comunicação próxima enquanto estiverem criando uma solução e reassegure a eles que estão no caminho certo e entregando o que você quer.

O desafio aqui é que, se você não for específico, pode acabar com algo muito diferente do que imaginou inicialmente. Você geralmente encontra os codificadores em equipes remotas de desenvolvimento. Uma vez que a distância lhes aumenta a incerteza, eles têm medo de cometer erros, e assim o trabalho se desenvolve muito lentamente. Uma ótima abordagem com os codificadores é escrever exigências mais específicas e depois trabalhar bem próximo a eles enquanto as realizam de modo que não cheguem a ir muito longe no caminho errado. Na realidade, eles geralmente vão para outro trabalho antes que consigam desenvolver a confiança para trazer suas ideias à equipe.

Promovendo um relacionamento harmonioso com a equipe

Harmonia é um componente crítico para convencer sua equipe de desenvolvimento. De outra forma, você não poderá contar com o apoio dos integrantes da equipe quando precisar de um favor durante uma situação difícil.

A chave para construir um ambiente harmonioso real é a sinceridade. Você pode sinceramente desenvolver conexões de muitas formas, de forma sutil ou aberta:

» **Alimente-os.** Obviamente, almoçar ou tomar café juntos é uma boa coisa. Quando foi a última vez que você trouxe almoço para sua equipe inteira ou levou alguns engenheiros para sair após o trabalho para conhecê-los melhor? Se puder levar doces para as reuniões semanais da equipe, provavelmente a frequência subirá drasticamente e você desenvolverá um relacionamento melhor. (Quem não ama o dia do doce?) Essa abordagem parece simples demais para ser verdade, mas as pequenas coisas contam.

» **Lembre-se deles ao pegar brindes em eventos.** Se você participa de feiras de negócios, pegue brindes para eles. Os engenheiros não têm a chance de pegar a estrada e participar de eventos desse tipo, então agrados assim podem ser muito bem vindos.

» **Sempre tenha o equipamento novo mais legal.** Peça a opinião de sua equipe sobre qual você deve comprar, quais são os melhores atributos e assim por diante. Se falar sobre jogos, dispositivos e tecnologia nova e legal, muitos de seus engenheiros de repente começarão a vê-lo como mais do que apenas um gerente de produto orientado ao negócio.

» **Não seja um arauto do apocalipse.** Como gerente de produto, você constantemente recebe pedidos frenéticos do pessoal de venda ou de um grande cliente sobre mudanças "urgentes" de que o produto "precisa" porque o ambiente do mercado está mudando ou qualquer outra coisa. Se você sair correndo para sua equipe como se o céu estivesse caindo a cada vez que um desses pedidos chegar, os integrantes da equipe podem chegar a sentir que você não pode defendê-los. Em vez disso, tenha muito cuidado sobre como filtra qualquer pedido de mudanças para a equipe de desenvolvimento. Isso não quer dizer que você não pode lhes pedir mudanças, mas concentre-se nas mudanças principais que precisam ser feitas.

Quando realmente construir um relacionamento harmonioso e conhecer sua equipe, você terá então a habilidade de ocasionalmente pedir, do nada, uma mudança que poderia parecer ilógica. Se usada corretamente e de vez em quando, essa influência pode ser muito eficaz.

Levando o Pessoal de Vendas para o Seu Lado

A equipe de vendas de um gerente de produto pode ser seu melhor aliado ou seu pior pesadelo. Se preparados e recompensados corretamente e se estiverem entusiasmados a respeito de seus produtos, o pessoal de vendas pode ser a diferença entre fracasso e um tremendo sucesso. Nas seções a seguir discutiremos várias táticas para levar o pessoal de vendas para seu lado e empregar a ajuda deles.

Facilitando a venda de seu produto para os vendedores

A seguir há algumas táticas que deixam o trabalho do vendedor muito mais fácil. E se o pessoal de vendas estiver feliz, seu trabalho fica mais fácil. Lembre-se desses fatores ao elaborar sobre como estruturará seu produto para ser um sucesso de vendas.

Descobrindo o que motiva os vendedores

A primeira tática é garantir que você entenda a motivação de um vendedor. Dinheiro e sucesso na função são fatores essenciais para os vendedores. Aqui estão alguns outros:

>> **Encontrar uma ótima solução para atender às necessidades do cliente:** Como gerente de produto, seu trabalho aqui é garantir que os vendedores entendam como o produto resolve a necessidade do cliente. Se puder relacionar rapidamente o produto ao cliente e informar ao pessoal de vendas

qual é a melhor forma de completar a venda com sucesso, eles conseguirão fazer o trabalho deles sem ter que ficar pedindo para você participar em cada ligação de vendas.

» **Competindo e ganhando:** Muitos vendedores prosperam ao viver de vendas porque isso lhes dá a chance de competir contra outras empresas para ganhar novos clientes. Mostre a seu pessoal de vendas como seus produtos os ajudam a vencer nessa luta e como eles o ajudarão a atingir seus resultados de receitas.

Destacando o que eles ganham com isso

Outra tática para potencializar sua equipe de vendas é ser incrivelmente claro sobre "O que eu ganho com isso?" ou OQEGCI. Esteja certo de que consegue dizer aos membros da equipe em menos de um minuto por que focar seu produto vale a pena para eles e por que você está facilitando as vendas. Inclua informações sobre como podem fazer, facilmente, vendas de maior valor agregado ou de outros produtos relacionados ao produto principal para os clientes. Crie oportunidades de adicionar consultoria, suporte e outros fluxos de receita contínua. Convença os vendedores de que a solução é ideal para os clientes. Então, após a venda, eles não terão que gastar tempo resolvendo problemas e poderão se concentrar em fechar novos negócios.

Identificando o alvo para eles

Esteja certo de que sua equipe de vendas entenda quem é o alvo e que estejam vendendo para o cliente certo. Você deve mostrar a eles o tamanho do mercado e o potencial, de modo que fiquem motivados. Ensine-os sobre os compradores e o processo de compra, para que possa ser o mais eficiente possível.

Forneça a persona do usuário, tomador de decisão e comprador, e diga qual é a motivação para cada um e por que seu produto é a solução perfeita. Essa informação permite que entendam os pontos de dor dos clientes e a motivação para a compra. (Vá para o Capítulo 5 para mais informações sobre personas.)

Criando ótimas mensagens

Todas suas mensagens devem acertar o alvo. Você deve ter um discurso de elevador convincente (isto é, conseguir explicar o produto dentro do elevador enquanto sobe dez andares ou menos). E precisa definir o posicionamento do seu produto. Você deve conseguir explicá-lo em literalmente 30 segundos — e ensinar o pessoal de vendas como fazer isso em menos de dois minutos. Os vendedores não serão tão concisos quanto você, e também adicionarão a linguagem de vendas sobre seus pontos essenciais. Veja os Capítulos 10 e 15 para encontrar as melhores formas de criar essas declarações de impacto.

CAPÍTULO 18 **Dominando a Arte da Persuasão** 317

LEMBRE-SE

Ter mensagens convincentes que seus representantes de vendas podem repetir facilmente ajuda muito para que eles tenham sucesso. Idealmente, cada representante deve conseguir estar com qualquer cliente e transmitir por que ele deve se interessar em comprar o produto. Se conseguir levar sua mensagem a esse ponto, os vendedores terão chances muito maiores de sucesso.

Oferecendo ótimas ferramentas de vendas

Suas ferramentas de vendas (ou aquelas que o marketing de produto cria para você) têm que ser simples e eficientes, e precisam facilitar muito a venda para o representante. Se os vendedores pedem constantemente que você esteja envolvido com as visitas aos clientes ou que forneça informações adicionais, provavelmente você não tem boas ferramentas de vendas em uso. Se tivesse, os representantes conseguiriam contar a história inteira sem envolver você. Em cenários de vendas especialmente complexos, os engenheiros de vendas ficam envolvidos para oferecer a expertise técnica. Suas ferramentas de vendas podem não ser técnicas o suficientes para esse pessoal, então planeje fazer treinamentos técnicos específicos para eles.

Verifique o Capítulo 15 para ter uma lista completa de ferramentas de vendas.

Coletando o feedback deles

Um dos grandes desafios que os gerentes de produto enfrentam é que os representantes de vendas geralmente têm muitos pedidos de atributos que eles consideram urgentes. Eles podem ter criado o hábito de voltar de uma visita ao cliente convencidos de que poderiam ter fechado a venda se o produto tivesse o atributo A, B e C. Você pode simplesmente ignorar o pedido, mas assim eles não se esforçarão muito para vender seu produto.

Compartilhe seu processo de captura de pedidos de atributos para que os vendedores sintam que o feedback deles está sendo considerado e incluído no processo de planejamento do produto. Idealmente, você deve criar um formulário online para pegar todos os detalhes e justificativas para o pedido, assim como a receita associada e o nome do cliente.

DICA

Não se restrinja a apenas mostrar ao pessoal de vendas o processo de coletar os pedidos da empresa inteira: vendas, suporte técnico, equipe, clientes e outros envolvidos. Informe a eles como você prioriza os pedidos de atributos, explicando que usará a justificativa que eles deram durante o processo. Quando sua equipe estendida acreditar que está sendo ouvida, será mais fácil influenciá-los quando necessário.

NESTE CAPÍTULO

» Planejando seus objetivos de carreira e como alcançá-los

» Construindo uma expertise importante no ramo de atividade

Capítulo **19**

Subindo de Nível na Gestão de Produtos

Durante uma longa carreira, os gerentes de produto podem trabalhar com muitos produtos diferentes em áreas vastamente distintas. Conhecemos um gerente de produto que começou trabalhando com hardware de computadores e agora é o vice-presidente de gestão de produtos em uma empresa de seguros de saúde. A ótima notícia é que o processo para permanecer empregável e atualizado com as habilidades e o domínio de conhecimento é o mesmo para qualquer gerente de produto. De fato, com o tempo e com a prática, você pode fazer a transição de um setor para outro relativamente sem preocupações se precisar ou quiser fazer isso. Este capítulo mostra como você pode estabelecer objetivos apropriados para a carreira de gerente de produto e alcançar os melhores resultados de carreira possíveis.

CAPÍTULO 19 **Subindo de Nível na Gestão de Produtos** 319

Mapeando a Trilha da Sua Carreira: Estabelecendo Objetivos e Datas-alvo

Era costume nas empresas criar planos de carreira e de desenvolvimento para seus colaboradores. Hoje em dia, bem poucas empresas fazem isso, então você, como gerente de produto, precisa tomar a iniciativa e ser responsável pelo avanço de sua própria carreira. Ao estabelecer objetivos com datas-alvo e criar um plano específico para onde quer chegar e como quer chegar lá, você aumenta drasticamente as chances de sucesso.

Estabelecendo objetivos

O primeiro passo ao estabelecer seus objetivos de carreira é determinar aonde você quer chegar. Você quer se tornar um CEO, gerente-geral ou vice-presidente? Ou você quer se tornar um ótimo gerente de produto e passar sua carreira trabalhando com equipes inovadoras desenvolvendo ótimos produtos? Você está interessado em gerenciar pessoas e ajudar seus colaboradores a se tornarem ótimos no que fazem? Ou prefere ser um contribuidor individual?

Não há resposta certa ou errada aqui. O que realmente importa é aquilo que o motiva, o que você gosta e o que faz bem. Muitos gerentes de produto crescem sem nunca passar pela gerência e se tornam executivos corporativos. E você pode encontrar muitos exemplos de pessoas que começaram como gerente de produtos e se tornaram CEOs, como o ex-CEO da Microsoft, Steve Ballmer; Scott Cook, fundador e ex-CEO da Intuit; e a CEO do Yahoo!, Marissa Mayer.

A gerência de produto é uma grande base de treinamento para subir na carreira, porque ela exige que você aprenda, interaja e entenda todas as partes do negócio. A Figura 19-1 mostra o caminho das pedras partindo da base do gerente de produto até o CEO.

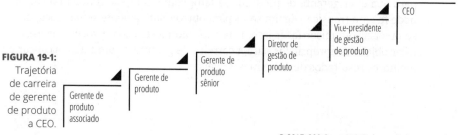

FIGURA 19-1: Trajetória de carreira de gerente de produto a CEO.

© 2017, 280 Group LLC. Todos os direitos reservados.

Ao estabelecer seus objetivos, garanta que sejam ambiciosos, mas também alcançáveis. Se você é um gerente de produto recente, não se tornará vice-presidente da gerência de produto em um ou dois anos, a não ser que trabalhe para uma empresa bem pequena. Em uma empresa maior, você pode conseguir essa transição dentro de cinco a sete anos. Seus objetivos têm que inspirá-lo e, ao mesmo tempo, devem ser completamente críveis e possíveis de serem realizados.

DICA

O método de objetivos SMART [esperto, em inglês] é considerado eficaz por várias pessoas. Ele o ajuda a esclarecer como alcançar seus objetivos, e significa o seguinte:

» **S**pecific — Específico
» **M**easurable — Mensurável
» **A**chievable — Alcançável
» **R**ealistic — Realista
» **T**ime-bound — Temporal

Veja um exemplo de um objetivo SMART: Dentro de um ano (temporal), participarei de um treinamento de gestão de produtos (mensurável) que trata sobre cada passo do ciclo de vida do produto (específico) para aumentar minha habilidade como um gerente de produto júnior. Estou preparado para participar do curso, independentemente de a empresa pagar por ele (alcançável e realístico).

Construindo um plano de carreira

Ao estabelecer seus objetivos, você estará pronto para construir o plano de como chegar lá. A Figura 19-2 mostra os componentes de um plano de carreira típico para um gerente de produto.

FIGURA 19-2: Elementos de um plano de carreira de gerente de produto.

© 2017, 280 Group LLC. Todos os direitos reservados.

Veja a seguir cada componente do plano de carreira em separado:

» **Encontrar mentores e coaches:** Escolha três pessoas que realizaram o que você espera realizar e pergunte a elas se podem ser seus mentores. Um mentor é alguém com mais experiência e que pode guiar outra pessoa. Ao escolher mentores que já alcançaram o que você espera alcançar, você pode mostrar seu plano a eles e receber seus conselhos sobre qual é a melhor forma de proceder. Os coaches profissionais também podem ser muito úteis. Eles podem lhe dar uma perspectiva externa e imparcial sobre sua situação. Eles avaliam seus planos e o ajudam a ser responsável por suas ações. Os coaches oferecem uma ótima alternativa para que você permaneça no caminho para realizar seus objetivos. Quando escolher um mentor ou um coach, selecione objetivos específicos com os quais quer trabalhar e peça que eles o ajudem a analisá-los para definir o que será necessário para realizá-los. Planeje realizar reuniões específicas com seu mentor ou coach a cada duas semanas, aproximadamente.

» **Participar de treinamentos:** Comece a procurar por treinamentos que o ajudem a se tornar um gerente de produto mais eficiente, alcançando a excelência em sua posição atual. De acordo com um estudo de 2015 feito pela 280 Group, menos de 2% dos gerentes de produto recebem treinamentos, então, passar por um treinamento com fundamentos que ensinam todas as habilidades do ciclo inteiro de vida do produto lhe dará uma vantagem enorme sobre outros gerentes de produto. Depois, faça cursos mais avançados (como habilidades de liderança) e mais especializados (como Ágil e habilidades com pessoas), e você estará ainda mais à frente de seus colegas gerentes de produto. Essas habilidades o diferenciam dos outros e permitem que seu currículo se destaque dos demais. Um bônus: você se tornará mais eficaz no trabalho, e ele será mais agradável.

» **Construir sua rede de contatos:** Criar uma rede de contatos sólida oferece uma base para mostrar suas habilidades a profissionais variados, o que o ajuda a conseguir promoções e mudar de carreiras ou empresas. Quanto melhor for sua rede, maior segurança de emprego você terá. Junte-se a um grupo de gerência de produtos local para aumentar sua rede. Por exemplo, no Vale do Silício, você pode conferir `www.svpma.org` [conteúdo em inglês].

» **Tornar-se mais ativo online:** Ter uma presença online e participar de atividades online são fatores importantes para estar atualizado sobre a gerência de produtos e manter seu nome à frente do de colegas de trabalho. Um bom lugar para começar é criar um perfil no LinkedIn (se ainda não tiver um) no endereço `www.linkedin.com`. Você pode adquirir o livro *LinkedIn For Dummies*, de Joel Elad [sem publicação no Brasil], para ajudá-lo a criar um perfil. Quando seu perfil estiver bem formatado, comece a se conectar com o máximo de pessoas que puder, começando com outros gerentes de produto e executivos de sua empresa. Então, a cada vez que estiver em um evento ou expandindo sua rede de contatos, convide as pessoas que conheceu a se conectarem com você.

Faça parte de grupos de gerência de produtos no LinkedIn, como o grupo da 280 Group: Product Management & Product Marketing, que tem mais de 35 mil membros e oferece ótimos debates. Esses são excelentes lugares para aprender as melhores práticas e perguntar aos outros como resolver desafios difíceis que surgirem. Junte-se à Associação Internacional de Marketing e Gerência de Produtos (AIPMM) no site www.aipmm.com [conteúdo em inglês] e participe dos webinários mensais.

» **Fazendo trabalhos voluntários para difundir seu nome:** Você pode encontrar muitas oportunidades para se voluntariar na comunidade de gestão de produtos. Uma forma de fazer isso é participar de eventos de uma associação de gestão de produtos e se oferecer para ajudar. À medida que sua experiência nessa área cresce, pense em compartilhar sua experiência nos eventos da associação. Esses eventos são uma ótima oportunidade para fazer contatos e incrementar seu currículo, aumentando seu diferencial.

» **Conseguindo certificados:** Ter um certificado de Gerente de Produtos, da metodologia Ágil, de Gestão de Produtos e Dono de Produtos e/ou de Gerente de Marketing de Produtos através da AIPMM é outra forma de mostrar que você domina as habilidades e conhecimentos da área. Essas certificações dão destaque a seu currículo e perfil do LinkedIn. *Nota:* Caso escolha buscar uma certificação, verifique se a empresa que oferece os testes é independente e diferente da empresa que faz o material de treinamento. As empresas que fazem o treinamento e aplicam suas próprias provas de certificação geralmente têm exames fáceis e taxas de 100% de aprovação, então os certificados não valem tanto quanto o das organizações independentes que aplicam exames, como a AIPMM.

Escrevendo planos de ação de um, três e cinco anos

Você pode pegar seu plano de carreira e transformá-lo em um plano de ação. Ao escrevê-lo, você pode definir passos específicos e se tornar responsável por eles. Divida seu plano em três marcos: um, três e cinco anos. Aqui está um exemplo:

» Ao término do primeiro ano, terei:

- Encontrado um mentor ou coach, com quem revisarei meu plano e me encontrarei pelo menos uma vez por mês para verificar meu progresso.

- Participado de um curso com fundamentos de gestão de produtos para garantir que tenha as habilidades básicas para gerenciar qualquer produto em qualquer fase do ciclo de vida do produto.

- Garantido que meu perfil do LinkedIn esteja atualizado, com informações de alta qualidade sobre minhas habilidades e experiência com gestão de

CAPÍTULO 19 **Subindo de Nível na Gestão de Produtos** 323

produtos e com uma foto bem bonita. Fazer pelo menos duas conexões no LinkedIn por mês com pessoas que são do mesmo ramo de atividade que o meu.

- Encontrado uma associação local de gestão de produtos ou um *product camp* [evento que reúne uma determinada comunidade de produto] e participar dos encontros para me familiarizar.

- Participado ativamente de um grupo de gestão de produtos no LinkedIn, perguntando e respondendo questões e lendo as discussões que serão úteis para realizar meu trabalho.

» Ao término do terceiro ano, terei:

- Tido três mentores e um coach com os quais trabalhe proximamente pelo menos uma vez por mês.

- Participado de cursos extras avançados para aumentar minhas habilidades em áreas que são relevantes para o avanço de minha carreira, tais como habilidades com pessoas, e trabalhado mais efetivamente com equipes Ágil de desenvolvimento ou liderança.

- Continuado a desenvolver minha rede de contatos no LinkedIn para incluir pelo menos 100 conexões de qualidade e mantido meu perfil atualizado.

- Sido voluntário na associação local de gestão de produtos ou no *product camp.*

- Inscrito em vários grupos a mais de gestão de produtos no LinkedIn, respondido e feito perguntas nas discussões e começado outras discussões.

» Ao término do quinto ano, terei:

- Continuado a trabalhar com meus mentores e coaches e começado a ser o mentor de outros.

- Conquistado pelo menos uma credencial de certificação de gestão de produtos de uma organização altamente respeitada.

- Construído minha rede de contatos no LinkedIn com pelo menos 200 conexões significativas nas quais possa confiar se/quando quiser encontrar meu próximo trabalho.

- Sido voluntário em uma posição altamente visível da associação local de gestão de produtos ou *product camp* e/ou participado da diretoria.

Lembrando-se dos favores

Um fator importante ao progredir em sua carreira é importar-se genuinamente com os outros e ajudá-los sem hesitar. As pessoas que estão dispostas a andar aquele quilômetro extra por alguém descobrem que a recompensa sempre volta dez vezes maior. Por exemplo, se alguém que você conhece está procurando um emprego e você o conecta com uma oportunidade que dá certo, há grandes chances de que essa pessoa faça o mesmo por você no futuro, caso precise.

Dominando Seu Mercado e as Novas Tecnologias

Além de adquirir ótimas habilidades de gestão de produtos, também é importante aumentar seu conhecimento do mercado e de qualquer tecnologia da qual seus produtos precisarão. Isso precisa ser parte de seus objetivos e de seu plano de carreira. Por exemplo: vai buscar um mercado em expansão e quer deixar sua marca em termos de sua carreira nesse mercado em particular? Então é importante que um de seus objetivos seja aprender mais do que qualquer outro sobre esse mercado.

Tornando-se especialista de mercado e de clientes

Dominar os fundamentos e as habilidades avançadas da gestão de produtos é um fator crucial para ser um gerente de produto de sucesso. Mas isso é só metade do caminho. Para construir sua credibilidade e tornar-se líder de produto, você também precisa ser o especialista de fato em seu mercado, e ter informações técnicas suficientes para ter credibilidade.

Aqui estão algumas tarefas que você pode desenvolver durante sua rotina para aumentar seu status de especialista do mercado e de clientes:

» **Visite os clientes com frequência e assegure-se de resumir e compartilhar o que descobriu.** Nada desenvolve mais sua credibilidade com sua equipe do que ir visitar os clientes e compartilhar o que descobriu. Com o tempo, os integrantes da equipe e os executivos de sua empresa verão você como *a* voz do cliente, e sua habilidade para influenciar o que estão criando aumentará.

» **Escolha, se possível, quais empresas de análise (como Gartner, Forrester ou IDC) cobrem seu mercado específico.** Pesquise os artigos e dados gratuitos que elas oferecem e considere assinar seus serviços para sua empresa [algumas dessas companhias têm representações no Brasil]. Também se inscreva para receber as newsletters e siga seus blogs. Muitas vezes os analistas podem oferecer dados e insights com uma perspectiva adicional valiosa. Como especialista de mercado de sua empresa, estar atento aos analistas proeminentes e usar suas perspectivas em seu trabalho para fortalecer seus argumentos e sustentar suas decisões de produto aumenta sua credibilidade de forma significante.

> » **Configure o Google Alerts com termos específicos de seu mercado e também com os nomes e produtos concorrentes.** O Google vasculha a internet diariamente e lhe envia uma notificação por e-mail toda vez que algo novo aparecer, desta forma, você será um dos primeiros a saber. Quando sua equipe ou os executivos chamarem a atenção para algo, você terá a vantagem de já estar ciente disso.

> » **Potencialize quaisquer recursos e grupos internacionais que possa ter.** Algumas empresas têm departamentos de análises de concorrência e pesquisa de mercado. Familiarize-se com o que elas têm a oferecer e use essa expertise e ajuda.

> » **Organize e acompanhe quaisquer dados quantitativos que possa encontrar sobre seu produto e seus concorrentes.** Informações sobre market share, despesas, custos, contratação, atividades de marketing e assim por diante podem ser muito valiosas quando estiver planejando sua própria estratégia. Ter esse conhecimento o posiciona como o especialista de mercado em sua equipe e com os executivos de sua empresa.

> » **Prepare e compartilhe uma atualização de mercado a cada trimestre ou a cada seis meses.** Algumas empresas pedirão que você crie e apresente esse relatório para a gerência, mas fazer isso de modo proativo, até mesmo quando não lhe pedirem, o posicionará como o verdadeiro especialista de mercado na mente de seus executivos e de sua equipe. Assegure-se de compartilhar essa informação, participe das reuniões dos colaboradores para fazer a apresentação sobre seu mercado e compartilhe informalmente os resultados com várias pessoas que estão envolvidas com seu produto.

Aumentando sua expertise técnica

Em alguns trabalhos de gerência de produtos, você não precisa ter expertise técnica. Se estiver trabalhando em um produto de consumo não técnico, em um serviço que não demande desenvolvimento de tecnologia ou em outros produtos e serviços que não têm componentes tecnológicos, você pode conseguir realizar o serviço sem estabelecer um nível básico de competência técnica. Porém, você deve ser reconhecido como o especialista na área em que seu produto atual.

LEMBRE-SE

No entanto, se estiver trabalhando com produtos de software ou hardware, você precisa ter competência técnica suficiente para que os integrantes de sua equipe o respeitem. Eles tomarão decisões altamente técnicas que afetarão diretamente o conjunto de atributos e a experiência de seus clientes. Não ter qualquer credibilidade técnica reduz significativamente sua habilidade para influenciar quais decisões a equipe tomará.

Não, você não precisa ter graduação em Engenharia ou saber escrever softwares. Mas tem que entender o suficiente sobre a tecnologia envolvida, os padrões, jargões e acrônimos que são usados para conseguir conversar de forma inteligente com seus engenheiros.

Você pode se informar sobre essas áreas de várias formas. Pode fazer cursos nas faculdades locais e escolas técnicas ou procurar cursos online gratuitos de organizações como Coursera[1], e pode ler livros sobre as tecnologias mais importantes para seu produto. Uma ótima ideia é pedir que seus engenheiros expliquem o básico de como a tecnologia funciona. Eles gostam de ser os especialistas e geralmente ficam mais do que satisfeitos em ajudar, mas anote tudo. Eles não gostam de fazer isso todas as semanas.

DICA

Fique atento às novas tecnologias e tendências. Sempre que seus engenheiros ou qualquer outra pessoa mencionar algo, seja curioso e aprenda o máximo que puder a respeito. Na maioria das vezes, os engenheiros estão bem atentos sobre quais tecnologias futuras serão um divisor de águas, então fique de olho sobre o que estão falando ou seguindo. Os engenheiros adoram novas tecnologias e vão querer que você as use o quanto antes, talvez até antes das necessidades e desejos do mercado. Você precisa estar pronto para participar de qualquer discussão sobre tecnologia com eles, e quanto antes melhor.

---

1 O Coursera é a maior plataforma de educação online do mundo, e no Brasil tem como parceira a USP; para mais informações você pode acessar https://jornal.usp.br/universidade/usp-lanca-cursos-online-de-tecnologia-e-negocios-no-coursera/

A Parte dos Dez

NESTA PARTE...

Lançamentos de produtos são complexos. Evite os erros mais comuns para economizar muito tempo, dinheiro e trabalho (e possivelmente sua reputação profissional).

Roadmaps podem ser ferramentas poderosas e eficientes para um gerente de produto. Aumente seu conhecimento dos roadmaps e saiba como usá-los corretamente para manter todos em sincronia e o projeto inteiro nos trilhos.

Identifique as falhas mais comuns que os gerentes de produto encontram para que possa se desviar delas.

NESTE CAPÍTULO

» Dando os passos para garantir uma impressão positiva do cliente

» Planejando com bastante antecedência e executando consistentemente

Capítulo **20**

Dez Erros Comuns de Lançamento de Produtos e como Evitá-los

As empresas investem milhões de reais a cada ano para desenvolver novos produtos e tentar aumentar suas receitas e sua lucratividade. Alguns desses produtos são bons, e outros não. Mesmo assim, todos eles têm uma coisa em comum: sem as atividades apropriadas de lançamento e de marketing, provavelmente fracassarão. De fato, muitos produtos inferiores tiveram sucesso no mercado simplesmente porque o lançamento e o marketing da empresa foram mais eficazes do que os de concorrentes que tinham um produto superior.

O segredo de um lançamento eficaz de produto é criar e executar um plano que seja adequado para alcançar seus objetivos considerando seus recursos, orçamento e restrições de tempo. Este capítulo trata dos dez erros mais comuns que acontecem nos lançamentos de produtos para que possa evitá-los.

CAPÍTULO 20 **Dez Erros Comuns de Lançamento de Produtos e como Evitá-los** 331

Fracassando em Não se Planejar com Antecedência

Muitas empresas esperam para planejar seu produto até que estejam apenas a algumas semanas de ele estar pronto. Lançamentos eficazes exigem muito mais tempo e esforço do que muitos imaginam. Construa seu plano de lançamento no mínimo quatro meses antes da disponibilidade do produto. Esse período de tempo oferece a oportunidade suficiente para você planejar e executar extensivas atividades de relações públicas, programas de marketing e para conseguir finalizar todo o posicionamento, as mensagens, os materiais de marketing e a precificação. Ele também concede tempo suficiente para se comunicar com seus parceiros (e grupos internos, caso sua empresa seja grande), para que eles possam se preparar e apoiar seus esforços.

Você pode ter êxito em lançar produtos em uma questão de semanas, mas isso é extremamente estressante, leva a falhas de comunicação, uma execução pobre e, acima de tudo, geralmente consegue resultados ruins e receitas baixas. Faça um favor para sua empresa e a si mesmo e comece cedo — isso aumentará drasticamente suas chances de sucesso.

Não Ter um Plano Sustentável de Marketing Preparado

Um dos maiores erros de lançamento, especialmente nas áreas de alta tecnologia, é que as empresas presumem que o lançamento é um evento em si mesmo e que todo o burburinho inicial que for gerado, combinado com a excelência do produto, será suficiente para gerar um ímpeto de vendas contínuas. Caso o produto seja empolgante e a empresa consiga uma vasta cobertura da mídia inicial e receitas, ela geralmente fica convencida de que descobriu a fórmula mágica de geração de receitas e de que está tudo certo.

Infelizmente, o que geralmente acontece é que após um pico inicial de vendas e animação pós-lançamento, as receitas caem rapidamente para um nível muito mais baixo. A empresa fica então desnorteada. Afinal, havia indicações claras de que as coisas estavam indo bem durante e logo após o lançamento. A empresa se esqueceu de que os clientes precisam ser relembrados constantemente de que um produto existe e de que ele resolve seus problemas, caso contrário, eles param de comprar.

Os programas eficazes de marketing levam várias semanas (e às vezes meses) para serem planejados e executados, então a empresa fica em um beco sem saída. Conseguir programas adequados leva um bom tempo, e enquanto isso as receitas continuarão não atingindo as expectativas.

A chave para evitar essa situação é planejar programas de marketing sustentáveis e realistas muito antes do lançamento, para garantir que você atinja seus objetivos principais, como o fluxo de leads e a geração de receitas. Programas de marketing sustentáveis são atividades contínuas de marketing, como propagandas na internet, preços promocionais de curto prazo e webinários que relembram os clientes de comprar seu produto. A Figura 20-1 mostra a diferença nas vendas quando o marketing sustentável é planejado para vir imediatamente após as atividades de lançamento. Não espere até que o produto já esteja no mercado para realizar seu planejamento de marketing sustentável.

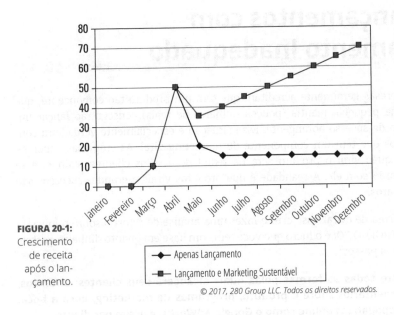

FIGURA 20-1: Crescimento de receita após o lançamento.

© 2017, 280 Group LLC. Todos os direitos reservados.

Oferecer um Produto de Baixa Qualidade

Permitir que um produto de baixa qualidade seja oferecido por sua empresa é um erro potencialmente mortal, porque às vezes pode ser impossível se recuperar dele. Se a mídia obtiver seu produto e ele não funcionar conforme o prometido, ou se os clientes tiverem uma má experiência com ele, a imagem do produto e da marca pode ficar manchada permanentemente. Durante o boom do ponto. com, era possível encontrar milhares de exemplos de produtos que os clientes experimentaram uma vez e nunca mais se dispuseram a usar novamente.

A melhor forma de evitar esse problema é estabelecer objetivos de qualidade logo cedo e ganhar consenso sobre a adoção desses objetivos entre todos os principais envolvidos, incluindo os executivos. Se você é uma startup, querer obter a primeira versão do produto é tentador. Se você é uma empresa de capital aberto, pode estar sob uma pressão imensa para atingir os objetivos trimestrais. E sempre há a tentação de oferecer um produto que ainda não está totalmente pronto, mas que pode ser "consertado" com downloads na internet no momento em que chegar às mãos de muitos clientes. Estabeleça objetivos concretos de qualidade logo cedo (veja o Capítulo 13) e seja diligente para se ater a eles. Afinal, sua equipe trabalhou muito para criar um produto que pode ser um sucesso. Não o coloque em risco por lançá-lo cedo demais.

Fazer Lançamentos com Financiamento Inadequado

As empresas geralmente acreditam que têm um produto tão convincente, que por uma pequena quantia (poucos milhares de reais) conseguirão lançar um produto de sucesso abrangente. Essa situação é especialmente verdadeira com produtos que têm um componente de marketing viral. As empresas superestimam quão viral o produto será na realidade e se os clientes realmente se importarão com ele. A realidade é que produtos virais e grandes sucessos são muito raros.

Uma forma de evitar esse erro é fazer uma análise de retorno sobre o investimento (ROI). O *ROI* é o lucro que você tem com base em quanto dinheiro gastou. Siga estes passos:

1. **Liste todas as formas pelas quais alcançará seus clientes: anúncios, comentários sobre o produto, programas de marketing, boca a boca, propagandas online como o Google AdWorks, e assim por diante.**

2. **Faça uma estimativa aproximada de quantas boas impressões pretende causar em seu mercado-alvo e quantas dessas você espera transformar em leads.**

3. **Faça uma estimativa do que acredita que será a taxa de concretização desses leads.**

   Por exemplo, você acredita que 10% deles de fato comprarão seu produto e farão você ganhar dinheiro?

4. **Calcule seu ROI.**

   A fórmula para o retorno sobre o investimento é ROI = Lucro Líquido ÷ Investimento Total. Na Figura 20-2, o ROI = 376.800 ÷ 500.000 × 100 = 75%.

334   PARTE 5 **A Parte dos Dez**

Calcular o ROI ajuda a construir um quadro com base na realidade para que você possa tomar decisões informadas sobre qual será o nível adequado de gastos.

Programa	Custo	Nº de exposições	Nº de leads	Nº de vendas	Lucro
Programa RP	120.000	500.000	2.500	500	$200.000
Adwords/Propaganda Online	5.000	N/A	10.000	250	$100.000
Propaganda Impressa	250.000	450.000	2.250	450	$180.000
Colateral e Demo	25.000	-	-	-	$ -
Trade Show/Evento de Lançamento	30.000	1.200	480	192	$ 76.800
E-mails em Massa	20.000	100.000	1.000	400	$160.000
Programa de Canal de Marketing	50.000	N/A	1.000	400	$160.000
TOTAL	500.000	1.051.200	17.230	2.192	$876.800

Lucro Total	$ 876.800
Menos Custo Total	$ (500.000)
Retorno Líquido	$ 376.800

ROI	75%

FIGURA 20-2: Cálculo de ROI para um lançamento de produto.

© 2017, 280 Group LLC. Todos os direitos reservados.

Subestimar a Exposição Necessária de Marketing

Os estudos mostram que os clientes potenciais precisam de uma média de pelo menos sete exposições à sua mensagem de marketing antes de terem uma percepção suficiente para agirem. Essa necessidade de repetição é um dos motivos pelos quais o marketing após o lançamento do produto é tão crucial. Não presuma que ler sobre o produto uma vez ou clicar em uma propaganda uma vez criará percepção suficiente e o desejo pelo produto e que as pessoas vão comprá-lo imediatamente. Dê uma olhada no Capítulo 15 para saber como criar exposições de seu produto aos clientes através de atividades diferentes de marketing. A menos que seu produto mude a vida das pessoas ou seja tão simples e convincente para ser usado, é muito melhor você ser realista sobre quanta exposição e marketing serão realmente necessários para atrair as vendas.

CAPÍTULO 20 **Dez Erros Comuns de Lançamento de Produtos e como Evitá-los** 335

Levar os Clientes a Comprar os Produtos de Seu Concorrente

Nada é mais decepcionante do que lançar um produto e fazer o marketing e ver que os clientes em potencial compram o produto da concorrência. Você está essencialmente educando o mercado e criando percepção apenas para perder uma venda (e, potencialmente, uma relação duradoura com aquele cliente) para seu concorrente que está tentando tirar você do negócio.

Como evitar entregar seus clientes à concorrência em uma bandeja de ouro? Primeiro, assegure-se de que seu produto está amplamente disponível no lançamento, para que os clientes possam encontrá-lo e, mais importante ainda, não encontrem uma segunda opção por aí. Segundo, esteja certo de que você estabeleceu um argumento competitivo em seu posicionamento, mensagens, embalagem, materiais de marketing e onde mais for possível. Ao estabelecer um argumento competitivo, você descreve o problema de uma forma que dá uma vantagem a seu produto em qualquer comparação. A menos que seus concorrentes sejam totalmente desconhecidos e que os clientes não tenham chances de encontrá-los, é preciso garantir que as demandas dos clientes e as mensagens estejam prontas para apresentar seu produto como a melhor solução e a única escolha lógica. Uma vez que os mecanismos de busca permitem que até os menores concorrentes possam ser encontrados, parte de sua mensagem deve falar sobre sua experiência (para empresas estabelecidas) ou sobre sua vantagem inovadora (para novas empresas investindo em áreas de produtos novas e empolgantes). E, finalmente, não anuncie seu produto cedo demais (como discutiremos na próxima seção).

Anunciar Cedo Demais

Se você anunciar seu produto cedo demais, correrá vários riscos:

» Você mostra suas cartas publicamente, então, qualquer concorrente pode reagir antes que seu produto esteja disponível. Eles podem mudar a estratégia de marketing deles para reconfigurar o argumento competitivo, por exemplo.

» O anúncio pode levar os clientes a pesquisar outras opções e ficarem conscientes de seu concorrente ou até comprar dele.

» Quando seu produto for lançado, talvez não consiga cobertura da mídia, porque não será mais novidade.

336   PARTE 5 **A Parte dos Dez**

Anunciar os produtos cedo é uma tentação por vários motivos. Você pode ter uma ótima ideia que quer poder compartilhar com o mundo o quanto antes, para levar o crédito por tê-la inventado. Ou um concorrente pode já ter uma oferta que você receia que pode levar todo o mindshare [indicador de popularidade ou conscientização do consumidor sobre um produto, empresa ou ideia] e tirar sua oportunidade quando seu produto estiver disponível.

PAPO DE ESPECIALISTA

As grandes empresas, às vezes, fazem um anúncio bem antes para impedir os clientes de considerar alternativas de empresas menores. O termo comum para essa prática é *FUD*, que significa medo (fear), incerteza (uncertainty) e dúvida (doubt). Os clientes que são leais a uma marca de empresas grandes geralmente preferem o caminho seguro de esperar pela solução da grande empresa a arriscar-se com uma empresa menor e desconhecida. Caso sua empresa seja grande o suficiente, considere preanunciar para segurar o lugar para sua alternativa no mercado.

LEMBRE-SE

Você também pode anunciar seu produto cedo demais porque seu nível de confiança no cronograma de desenvolvimento é bastante alto. Você geralmente deve supor que o lançamento acontecerá 30 dias mais tarde do que a data planejada. Decidir o quanto é cedo demais está relacionado ao seu ciclo de venda (veja o Capítulo 15). Para clientes de negócios B2B, lançar cedo um produto seria um período maior do que 25% a 50% de seu ciclo de venda. A ideia aqui é que estar só um pouquinho atrasado com um lançamento de produto que foi executado de maneira excelente é melhor do que anunciar um produto que ainda não está disponível. Nada é mais frustrante e diminui as receitas potenciais do que atrair muitos clientes para buscarem seu produto com base em seu anúncio e que depois nunca mais voltam.

Não Ter um Programa Dedicado de Resenhas do Produto e de Relações Públicas

As opiniões sobre o produto podem ser seu maior aliado ou seu pior pesadelo. Boas opiniões validam seu produto com uma fonte externa e oferecem muito mais credibilidade do que seu marketing e propaganda jamais conseguiriam. Opiniões ruins, por outro lado, podem fazer com que os clientes deem meia-volta no processo de compra.

A escolha que você deve fazer é se quer gerenciar o programa de opiniões proativamente ou responder reativamente caso ocorra um problema. Gerenciar um programa de opiniões proativamente quer dizer criar documentos que deem suporte (guias de opinião) e ter conversas contínuas com os opinadores enquanto avaliam seu produto. Seu objetivo é que eles reconheçam e relatem aspectos valiosos de seu produto. E, espera-se, passem menos tempo nas partes mais fracas de seu produto. Claro, se um problema acontecer durante a avaliação, geralmente é tarde demais para controlar os danos. Mesmo se houver uma publicação com uma retratação para esclarecer os fatos, a maioria das pessoas que leu as opiniões negativas nunca tomará conhecimento dela. Elas acreditarão que seu produto não é bom.

Poucas empresas entendem quanto tempo e esforço são necessários para fazer proativamente um programa de avaliação sobre o produto. Porém, esses programas, se conduzidos corretamente e com o montante certo de recursos, podem melhorar muito as avaliações do produto.

As grandes empresas têm o pessoal de relações públicas (RP) dentro da empresa e que trabalha com outras agências de relações públicas especializadas, de fora, para selecionar publicações, blogueiros, analistas e influenciadores específicos daquele ramo de atividade. As empresas menores contratam um consultor de RP quando necessário ou fixo (pagando uma pequena taxa mensal). Mídia ou RP precisam de uma boa estrutura de comunicação e de trabalho coordenados, e os gerentes de produto não são especialistas nessa área. O trabalho de RP inclui a geração de interesse pelo seu produto ao conseguir com que a mídia e os analistas fiquem empolgados com ele, participando ativamente de conferências de imprensa e de analistas, e, mais especificamente, pedindo que as publicações avaliem seu produto. Os clientes confiam muito nas avaliações da mídia ao escolherem os produtos, uma vez que o "avaliador" é percebido como uma fonte imparcial de informação.

Os analistas setoriais, mais comumente chamados simplesmente de analistas, são empresas especializadas que desenvolvem pesquisas secundárias sobre seu produto e ramo de atividade. Veja o Capítulo 6 para mais informações sobre pesquisa secundária. No lançamento você está preparando o terreno para as empresas de pesquisa secundária. A Figura 20-3 mostra as timelines [linhas do tempo] e atividades para os programas da mídia e dos analistas. Recomendamos que você faça o planejamento das atividades de mídia e de avaliações de quatro a seis meses antes do lançamento.

338   PARTE 5 **A Parte dos Dez**

Analista e Programa de Mídia

TAREFA	Abr	Mai	Jun	Jul	Ago	Set	Out
	2 9 16 23 30	7 14 21 28	4 11 18 25	2 9 16 23 30	6 13 20 27	3 10 17 24	1 8 15 22
Atividades do analista							
Início/Reuniões bissemanais							
Organizar reuniões com analista							
Finalizar lista do analista (1 amigável, 4 adicionais)							
Ligações para analistas para marcar reuniões							
Preparar briefing e rever materiais							
Apresentação							
Primeiro esboço							
Revisão interna							
Versão final							
Modificações finais para guia de revisão							
Kits para a mídia							
Marcar teste/Rever contas							
Primeira reunião com analista "amigável"							
Modificações nos materiais/Mensagens (se necessário)							
Reunião com 4 analistas adicionais							
Verificação com analistas/Desenvolvimento de relacionamento							
Atividades de mídia							
Preparar materiais de briefing para a mídia							
Briefings longos para a mídia							
Briefings curtos para a mídia							
Envio de produtos							
Atividades de revisão							
Primeiros 3 avaliadores amigáveis							
Segunda fase de avaliadores (8–12 total)							
Terceira fase de avaliadores (8–12 adicionais)							
Fase final de avaliadores/Retardatários							
Ligações "amigáveis" de conferência semanais							
Cobertura de mídia							
Diárias							
Semanais							
Mensais							

© 2017, 280 Group LLC. Todos os direitos reservados.

FIGURA 20-3: Timeline típica para a avaliação de um produto e programa de relações públicas.

Atrasar a Comunicação

Um erro que pode impedir o sucesso do lançamento é deixar de informar os elementos-chave com a devida antecedência; são eles o pessoal interno, os parceiros de canal, a mídia e os analistas. Quando não se está em contato com esse público específico interno ou relacionado com antecedência, eis o que pode dar errado:

» **Marketing interno e vendas:** Em uma empresa grande, você pode perder oportunidades de aproveitar os programas de eventos, de oportunidades de vendas ou de marketing que outros grupos estão realizando.

» **Parceiros de canal:** Se não avisar os parceiros de canal com a devida antecedência, eles podem demorar um pouco demais para incluir seu produto nos planos deles.

» **Mídia, blogueiros e analistas:** É melhor fazer o briefing para esse pessoal com bastante antecedência, para que anúncios, notícias e avaliações positivas sobre seu produto aconteçam simultaneamente com a disponibilidade do produto. *Nota:* Os briefings são feitos com contratos de confidencialidade e estão sujeitos a embargos para que as notícias sobre o produto não fiquem disponíveis ao público até o dia do lançamento.

CUIDADO

Comunicar-se cedo com os elementos-chave tem seus riscos. Seus concorrentes podem acabar descobrindo o que você está fazendo. Seu pessoal de vendas pode parar de focar a venda do produto atual e começar a vender produtos futuros. E se você perder a data de forma muito substancial, pode perder também a credibilidade para lançamentos futuros. Para empresas em que o risco de vazamento é muito alto (um exemplo é a Apple), a solução é que nenhuma comunicação interna (a não ser com as pessoas que definitivamente precisam saber, como uma pequena equipe de marketing) é feita até o dia do lançamento, e então o lançamento das comunicações planejadas acontece muito rapidamente.

Considerar os Mercados Internacionais como uma Opção Adicional Posterior

O mercado internacional geralmente é uma oportunidade significativa de receita, mas é onde muitas empresas falham em se planejar, porque estão muito focadas no mercado nacional. Assegure-se de fazer as comunicações com as divisões internacionais (dentro de sua empresa) e parceiros internacionais (fora da empresa) com antecedência o suficiente para que eles possam se planejar apropriadamente. Peça a seus gerentes internacionais de produto, marketing e vendas para descobrirem quanto tempo antes do lançamento é o ideal para informar os parceiros internacionais. Três meses é o período comum, porém, o tipo de produto e os mercados com os quais trabalha mudarão a percepção sobre o período.

DICA

Para poupar tempo e energia e garantir que sua mensagem seja coerente em nível mundial, faça o design de todos os materiais de lançamento (material e peças de marketing, embalagem, e assim por diante) para que possam ser usados em mercados internacionais com pouco ou nenhum ajuste. Se o material precisar ser traduzido (o termo oficial é *localizado*), seus materiais precisam estar prontos ainda antes do que para o mercado nacional. Entregar uma mensagem coerente e a informação dentro do lead time da localização reduz o tempo necessário para gerar receitas internacionais em cerca de três a seis meses.

> **NESTE CAPÍTULO**
>
> » Analisando os roadmaps mais comuns usados pelos gerentes de produto
>
> » Entendendo como usar roadmaps com público interno e externo

Capítulo **21**

Dez Roadmaps (Mais Um) para Ajudá-lo a Ter Sucesso

Os roadmaps de produtos podem ser uma ferramenta muito eficaz para um gerente de produto. Eles ajudam a organizar e planejar o futuro dos produtos, mostram para a equipe como o produto vai alcançar sua visão e servem como uma forma de se comunicar com os envolvidos internos e externos. Neste capítulo apresentamos os 11 roadmaps mais usados por gerentes de produto.

DICA

Ao compartilhar os roadmaps de produto internamente em sua empresa e externamente com os outros, lembre-se de usar as melhores práticas a seguir:

» **Compartilhe de forma seleta e cuidadosa.** Após ver algo em um roadmap, as pessoas considerarão isso como um planejamento.

» **Nunca publique ou compartilhe roadmaps usando PowerPoint.** Use o formato PDF da Adobe com senhas, para que outros não possam mudar os detalhes do roadmap. Se compartilhar os roadmaps em formatos eletrônicos

> na empresa usando wikis ou outro software de armazenamento, assegure-se de que estejam marcados como confidenciais, para que não sejam compartilhados fora da empresa.
>
> » **Sempre marque seu roadmap como "Confidencial — Não Compartilhe", para que outros não enviem acidentalmente para pessoas que não devem vê-lo.**
>
> » **Use codinomes para os projetos, em vez dos nomes reais.** Desta forma, se o roadmap acabar parando em mãos erradas, seus planos serão menos óbvios.
>
> » **Deixe mais genéricos seus roadmaps que serão usados fora de seu grupo de alto nível.** Remova a maioria dos detalhes nos roadmaps compartilhados com clientes, parceiros de canal, mídia, analistas e outros grupos em sua empresa. Por exemplo, você pode compartilhar um roadmap que mostra os temas para seus próximos três grandes lançamentos, mas não inclua os detalhes reais sobre quais atributos serão incluídos.
>
> » **Ao criar seus roadmaps — e qualquer outro plano para seu produto —, use um processo de alta colaboração com sua equipe.** Consiga o feedback e a aceitação dos integrantes da equipe o quanto antes, para que todos estejam em sincronia, em vez de criar e apresentar um roadmap pronto que pode ser uma surpresa para eles.

Neste capítulo há várias referências tecnológicas. E se você não trabalha em um setor altamente técnico? Sem problemas. Mude a palavra "tecnologia" por "jurídico" ou "regulação". A beleza dos roadmaps é que eles ilustram a mudança ao longo do tempo para qualquer gerente de produto.

Há vários formatos sugeridos neste capítulo. Se nenhum deles funcionar para falar sobre seu produto, tecnologia ou história de marketing, uses essas ideias como um ponto de partida para ilustrar o que você tem a dizer. Divirta-se!

Roadmaps de Produtos com Base em Temas

A criação deste roadmap se dá pelo agrupamento de sua potencial lista de atributos priorizados em forma de temas. A Figura 21-1 mostra como um roadmap interno com base em temas se parece. Por exemplo, um tema pode ser o desempenho, a usabilidade ou a paridade de competitividade. A beleza de um roadmap de produto com base em temas é que ele facilita a criação de mensagens de marketing e planos de comunicação de forma clara. Sem um tema, você pode estar entregando um tanto de atributos aos clientes e deixando que eles decidam por que devem comprar.

Os roadmaps com base em temas são úteis porque evitam que seu produto experiencie a *infiltração de atributos*, pela qual os envolvidos querem adicionar novos atributos constantemente. Usar os temas permite que você decida se adicionará um atributo com base no fato de ele estar relacionado com o tema. Se não estiver, você pode adiar para um lançamento futuro. Roadmaps com base em temas podem ser usados apenas para os próximos lançamentos durante um ano ou podem ter um espectro de tempo muito maior, incluindo vários anos e muitos lançamentos. Essas versões são uma ótima maneira de pintar um quadro de prazo mais longo sobre como seu produto cumprirá sua visão ao longo do tempo. A Figura 21-2 é um exemplo de um roadmap com base em temas para um período de cinco anos.

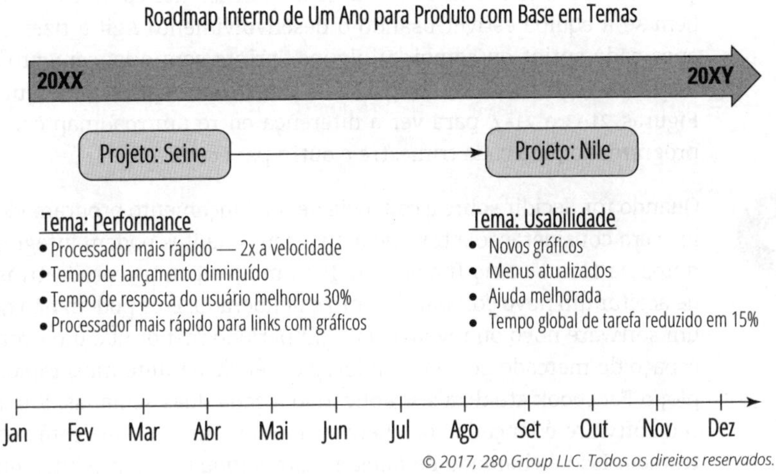

Roadmap Interno de Um Ano para Produto com Base em Temas

20XX ➡ **20XY**

Projeto: Seine → Projeto: Nile

Tema: Performance
- Processador mais rápido — 2x a velocidade
- Tempo de lançamento diminuído
- Tempo de resposta do usuário melhorou 30%
- Processador mais rápido para links com gráficos

Tema: Usabilidade
- Novos gráficos
- Menus atualizados
- Ajuda melhorada
- Tempo global de tarefa reduzido em 15%

Jan Fev Mar Abr Mai Jun Jul Ago Set Out Nov Dez

FIGURA 21-1: Roadmap de um ano com base em temas.

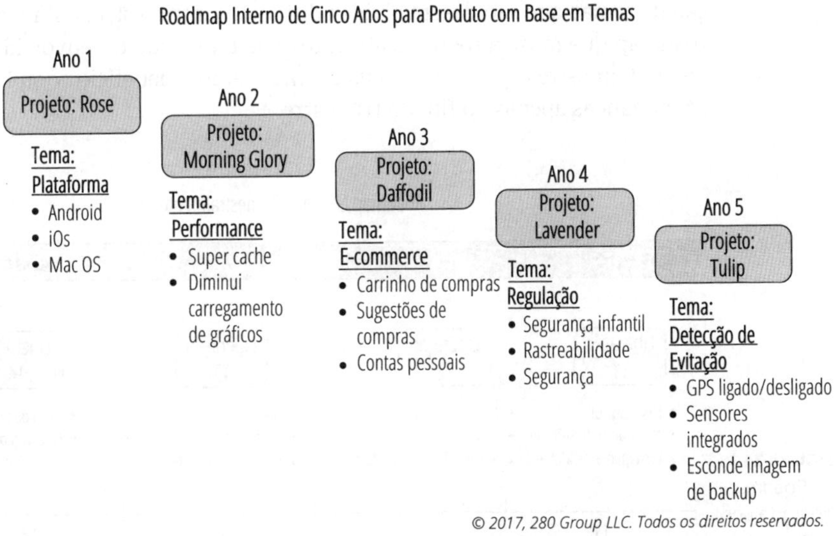

© 2017, 280 Group LLC. Todos os direitos reservados.

Roadmap Interno de Cinco Anos para Produto com Base em Temas

Ano 1
Projeto: Rose

Tema: Plataforma
- Android
- iOs
- Mac OS

Ano 2
Projeto: Morning Glory

Tema: Performance
- Super cache
- Diminui carregamento de gráficos

Ano 3
Projeto: Daffodil

Tema: E-commerce
- Carrinho de compras
- Sugestões de compras
- Contas pessoais

Ano 4
Projeto: Lavender

Tema: Regulação
- Segurança infantil
- Rastreabilidade
- Segurança

Ano 5
Projeto: Tulip

Tema: Detecção de Evitação
- GPS ligado/desligado
- Sensores integrados
- Esconde imagem de backup

FIGURA 21-2: Roadmap de cinco anos com base em temas.

© 2017, 280 Group LLC. Todos os direitos reservados.

CAPÍTULO 21 **Dez Roadmaps (Mais Um) para Ajudá-lo a Ter Sucesso** 343

Roadmaps de Produtos com Lançamento Programado

Roadmaps programados são baseados no conceito de que novas versões do produto serão lançadas dentro de um cronograma consistente que não muda. Por exemplo, um novo produto seria lançado a cada seis meses — independentemente de qualquer coisa. Para criar esse roadmap, faça uma lista de seus atributos em ordem de prioridade para o próximo lançamento, estimando o que pode ser feito dentro desse período de tempo. Se um atributo falhar e não estiver pronto para esse lançamento, ele simplesmente entra para o próximo lançamento. Uma cadência de lançamento consistente como esta funciona muito bem se a equipe estiver usando o desenvolvimento Ágil e fizer o lançamento após cada sprint ou combinar alguns sprints com o lançamento em um cronograma regular. (O Capítulo 12 fala mais sobre sprints.) Dê uma olhada nas Figuras 21-3 e 21-4 para ver a diferença entre um roadmap com lançamento programado para cada trimestre e outro para cada ano.

DICA

Quando for decidir sobre a cadência de um lançamento programado de produto, leve em consideração a taxa pela qual seus clientes podem integrar novos produtos na forma como funcionam. Para muitas contas corporativas, o processo de aceitar um novo software é lento e deliberado. Eles podem não querer aceitar um software novo ou revisado em um período menor que uma vez por ano. No espaço do mercado do consumidor, a cadência é muito mais rápida. Por exemplo, o Facebook atualiza seu aplicativo a cada duas semanas. Em alguns casos, seu software é lançado aos clientes no momento em que está sendo escrito e testado. Isso é chamado de *implantação contínua*, e os produtos que a utilizam ou aqueles lançados com uma frequência maior do que uma vez por trimestre ainda se beneficiam com um roadmap. Os gerentes de produtos focam a criação de temas que são desenvolvidos durante um trimestre, então você tem um roadmap que mostra todos os atributos que terão sido desenvolvidos até o fim de um trimestre específico, e seus clientes terão o benefício completo de todas as mudanças apenas ao fim do trimestre.

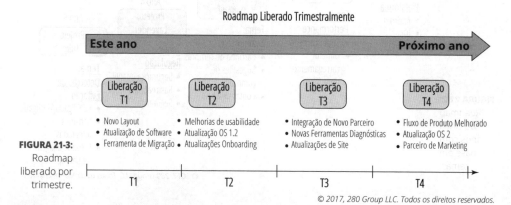

FIGURA 21-3: Roadmap liberado por trimestre.

FIGURA 21-4: Roadmap liberado em três anos.

Roadmaps de Produtos com um Atributo de Ouro

Roadmaps de *atributo de ouro* usam um conceito simples: escolha um atributo importante prioritário para cada lançamento. O produto não pode ser lançado até que esse atributo de ouro esteja completo, e apenas outros atributos bem menos importantes podem ser adicionados. Essa abordagem pode ser uma boa estratégia porque ela oferece foco para os desenvolvedores de produto e deixa a mensagem de marketing muito clara.

Claro, a desvantagem é que os envolvidos no processo podem ficar impacientes se o atributo de estimação deles não estiver no próximo lançamento (ou mesmo no roadmap). A Figura 21-5 é uma amostra simples de um roadmap de atributo de ouro.

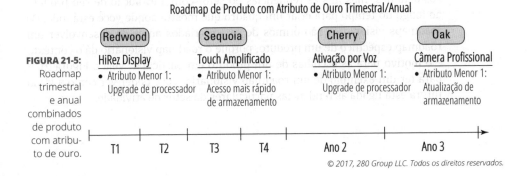

FIGURA 21-5: Roadmap trimestral e anual combinados de produto com atributo de ouro.

CAPÍTULO 21 **Dez Roadmaps (Mais Um) para Ajudá-lo a Ter Sucesso**   345

Roadmaps de Mercado e Estratégia

Roadmaps de *mercado e estratégia* ajudam você a pintar um quadro de quais mercados buscará e como fará isso. Eles podem ajudá-lo a alinhar os recursos na empresa e obter financiamento para todo o trabalho que precisa ser feito. A Figura 21-6 dá um exemplo de um roadmap de mercado e estratégia. Você perceberá que alguns retângulos estão em branco. Se nenhuma atividade acontecer no ano um, por exemplo, ao adquirir uma empresa, então deixe-o em branco.

Roadmap de Mercado e Estratégia

	Ano 1	Ano 2
Mercados	Plano de saúde	Financeiro Fabricação
Parceiro	Empresa XYZ	
Desenvolvimento Interno		Liberação 2.X
Adquirir		Análise de dados

© 2017, 280 Group LLC. Todos os direitos reservados.

FIGURA 21-6: Amostra de dados de roadmap de mercado e estratégia.

Roadmaps Visionários

Roadmaps visionários permitirão construir uma visão geral e sem muitos detalhes que mostra as tendências setoriais e como elas se ajustam à visão de longo prazo para seu produto ou produtos. Esse tipo de roadmap oferece poucos detalhes, mas liga as tendências do setor com a evolução de seu produto ao longo do tempo para criar um quadro que mostra aonde você está indo. Os roadmaps visionários são ótimos de serem criados antes de desenvolver um roadmap específico de um produto, porque o roadmap visionário dá o contexto e o motivo para as escolhas de um produto em particular. Veja a Figura 21-7 para ter um exemplo de um roadmap visionário. Você poder ver como a visão futura está ligada às tendências particulares do setor de atividade.

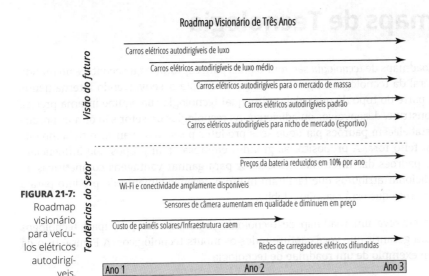

FIGURA 21-7: Roadmap visionário para veículos elétricos autodirigíveis.

Roadmaps de Tendências de Concorrência, Mercado e Tecnologia

É útil criar esse tipo de roadmap quando estiver desenvolvendo e comunicando sua estratégia global. Ele oferece uma visão holística das forças que estarão ao redor de seu produto ao longo dos próximos anos e como seu produto e estratégia criam seu espaço para que vença no mercado. Tente usar o exemplo da Figura 21-8 para criar seu próprio contexto de alto nível. O que você descobrir pode mudar o que decidirá logo mais.

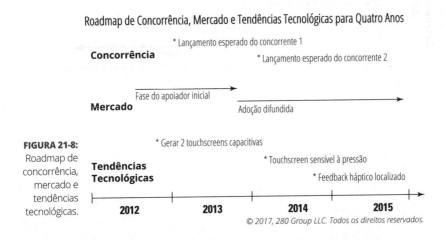

FIGURA 21-8: Roadmap de concorrência, mercado e tendências tecnológicas.

CAPÍTULO 21 **Dez Roadmaps (Mais Um) para Ajudá-lo a Ter Sucesso**   347

Roadmaps de Tecnologia

Roadmaps de *tecnologia* são muito bons para capturar o que acontece no mundo geral da tecnologia e ligar isso ao que você está desenvolvendo internamente. A parte do topo dá uma ideia sobre qual tecnologia sua equipe interna precisa construir, desenvolver ou adicionar. As tecnologias do setor são ótimas porque estabelecem padrões para que seus produtos possam alavancar o trabalho que foi feito fora. A propósito, as grandes empresas têm grupos que influenciam os padrões das diretorias nesse setor para ganhar vantagens competitivas ao adicionar atributos que facilitam muito o desenvolvimento do produto para a empresa que está fazendo o lobby.

Desenvolva um roadmap de tecnologia junto de seus principais tecnólogos para garantir que você capture todos os inputs tecnológicos. A Figura 21-9 dá um exemplo de um roadmap de tecnologia.

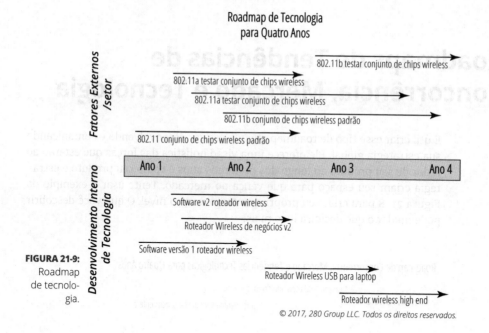

FIGURA 21-9: Roadmap de tecnologia.

Roadmaps de Tecnologia entre Produtos

Esse tipo de roadmap dá uma visão rápida sobre como a empresa compartilhará tecnologias em uma variedade de produtos. Ele dá uma ideia sobre que tipo de influência tecnológica entre produtos você pode criar e do que cada um dos produtos depende.

O roadmap de tecnologia entre produtos na Figura 21-10 é uma ótima forma de coordenar a discussão das plataformas de tecnologia em uma grande organização. A versão final esclarece para todos os departamentos, divisões e unidades de negócio qual será o cronograma e as interdependências.

Roadmap de Tecnologia entre Produtos

	2010	2011	2012
Produto 1	Codec		Nova Arquitetura
Produto 2		Codec Plataforma-X UI	
Produto 3		Plataforma-X UI	Nova Arquitetura
Produto 4	Codec		Nova Arquitetura

© 2017, 280 Group LLC. Todos os direitos reservados.

FIGURA 21-10: Exemplo de roadmap de tecnologia entre produtos.

Roadmaps de Plataforma

Roadmaps de plataforma como o da Figura 21-11 são fundamentais durante a criação de uma plataforma de software que outros desenvolvedores usarão para construir soluções. Exemplos de plataformas incluem Microsoft Windows, Apple MacOS e iOS, Google Android e outras.

PAPO DE ESPECIALISTA

O mundo da gestão de produtos pode se interconectar com o mundo da engenharia mais do que imaginamos. No roadmap de plataforma e no de tecnologia entre produtos, o termo *Codec* é usado como uma maneira de comprimir ou reduzir os dados de uma forma inteligente para que o desempenho aumente. Menos dados se movem mais rápido do que mais dados. Os termos B1, B2 e FCS são usados como referência às versões do software que está sendo construído. B1 e B2 são as versões beta 1 e 2. FCS significa *first customer ship* (primeira venda ao cliente) ou a primeira versão do software que está boa o suficiente para que os clientes usem.

Os roadmaps de plataforma comunicam seus planos a seus clientes, à mídia, aos desenvolvedores e a outros interessados, para que possam se planejar de acordo. Eles precisam saber o que esperar em termos de lançamentos de plataforma, assim como das ferramentas de desenvolvimento, para que possam planejar suas atividades. Veja um exemplo na Figura 21-11. Não se surpreenda caso encontre informações de seu roadmap de plataforma nos roadmaps deles na próxima vez que eles fizerem um briefing sobre seus planos.

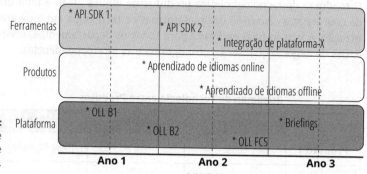

FIGURA 21-11: Exemplo de roadmap de plataforma.

© 2017, 280 Group LLC. Todos os direitos reservados.

Roadmaps de Matriz de Produto

Roadmaps de *matriz* de produto como o que está na Figura 21-12 permitem que você comunique as informações sobre muitos produtos e os detalhes correspondentes. Eles mostram o que será lançado, quando, o público-alvo e as tendências de concorrência e de tecnologia.

Se estiver fazendo um briefing para o marketing ou mesmo para a empresa toda, o roadmap de matriz de produto permite que todos os envolvidos entendam o contexto de como um grupo de produto chega ao mercado. Cada departamento fica mais habilitado para fazer seu trabalho quando entende o quadro geral e quando um produto irá ao mercado.

Roadmap de Matriz Trimestral e Bienal

	T1 2010	T2 2010	T3 2010	T4 2010	2011	2012
Codinome ou Nome do Produto						
Mercado-alvo						
Principais Atributos ou Tema						
Tendências Tecnológicas						
Produtos dos Concorrentes						

FIGURA 21-12: Roadmap de matriz do produto.

© 2017, 280 Group LLC. Todos os direitos reservados.

Roadmaps de Linhas Múltiplas de Produtos

Quando você precisa transmitir o que será lançado em linhas múltiplas de produtos durante um período específico, esse é o tipo de roadmap que deve ser usado (veja a Figura 21-13). Use esse roadmap para comunicar à gerência e a outros envolvidos o que esperar com uma variedade de produtos em um alto nível. No exemplo, os detalhes exatos dos atributos não são discutidos. Os gerentes e executivos querem entender quando as mudanças no produto são planejadas para que possam preparar o resto da organização para o que acontecerá.

Alguns destaques desse roadmap incluem o fato de que ele pode mostrar quando muitos produtos são lançados ao mesmo tempo. Um roadmap de linha múltipla de produto também pode esclarecer interdependências. Se você está contando que um produto esteja disponível como parte de uma solução de multiproduto e ele atrasa, a organização como um todo precisa tomar decisões difíceis. Por exemplo, atrasar todos os produtos inclui mais recursos no produto atrasado. Você também pode adicionar o valor de receita esperada para cada um dos produtos para entender a importância relativa de um produto contra o outro.

CAPÍTULO 21 **Dez Roadmaps (Mais Um) para Ajudá-lo a Ter Sucesso** 351

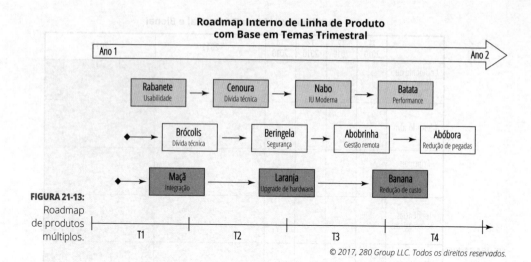

FIGURA 21-13: Roadmap de produtos múltiplos.

NESTE CAPÍTULO

» Usando mal o seu tempo

» Recusando-se a pedir ajuda

» Trabalhando com pouco conhecimento

Capítulo **22**

Dez Formas pelas Quais Gerentes de Produtos Fracassam

Os demais capítulos deste livro se concentraram principalmente em formas de garantir que seu produto e sua carreira de gestão de produtos sejam bem-sucedidos. Este capítulo oferece uma olhada mais descontraída sobre falhas que os gerentes de produtos cometem.

Falar Mais do que Ouvir

LEMBRE-SE

Se você é um gerente de produto e não está acostumado a ficar quieto e ouvir o que os clientes, engenheiros, vendedores e executivos estão realmente dizendo, então está com problemas. Se você fala demais, pode perder as nuances nas entrelinhas do que os integrantes da equipe estão falando, e pode até estar intimidando bons colegas de trabalho, que evitam falar. Quem vai querer

CAPÍTULO 22 **Dez Formas pelas Quais Gerentes de Produtos Fracassam**   353 discordar do gerente de produto que pensa que é mais inteligente do que todos os demais?

Se esse cenário o descreve, comece a praticar a escuta ativa constantemente. Se você ainda tem problemas de dar chances aos outros, faça um curso de habilidades com pessoas para aprender a se comunicar, negociar e influenciar melhor. Lembre-se: o silêncio é muito mais poderoso do que o palavrório.

Focar Apenas os Atributos

Os gerentes de produtos adoram produtos. Eles vivem para os produtos, e a tendência deles, especialmente daqueles que têm um preparo técnico, é usar cada oportunidade para dar duro nos detalhes com seus amigos, os engenheiros. Isso é confortável.

Não cometa o engano de se concentrar tanto nas árvores e não perceber a floresta. É claro que precisa passar a quantidade certa de tempo para garantir que o produto esteja certo, mas também tem que se posicionar e ser um líder estratégico para o produto, garantindo seu sucesso. Esteja em contato com todos os grupos envolvidos em tornar o produto um sucesso. Busque clientes com os quais conversar. Mostre interesse pelo pessoal de vendas. Se não fizer o trabalho de longo prazo de um gerente de produto, quem fará?

Não Continuar Aprendendo

Os gerentes de produtos vêm de contextos diferentes, trazendo ao trabalho conjuntos variados de habilidades. Embora aquele que tem um histórico com vendas possa ser excelente em comunicação, outro com estudos em engenharia brilha ao desenvolver atributos de produtos. Ambos podem não ter certas habilidades de gestão de produto por causa do foco de suas ocupações anteriores.

Está tudo bem saber que há coisas faltando em seu conjunto de habilidades, mas não se apenas continuar com o que você sabe e não melhorar todas as habilidades que fazem um gerente de produtos bem-sucedido. Visto que, na realidade, muitas empresas não oferecem treinamento de gestão de produto, depende de você melhorar suas habilidades (o que já está fazendo por ter comprado este livro — bravo!). Pesquise para fazer um curso de treinamento de gerentes de produto que passe por todo o ciclo de vida do produto. Não importa em que ponto esteja em sua carreira de gerente de produto, esse tipo de treinamento fomenta suas habilidades de gestão de produto.

354   PARTE 5 **A Parte dos Dez**

Reinventar a Roda

Os gerentes de produto passam uma quantidade enorme de tempo fazendo coisas do tipo criar seus próprios modelos, começar documentos do zero e até tentar criar um processo de gestão de produto do zero para sua empresa.

Lembre-se de que esses documentos e modelos são coisas que os outros já fizeram. Aproveite o esforço dessas pessoas e economize sua energia para outras partes do trabalho. Um ótimo lugar para começar é o Product Managemente Office Professional [um aplicativo digital; conteúdo em inglês], da 280 Group.

Evitar Pedir Ajuda

Se não tiver um coach ou um mentor (ou, pelo menos, um chefe solícito que esteja disposto a ajudar), então você acabará cometendo os mesmos erros que muitos outros gerentes de produto cometeram. Em vez de seguir em frente às cegas, dê uma olhada nos insights de outros que já trilharam o caminho antes de você e descubra o que deu certo e o que não deu.

DICA

Contrate um coach, peça que um mentor o guie, e você colocará sua carreira em uma trajetória de sucesso. Com um mentor, sempre haverá alguém para ajudá-lo que será um ouvinte de qualidade sempre que tiver dúvidas ou quiser debater uma nova ideia.

Fincar o Pé e se Recusar a Ceder, Sempre

Uma das situações mais comuns entre a gestão de produto e outros departamentos é quando um lado se recusa a ceder um pouquinho sequer em um desacordo. Nós sabemos, algumas vezes você tem que defender sua posição e insistir para que as coisas sejam feitas de certa forma. Mas se fizer isso o tempo todo, o outro lado perceberá que você não é um parceiro justo com o qual trabalhar. Se não estiver preparado para ceder, por que os outros deveriam? Futuramente, você será responsável por acabar em um impasse desagradável e sem sucesso.

Caso perceba que está agindo com teimosia, comece a usar suas habilidades de escuta ativa. Assegure-se de que realmente entende a situação, e caso seja necessário peça conselhos para seu gerente sobre a melhor forma de resolver suas dificuldades para que os dois lados possam se sentir bem-sucedidos. Você precisa ganhar a guerra toda e levar um produto vitorioso ao mercado. Vencer uma batalha com um departamento interno não o levará lá.

Nunca Visitar os Clientes

Se não está visitando os clientes, ouvindo os conselhos deles ou se comunicando com eles por telefone ou e-mail várias vezes por mês, então você está distante da realidade do mercado, e sua credibilidade com os integrantes de sua equipe será muito menor. Eles não o verão como aquele que possui a voz do cliente, e você não será o verdadeiro advogado daquilo que os clientes necessitam.

Estabeleça objetivos como conversar com os clientes duas vezes por semana. Quando deixar a reunião ou o telefone, resuma suas conversas. Então envie suas anotações para os engenheiros e para a equipe estendida. Você saberá que alcançou o sucesso quando os engenheiros vierem até você para descobrir o que os clientes valorizam mais em termos de atributos ou implementação. Essa é uma grande vitória, para a equipe de engenharia e para você.

Não Ser o Dono do Produto Inteiro

Ninguém em sua empresa tem, como você, a visão completa, de 360°, de seu produto. É você quem sabe tudo sobre ele: o ambiente da concorrência, a estratégia, os desafios, as políticas de suporte e garantia, a precificação, como os vendedores o representam e muito mais. Como tal, ninguém mais pode garantir que a oferta do produto inteiro esteja no lugar certo. Isso é muito mais do que apenas a lista de atributos do produto.

Criar a oferta de produto inteiro significa ir além da zona de conforto das especificações estritas de sua função e desafiar os outros fora da esfera tradicional de influência que a organização estabeleceu para você. Desafie-os para se juntarem a você e entregarem uma solução de produto inteiro adicionando produtos de suporte e treinamento. Então seus clientes amarão verdadeiramente seu produto. Uma vez que você seja o dono da responsabilidade sobre esse produto inteiro, será percebido como líder.

356   PARTE 5 **A Parte dos Dez**

Adotar o Ágil, mas Perder o Foco Global do Negócio

O desenvolvimento Ágil tem benefícios enormes e pode ser ótimo para os produtos certos. No entanto, a maioria dos gerentes de produto é jogada em um ambiente Ágil sem saber como essa abordagem muda drasticamente seus trabalhos ou como ser eficazes.

Nessa situação, faça um curso sobre como fazer um ótimo trabalho com equipes de desenvolvimento Ágil e aprenda as habilidades de um gerente de produto e product owner Agile. Esse treinamento será especialmente importante se você também estiver designado como o product owner [aquele que interpreta a visão do cliente — veja Capítulo 2], além de ser o gerente de produto. Quando estiver em seu novo papel de product owner, não concentre todo o seu tempo e sua energia no processo de desenvolvimento do produto. Suas responsabilidades se estendem muito além do processo Ágil, backlog e sprints. Você tem que ser o dono de todos os elementos do sucesso do produto. Lembre-se de que você tem o produto e a estratégia de marketing, casos de negócios, necessidades do mercado, lançamentos e marketing eficazes e o fim de vida. Ter um foco duplo não é fácil, então seja claro sobre como e onde você está decidindo gastar seu tempo — se o tempo deveria ser gasto em uma tarefa Ágil ou em uma tarefa mais focada no negócio. (O Capítulo 12 tem mais informações sobre o processo Ágil.)

Ser Mais um Zelador de Produto do que um Gerente de Produto

Uma das armadilhas em que muitos gerentes de produto são pegos é que eles não aprendem a dizer "não". Eles acabam fazendo a maioria do trabalho tático de nível baixo, em vez de ter um foco estratégico em suas funções. Qualquer produto que desenvolvido sempre terá uma infinidade de pequenas tarefas e limpeza a serem feitas. Se não tomar cuidado, poderá se tornar um zelador de produto, limpando a bagunça que outros fizeram.

Delegue e priorize para que possa despontar e ser o líder estratégico de produto.

Glossário

acordo de não divulgação (NDA): Um acordo ou contrato formal através do qual uma ou mais partes concordam em não divulgar informações confidenciais que compartilham entre si.

Ágil: Uma abordagem interativa e incremental normalmente para desenvolvimento de software que envolve fases curtas de trabalho seguidas por uma verificação de que o trabalho atinge os objetivos aceitos e a adaptação para novas informações considerando as mudanças do mercado.

alfa: A primeira versão de um software que funciona, mais ou menos. O termo é quase sempre usado no desenvolvimento em cascata.

análise de mercado: Uma análise de mercado específico com o objetivo de determinar a atratividade relativa de direcionar um produto para um grupo específico de clientes.

análise SWOT: Uma análise das forças e fraquezas de uma empresa, comparadas com as oportunidades e ameaças do mercado.

atributo: Um atributo factual distinto de um produto ou serviço.

barreira de entrada: Um conjunto de obstáculos que previnem ou atrasam uma empresa de conduzir seus negócios.

benefício: Uma descrição da vantagem de um produto escrita sob uma perspectiva do cliente. Geralmente inclui aspectos emocionais.

beta: A versão quase final do software. Termo muito usado no desenvolvimento em cascata.

brainstorming: Uma reunião de solução de problemas com regras específicas com a intenção de criar uma grande variedade de ideias.

breakeven: O ponto financeiro em que o custo total, incluindo o investimento, de todos os produtos vendidos, é o mesmo que o lucro gerado pelo mesmo produto.

business-to-business (B2B): Um modelo de negócio em que uma empresa fornece seu produto primariamente para outras empresas.

business-to-consumer (B2C): Um modelo de negócio em que uma empresa fornece seu produto primariamente para clientes pessoa física.

canal de distribuição: Uma cadeia de negócios através da qual um produto passa até que chegue ao cliente final. Setores de atividade diferentes usam uma grande variedade de termos para os parceiros de distribuição.

caso de negócio: Uma justificativa financeira e de negócios para dar suporte ao investimento de um produto ou solução específicos.

custo de oportunidade: O custo de não seguir uma alternativa diferente, em vez da escolhida.

DACI: Uma matriz de tomada de decisão desenvolvida para garantir que uma empresa possa tomar decisões de forma mais rápida e que o processo seja transparente para todas as partes. D é o dirigente; A, aprovador; C, contribuidor; e I, informado.

desenvolvimento de cliente: Um processo para trazer o cliente ao ponto de escolher seu produto através de uma compreensão profunda de suas necessidades e a forma pela qual compram produtos.

desenvolvimento de novo produto (DNP): O processo de criar um produto até que seja finalmente entregue ao mercado.

desenvolvimento em cascata: Uma metodologia de desenvolvimento linear e sequencial em que, para a parte de desenvolvimento do produto, os gerentes de produto definem todos os aspectos do produto antes de ser dado aos engenheiros para que o criem. Não há um papel oficial para ciclos de feedback e mudanças flexíveis no desenvolvimento em cascata.

design thinking: Um processo integrador envolvendo uma equipe interdisciplinar pequena para analisar problemas sob todos os lados, incluindo os pontos de vista lógico, empático e sistêmico.

diferenciação: Um aspecto de produtos e soluções em desenvolvimento que garante que os clientes possam distinguir as ofertas diferentes com base no que é significativo para eles.

dívida técnica: Para software, se refere ao código que deve ser retrabalhado para sua melhoria por uma variedade de motivos. Normalmente surge quando atalhos são feitos no desenvolvimento para ser levado ao mercado mais rapidamente.

documento de exigências do mercado (DEM): Um documento que define o mercado de alto nível para um produto. Um DEM é escrito a partir do ponto de vista do espaço do problema e do cliente.

documento de exigências do produto (DEP): Um documento que contém pelo menos as exigências específicas de alto nível de um produto ou os atributos para que este seja desenvolvido e esteja pronto para o mercado.

documento de necessidades do mercado: Veja *documento de exigências do mercado.*

embargo (imprensa): Um embargo de imprensa é um pedido de que a informação não seja tornada pública até uma data específica.

escopo: Os atributos e características de um produto. Um *scope creep* ocorre quando atributos extras são adicionados durante o desenvolvimento.

escuta ativa: O processo de escutar e responder ao fazer eco para algumas das palavras de quem está falando, para mostrar que está entendendo.

estágio: Veja *fase.*

estratégia: Um plano para realizar objetivos principais sob condições de incerteza, geralmente ao longo de um período estendido de tempo.

exigência: Uma necessidade de mercado para o cliente ou atributo do produto em um produto que precisa ser direcionado para que um problema do cliente seja resolvido.

experiência do usuário (UX): A totalidade da experiência do cliente com sua empresa e seu produto, incluindo a compra, a aparência e sensação, a funcionalidade e o suporte.

extensão de linha de produto: Um produto extra adicionado a uma linha de produto que evita a queda da receita ou aumenta a receita global para a linha global de produto.

fase: Um período de tempo do ciclo de vida do produto quando certas atividades prescritas são terminadas por departamentos diferentes com o objetivo de completar tarefas básicas antes do próximo gate. Também denominado estágio.

gate: No contexto do processo phase-gate, um ponto de decisão sobre se um produto ou projeto deve proceder, ser interrompido ou cancelado.

Golden Master (GM): A versão final liberada de um software.

headcount: O número de pessoas alocadas para um projeto ou departamento em particular. Um *headcount totalmente cheio* é o custo total, incluindo todas as despesas com pessoal e negócios, para ter a pessoa empregada.

história de usuário: Descrição da funcionalidade que um produto deve ter, escrito sob a perspectiva do usuário. Uma descrição bem simplificada e focada.

ideação: O processo de gerar, elaborar e priorizar ideias de produtos.

inbound marketing: Os esforços de marketing que trazem os cliente até você como resultado das buscas deles por informação ou por algum tópico específico. White papers, e-books, blogs e mídia social são exemplos de inbound marketing.

Glossário 361

interface de programação de aplicações (API): Um conjunto de definições, protocolos e ferramentas usadas para desenvolver software. É especialmente importante para definir quando partes diferentes do software precisam funcionar juntas.

interface de usuário (UI): Qualquer coisa com a qual o cliente interaja e receba informações de sua empresa ou sobre seu produto. Principalmente, mas não exclusivamente, usado em desenvolvimento de software.

kanban: No desenvolvimento de software, um método para desenvolver software just in time. O kanban remove o time box do método scrum para acompanhar o trabalho, que é útil quando os integrantes de sua equipe de desenvolvimento têm habilidades especializadas.

key performance indicators (KPI): Um conjunto de métricas de negócios usadas para determinar se uma pessoa, um produto, um grupo ou uma divisão é bem-sucedida.

landing page: Oficialmente, é qualquer site ao qual um cliente é direcionado via hiperlink. Para sites grandes, as landing pages são usadas para direcionar os clientes rapidamente para um tema de interesse mais específico.

Lean: Uma metodologia para abordar os problemas ao entregar qualidade com velocidade e alinhamento de cliente. Geralmente acompanhada por um descritor de Lean: Lean startup, Lean UX. O objetivo é não criar nada a menos que adicione valor.

linha de produto: Um grupo de produtos relacionados entre si sob a bandeira de uma marca.

lucro: Em termos financeiros, a diferença entre o preço pelo qual um produto é vendido e o custo total para oferecer e vender o produto.

marca: Um nome, termo, design ou símbolo que identifica uma empresa ou produto.

market share: A porção das vendas totais do mercado acumuladas para uma empresa.

mercado: Um espaço em que os compradores e os clientes podem interagir para trocar dinheiro por produtos. Em termos de gestão de produto, é geralmente usado para significar um grupo de clientes que interage com a empresa da mesma forma.

mercado-alvo: Os mercados selecionados para o produto ser vendido porque são aqueles com mais chances de obter resultados positivos para a empresa.

minimum viable product (MVP): O produto menor e definido de forma mais detalhada que gerará vendas iniciais. O feedback do cliente será então colhido para informar a próxima versão do produto.

362   Gestão de Produto Para Leigos

mockup: Um modelo de um produto final usado para guiar o desenvolvimento do produto e conseguir o feedback do cliente.

modelo de negócio: A forma específica pela qual um negócio é organizado para gerar receita e lucros de forma sustentável.

objetivo de sprint: O objetivo de um sprint específico comunicado para todos os integrantes da equipe.

oferta de mercado: Uma combinação de produtos oferecidos para um mercado para satisfazer uma necessidade específica.

outbound marketing: Marketing que a empresa direciona para o cliente. Isso inclui, mas não se limita a mala direta, e-mail e propaganda.

painel de cliente: Grupos de clientes selecionados que oferecem feedback sobre a estratégia, planos e ofertas de produtos específicas de uma empresa. Os painéis de clientes podem ser estratégicos ou táticos, mas geralmente só de uma forma ou de outra.

parceiro de canal: Uma empresa que trabalha com o fornecedor de um produto para vendê-lo para outros parceiros de canal ou usuários finais. Um parceiro de canal geralmente vende produtos de vários fornecedores diferentes.

perguntas frequentes (FAQ): Uma lista com as respostas para as perguntas mais frequentes sobre uma empresa, um produto, uma solução ou um serviço.

persona (mercado e produto): Um arquétipo de um cliente, tomador de decisão ou influenciador que define seu papel, seus atributos, seu comportamento e qualquer outro insight concernente à percepção que tem de seu produto ou à forma pela qual a pessoa percebe as mensagens de marketing.

pesquisa de mercado: O processo de captar, analisar e interpretar informações sobre os clientes e mercados para determinar suas preferências.

pivô: No mundo do Lean startup, um pivô é uma correção de curso estruturada e geralmente rápida com base em novos mercados, clientes e informações de desenvolvimento.

plano beta: Um plano para validar se um produto atinge ou não as expectativas do cliente. Um plano beta é criado e executado antes do lançamento do produto.

portfólio de produto: Uma variedade de produtos vendidos por uma empresa. Muitos produtos e linhas de produtos podem fazer parte de um portfólio de produto.

posicionamento: O objetivo de marketing para passar uma compreensão de produto clara, única e vantajosa para o cliente.

pressuposto: Suposição de negócios não provada e que é usada para chegar a um progresso rápido buscando uma conclusão.

Glossário 363

processo phase-gate: Uma técnica de gerenciamento de projetos em que as fases do trabalho prescrito são pontuadas por gates de decisão. Também conhecida como processo *stage-gate*.

programa beta: Um programa para executar o plano beta.

proposta de valor: Uma declaração do valor que seu produto leva a seu cliente. A razão principal pela qual um cliente deve comprar de você.

proposta exclusiva de vendas (PE): A única razão pela qual um cliente deve escolher seu produto, em vez de outras ofertas.

protótipo: O primeiro modelo de um produto. Para software, é o produto incompleto usado para testes e validação antes do desenvolvimento final.

RACI: Uma ferramenta para identificar papéis e responsabilidades dentro e entre as organizações. R é o Responsável; A é a Autoridade (para quem o R se reporta); C é o Consultado; e I é o Informado.

receita: A quantia de dinheiro que uma empresa recebe das operações durante um período específico.

relações públicas (RP): O desenvolvimento e a manutenção de uma imagem pública positiva da empresa feita por um departamento interno, geralmente em conjunto com empresas externas especializadas em RP.

retorno sobre o investimento (ROI): Um cálculo numérico financeiro usado para comparar oportunidades diferentes de investimento. ROI = (lucro líquido/ custo de investimento x 100).

retrospectiva de sprint: Uma reunião feita ao término de cada sprint para avaliar o sprint anterior e decidir sobre as mudanças com as quais a equipe concorda para o próximo.

reunião de planejamento de sprint: Uma reunião colaborativa facilitada pelo scrum master durante a qual o plano é desenvolvido e esclarecido para o próximo sprint. Os donos de produto participam para esclarecer as histórias de usuários para a equipe.

revisão de sprint: Uma reunião feita ao término de um sprint para demonstrar o trabalho que foi completado durante o sprint e colher feedback para o próximo trabalho.

risco: A chance de algo negativo acontecer.

roadmap: Uma representação visual com base no tempo de cenários futuros para produtos, tecnologias e forças de mercado.

scrum master: Em desenvolvimento de software, a pessoa que facilita o trabalho e as decisões de uma equipe scrum.

Gestão de Produto Para Leigos

scrum: Um método de time box interativo e incremental para desenvolver software usando equipes pequenas e autodirigidas. O objetivo do scrum é desenvolver, de forma flexível, o que os clientes acham valioso.

segmentação: Para os gerentes de produto, principalmente a segmentação de mercado, onde mercados diferentes são divididos para que escolhas possam ser feitas sobre qual mercado buscar.

segmentos de mercado: Um grupo único de clientes que compartilha características semelhantes pela forma como reage ao marketing.

sprint: Em scrum, o período de tempo definido durante o qual uma lista de tarefas com que todos concordaram deve ser realizada.

standup diário: No Ágil, uma reunião diária bem curta onde todos ficam de pé. Cada participante responde perguntas específicas rapidamente.

taxa de conversão: No espaço de marketing digital, a porcentagem de todos os clientes ou visitantes do site que agiram da forma que a empresa desejava naquele momento. Por exemplo, converter uma visita ao site em venda.

tempo de payback: O período de tempo necessário para recuperar todos os custos do projeto.

teste A/B: Também conhecido como teste split. Usado para comparar duas versões diferentes do mesmo site e determinar qual é mensuravelmente mais eficaz para atingir os resultados. Os resultados são geralmente medidos pelo número de cliques, compras ou download.

visão: Na gestão de produto, a descrição do futuro que existirá quando seu produto for desenvolvido. Usada para oferecer uma descrição como "norte verdadeiro" para convencer todos os envolvidos no processo.

voz do cliente (VOC): O processo profundo de capturar as necessidades do cliente, o que inclui pesquisa de mercado e visitas aos clientes.

wireframe: No desenvolvimento de software, um guia visual para a hierarquia de informações no software enquanto os usuários seguem um fluxo de tela em tela.

Índice

A

acompanhamento de vendas, 280
acordo beta, 236
Ágil, 24–42, 138–139
   funções específicas
      product owner, 24
      scrum master, 24
AIPMM (Associação Internacional de Gestão e Marketing de Produto), 311
alcance da mensagem, 242
Amazon, 32
análise competitiva, 95
análise de valor, 116–119
análise, habilidade, 13
análise SWOT, 99–100
analistas de indústria, 338
APIs, 200
artefatos de marketing, 171
atributo do produto, 188, 200

B

backlog do produto, 24, 221
backlog priorizado, 221
benchmark, 252
brainstorm 3-12-3, 67
brainstorming, 65–70
   planejamento de, 65–70
briefing, 35
business to business (B2B), 17–42, 289
business to consumer (B2C), 17–42, 288

C

canais de distribuição, 98
canibalização, 151–154
canvas de negócios, 108–111, 132
   canvas do problema, 109
característica ou benefício do produto, 115
   categorias

encantadores, 115
essenciais, 115
performance, 115
caso de negócios, 141–154
cenários de problema, 195
ciclo de aprendizagem, 131
ciclo de quatro fases, 47
ciclo de vida da indústria. *Veja* ciclo de quatro fases
ciclo de vida do mercado. *Veja* ciclo de quatro fases
ciclo de vida do produto (CVP), 43–58, 160–186
   benefícios, 44
   definição, 43
   desmembrando o
      fase de aposentar, 53–54
      fase de conceber, 48–49
      fase de lançar, 52–53
      fase de maximizar, 53
      fase de planejar, 49–50
      fase de qualificar, 51–52
   em quatro fases, 47
   em sete fases, 44–45, 48
   pontos de decisão, 44–45
ciclos de descoberta, 107–119
cinco forças de Porter, 98–99, 149–154, 164
coach
   definição, 322
Codec, 349
commodity, 169–186
componentes do plano de carreira, 322
compras frictionless, 268
comunicação, habilidade, 13
comunicações de marketing, 23
construir seu networking, 14
consumidores (B2C), 72
custo das mercadorias vendidas (CMV), 152
custo total de colaborador, 151–154

D

DACI, 24–42
datasheets, 263
declarações de mensagens, 176
declarações de problemas, 196
demandas de clientes, 176
departamento
   de operações, 32–42
   de serviço e suporte, 33–42
   de vendas, 29–42
   financeiro, 32–42
   jurídico, 31–42
descrições do produto, 177
desenvolvedor, 16
desenvolvimento Ágil, 46
   diferença entre cascata e, 46
   versões, 46
      kanban, 46
      Lean, 46
      scrum, 46
desenvolvimento de mercado, 163
desenvolvimento de produto, 163
desenvolvimento em cascata, 46–48, 216
   diferença entre Ágil e, 46
despesas, 152
dispositivos de marketing, 177
diversificação, 163
dívida técnica, 222
documentos
   de descrição, 137
   descrição do produto, 50
   e apêndices, 154
   estratégia de mercado, 50
   necessidades do mercado, 50
   plano de negócios, 50
dot voting, 118–119

E

EarBud, 142
elementos de um plano de carreira, 321
empatia, habilidade, 13
engenharia, 7–14, 16
    contínua, 130
engenheiro de vendas, 30
equipe integrada, 123
especialista de fato, 325
estratégia
    de alto valor, 168
    de exploração, 168
    de marketing, 157
    de mercado, 155
    got-to-market, 157
estrutura de quatro ações, 70
exigência do cliente, 188
extensão de linha de produto, 161

F

fase alpha, 230
fase beta, 230
fase de planejamento, 122
first customer ship (FCS), 349
focus groups, 89
Fora do escopo, 207
forecasting, 270
FUD, 337
funções da empresa
    desenvolvimento de produto, 31
    financeiro, 32
    jurídico, 31
    marketing, 30–31
    operações, 32–33
    serviço e suporte, 33–34
    vendas, 29–30
funções em silos, 123

G

Geoffrey Moore, 162–186
gerente de marketing de produto
    função, 23, 25
gerente de produto, 7–14
    a voz do cliente, 13
    como o líder da equipe, 13

componente-chave do trabalho do
    experiência de domínio, 16
    experiência em negócios, 16
    habilidade de liderança, 16
    habilidade operacional, 17
descrição do trabalho
    funções, 18–20
função, 16–42, 48
habilidades de um, 13–14
o especialista no mercado, 13
papel primário, 302
responsabilidade, 16–17
tarefas diárias de um, 12–14
traços de um ótimo, 34–39
gerente de programas, 26
gerente de projeto
    função, 27–42
gestão de produto
    benefícios, 8
    definição, 9–14
    função, 9–10
gestão de programas, 26–42
gestão de projeto, 27–42
    modelos, 27
governança, 153
gráfico DACI, 41–42
gráfico organizacional de uma empresa, 20
gráfico RACI, 40–42

H

habilidades de um gerente de produto
    análise, 13
    comunicação, 13
    empatia, 13
    influência, 13
    pensamento e motivação, 14

I

ideia, 61–70
    fontes de, 62

gerar, 65–70
IKEA, 114–119
implantação contínua, 344
infiltração de atributos, 343
influência, habilidade, 13
inteligência competitiva, 86, 95
INVEST, 200
investimento, 105

K

kanban, 46
Kano, 115
KPIs, 145–154

L

lançamento
    de escala total, 245
    mínimo, 244
    suave, 244
Lean, 46
liderança, 38
líder de produto, 325
linhas múltiplas de produtos, 351
LinkedIn For Dummies,
lista de preços, 181
loop investigativo, 87
lucro de operações, 152
lucros e prejuízos (L&P), 152

M

manifesto Ágil, 223
manifesto de gestão de produto
    diretrizes, 21
mapeamento mental, 68–70
    mapa mental, 69
marcom. *Veja* comunicações de marketing
margem bruta (MB), 152
margem líquida (ML), 152
marketing, 9–14
    de guerrilha, 247
    função, 31
    gerente de, 23–42
    sustentador, 333
    viral, 334
market share, 159
matriz BCG, 158–159

matriz de oportunidade de Ansoff, 162
matriz de priorização, 117–119
maximização, 257
medo do risco, 128–139
mensagens convincentes, 241
mensagens de marketing, 23
mentor
    definição, 322
mercado
    definição, 72
    mercado-alvo, 72–84, 156–186
    segmento, 72–84
métodos
    de alto contexto, 95
    de baixo contexto, 95
    de pesquisa de mercado, 95
métrica da vaidade, 132
métricas financeiras
    breakeven, 150
    lucros esperados, 150
    receitas esperadas, 150
    retorno sobre o investimento (ROI), 150
    tempo do payback, 150
Michael Porter, 98–104
mix de marketing, 258–261
    quatro Ps, 258
    três Ps, 261
modelo
    abismo, 161
    barbeador e lâminas, 107
    de estratégia, 158
    de estratégia de precificação de Kotler, 168
    de negócios, 107
    de pontuação, 114–119
    Kano, 114–115

N

necessidade
    do cliente, 188
    do mercado, 50, 188
negócios (B2B), 72

O

objetivos de marketing, 184
objetivo SMART, 321
oferta do produto inteiro, 166
operações de vendas, 30

P

parceiro de canal, 79–84
participação de mercado, 98
payback, 150
penetração de mercado, 163
pensamento e motivação, habilidade, 14
persona, 155–186
    atitude, 75
    comportamento, 75
    criando, 194
    descrição, 74–84
    desenvolvimento, 76–84
    funções, 74, 79–80
    histórico, 74
    ideias, 75
    objetivo, 74
    protopersona, 76
    validação, 76–84
personalidades de desenvolvedores, 313
pesquisa de mercado, 86–94, 144
    dados qualitativos, 87
    dados quantitativos, 87
    pesquisa primária, 88
    pesquisa primária qualitativa, 89
    pesquisa secundária, 88
    pesquisa secundária qualitativa, 88
    pesquisa secundária quantitativa, 89
    qualitativa, 87–90
    quantitativa, 87–90
pesquisa e desenvolvimento (P&D), 152
PESTEL, 99–104
phase-gate, 44–58
    gate, 44
planejamento, 122
    fase de concepção, 122
planejamento Lean, 124–139

plano beta, 231
plano de negócios, 142–154
plano de retirada de produto, 290
ponto de contato, 275
posicionamento, 156–186
    declaração de, 172
precificação, 126–139, 167
    estrutura de, 135
preço de proteção de upgrade, 289
priorização, 105
priorização MoSCoW, 203
problema das quatro paredes, 86
processo de produto ideal, 12–14, 55–57
    documentos do, 57–58
processo de vendas, 29
processo empírico, 126
processo não eficaz
    sintomas, 45
product backlog, 193
product owner, 24–42
    funções, 24–42
produto
    aumentado, 10–14
    entregando o que promete, 12
    inteiro, 16–42
    mantendo a promessa do, 10–14
        quebra de, 11
    oferta inteira do, 11
promessa de produto, 166
prontidão do produto, 242
proposta de utilidade (USP), 177
proposta de valor, 25–42
protopersona, 76

Q

quadrante do problema, 112
quadrante do produto e do problema, 112–119
quatro fases ciclo do produto
    crescimento, 47
    declínio, 47
    introdução, 47

Índice   369

maturidade, 47
quatro fases do ciclo de
 descobertas, 107
quatro Ps, 258
  praça (distribuição), 260
  preço, 259
  produto, 258
  promoção, 260

R
RACI, 40
receita, 152
representante de vendas, 29
retorno sobre o investimento
 (ROI), 103, 334–335
risco do investimento, 130–139
roadmap, 18–19, 341–352
  com base em temas, 343
  de atributo de ouro, 345
  de matriz de produto, 350
  de mercado e estratégia,
   346
  de plataforma, 349–350
  de tecnologia, 348–350
  programados, 344
  visionários, 346–347

S
SAFe, metodologia, 29
scrum, 24, 217
scrumban, 217
scrum master
  função, 25–42
segmentação, 71, 170, 182
  processo de, 72

segmento, 23–42
  de cliente, 23–42
segmentos de mercado
  consumidores (B2C), 72–73
  negócios (B2B), 72–73
  segmentação cultural, 73
  segmentação geográfica,
   73
setores de uma empresa/
 especialidades
  engenheiros, 9
  marketing, 9
  pessoas do marketing, 9
  setor de operações, 9
  setor de vendas, 9
  suporte ao cliente, 9
  suporte técnico, 9
slogan, 177
  de marketing, 23
SMART, 321
sprints, 46, 218
Starbucks, 32
startups, 128–139
Steve Jobs, 63–70
sugestões para manter a
 calma, 38
suporte de pós-venda, 33
SWOT, 149–154

T
TAM, 147
técnica
  agrupar ideias, 68
  criar um conselho de
   clientes, 68

expor ideias, 67
timing, 241
trabalho de RP, 338
trabalho em equipe, 123
traços de gerente de produto
  aptidão para resolver
   problemas, 37
  cabeça fria, 37
  conhecimento e
   experiência da indústria,
   35
  conhecimento técnico, 35
  habilidade com pessoas, 36
  habilidade de tomar
   decisões, 36
  perspicácia empresarial, 34
  selo de liderança, 38–39
três Ps
  evidência física, 261
  pessoas, 261
  processo, 261
tríade produto-mercado,
 106–107

V
validação, 86
valor do cliente, 131–139
vendas e marketing, 152
viabilidade financeira, 126
visão, 123